全国职业院校教育规划教材

全国高等职业教育新形态规划教材

供中医学、中医骨伤、针灸推拿、中医养生保健等专业使用

中医诊断学

主编　黄承伟　王一强

全国百佳图书出版单位

中国中医药出版社

·北京·

图书在版编目（CIP）数据

中医诊断学 / 黄承伟，王一强主编 . —北京：中国
中医药出版社，2025.8. --（全国职业院校教育规划
教材）（全国高等职业教育新形态规划教材）.
ISBN 978-7-5132-9646-5

Ⅰ. R241

中国国家版本馆 CIP 数据核字第 2025G27D03 号

中国中医药出版社出版

北京经济技术开发区科创十三街 31 号院二区 8 号楼
邮政编码　100176
传真　010-64405721
山东华立印务有限公司印刷
各地新华书店经销

开本 850×1168　1/16　印张 13.75　彩插 0.25　字数 444 千字
2025 年 8 月第 1 版　2025 年 9 月第 1 次印刷
书号　ISBN 978 - 7 - 5132 - 9646 - 5

定价　59.00 元
网址　www.cptcm.com

服 务 热 线　010-64405510
购 书 热 线　010-89535836
维 权 打 假　010-64405753

微信服务号　zgzyycbs
微商城网址　https://kdt.im/LIdUGr
官 方 微 博　http://e.weibo.com/cptcm
天猫旗舰店网址　https://zgzyycbs.tmall.com

如有印装质量问题请与本社出版部联系（010-64405510）

全国职业院校教育规划教材
全国高等职业教育新形态规划教材

《中医诊断学》
编委会

主　　编　黄承伟　王一强
副 主 编　王　昭　贺　敏　杨银芳　何希江
编　　者　（以姓氏笔画为序）

王　昭（山东中医药高等专科学校）

王一强（甘肃卫生职业学院）

刘　梅（江西中医药高等专科学校）

刘媛媛（河南推拿职业学院）

江雪沁（江苏卫生健康职业学院）

何希江（临沧职业学院）

李怡蒙（昆明卫生职业学院）

杨银芳（楚雄医药高等专科学校）

邢盛茹（齐鲁医药学院）

贺　敏（重庆三峡医药高等专科学校）

郭柄成（山西卫生健康职业学院）

黄承伟（昆明卫生职业学院）

前 言

"全国高等职业教育新形态规划教材"是为贯彻党的二十大精神和习近平总书记关于职业教育工作和教材工作的重要指示批示精神,落实《关于深化现代职业教育体系建设改革的意见》《国家职业教育改革实施方案》《关于推动现代职业教育高质量发展的意见》等文件精神,由中国中医药出版社联合全国多所高职高专院校及行业专家统一规划建设的,旨在提升医药职业教育对全民健康和地方经济的贡献度,实现职业教育与产业需求、岗位胜任能力的紧密对接,突出新时代中医药职业教育的特色。

中国中医药出版社直属于国家中医药管理局,中央一级文化企业。中国中医药出版社是全国中医药行业规划教材出版基地,国家中医、中西医结合执业(助理)医师资格考试大纲和细则及实践技能指导用书授权出版单位,全国中医药专业技术资格考试大纲和细则授权出版单位,与国家中医药管理局中医师资格认证中心建立了良好的战略合作伙伴关系。目前,全国中医药行业高等职业教育规划教材已延续至第 6 版,覆盖了中医学、中药学、针灸推拿、中医骨伤、康复治疗技术、中医养生保健等多专业,已构建起从基础理论到实践应用的较为完整的教学体系。

本套教材可供中医学、中医骨伤、针灸推拿、中医养生保健等专业学生使用,具有以下特点:

1. 坚持立德树人,融入课程思政内容和党的二十大精神。把立德树人贯穿教材建设全过程、各方面,体现课程思政建设新要求,推进课程思政与医药人文的融合,大力培育和践行社会主义核心价值观,健全德技并修、工学结合的育人机制,努力培养德智体美劳全面发展的社会主义建设者和接班人。

2. 加强教材编写顶层设计,科学构建教材的主体框架,打造职业行动能力导向明确的金教材。教材编写落实"三个面向",始终围绕医药职业教育技术技能型、应用型人才培养目标,以学生为中心,以岗位胜任力、产业需求为导向,内容设计符合职业院校学生认知特点和职业教育教学实际,体现了先进的职业教育理念。

3. 与岗位需求对接,加强产教融合。教材突出理论与实践相结合,强调动手能力、实践能力的培养。鼓励专业课程教材融入产业发展的新技术、新工艺、新规范、新标准,满足学生适应项目学习、案例学习、模块化学习等不同学习方式的要求,注重以典型案例为载体组织教学单元,有效激发学生的学习兴趣和创新潜能。

4.强调质量意识，打造精品示范教材。将质量意识、精品意识贯穿教材编写全过程。围绕现行教材出现的问题，以问题为导向，有针对性地对教材内容进行修订完善，力求打造适应职业教育人才培养需求的精品示范教材。

5.加强教材数字化建设。打造精品融合教材，探索新型数字教材。将新技术融入教材建设，丰富数字化教学资源，满足职业教育教学需求。

6.与考试大纲接轨。编写内容科学、规范，突出职业教育技术技能人才培养目标，与中医执业（助理）医师资格考试大纲一致，提高学生的执业考试通过率。

本套教材由50余所高等职业教育院校及三甲医院的资深教学专家和行业专家结合教学要求及行业需求精心编撰，体现了全国中医行业齐心协力、求真务实的工作作风，谨此向有关单位和个人致以衷心的感谢。

尽管所有组织者与编写者竭尽心智，精益求精，本套教材仍有一定的提升空间，敬请各教学单位、教学人员及广大学生多提宝贵意见和建议，以便修订时进一步提高。

中国中医药出版社

2025 年 5 月

编写说明

本教材在全国中医药行业高等职业教育"十三五"规划教材《中医诊断学》的基础上，充分借鉴历版教材的经验编写而成。本教材深入贯彻落实党的二十大精神和习近平总书记关于职业教育工作和教材工作的重要指示批示精神，编写过程中围绕中医药职业教育技术技能型、应用型中医药人才培养目标，以学生为中心，以岗位胜任力、产业需求为导向，以中医类专业设置与中医行业发展需求、课程内容与中医职业标准、教学过程与中医临床过程"三对接"为编写宗旨。坚持以"实际、实用、实践、实效"为原则，力求贴近中医临床实际、符合学生学习实际，进而使教学内容体现实用、实效。编写内容突出职业教育技术技能人才培养目标，与执业助理医师考试接轨，立德树人贯穿教材编写全过程，教材中适当融入课程思政内容。

本教材的绪论，主要介绍中医诊断学课程性质与作用、明确中医诊断学的学习任务与方法；概要性地阐明中医诊断学理论的起源与发展；介绍中医诊察与辨证论治的基本过程；明确中医诊断学的学习方法及要求。模块一至模块四依次为望诊、闻诊、问诊、切诊，详细介绍中医四诊的主要内容。模块五至模块九分别是八纲辨证、病因辨证、气血津液辨证、脏腑辨证、其他辨证方法，每个模块皆基于四诊内容，从不同的角度阐述中医临床辨证思路与方法，明确辨证的关键与重点。模块十主要阐述中医临床诊断思维，意在为临床课程奠定基础。模块十一为中医病案，介绍临床病案书写的要点及注意事项。模块十二为中医诊断技能操作，突出技能训练的规范性与实用性。每个模块均以中医类别助理执业医师资格考试在中医诊断学考试大纲（理论及技能）为重点内容。

在教材编写任务方面，绪论、模块十至模块十二由黄承伟负责编写；模块一望诊由王昭、王一强共同负责编写；模块二闻诊由刘梅负责编写；模块三问诊由刘媛媛负责编写；模块四切诊由邢盛茹负责编写；模块五八纲辨证由杨银芳负责编写；模块六病因辨证由江雪沁负责编写；模块七气血津液辨证由李怡蒙负责编写；模块八脏腑辨证由王一强、贺敏、何希江共同负责编写；模块九其他辨证方法由郭柄成负责编写。在教材编写过程中，得到了不少非编写团队成员的大力支持，包括原创图片绘制、思维导图制作、望诊图片无偿提供等，在此表示由衷感谢！

本教材的编写团队由中国中医药出版社精心组建，成员来自全国不同院校的专业一线教师，教学经验丰富。本教材虽经反复校对，但难免存在不足之处，望广大使用者批评指正。

目　录

绪　论

中医诊断学是根据中医学的理论，研究诊法、诊病、辨证的基础理论、基本知识和基本技能的一门学科。它是中医学专业的基础课程和主干课程，更是连接基础理论和临床各科之间的桥梁。

一、中医诊断学发展概况

（一）汉代以前

中医诊断理论与技能的形成可追溯至先秦时期。早在《周礼·天官冢宰》中就有"以五气、五声、五色，眡其死生"的记载。春秋战国时期著名医家扁鹊，能够通过"切脉、望色、听声、写形"，而"言病之所在"。《史记·扁鹊仓公列传》记载："今天下言脉者，由扁鹊也。"

1973年，马王堆汉墓出土了一批成书于战国至秦汉的医书，包括《脉法》《阴阳脉死候》《五十二病方》等。其中，《阴阳脉死候》被视为现存最早的诊断专书；而《五十二病方》在对某些疾病的诊治上已展现出辨证论治的雏形。

成书不晚于西汉的《黄帝内经》（以下简称《内经》）标志着中医学理论体系的形成。书中论述了望神、察色、观形、闻声、问病、切脉等内容，强调诊断疾病的整体观念，并体现出辨病与辨证相结合的诊断思路，为中医诊断奠定了理论基础。《难经》将望、闻、问、切四诊视为"神圣工巧"的技能，着重强调"四诊合参"的重要性，尤其重视脉诊，提出"独取寸口"的诊脉法，简化了《内经》诊脉的程序。

西汉名医淳于意（仓公）首创"诊籍"，记录患者的姓名、居址、病状及方药等内容，作为诊疗的原始资料。东汉张仲景著成《伤寒杂病论》，将理、法、方、药有机结合，用以阐释病、脉、证、治，以六经为纲辨外感伤寒，以脏腑为纲辨内伤杂病，建立了辨证论治的体系，开创了辨证论治体系的先河。东汉华佗的医疗思想载于《中藏经》，其论症、论脉、论脏腑寒热虚实生死顺逆之法，甚为精当。

（二）晋至唐代

西晋王叔和著《脉经》，集汉以前脉学之大成，分述三部九候、寸口等脉法，规范二十四种常见病理脉象的特点与主病，是我国现存最早的脉学专著，成为后世医家脉诊运用与发展的基础。晋代葛洪《肘后备急方》中对于传染病、内外妇儿各科疾病的诊断已有比较翔实、具体的记载，如对天行发斑疮（天花）、麻风等传染病的发病特点和临床症状进行描述和诊断；指出肺痨"死后传之旁人，乃至灭门"；还记载"初唯觉四肢沉沉不快，须臾见眼中黄渐至面黄，及举身皆黄，急令溺白纸，纸即如黄柏染者，此热毒已入内"，这是对黄疸患者进行的早期记载。

隋代巢元方著《诸病源候论》，是我国第一部病源与病候诊断论述专著。全书共分67门，列出包括内科、外科、妇科、儿科、眼科各种疾病的病候1739候，并对病因病机、诊断都有详细记载，同时对传染病、寄生虫病、妇科病、儿科病等疾病的诊断有不少精辟的论述。

（三）宋金元时期

宋金元时期，中医诊断的突出发展主要体现在望诊、脉诊、儿科疾病诊断和病因学等方面。宋代陈无择的《三因极一病证方论》，是一部病因辨证理论与方法比较完备的著作。南宋施发撰写的《察病指南》，重点阐述脉诊，并绘脉图33种，以图来示意脉象。南宋崔嘉彦著《紫虚脉诀》，以浮沉迟数为纲，用四字歌诀形式分类论述28种脉象。宋元间敖继翁所著《金镜录》，论伤寒舌诊，以舌验证，分12张图，为我国现存的第一部舌诊专著，后经元代杜清碧增补为36张图，即为现在所见的《敖氏伤寒金镜录》。

金元时期，戴起宗撰《脉诀刊误集解》，对当时脉象阐释中出现的谬误进行指正。滑寿所著《诊家枢要》提出举、按、寻三种指法，载脉30种，为脉诊专著。刘昉所著《幼幼新书》，以图文并茂的形式记载了小儿食指络脉诊法，是现存最早记载小儿食指络脉诊法的文献。元代危亦林的《世医得效方》，论述了危重疾病的"十怪脉"。金元四大家对诊断的论述各有特色，如刘河间辨证注重病机，张子和注重症状鉴别，李东垣注重外感内伤证候的异同，朱丹溪注重气血痰郁的辨证。

（四）明清时期

明清时期，诊法中脉诊与舌诊的发展尤为突出。明代张介宾著《景岳全书》，其中较为精辟的论述包括"脉神章""十问歌""二纲六变"等。明代李时珍撰《濒湖脉学》，取诸家脉学之精华，以七言歌诀详述了27种病理脉象的脉体、主病以及同类脉的鉴别。

医者仁心

一脉相传，缔造中医魅力特色

中医学中的脉诊具有完整的理论体系，从《内经》的简要描述，到《脉经》中的24病脉规范，再到《濒湖脉学》的七言歌诀归纳，是数千年历代医家的不断实践与归纳总结。在WHO公布的几大世界民族医药中，或多或少都有提到脉诊，但唯有中医学理论体系中对脉诊归纳了比较完善的理论体系，当属比较有特色的一部分。"脉理精微，其体难辨。弦紧浮芤，展转相类。在心易了，指下难明"（《脉经·序》），强调要学好脉诊，需反复临床，多实践与归纳总结，方能谙熟于心，指下如神。

清代医家对舌诊的研究有突出贡献。这一时期，舌诊著作的共同特点是大多附有舌图，如张登所辑《伤寒舌鉴》，载图120幅；梁玉瑜辑成《舌鉴辨正》，载图149幅。

对于四诊的综合性研究，影响较大者有清代吴谦等撰《医宗金鉴·四诊心法要诀》，以四言歌诀简要介绍了四诊的理论与方法。清代林之翰的《四诊抉微》以色脉并重、四诊互参为特色。清代汪宏的《望诊遵经》是全面论述望诊的专著，其广泛收集历代有关望诊的资料，说明气色与疾病的关系，从全身各部位的形态、色泽和汗、血、便、溺等各种变化中进行辨证，并预测疾病的顺逆安危。

明清时期对温疫、温热类疾病的认识有了新的突破，创立了新的辨证方法。明代吴又可著《温疫论》，提出"戾气"致病的病因说，对温病学说的发展起到了极大的推动作用。清代叶天士著《温热论》，创立了卫气营血辨证，阐明望舌、验齿、辨斑疹与白㾦在温病诊断中的意义。薛生白著《湿热条辨》，对湿热病的病因病机、发病特点、传变规律等进行论述，充实了温病诊察的内容。吴鞠通著《温病条辨》，创立了三焦辨证。

对于传染病的认识方面，明代卢之颐的《痎疟论疏》专论疟疾常症与变症的证治；《时疫白喉提要》《白喉全生集》《白喉条辨》等专论白喉证治；而《麻科活人全书》《郁谢麻科合璧》《麻证新书》《麻症集成》等专论麻疹；王孟英的《霍乱论》、罗芝园的《鼠疫约编》则对霍乱、鼠疫的诊断与辨证有较详细的论述。

（五）近现代

近现代编撰出版的中医诊断学专著中，较有代表性的如曹炳章的《彩图辨舌指南》、陈泽霖等的《舌诊研究》、赵金铎的《中医证候鉴别诊断学》、朱文锋的《中医诊断与鉴别诊断学》和《证素辨证学》等。多版本《中医诊断学》规划教材的编写，使中医诊断学的内容更加系统、完善和规范。

近些年来，中医界开展了病证规范化研究，统一了病、证诊断术语，制订了各科病、证诊断标准，构建了病、证诊疗体系。为保证望、闻、切诊等资料的客观性，探索性地研发了一些中医诊察的仪器设备，并且陆续将声、光、电、磁学等知识与生物医学工程、电子计算机等领域的技术结合，进行多学科综合研究。

链接

《中医诊断与鉴别诊断学》简介

《中医诊断与鉴别诊断学》是1999年10月人民卫生出版社出版的图书，由朱文锋主编，主要内容涵盖中医内、外、妇、儿、眼、耳鼻喉、皮肤、肛肠等科的928个病种及49个常见症。每一病种分为概说、诊断、治疗三部分内容。概说部分包括病（症）定义、病名出处、别名、西医相关病种等。诊断部分包括诊断依据和鉴别诊断。诊断依据一般包括流行病学资料，主要症状、体征、检查指标等；鉴别诊断主要写与近似病种的鉴别点。治疗部分包括辨证论治和其他治疗。其他治疗指辨证论治以外的其他治疗方法，可有针灸推拿、外治、西药、手术治疗等。本书是一部既符合国家诊疗标准，又能满足临床实际需要，指导临床医生正确诊断治疗疾病的必备参考书。

二、中医诊断学的主要内容

中医诊断学主要包括诊法、诊病、辨证和病历书写等。

（一）诊法

诊法，是中医诊察、收集病情资料的基本方法和手段，主要包括望、闻、问、切四诊。

"望诊"是医生运用视觉，观察患者的神、色、形、态、舌象、头面、五官、四肢、二阴、皮肤及排出物等，以发现异常情况，了解病情的诊察方法。《难经·六十一难》说："望而知之谓之神。"

"闻诊"是医生运用听觉，诊察患者的语言、呼吸、咳嗽、呕吐、嗳气、肠鸣等声音，以及运用嗅觉，诊察患者发出的异常气味、排出物的气味等，以了解病情的诊察方法。《难经·六十一难》说："闻而知之谓之圣。"

"问诊"是医生询问患者有关疾病的情况、自觉症状、既往病史、生活习惯等，从而了解患者的各种异常感觉及疾病的发生发展、诊疗等情况的诊察方法。在《难经·六十一难》说："问而知之谓之工。"

"切诊"是医生用手触按患者的脉搏和肌肤、手足、胸腹、腧穴等部位，探测脉象变化及异常征象，从而了解病变情况的诊察方法。《难经·六十一难》说："切而知之谓之巧。"

通过四诊从不同角度收集到的病情资料，为正确诊断疾病和辨证论治提供依据，缺一不可。在临床工作中，一定要做到四诊合参。

（二）诊病

诊病，亦称辨病，是以中医学理论为指导，综合分析四诊资料，对疾病的病种做出判断，得出病名的思维过程。

疾病，是在致病因素作用下，机体阴阳失调，脏腑功能失衡，与自然、社会的协调统一遭到破坏的异常状态。不同的疾病往往具有一些共同的特点与发展变化规律。

病名，是对该疾病全过程的特点与规律所做的概括总结，如感冒、疟疾、痢疾、肺痈、痛病、消渴等。

（三）辨证

"证"是中医学特有的诊断术语。在中医学的历史上及现代文献中，对于"证"的概念和使用不太统一，有以症状为证，如"痛证""厥证"；或称病为证，如"痹证""淋证"。现代中医学的"证"是对疾病过程中所处一定（当前）阶段的病位、病性等所做的病理性概括，是指机体对致病因素做出的反应状态，是对疾病当前本质所做的结论。

"证"实际包括证名、证型、证候、证素等概念。

证名：将疾病当前阶段的病位、病性等本质，概括成一个诊断名称，这就是"证名"，如痰热壅肺证、肝郁脾虚证、卫分证、脾肾阳虚证、膀胱湿热证、瘀阻脑络证等，均为证名。

证型：临床较为常见、典型、证名规范或约定俗成的证，可称为"证型"。

证候：指每个证所表现的、具有内在联系的症状及体征。

证素：包括病位和病性，即任何复杂的证都是由病位、病性要素组成的。

"辨证"是在中医学理论的指导下，对患者的各种临床资料进行分析、综合，从而对疾病当前的病位与病性等本质做出判断，并概括为完整证名的诊断思维过程。

（四）病历书写

病历，又称病案，古称诊籍、医案，是对患者的病情、病史、诊断和治疗等情况的完整记录，也是中医记录、解析个案的诊疗全过程的传统临证文本。病历是临床诊疗、教学与科研、管理义案的重要资料。

三、中医诊断疾病的基本原理

中医学认为，事物之间存在着相互作用和因果联系，人是一个有机的整体，局部和全身是统一的，机体的外部和内部是统一的。因此，疾病变化的病理本质虽然藏之于"内"，但必有一定的症状、体征反映于"外"，局部的表现常可反映出整体的状况。通过审察其反映于外的各种疾病现象，《素问·阴阳应象大论》强调："以我知彼，以表知里，以观过与不及之理，见微得过，用之不殆。"所以在认识事物时，我们应当知己知彼，司外揣内，观察事物表象，通过微小的改变看出反常的问题，从而认识事物的本质。

（一）司外揣内

外，指因疾病而表现出的"症"，包括症状、体征；内，指脏腑等内在的状态和病理本质。《内经》说"有诸内者，必形诸外"，故《灵枢·论疾诊尺》说"从外知内"，就是强调通过诊察其外部的征象，便有可能测知内在的变化情况。《灵枢·本脏》说："视其外应，以知其内脏，则知所病矣。"说明脏腑与体表是内外相应的，观察外部的表现，可以测知内脏的变化，从而了解疾病发生的部位、性质，认清内在的状态和病理本质，解释显现于外的证候。《丹溪心法》总结为："欲知其内者，当以观乎外；诊于外者，斯以知其内。盖有诸内者，必形诸外。"

（二）见微知著

微，指微小、局部的变化；著，指明显的、整体的情况。"见微知著"出自《医学心悟·医中百误歌》，是指机体的某些局部的、微小的变化，常包含着整体的生理、病理信息；局部的细微变化常可反映出整体的状况，整体的病变可以从多方面表现出来。通过这些微小的变化，可以测知整体的情况。

（三）以常衡变

常，指健康的、生理的状态；变，指异常的、病理的状态。以常衡变，是指在认识正常的基础上，辨别、发现太过、不及的异常变化。《素问·玉机真脏论》说："五色脉变，揆度奇恒。"意思就是通过对色、脉的诊察比较，来揣测、推断正常与否。诊断疾病时，一定要善于从正常中发现异常，从对比中找出区别，进而认识疾病的本质。

（四）因发知受

"因发知受"是中医学探求病因的方法，又称为"审证求因"。"发"指人在疾病中出现的证候表现，"受"指感受的邪气和机体的反应状态。因发知受，是根据机体在疾病中所反映的证候特征，确定是寒是热、是风是湿。这种寒、热或风、湿，不是根据气候变化或气温、湿度的高低做出判断，而是各种外来邪气作用于人体后，是否发病取决于邪正斗争的结果。正如清代钱潢在《伤寒溯源集》所言："外邪之感，受本难知，发则可辨，因发知受。"意在说明在天气突然变化情况下，并非所有的人都会感受外邪而发病，是否感受外邪、感受何种邪气，主要是由机体的反应能力、反应状态决定的，必须通过人体表现的证候来做出判断。

《伤寒论》说"观其脉证，知犯何逆"，即通过审察临床所表现的证候，推求疾病发生发展的内在机制和本质。这与西医学通过检测病原体判断疾病的病因和病理，在思维和诊断依据上有着本质的区别。

四、中医诊断疾病的基本原则

中医学整体观念认为人体是一个内外协调统一的有机整体，这种统一不仅存在于机体自身结构与功能的协同方面，而且存在于对自然界与社会的适应调节能力方面。因此，中医诊断在诊察局部的同时，还要注意全身状况，并充分考虑自然与社会等环境因素可能对人体产生的影响。若要抓住疾病的本质，对病、证做出正确判断，医者除了应熟稔中医学的理论与知识，还要遵循中医诊断的基本原则。

（一）整体审察

人是一个有机的整体，内在的脏腑与体表的形体官窍之间是密切相关的；同时，人体又受到社会环境和自然环境的影响。当人体脏腑、气血、阴阳协调，能适应社会、自然环境的变化时，便表现为身心健康的状态；反之，当内外环境不能维持在一定范围内的和谐统一时，便可能发生疾病。

整体审察包含两层含义：一是通过诊法收集患者的临床资料时，必须从整体上进行多方面考虑，而不能只看到局部的征象。不仅要对局部的病状进行详细的询问、检查，而且要通过寒热、饮食、二便、睡眠、精神状况、舌象、脉象等，了解全身的情况。此外，还要了解病史、家庭、生活与工作环境、季节、气候等机体以外可能对疾病产生影响的因素，才能做出正确的诊断。二是在对病情资料进行分析时，要求注重整体性，综合判断。既不能简单地把人分割成一个个"系统"，只顾一点，不及其余，也不能只关注当前的、局部的、明显的病理改变，而忽视了时、地、人、病的特殊关系。一定要站在整体的高度，从疾病的前因后果、发展演变上综合考虑。

（二）四诊合参

四诊合参，是指四诊并重，诸法参用，综合考虑所收集的病情资料，有利于得出准确的诊断。

疾病是一个复杂多变的过程，临床表现可体现在多个方面且千变万化，而望、闻、问、切四诊是从不同的角度了解病情和收集临床资料，各有其独特的方法与意义，不能互相取代。若仅以单一的诊法进行诊察，势必造成资料收集的片面性，对诊断的准确性产生影响。因此，若要保证临床资料的全面、准确、详尽，必须强调四诊合参。正如《濒湖脉学》所说："上士欲会其全，非备四诊不可。"《四诊抉微》亦说："然诊有四，在昔神圣相传，莫不并重。"

在临床诊病时，望色、闻声、问病的先后顺序并无固定模式，有时是望色在先，有时是闻声在先，有时是问病在先，应根据具体情况而定。通过相互参照，判断需进一步检查的内容，而并非按照固定的顺序按部就班地进行。

（三）病证结合

病，是对疾病全过程的特点与发展变化规律所做的概括；证，是对疾病当前阶段的病位、病性等所做的结论。病着重贯穿整个疾病的基本病理变化，即从疾病发生、发展的全过程纵向把握病情；证着眼于疾病某一阶段机体反应状态的病理变化，即从横向认识病情。辨病的目的是从疾病全过程、特征上认识疾病的本质，把握疾病的基本矛盾；辨证的目的则重在从疾病当前阶段的表现中判断病变的位置与性质，抓住当前的主要矛盾。由于"病"与"证"对疾病本质反映的侧重面有所不同，故中医学强调要"辨病"与"辨证"相结合，这有利于对疾病本质的全面认识。

（四）动静统一

由于疾病是发展变化的，在疾病的发生、发展过程中，人体的正气与邪气不断地进行抗争，以期恢复机体阴阳的动态平衡。症状的有无、轻重的变化，往往提示着病情的轻重、缓急与转归。通常情况下，一种疾病具有贯穿始终、相对固定的基本病理，其发展演变有其相对的稳定性，是其"静"的一面；但由于个体差异和环境、气候、季节等因素的不同，在疾病的不同阶段，又有其不同的证候变化，是其"动"的一面。例如，感冒的基本病理是外邪侵犯肺卫，常有表证，如果表证未及时治疗，邪气可由表入里，在邪气入里的过程中，由于正气强弱的不同，可以产生多种变化趋势，如寒邪可以化热，形成里热证；表证不解可转化为里证或形成表里同病；实证可以转化为虚证或虚实夹杂证等。中医的辨证思维充分体现了对健康状态的动态把握。因此，在明确疾病诊断的同时，要注意观察证候的变化，把握病情发展的趋势，及时调整治疗的法则和方案。

五、学习中医诊断学的方法

（一）重视中医诊断基础理论的学习

中医诊断基础理论是中医诊断和辨证思维的基础，中医诊断学是中医基础理论的延伸和连接临床的桥梁，二者密不可分。要学习掌握好中医诊断的基本技能，必须以了解、掌握中医基础理论为前提，而后才有可能灵活运用、举一反三。反之，若缺乏中医基础理论知识，便不能对四诊所收集的临床资料按照中医学理论进行归纳、分析，也不能确定其相互间的病理生理联系及其临床意义，更无法得出准确的诊断结果。所以，学习中医诊断学，必须在系统掌握本门课程的基本理论、基本知识的同时，进一步提高中医基础理论水平。

（二）注重中医临床思维的培养

中医临床思维是中医理论体系与临床实践的核心，从运用四诊收集病情资料进行分析开始，到再观察、再分析，最终形成病、证判断结论的完整认识过程，是在中医思维指导下完成的，是从感性认识到理性认识的飞跃。临床诊断的正确与否，是一个医生专业水平的反映，也是其观察能力和临床思维能力的体现。因此，除了医生的医学理论与知识水平的不足或欠缺，思维能力的低下，也将影响其收集病情资料的完整性、可靠性，以及诊断结果的正确性。所以，要提高临床诊断水平，医生不仅要学习经典著作知识，更要注意思维方法、思维方式的锻炼和培养，学会从不同角度和整体的高度，全面客观地观察问题、分析问题和解决问题。

（三）强化临床实践与技能训练

中医诊断学既有理论性，又有实践性。前人说"熟读王叔和，不如临证多"，阐明了理论必须同实践相结合的道理，凸显了临床实践在学习中医诊断中的重要意义。临床病证错综复杂、千变万化，不可能像书本上所描述的那样单纯、固定，患者也不可能照章陈述。若缺乏临床实践与严格的技能训练，即使相关知识背诵得滚瓜烂熟，在临床实践中也无法正确理解患者的表述，不能透过现象看本质。只有通过不断实践，才有可能做到去伪存真、去粗存精。所以，一是要主动、积极地参与训练和实践，在实践中要勤练基本功，严格要求，规范操作，反复练习，并注意不断地总结经验教训。二是在与患者的接触中，还应注意交流沟通能力的培养，注重人文关怀，对患者做到态度和蔼、体贴爱护、耐心细致。三是要养成严谨的学风和高尚的医德医风，才可能不断提升自己的能力和水平。

？ 思 考 题

1. 简述《脉经》的学术贡献。
2. 舌诊的专著有哪几部？
3. 中医诊断疾病的基本原理包括哪几方面？

本章数字资源

模块一　望　诊

　　望诊，是医生运用视觉器官对患者的整体和局部及排泄物、分泌物等进行有目的的观察，以获得病情资料的诊察的方法。望诊在四诊中占有重要地位，被列为四诊之首，故在《难经》中有"望而知之谓之神"之说。

　　望诊的原理：中医认为人体是一个有机的整体，内在脏腑和外在形体官窍、四肢百骸，通过经络密切相连，生理上相互关联，病理上相互影响。人体外部的表现，特别是精神、面色、舌象的变化，与内在脏腑的虚实、气血的盛衰有密切关系。当内在脏腑经络、气血津液等发生病理变化时，必然会通过经络传导反映于体表或影响相应的形体官窍。因此，观察人体外部的各种表现及其变化，便可测知内在脏腑功能的强弱，以及气血阴阳的盛衰。正如《灵枢·本脏》所云："视其外应，以知其内脏，则知所病矣。"

　　望诊的内容：主要包括望神、望色、望形态、望头面五官、望躯体、望四肢、望二阴、望皮肤、望排出物、望小儿食指络脉，以及望舌等。

　　望诊的注意事项：一是光线充足，应在充足的自然光下进行望诊，避开有色光。二是诊室温度适宜，只有当诊室温度适宜时，患者的皮肤、肌肉会自然放松，气血运行则畅通，疾病的征象才可能真实地显露出来。三是充分暴露受检部位，以便完整、细致地观察到需要观察的各个方面。四是对于个别与整体病情不相符的征象，应认真分析，排除假象。

项目一　全身望诊

案例导入

　　患者，女性，22岁，3年来月经常提前，每次行经约10日方止，量多色淡，皮肤经常出现紫斑，并常头晕眼花，心悸气短，失眠多梦，食欲减退，食后腹胀，每食油腻则便溏，肢体麻木，皮肤枯涩，面色萎黄，精神不振，身体消瘦，舌质淡，苔薄白，脉细弱。

问题：1. 该患者属得神、少神还是失神？其临床意义为何？

　　　　2. 神的表现形式除得神、少神、失神、神志失常外，还有哪种？试述其临床表现及病机。

　　全身望诊，又称"整体望诊"，指医生通过观察患者精神、色泽、形体、姿态等全身情况的变化，从而对患者的整体状况做出初步判断的过程。

一、望　神

（一）望神的概念

　　"神"有广义和狭义之分。广义的神，是指整个人体生命活动的外在表现；狭义的神，是指人的精神、意识、思维、情感活动。望神之"神"，既包括广义之神，又包括狭义之神。

望神，是指通过观察人体生命活动的整体表现来判断病情的一种方法。神以精气为物质基础，望神可以了解脏腑精气的盛衰、病情的轻重及预后。神作为生命活动现象的高度概括，通过人体多方面表现综合反映出来，如精神表情、意识思维、面色眼神、语言呼吸、动作体态、舌象脉象等。重点观察眼神、神情、气色和体态，而望眼神最为关键。

（二）望神的意义

神的产生与人体精气和脏腑功能的关系非常密切。神产生于先天之精，又依赖后天水谷之精的不断充养。先天之精充足，则精所化生的气血津液充足，脏腑功能正常，人体就能表现出有神。可见，神是以先天、后天之精及其所化生的气血津液为物质基础，最终通过脏腑的功能活动表现于外的。所以，精气充足，则体健神旺，抗病力强，患病多轻，预后较好；精气亏虚，则体弱神衰，抗病力弱，患病多重，预后较差。因此，观察患者神的旺衰变化，可以诊察其精气的盛衰，推断病情的轻重和预后。

（三）神的表现形式与临床意义

临床根据神的旺衰和病情的轻重，将神的表现概括为得神、少神、失神、假神和神乱五种。

1.得神　又称"有神"，是精充、气足、神旺的表现。

【临床表现】神志清楚，言语清晰，面色荣润，含蓄不露，表情自然，目光明亮，精彩内含，动作灵活，反应灵敏，肌肉不削，动作自如，呼吸平稳。

【临床意义】上述表现象征精气充足，体健神旺，即使有病，也是脏腑精气未伤，主病轻浅，预后良好。

2.少神　介于得神与失神之间，又称"神气不足"，是精气不足、神气不旺的表现。

【临床表现】精神不振，两目乏神，面色少华，暗淡不荣，肌肉松软，倦怠乏力，少气懒言，动作迟缓。

【临床意义】上述表现象征正气不足，精气轻度损伤，脏腑功能减弱，常见于体弱者，或轻病者，或病后恢复期患者。

3.失神　又称"无神"，是精亏神衰或邪盛神乱的重病表现，分正衰失神和邪盛失神两种情况。

（1）正衰失神

【临床表现】目无精彩，眼神呆滞，精神萎靡，意识模糊，反应迟钝，思维混乱，言语低微，面色无华或晦暗，表情淡漠，呼吸微弱或喘促无力，手撒遗尿，肌肉瘦削，动作艰难或神昏郑声。

【临床意义】上述表现象征脏腑精气衰竭，正气大伤，多见于久病重病之人，其病情深重，预后不良。

（2）邪盛失神

【临床表现】壮热烦躁，呼吸气粗，喉中痰鸣，四肢抽搐，神昏谵语，躁扰不宁；或循衣摸床，撮空理线；或猝倒神昏，两手握固，牙关紧闭。

【临床意义】上述表现象征邪热亢盛，内陷心包，扰乱神明；或肝风夹痰，蒙蔽清窍，气机闭塞，多见于急性危重症患者。

4.假神　指久病、重病之人，精气本已衰竭，却突然出现精神等暂时"好转"的假象。古人称作"残灯复明""回光返照"。

【临床表现】久病、重病之人，本已精神萎靡，神志不清，却突然精神转佳，神志似清，言语不休，想见亲人；本已目光晦滞，却突然目光转亮；本已面色晦暗，却突然两颧泛红如妆；或本无食欲，或久不能食，却突然欲进食物或食量大增等。

【临床意义】上述表现象征久病脏腑精气极度衰竭，正气将绝，阴不敛阳，虚阳外越，阴阳即将离决，属病危，多见于临终之前。

得神、少神、失神、假神的鉴别如表 1-1 所示。

表 1-1　得神、少神、失神、假神鉴别表

项目	得神	少神	失神	假神
两目	灵活，明亮	乏神	呆滞	突然目光转亮，浮光外露
神志	神志清楚	精神不振	精神萎靡，或猝然昏倒或神昏	突然神清，想见亲人
语言	清晰	懒言	语言错乱，谵语	突然言语不休，忽而清亮
面色	面色荣润	面色少华	面色无华	面色无华，或突然两颧泛红如妆
形体	肌肉不削	肌肉松软，倦怠乏力	身体羸瘦	
呼吸	平稳	少气	气微或喘促	
动作反应	行动自如，反应灵敏	动作迟缓	动作艰难，反应迟钝，或烦躁不安，四肢抽搐，或循衣摸床，撮空理线，或两手握固，牙关紧闭	
饮食	食欲正常	食欲一般	食欲明显减退	原毫无食欲，突然食欲增强

5. 神乱　指精神失常、意识错乱的表现。

【临床表现】焦虑恐惧，淡漠痴呆，狂躁妄动，猝然昏仆等，多见于脏躁、癫证、狂病、痫病等。

（1）脏躁：表现为精神忧郁，伴有焦虑不安、喜怒无常、心悸胆怯、不敢独处，多因心胆气虚，心神失养所致。

（2）癫证：表现为神识痴呆，表情淡漠，喃喃自语，哭笑无常。多因情志内伤，气郁痰凝，蒙蔽心神；或先天不足，脑神虚损所致。

（3）狂病：表现为狂妄躁动，哭笑怒骂，胡言乱语，打人毁物，骂詈不避亲疏，甚则登高而歌，逾垣跃屋，力逾常人，弃衣而走，妄行不休。多因气郁化火，灼津为痰，痰火扰乱神明所致。

（4）痫病：表现为猝然昏倒，四肢抽搐，两目上视，口吐涎沫，口出异声，醒后如常。多因脏气失调，肝风夹痰上扰，蒙闭清窍所致。

【临床意义】神乱有虚实之分，虚多因心神失养，或脑神虚损所致；实者多因气郁、痰凝、痰火蒙蔽清窍，或扰乱神明所致。神乱主要是指神志异常，不一定意味着病情严重，多反复发作，而缓解期常不出现神志异常。

考点与重点　得神、失神、少神、假神、神乱的常见临床表现及其意义

（四）望神的注意事项

临证望神，除了对神的表现进行认真观察，还应注意以下事项。

1. 重视第一印象　患者神的表现往往在无意之时流露最真，所以，医生要重视刚刚接触患者时的第一印象，做到静心凝神，以神会神，一会即觉，以获得对患者神的旺衰的真实印象。

2. 注重神形合参　神为形之主，形为神之舍。一般情况下，体健则神旺，体弱则神衰。若神形表现不一，必须神形合参，才不至于误诊。如久病形羸色败，虽神志清醒，亦属失神；新病昏迷狂躁，则虽形体丰满，亦非佳兆。

3. 抓住失神主症　有些症状和体征对判断失神具有重要意义，应特别留意，一旦出现，多为病重失神之象。如神昏谵语、循衣摸床；猝倒神昏，手撒遗尿；骨枯肉脱，形羸色败；饮食不入，泄泻不止等。

二、望　色

望色，又称"色诊"，是医生通过观察患者全身皮肤的色泽变化来诊察疾病的方法。因人体皮肤色泽变化以面部表现最为明显，所以，望色主要以望面部色泽变化为主。

（一）面部色诊的原理

观察面部色泽的变化，可以了解内在脏腑的生理、病理变化，以诊断疾病，其因有二：第一，面部血脉丰富，是脏腑精气之外荣，全身"十二经脉，三百六十五络，其血气皆上于面而走空窍"（《素问·邪气脏腑病形》）；第二，面部皮肤薄嫩外露，其色泽变化最易于观察。

（二）面部色诊的意义

1. 判断气血盛衰　面部是观察人体气血变化的窗口，脏腑气血的盛衰在面部反映最明显。面色红润光泽，为气血充盛；面色淡白无华，为气血不足；面色晦暗青紫，属气血瘀滞等。

2. 辨别病邪性质　机体感受不同的病邪，会引起体内不同的病理变化，反映在面部就会出现不同的色泽改变。面色赤，多为热证；面色白，多为寒证或阳虚证；面色青紫，多为气滞血瘀；面色黄，多为湿阻等。

3. 确定病变部位　中医五行学说认为，五色与五脏相应。在生理情况下，五脏之色隐含于皮肤之中而不外露，一旦脏腑有病，其病色可明显暴露于外，即所谓"真脏色外露"。例如，脾病可见面黄，肾病可见面黑。另外，当脏腑发生病变时，也可在面部相应区域出现色泽改变。因此，观察面部不同区域的色泽变化，有助于判断病变的具体脏腑定位。然而，疾病变化错综复杂，在临床诊断时，一定要将面部色诊与其他四诊资料进行综合分析判断，这样才能做出正确判断。

4. 预测疾病轻重与转归

色泽是脏腑精气外荣的表现，色是肤色和血色的相兼，属阴主血；泽指明润度，即光泽，属阳主气。色反映血液的盈亏与运行情况，泽反映脏腑精气的盛衰。色与泽不可分离，临床诊病时，必须将色泽综合起来进行判断。面色荣润光泽、含蓄不露者，称为"善色"，是脏腑气血充足的表现，虽病而脏腑精气未衰，病情较轻，预后良好；面色晦暗枯槁、真色暴露者，称为"恶色"，表明脏腑精气已衰，属病重，预后不良。

链接

《内经》面部脏腑分候法

《灵枢·五色》的面部分候脏腑法多用于判断内伤杂病，主要为鼻称明堂；眉间称阙；额称庭（颜）；颊侧称藩；耳门称蔽。分候脏腑为眉心候肺；鼻根候心；鼻柱候肝；鼻尖候脾，颊候肾。

《素问·刺热》的面部分候脏腑法多用于判断外感热性病证，具体包括额部候心，鼻部候脾，左颊候肝，右颊候肺，颏部候肾。

（三）常色与病色

望面色时要注意识别常色与病色。

1. 常色　是指人体健康时面部皮肤的色泽。其特点是明润含蓄。明润，即光明润泽，表明人体精气充足，脏腑功能正常，是有神气的表现。含蓄，指面色红黄隐隐，含于皮肤之内而不过于暴露，表明胃气充足，精气内含而不外泄，是有胃气的表现。常色有主色和客色之分。

（1）主色：是指与生俱来，一生基本不变的肤色，属个体肤色特征。因民族、禀赋等不同，肤色可有偏青、偏赤、偏黄、偏白、偏黑的个体差异。中国人多属黄种人，其正常面色是红黄隐隐，明润含蓄。

（2）客色：是指因季节、气候、昼夜等外界环境因素的变动，或因生活条件的差别，而发生的面色短暂、轻微的改变。如春季面稍青，夏季面稍赤，长夏面稍黄，秋季面稍白，冬季面稍黑；白昼面色红润，黑夜面色暗淡；喜则面赤，怒则青紫，忧则色沉，思则面黄，悲则泽减，恐则苍白等。除上述变化外，人的面色还可由运动、饮酒、水土、职业、年龄、日晒等因素的影响而发生改变。

2. 病色 是指人体在疾病状态时面部的色泽。其特点是晦暗枯槁，或暴露浮显。晦暗，指面部皮肤枯槁发暗而无光泽，是脏腑精气虚衰、胃气不能上荣的表现。暴露，指某种面色异常明显地显露于外，是病色或真脏色外露的表现。因病情有轻重不同，病色又有善色、恶色之分。

（1）善色：指患者面色异常，但光明润泽。提示病变尚轻，虽病而脏腑精气未衰，胃气尚能上荣于面。多见于轻病、新病，预后良好。

（2）恶色：指患者面色异常，且枯槁晦暗。提示病变深重，脏腑精气已衰，胃气不能上荣于面。多见于重病、久病，预后较差。

根据《素问·五脏生成篇》记载，鉴别常色、善色、恶色如表1–2所示。

表1–2 常色、善色、恶色鉴别表

五色	正常面色	轻病面色（善色）	重病面色（恶色）
青	如以缟裹绀	如翠羽	如草滋
赤	如以缟裹朱	如鸡冠	如衃血
黄	如以缟裹瓜蒌实	如蟹腹	如枳实
白	如以缟裹白	如豕膏	如枯骨
黑	如以缟裹紫	如乌羽	如炲

考点与重点 常色与病色的分类、临床表现及其意义

（四）五色主病

病色主要有青、赤、黄、白、黑五种，分别提示不同脏腑的病变和不同性质的疾病。根据患者面部五色变化来诊察疾病的方法，称"五色诊"。

1. 青色 主寒证、痛证、血瘀、气滞、惊风、肝病。

【病机】多因寒凝、气滞、疼痛、筋脉拘急、热盛等致经脉瘀滞，气血运行不畅所致。

【临床意义】

面色淡青，多为虚寒证。

面色青黑，多因实寒证、疼痛剧烈所致。

面色青灰，口唇青紫，兼心胸憋闷疼痛，肢冷脉微，多因心阳不振、心脉痹阻所致，常见于胸痹、真心痛。

久病面色青灰，口唇青紫，多因心气、心阳虚衰，心血瘀阻，或肺气郁闭，呼吸不利所致。

若心悸、胸痛反复发作，突发剧烈胸痛，面色青灰，口唇青紫，冷汗不止，肢凉脉微，属心阳暴脱。

小儿高热时，眉间、鼻柱、唇周色青，多属惊风，或惊风先兆。

2. 赤色 主热证，亦可见于真寒假热的戴阳证。

【病机】多因热盛而脉络扩张，面部气血充盈，或虚阳浮越所致。

【临床意义】

满面通红，多属外感发热或脏腑火热炽盛的实热证。

午后两颧潮红，多属阴虚阳亢、虚火上炎的虚热证。

久病、重病，面色苍白，颧颊部时而嫩红如妆，游移不定，多属久病阳气虚衰，阴盛格阳，虚阳浮越的戴阳证。

3. 黄色 主脾虚、湿证。

【病机】多因脾虚失运，气血乏源，面部失荣，或湿邪内蕴所致。

【临床意义】面色淡黄而晦暗不泽者，称"萎黄"，多因脾胃气虚，运化无力，气血不足所致。

面色黄而虚浮者，称"黄胖"，多因脾气虚弱，水湿内停，泛溢肌肤所致。

面目一身俱黄者，称"黄疸"。若黄而鲜明如橘皮色者，为阳黄，多因湿热熏蒸所致；若黄而晦暗如烟熏者，为阴黄，多因寒湿困阻所致。

面色苍黄者，多因肝郁脾虚所致。

4. 白色 主虚证、寒证、失血、夺气证。

【病机】多因气血不足，或失血，导致气血不能上荣于面所致；或寒邪凝滞，脉络收缩，血行迟滞；或阳气不足，温运无力，血行迟缓，导致面部脉络不充所致。

【临床意义】

面色淡白无华，唇舌色淡，多因气血不足，或失血所致。

面色㿠白，兼畏寒，肢冷，多属阳气不足的虚寒证。

面色㿠白虚浮，多因阳虚水泛所致。

面色苍白，伴大出血，多属脱血。

面色苍白，四肢厥冷，冷汗淋漓，多属阳气暴脱之亡阳证。

面色苍白，形寒肢冷，多属阴寒凝滞、血行不畅的实寒证。

5. 黑色 主肾虚、寒证、水饮、瘀血、疼痛。

【病机】多因肾阳虚衰，水饮不化，阴寒内盛，血失温养；或肾精亏虚，面部失荣所致。

【临床意义】

面黑黯淡，多因阳虚火衰，水寒不化，血失温养所致，属肾阳虚证。

面黑干焦，多因阴虚火旺，虚火灼阴，面部失养所致，属肾阴虚证。

眼眶周围色黑，多属肾虚水饮，或寒湿带下。

面色黧黑，肌肤甲错，多因瘀血久停，肌肤失养所致。

（五）望色注意事项

望面色，要善于观察面部色泽的动态变化，注意比较患者的面色与周围人群的常色，同时，要注意观察患者其他部位皮肤的色泽形态变化，还要注意光线、昼夜、情绪、饮酒、饥饱等非疾病因素对面色的影响。当患者的面色不易辨别，或面色与病性、病位不一致时，应结合其他诊法进行综合判断，以免误诊。

考点与重点 五色主病的临床表现及其意义

医者仁心

扁鹊见蔡桓公的故事

正所谓"望而知之谓之神"。名医扁鹊观见蔡桓公，站在他面前，望诊后说："您的病在皮肤腠理间，不医治恐怕会加重。"蔡桓公说："我没有病。"过了十天，扁鹊再次观见蔡桓公，望诊后说："您的病在肌肉，不及时医治将会更加严重。"蔡桓公不理睬。又过了十天，扁鹊再一次观见蔡桓公，望诊后说："您的病在肠胃，不及时治疗将要更加严重。"蔡桓公还是没有理会。再过了十天，扁鹊远远地看见蔡桓公，掉头就跑。蔡桓公特意派人问扁鹊，他说："现在蔡桓公的病在骨髓，我因此不再请求为他治病了。"过了五天，蔡桓公身体疼痛，派人寻找扁鹊，扁鹊已经逃到秦国了。后来，蔡桓公病亡。

这则故事旨在告诫人们要正视问题，不要讳疾忌医。

三、望　　形

望形，又称"望形体"，主要是指通过观察体型、体质和形态等来诊察疾病的方法。

（一）望形体诊病的原理

外在形体由皮、肉、脉、筋、骨五种基本组织组成，皮、肉、脉、筋、骨分别由肺、脾、心、肝、肾五脏所主，依赖五脏精气滋养，才能保持其正常生理状态，发挥其正常生理功能，从而使外在形体强健无病。形体的强弱与内脏功能的盛衰是统一的，内盛则外强，内衰则外弱。所以，观察患者形体的强弱胖瘦，可以了解其内在脏腑的虚实、气血的盛衰，以及其他病变情况。而不同的体质类型，其阴阳盛衰不同，对不同病邪的易感性和患病的倾向性不同，患病后疾病的发展、转归、预后也有所不同。故望形体有助于对疾病做出正确诊断。

（二）望形体的内容与意义

1. 形体强弱　主要观察机体骨骼的粗细、肌肉的丰瘦、皮肤的润枯、胸廓的宽窄等方面。

（1）体强：形体强壮，表现为筋骨强健，胸廓宽厚，肌肉充实，皮肤润泽，精力充沛，食欲佳。体强反映脏腑精气充盛，抗病力强，不易患病，即使患病，病情亦轻，易于治疗，易于恢复，预后较好。

（2）体弱：形体衰弱，表现为筋骨不坚，胸廓狭窄，肌肉瘦削，皮肤不荣，疲乏无力，食欲不佳。体弱反映脏腑精气亏损，体弱易病，病后难治，预后较差。

2. 形体胖瘦　正常人体型适中，各部组织匀称。过于肥胖或过于消瘦都有可能是病理状态。在观察形体胖瘦时，还应注意与精神状态、食欲食量等结合起来进行综合判断。

（1）体胖：体重超过正常标准20%者，一般可视为肥胖。体胖食多，肌肉坚实，动作灵活者，为形气有余，身体健康。若肥而食少，肌肉松软，疲惫乏力者，为形盛气虚，多因阳气不足，痰湿积聚所致。体胖者易患眩晕、中风等病。故有"肥人多痰湿，多中风"之说。

（2）体瘦：体重明显下降，较标准体重减少10%以上，一般可视为消瘦。形体消瘦但精力充沛，神旺有力，抗病力强，应属健康之人。形瘦乏力，气短懒言，多属气血亏虚；形瘦食少，伴面色萎黄，为脾胃虚弱；形瘦多食易饥，多为中焦有火；形体消瘦，伴颧红、潮热、盗汗、五心烦热者，多属阴虚火旺，可见于温病后期或肺痨等慢性消耗性疾病。故有"瘦人多虚火，多痨嗽"之说。若久病"大肉脱失"，卧床不起，为脏腑精气衰竭，病属危重（图1-1）。

3. 体质类型　体质类型是指个体在遗传的基础上，受环境等因素影响，在生长发育过程中逐渐形成的结构、功能和代谢上相对稳定的特性。体质类型在一定程度上反映了机体阴阳、气血盛

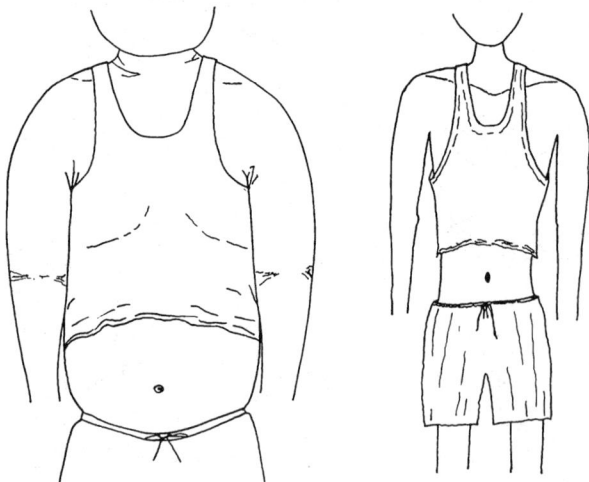

图1-1　体胖、体瘦形态图

衰的禀赋特点和对疾病的易感性，不同体质的人得病后的转归也不相同。故观察、辨别患者的体质类型，有助于疾病的诊断和预后。目前体质分类有多种方法，这里介绍简单易行的阴阳三类法。

（1）阴阳平和质：平脏人，指整体功能平衡协调的体质。表现为身体强壮，胖瘦适中，平时无寒热喜恶之偏，自身调节和对外适应能力强，不易感受外邪，较少生病，即使患病也可自愈或易于治愈。

（2）偏阴质：阴脏人，指具有偏寒、抑郁、多静等特点的体质。表现为形体偏胖，容易疲劳，面色偏白而少华，性格内向，喜静少动，食量较少，平时恶寒喜热，动作迟缓，反应较慢。此种人易感寒湿邪气，冬天易生冻疮，感邪后多从寒化，容易产生湿阻、水肿、痰饮等病理变化。

（3）偏阳质：阳脏人，指具有偏热、亢奋、多动等特点的体质。表现为形体偏瘦，面色多偏红，性格外向，喜动易急躁，平时恶热喜凉，动作敏捷，反应较快。此种人易感暑热阳邪，皮肤易生疮疡，感邪后多从热化，容易化燥伤阴，形成阴虚阳亢、血耗神乱等病理变化。

考点与重点 形体强弱胖瘦的临床表现及其意义

链接

中医体质分类与判断标准

2009 年 4 月 9 日，中华中医药学会发布了《中医体质分类与判断标准》，该标准将体质分为平和质（A 型）、气虚质（B 型）、阳虚质（C 型）、阴虚质（D 型）、痰湿质（E 型）、湿热质（F 型）、血瘀质（G 型）、气郁质（H 型）、特禀质（I 型）9 个类型。不同体质类型在形体特征、生理特征、心理特征、病理反应状态、发病倾向等方面各有特点。

四、望　态

望态，又称"望姿态"。姿即姿势、体位；态即形体动态。望姿态是通过观察患者的姿势和动态来诊察病情的方法。

（一）望姿态诊病的原理

正常人的姿态舒适自然，举止得体，活动自如，反应灵敏。患者的动静姿态是疾病的外在表现，观察患者的动静姿态，对判断病性具有重要意义。因阳主动、阴主静，故躁动不安者多属阳、热、实证；喜静、懒动者多为阴、寒、虚证。

肢体运动受心神支配，与筋骨、经脉有着密切的关系。心神正常，筋骨强健，经脉通畅，则肢体运动自如，矫健协调。一旦心神失常，或筋骨、经脉发生病变，皆可导致肢体动静失调，出现被动体位、强迫体位、无意识的动作等异常动态。所以，观察肢体运动状况，也可判断心神状况和筋骨、经脉的病变。

（二）望姿态的内容与意义

1. 异常姿态　病理情况下，姿态的表现主要有动静、强弱、伸屈、仰俯，称为"姿态八法"。若以动、强、伸、仰为主要表现者，则为阳、热、实证；若以静、弱、屈、俯为主要表现者，则为阴、寒、虚证。

（1）行态：行走时以手护腹，身体前倾，弯腰屈背，多为腹痛；以手护腰，腰背板直，转动艰难，多为腰腿病；行走之际，突然停步，以手护心，不敢行动，多为真心痛；行走时身体动摇不定，多为肝风内动，或筋骨受损，或脑有病变。

（2）立姿：站立不稳，如坐舟船，不能自持，常伴眩晕，多属肝阳上亢，或痰饮上犯；不能久立，立则需倚物支撑，多属气血虚衰。

（3）坐姿：坐而喜伏，少气懒言者，多为肺虚少气；坐而仰首，胸胀气粗者，多属肺实气逆；但坐而不得平卧，或只能半卧，平卧则气逆，多为肺胀咳喘，或饮停胸腹；但卧不耐坐，坐则昏眩，多为气血虚弱。

（4）卧姿：卧时常向外，身轻能自转侧，多为阳证、热证、实证；卧时喜向里，身重不能转侧，多为阴证、寒证、虚证；蜷卧缩足，喜加衣被者，多为阳虚；仰卧伸足，欲掀衣被者，为热盛。

2.异常动作　患者睑、面、唇、指（趾）不时颤动，不能自主，在外感病中多为热盛动风之兆，在内伤病则为虚风内动之征。

猝然昏倒，伴口眼㖞斜，半身不遂，语言謇涩者，多见于中风。

四肢抽搐，甚则颈项强直，角弓反张，两目上视者，属肝风内动，多见于惊风、痫病、破伤风、子痫、马钱子中毒等。

手足软弱，筋脉弛缓，肌肉萎缩，而无疼痛者，属痿证。

关节疼痛，或肿胀变形，活动障碍，属痹证。

若在盛夏时或在室内高温作业过久而突然昏倒，伴有高热面赤，呼吸气粗，汗出较多，甚至昏迷惊厥者，多为中暑。猝然昏倒，伴见四肢厥冷，而呼吸自续者，多见于厥证。

考点与重点　姿态异常（动静姿态、异常动作）的临床表现及其意义

？ 思 考 题

1.简述五色主病的临床意义。

2.简述形体胖瘦的临床意义。

3.简述行走姿势异常的临床意义。

项目二　局 部 望 诊

案例导入

患儿，男性，8个半月。2023年6月30日初诊：患儿因烦躁不安，盗汗，食欲不振，口干，时有低热咳嗽，曾被几家医院儿科医师诊断为"佝偻病"，曾注射"维生素D_2果糖酸钙注射液""复合维生素B注射液"，口服"维生素D滴剂""葡萄糖酸钙口服溶液"等，治疗2个月余，效果欠佳，故请中医诊治。刻下：患儿精神不振，烦躁不安，面色少华，头顶部扁平而呈方形，囟门较大，头发稀疏，舌质淡红，苔薄，食指络脉色浅。

问题：1.何谓大囟、方颅？病机是什么？

　　　2.引起该患儿囟门、头发变化的病机是什么？

局部望诊，又称"分部望诊"，是在整体望诊的基础上，根据病情和诊断需要，对患者身体某些局部进行深入细致的观察，以诊察疾病的方法。观察局部的异常变化，有助于了解整体的病变，从而补充全身望诊的不足。

局部望诊的内容包括望头面、五官、躯体、四肢、二阴、皮肤等部位。

一、望 头 面

（一）望头部

头为精明之府，内藏脑髓；脑为髓海，为肾所主，且肾其华在发，发为血之余；头又为诸阳之会，手足三阳经及督脉皆上行于头，足厥阴肝经及任脉亦上行于头，脏腑精气可通过经脉上行至头。故望头部情况，可以诊察肾、脑的病变和脏腑精气的盛衰。

望头部应重点观察头部的大小、外形、囟门、动态以及头发的色泽与分布情况。头形的大小以头围（经眉弓上方突出部，绕经枕后结节一周的长度）来衡量（图1-2）。

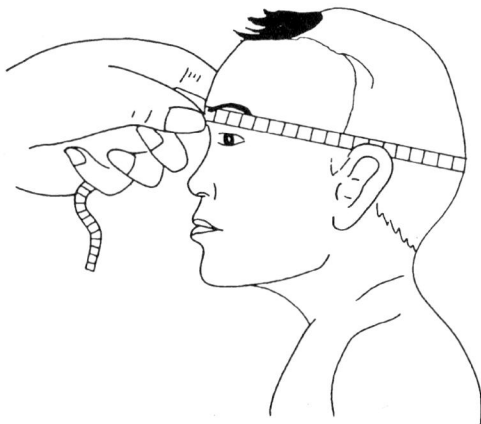

图1-2 测头围

1. 头形异常

（1）大颅：头形过大，主要表现为小儿头颅均匀增大呈圆形，颅缝开裂，相比之下脸部较小，面容呈倒三角形，双目呈落日征（双目下视，上部巩膜外露），伴有智力低下。多因先天不足，肾精亏损，水液停聚于脑所致（图1-3）。

（2）小颅：头形过小，主要表现为小儿颅缝早闭，头颅顶部尖突高起，额部窄小，而脸部相对较大，伴有智力低下。多因先天肾精不足，颅骨发育不良所致（图1-4）。

（3）方颅：小儿前额左右突出，头顶平坦，顶面观头颅呈方形。多因肾精不足，或脾胃虚弱，颅骨发育不良所致。可见于佝偻病、先天性梅毒等患儿（图1-5）。

2. 囟门异常

囟门是婴幼儿头顶颅骨未闭合时所形成的骨间隙，有前囟、后囟之分（图1-6）。后囟呈三角形，在出生后2～4个月闭合；前囟呈菱形，在出生后12～18个月闭合。囟门是临床观察小儿发育和营养的主要部位之一。主要病证有囟填、囟陷、解颅等。

（1）囟填：囟门突起，多属实证，多因温病火邪上攻，或脑髓有病，或颅内水液停聚所致。但小儿

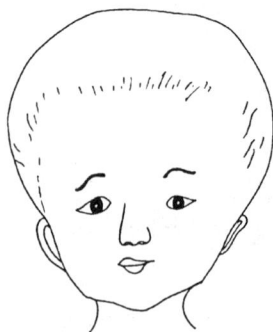

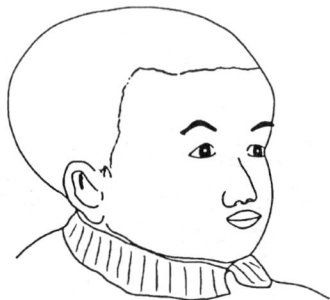

图 1-3　大颅　　　　　　　　　　图 1-4　小颅　　　　　　　　　　图 1-5　方颅

在哭泣时囟门暂时突起不属病态（图 1-7）。

（2）囟陷：囟门凹陷，多属虚证，多因吐泻伤津，气血不足，或先天肾精亏虚，脑髓失充所致。但 6 个月以内的婴儿囟门微陷则属正常（图 1-8）。

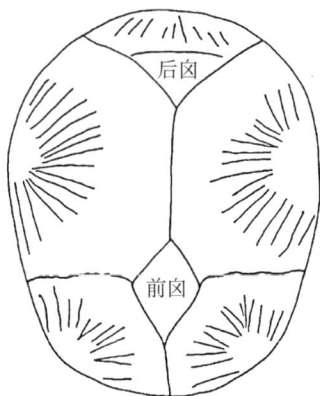
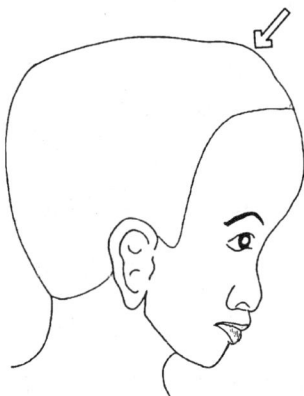
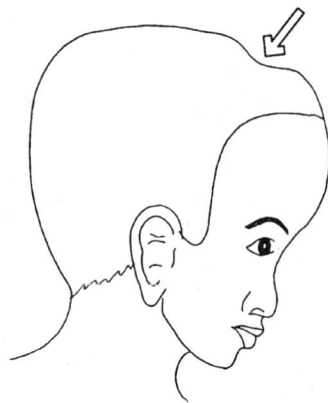

图 1-6　囟门　　　　　　　　　　图 1-7　囟填　　　　　　　　　　图 1-8　囟陷

（3）解颅：囟门迟闭，该合不合，是先天肾气不足，或后天脾胃虚弱，骨骼失养，发育不良所致，多见于佝偻病患儿，常兼有"五软"（头软、项软、手足软、肌肉软、口软）、"五迟"（立迟、行迟、发迟、齿迟、语迟）等症状。

3.动态异常　头摇不能自主，不论成人或小儿，多为肝风内动之兆，或为老年人气血亏虚，脑神失养所致。

4.头发异常　发为血之余，为肾之华。观察头发的色泽和疏密等，可以了解肾气的盛衰和精血的盈亏。正常人头发多浓密色黑而润泽，是肾气充盛、精血充足的表现。

（1）色泽异常：发黄干枯，稀疏易落，多属精血不足，可见于慢性虚损患者，或大病后精血未复者。青少年白发，伴有失眠健忘者，多为劳神伤血所致；亦有发白而无任何不适者，为先天禀赋所致，不属病态；发白，伴有腰酸、耳鸣等症者，多属肾虚。小儿头发稀疏黄软，生长迟缓，甚或久不生发，多因先天不足、肾精亏损，或喂养不当，气血亏虚，发失所养而致。小儿发结如穗，枯黄无泽，伴见面黄肌瘦者，多为疳积。

（2）头发脱落：头发突然片状脱落，显露圆形或椭圆形光亮头皮而无自觉症状者，称为"斑秃"（图 1-9），多为血虚受风，或长期精神紧张、焦虑、恐惧等情志刺激，暗耗精血，发失所养而

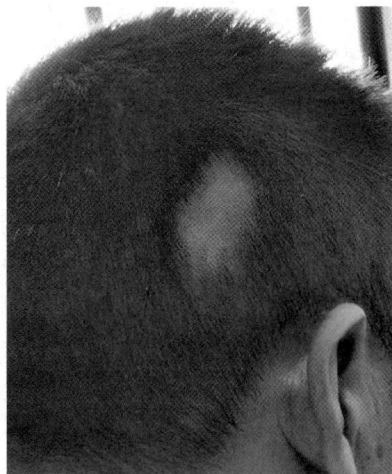

图 1-9　斑秃

致。若头顶发脱，称为"顶秃"，常因劳神过度，耗伤精血或先天遗传因素所致。青壮年头发稀疏易落，伴眩晕、健忘、腰膝酸软者，为肾虚。若头发易脱，伴头皮瘙痒，多屑多脂者，多为血热化燥或兼痰湿所致。

（二）望面部

面为心之华，观察面部的色泽、形态和神情变化，不仅可以了解神的旺衰，而且可以测知脏腑精气的盛衰和有关的病变。

1. 面形异常

（1）面肿：面部浮肿，皮色不变，多因肺、脾、肾功能失调，水液停聚所致，常见于水肿。头面皮肤焮红灼热，肿胀疼痛，色如涂丹，压之褪色，目不能睁，称"抱头火丹"，多因风热火毒上攻所致。头肿大如斗，面目肿甚，目不能开，称"大头瘟"，多因天行时疫，火毒上攻所致。

（2）腮肿：一侧或两侧腮部以耳垂为中心肿起，边缘不清，局部灼热疼痛，或触之有痛感，称"痄腮"，多因外感温毒之邪所致。颧下、颔上、耳周部位发红肿起，兼寒热、疼痛，称"发颐"，多因阳明热毒上攻所致。

（3）面脱：面部肌肉消瘦，两颧高耸，眼窝、面颊凹陷，伴全身骨瘦如柴，又称"面削颧耸"，为脏腑精血耗竭所致，常见于慢性病的危重阶段。

（4）口眼㖞斜：单见一侧口眼㖞斜，面肌弛缓，额纹消失，目不能合，鼻唇沟变浅，口角下垂，而无半身瘫痪，属面瘫。口眼㖞斜，鼻唇沟平坦，口角下垂，兼半身不遂，属中风。

2. 特殊面容

（1）惊恐貌：患者面部呈恐惧状，多见于小儿惊风、狂犬病、瘿瘤等病。

（2）苦笑貌：患者面部呈无可奈何的苦笑状，可见于新生儿破伤风等病。

考点与重点 望头、发、面肿、腮肿及口眼㖞斜的临床表现及其意义

二、望 五 官

望五官是通过观察目、舌、口、鼻、耳的变化来诊察疾病的方法。望舌将另专列模块介绍，本处主要叙述目、耳、鼻、口唇、齿龈、咽喉的望诊内容。

（一）望目

目为肝之窍、心之使，五脏六腑之精气皆上注于目。古人将目的不同部位分属于五脏，后世医家据此发展为"五轮学说"，即两眦血络属心，称为血轮；白睛属肺，称为气轮；黑睛属肝，称为风轮；瞳仁属肾，称为水轮；眼胞（睑）属脾，称为肉轮。并且认为观察五轮的形色变化，可以诊察相应脏腑的病变（图1-10）。因此，望目不仅可以诊察相应脏腑的病变，而且对于眼科和内科疾病的诊断都有一定的指导意义。

望目主要观察目的神、色、形、态的异常改变。

1. 目神 凡视物清晰，精彩内含，神光充沛，有眵有泪者，是目有神，为健康的标志；在病中则提示精气未衰，虽病易治。凡视物模糊，眼神失却精彩，浮光暴露，无眵无泪者，是目无神，提示精气亏虚，病重难治。

2. 目色 正常人眼睑内（睑结膜）与目眦红润，白睛（巩膜）色白，黑睛（角膜）无色透明，黄仁

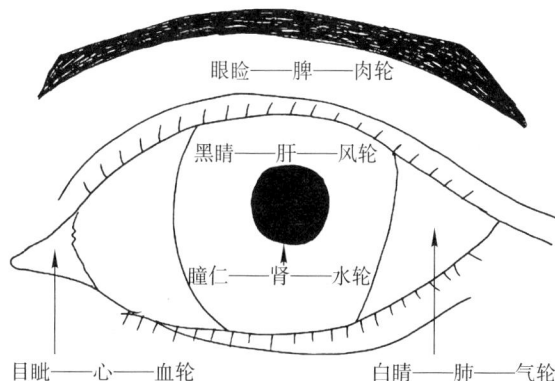

图1-10 目部五轮部位与五脏分属

（虹膜）呈褐色或棕色，其主要异常改变如下。

（1）目赤肿痛：多属实证热证。白睛色红，属肺火，或外感风热；目眦赤痛，属心火上炎；睑缘赤烂，属脾经湿热；全目赤肿，属肝经风热。

（2）白睛发黄：为黄疸的主要表现，多因湿热内蕴或寒湿困阻，肝胆疏泄失常，胆汁外溢所致。

（3）目眦淡白：属血虚、失血，多因血液亏虚，不能上荣于目所致。

（4）目胞色黑晦暗：多属肾虚，因肾精亏耗，或肾阳虚衰所致。

（5）目眶周围色黑：常见于肾虚水泛，或寒湿下注。

3. 目形

（1）目胞肿胀：目胞浮肿，皮色不变或较光亮，为水肿病初起。若伴有红、热、痛等症状，多为火热上攻所致。

（2）眼窝凹陷：眼窝微陷，多因吐泻伤津或气血亏虚所致；眼窝深陷，视不见人，则为脏腑精气衰竭，属病危。

（3）眼球突出：眼球突出，兼气喘胸满，属肺胀；眼球突出，兼颈前喉结旁漫肿，随吞咽动作而上下移动，属瘿病。

（4）针眼、眼丹：胞睑边缘肿起如麦粒，红肿较轻，称为"针眼"；胞睑焮红如丹，硬结漫肿，称为"眼丹"。二者皆为风热邪毒或脾胃蕴热，上攻于目所致。

4. 目态   正常人瞳孔呈圆形，双侧等大，在自然光线下直径为3～4mm，对光反射灵敏，眼球运动灵活。其主要异常改变如下。

（1）瞳孔缩小：多见于川乌、草乌、毒蕈、有机磷农药、吗啡等中毒情况，以及出血性中风等病证。

（2）瞳孔散大：一般见于绿风内障、青盲等眼科疾病，或杏仁、麻黄、曼陀罗中毒以及外伤等。一侧瞳孔逐渐散大，可见于温热病热极生风证、中风、颅脑外伤或颅内肿瘤等患者；双侧瞳孔散大，伴有对光反射消失，为肾精耗竭，乃濒死危象。

（3）瞪目直视：双目固定前视，伴神昏，为脏腑精气衰竭。

（4）目睛上视：指患者两目上视，眼球不能转动，也称"戴眼反折"。多因肝风内动或脏腑精气衰竭所致，属病重。

（5）斜视：目睛偏向一侧，多见于外伤或先天所致。

（6）闭目障碍：双目闭合障碍，多为瘿病；单侧闭合障碍，多为风中面络；小儿睡眠露睛，多由脾虚胞睑失养所致，常见于吐泻伤津和慢脾风的患儿。

（7）眼睑下垂：又称"睑废"。双睑下垂，多为先天不足，脾肾亏虚；单睑下垂，多因脾气虚弱或外伤所致。

考点与重点   目的脏腑分属，望目色、目形、目态的主要内容及其临床意义

（二）望耳

耳为肾之窍，心寄窍于耳。手足少阳经、手足太阳经和足阳明经均循行分布于耳或耳周，故耳为"宗脉之所聚"。耳通过经络与脏腑、四肢百骸发生联系，尤其与肾、胆关系最为密切。故当人体发生疾病时，常会在耳郭相应部位出现反应点，后世医家据此总结出耳针疗法，成为中医诊治疾病的重要内容。

望耳应注意观察耳的色泽、形态及耳内的变化情况。

1. 色泽变化   正常人耳郭色泽红润，是气血充足的表现。耳轮淡白，多属气血亏虚；耳轮红肿，多为肝胆湿热或热毒上攻；耳轮青黑，多见于阴寒内盛或剧痛的患者；耳轮干枯焦黑，多属肾精亏耗，为病重；小儿耳背有红络、发际处有玫瑰红色的丘疹，耳根发凉，多为麻疹出疹之兆。

2. 形态变化　正常人耳郭厚大，外形对称，是肾气充足的表现。耳郭瘦薄，属先天不足，肾气亏虚；耳轮干枯萎缩，属肾精耗竭；耳轮肌肤甲错，属久病血瘀。

3. 耳道病变　耳道局部红肿疼痛，突起如椒目，称"耳道疖肿"，多因邪热搏结所致；耳道有脓液流出，称"脓耳"，多为肝胆湿热所致。后期转虚，则多属肾阴不足，虚火上炎。

（三）望鼻

鼻为肺窍，是呼吸的通道，主司嗅觉；鼻为脾之所应，且足阳明胃经循行于鼻旁。鼻与肺、脾胃等脏腑有一定关联，望鼻可以诊察肺、脾胃的病变。望鼻主要是审察鼻之色泽、外形及其分泌物等变化。

1. 色泽变化　健康人鼻色红黄隐隐，明润含蓄，是胃气充足的表现。鼻端色白，为气血亏虚；色赤，为肺脾蕴热；色黄，为内有湿热；色青，多见于阴寒腹痛患者；鼻端色黑，为肾虚寒水内停；鼻端枯槁晦暗，为胃气已衰，属病危。

2. 形态变化　鼻头红肿生疖，多属胃热或血热；鼻头、鼻翼部色红生粉刺，称"酒渣鼻"，多因肺胃蕴热，侵入血络所致；鼻柱溃陷，多见于梅毒患者；鼻柱溃陷，伴眉毛脱落，为麻风病；鼻翼扇动，是肺气不宣，呼吸困难的表现，多因痰饮阻肺，或肺热炽盛，肺气不利所致，常见于哮病、喘病等。

3. 鼻道病变　鼻流清涕，多属外感风寒或阳气虚弱；鼻流浊涕，多属外感风热或肺胃蕴热；鼻流腥臭脓涕，日久不愈，称"鼻渊"，多为肺经风热或肝胆湿热上蒸所致；鼻腔出血，称"鼻衄"，多因肺胃蕴热，或阴虚肺燥，伤及鼻络所致；鼻孔内生赘生物，称"鼻息肉"，多因湿热蕴结鼻窍所致。

（四）望口与唇

口为脾之窍，唇为脾之华，手足阳明经环绕口唇，望口与唇的异常变化，可以诊察脾与胃的病变。望口唇要注意观察其形色、润泽和动态变化。

1. 色泽变化　正常人唇色红润，是胃气充足、气血调匀的表现。唇色淡白，多为血虚或失血；唇色红赤，多为热盛；唇色青紫，多为血瘀，常见于心阳虚衰和严重呼吸困难的患者；唇色青黑，多属寒盛或痛极，因寒凝血脉，或血络瘀阻所致；口唇呈樱桃红色，多见于一氧化碳中毒。

2. 形态变化　唇裂如兔唇，多为先天发育畸形所致；口唇干燥，甚则裂口渗血者，为津液已伤，亦见于脾热；口角流涎，小儿多属脾气虚弱，成人多为风中络脉或中风后遗症；口唇糜烂，多为脾胃积热上蒸所致；口腔内膜出现黄白色如豆大、表浅的小溃疡点，围以红晕，灼痛，称"口疮"，多因心脾积热，或阴虚火旺所致；小儿口腔、舌上满布片状白屑，状如鹅口，称"鹅口疮"，多因感受湿热秽浊之邪，上蒸于口所致；小儿口腔颊黏膜近臼齿处出现针头大小的灰白色斑点，周围绕以红晕，为麻疹将出之兆，对麻疹早期诊断有重要意义。

3. 动态变化　健康人口唇可以随意开合，动作协调。《望诊遵经》将口唇的异常动态归纳为"口形六态"，成为望口之要点。

（1）口张：口开而不闭，属虚证。若状如鱼口，张口气直，但出不入，则为肺气将绝，属病危。

（2）口噤：口闭而难开，牙关紧闭，属实证。多因肝风内动所致，可见于中风、痫病、惊风、破伤风等。

（3）口撮：上下口唇紧聚，多为正邪交争所致，可见于新生儿脐风、破伤风等。

（4）口㖞：又称"口僻"，即口角向一侧斜，属风邪中络，或见于中风，为风痰阻络所致。

（5）口振：口唇振摇，战栗鼓颔，多为阳虚寒盛或邪正剧争所致，可见于外感寒邪，温病、伤寒欲作战汗，或疟疾发作。

（6）口动：口频繁开合，不能自禁，是胃气虚弱之象；口角掣动不止，则为动风之象。

（五）望齿与龈

齿为骨之余，肾主骨，手足阳明经脉络于齿龈，故有"龈为胃之络"之说。望齿与龈的变化，可诊察肾、胃的病变以及津液的盈亏。望齿与龈应注意观察其色泽、润燥、荣枯、形态等变化。

1. 齿的色泽变化　牙齿洁白润泽而坚固，是肾气旺盛、津液充足的表现；牙齿干燥，为胃津已伤；牙齿光燥如石，为阳明热盛，津液大伤；牙齿燥如枯骨，为肾阴枯竭，常见于温热病的晚期，属病重。

2. 齿的动态异常　牙关紧闭，多属风痰阻络或热极生风；入睡中咬牙龁齿，多为胃热、虫积。

3. 齿龈的色泽变化　齿龈淡红而润泽，是胃气充足、气血调匀的表现；齿龈淡白，多属血虚或气血两虚；齿龈红肿疼痛，多为胃火亢盛；齿龈萎缩，牙根暴露，牙齿松动，称为"牙宣"，多属肾虚或胃阴不足，虚火燔灼，龈肉失养所致。齿龈出血，称为"齿衄"，兼齿龈红肿疼痛者，为胃火炽盛；兼齿龈不红不痛微肿者，属脾虚血失统摄，或肾阴虚，虚火上炎所致。

（六）望咽喉

咽喉为肺胃之门户，是进食与呼吸的通道。足少阴肾经循喉咙、夹舌本，与咽喉关系密切。望咽喉主要可以诊察肺、胃、肾的病变。望咽喉时应注意观察其色泽、形态变化。

1. 色泽变化　正常人咽喉淡红润泽，不肿不痛，呼吸通畅，发音正常，食物下咽顺利无阻。若咽部红赤肿痛明显，属实热证多由肺胃热盛所致；咽部色嫩红，肿痛不甚，多属肺肾阴虚、虚火上炎所致；咽部漫肿，色淡红，疼痛不明显，多因痰湿凝聚所致。

2. 形态变化　一侧或两侧喉核红肿灼痛，甚则溃烂或有黄白脓点，称为"乳蛾"，多因肺胃热毒壅盛或虚火上炎所致；咽喉红肿高突，疼痛剧烈，吞咽困难，身热恶寒，多为喉痈，多因脏腑蕴热，复感外邪，热毒客于咽喉所致；咽喉溃烂成片，周围红肿疼痛，多属肺胃热毒壅盛所致；咽部溃烂日久，周围淡红或苍白，多属虚证。咽喉起灰白色伪膜，不易剥离，强剥出血，很快复生，伴犬吠样咳嗽，称为"白喉"，多见于儿童，属外感时行疫毒，或热毒伤阴所致，其传染性较强。

考点与重点　望口、唇、齿、龈、咽喉的主要内容及其临床意义

三、望 躯 体

望躯体的内容包括望颈项、胸胁、腹部和腰背部。

（一）望颈项

颈项是头和躯干的连接部分，内有气管、食管、脊髓和经脉通过，故为气血、津液、饮食、清气的通行要道。其前部称颈，后部为项。正常人颈项端直挺立，两侧对称，活动自如，气管居中，男性喉结突出，女性不显，颈侧动脉搏动在安静时不易见到。望颈项应注意观察其外形、动态等。

1. 外形

（1）瘿瘤：颈前喉结处，单侧或双侧有肿块突起，或大或小，可随吞咽上下移动者，称为"瘿瘤"。多因肝郁气滞痰凝，或痰火结聚所致，或与地方水土有关（图1-11）。

（2）瘰疬：颈侧颌下有肿块如豆，累累如串珠，推之可移，称为"瘰疬"。多因肺肾阴虚，虚火炼液为痰，或外感风热时毒，气血夹痰壅滞于颈部所致（图1-12）。

（3）颈痈、项痈：颈部或项部两侧焮红漫肿，疼痛灼热，甚则溃烂流脓。多因风热邪毒蕴蒸，气血壅滞，痰毒互结于局部所致。

（4）颈瘘：颈部肿痛、瘰疬溃破后，久不收口，形成瘘管，称为"颈瘘"。多因痰火久结，气血凝滞，疮孔不收而成。

图 1-11 瘿瘤

图 1-12 瘰疬

（5）气管偏移：气管不居中，向一侧偏移。可见于悬饮、气胸、肺部肿瘤等患者。

2.动态

（1）项强：指项部筋脉肌肉拘急或强硬，活动受限。若兼头痛恶寒者，多为风寒侵袭太阳经，经气不利所致；若兼头痛高热，甚则神昏抽搐者，多为温病火邪上攻或脑髓病变；睡醒后突感项强不适，头部转动时尤甚，称为"落枕"，多因睡姿不当或风寒客于经络，气血不畅所致。

（2）项软：指颈项软弱，抬头无力。常见于小儿，为"五软"之一，多属先天肾精亏损或后天脾胃虚弱，发育不良所致。久病、重病颈项软弱，头部下垂，眼窝深陷，多为脏腑精气衰竭，属病危。

（3）颈脉异常：安静状态下颈动脉搏动明显，为肝阳上亢或严重血虚所致；卧位时颈静脉明显充盈，称为"颈静脉怒张"，多因心血瘀阻，肺气壅滞，或心肾阳衰，水气凌心所致。

考点与重点 望颈项的主要内容及其临床意义

（二）望胸胁

胸廓由胸骨、肋骨、脊柱共同构成，内藏心肺，属上焦，为宗气所聚之处。肝、胆之经脉循行分布于此。胸廓前有乳房，属胃经，乳头属肝经。望胸胁主要可以诊察心、肺、肝胆、乳房的病变和宗气的盛衰。望胸胁时应注意观察胸廓外形的变化和呼吸运动有无异常情况等。

1.胸廓外形变化 正常人胸廓两侧对称，呈扁圆柱形，成人胸廓左右径大于前后径，两者之比约为1.5∶1，婴幼儿和老年人左右径与前后径几乎相等，两侧锁骨上下窝对称。常见的异常胸廓外形如下。

（1）扁平胸：表现为胸廓呈扁平状，其前后径明显小于左右径，常见于肺肾阴虚或气阴两虚之人。

（2）桶状胸：表现为胸廓前后径与左右径几乎相等，呈桶状，甚至超过左右径，常见于肺胀，多因久病咳喘，耗伤肺气，以致肺气不宣而壅滞，气聚胸肺，日久导致胸廓变形。

（3）鸡胸、漏斗胸、肋如串珠：胸骨下端前突，前侧壁肋骨凹陷，形似鸡胸，称为"鸡胸"；胸骨下部剑突处明显凹陷，形似漏斗，称为"漏斗胸"；胸骨两侧的肋骨与肋软骨连接处明显隆起，状如串珠，称为"肋串珠"。此三者多因先天不足或后天失养，肾气不充，骨骼发育异常所致，常见于佝偻病患儿。

（4）胸廓不对称：一侧胸廓塌陷，多见于肺痿、悬饮后遗症、肺部手术后等；一侧胸廓膨隆，肋间隙变宽，多见于悬饮、气胸等。

（5）乳房肿溃：妇女哺乳期乳房红肿热痛，乳汁不畅，甚则破溃流脓，身热恶寒，称为"乳痈"，多因肝气郁滞、胃热壅盛或外感邪毒所致；乳房肿块单发或多发，不红不热，不痛或胀痛，多属乳岩或乳癖，应及早诊治。

2.呼吸异常 正常人呼吸均匀，节律整齐，每分钟16~18次，胸廓起伏左右对称。女性以胸式呼吸为主，男性和儿童以腹式呼吸为主。常见的呼吸异常如下。

（1）呼吸形式异常：胸式呼吸增强，腹式呼吸减弱，多为腹部病变所致，常见于鼓胀、腹内癥积、腹部剧痛等，亦见于妊娠妇女；胸式呼吸减弱，腹式呼吸增强，多为胸部病变所致，常见于肺痨、悬饮、胸部外伤等；两侧胸部呼吸不对称，即胸部一侧呼吸运动较另一侧明显减弱，减弱一侧的胸部有病变，可见于悬饮、气胸、肺肿瘤等。

（2）呼吸时间异常：吸气时间延长，多因吸气困难所致，可见于急喉风、白喉等；呼气时间延长，伴口张目突、端坐呼吸，多为呼气困难所致，可见于哮病、肺胀、尘肺等。

（3）呼吸强度异常：呼吸急促，胸部起伏显著，多为邪热、痰浊阻肺，肺气失宣所致；呼吸微弱，胸廓起伏不显，多为肺气亏虚。

（4）呼吸节律异常：呼吸节律不整，表现为呼吸由浅渐深，再由深渐浅，以至暂停，往返重复，或呼吸与暂停交替出现，皆为肺气虚衰之象，属病重。

（三）望腹部

腹部指躯干正面剑突以下至耻骨联合以上的部位，属中、下焦，内藏肝、胆、脾、胃、小肠、大肠、肾、膀胱、女子胞等脏器。望腹部可以诊察内在脏腑的病变和气血的盛衰。正常人腹部平坦对称（图1-13A），直立时腹部可稍隆起，与胸平齐，仰卧时则稍凹陷。望腹部应注意观察其外形、皮肤色泽变化及紧张度等。

1. 腹部膨隆　即患者仰卧时前腹壁明显高于胸骨至耻骨中点连线（图1-13B）。兼腹壁青筋暴露，四肢消瘦，多属鼓胀病，多因肝、脾、肾受损，气滞血瘀水停所致；兼周身浮肿者，属水肿，为肺、脾、肾三脏功能失调，水液代谢障碍，水湿停聚，泛溢肌肤所致。仅见腹部局部膨隆，则多见于积聚等病。

2. 腹部凹陷　即患者仰卧时前腹壁明显低于胸骨至耻骨中点连线（图1-13C）。兼形体消瘦，多因久病脾胃虚弱、气血不足，机体失养，或新病吐泻太过，津液大伤所致；前腹壁凹陷几乎贴近脊柱，肋弓、髂嵴、耻骨联合显露，腹外形如舟状，称为"舟状腹"，因脏腑精气耗竭，精液干涸所致，属病危。

3. 青筋暴露　即患者腹大坚满，腹壁青筋暴露。多因肝郁气滞，脾虚湿阻日久，导致血行不畅，脉络瘀阻所致，见于鼓胀重证（图1-13D）。

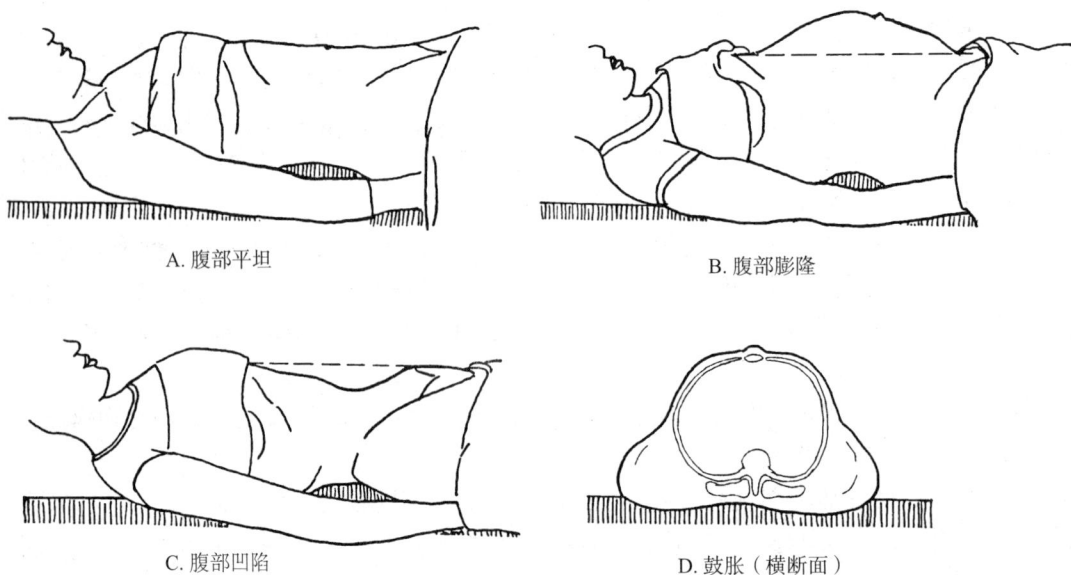

A. 腹部平坦　　　　　　　　　　B. 腹部膨隆

C. 腹部凹陷　　　　　　　　　　D. 鼓胀（横断面）

图1-13　腹部平坦、膨隆、凹陷示意图

（四）望腰背部

正常人腰背部两侧对称，直立时脊柱居中，颈腰段稍向前弯曲，胸骶段稍向后弯曲，无左右侧弯，俯仰转侧自如。

背为胸中之府，内藏心、肺；腰为肾之府。督脉贯脊行于正中，足太阳膀胱经经脉分行夹于腰背两侧，经上有五脏六腑之背俞穴；带脉横行环绕腰腹，总束阴阳诸经，皆与腰背密切相关。望腰背部，可以诊察有关脏腑、经络的病变。望腰背部应重点观察脊柱及腰背部有无形态异常及活动受限。

1. 外形异常

（1）脊柱后凸：脊柱过度向后突出，致使前胸塌陷、背部隆起，又称"龟背"，俗称"驼背"。多因肾气亏虚、发育不良，或脊椎疾患所致，亦可见于老年人。久病患者后背弯曲，两肩下垂，称为"背曲肩随"，为脏腑精气虚衰之象。

（2）脊柱侧凸：脊柱偏离正中线，或左或右弯曲，俗称"脊柱侧弯"。常因小儿发育期坐、立姿势不当所致，亦可见于先天不足、发育不良的患儿和一侧胸部有病的患者。

（3）脊疳：患者极度消瘦，以致脊骨突出似锯。属脏腑精气严重亏损之象，常见于慢性重病患者。

2. 动态异常

（1）角弓反张：腰背反折如弓。常伴见颈项强直、四肢抽搐等，属肝风内动，筋脉拘急之象，可见于惊风、破伤风。

（2）腰部拘急：腰部疼痛，活动受限，转侧不利。多因寒湿内侵，脉络拘急，或跌仆闪挫，局部气滞血瘀所致。

四、望　四　肢

四肢主要由五体（皮、肉、脉、筋、骨）组成，五体由五脏所主，赖五脏精血之濡养，故四肢与五脏关系密切，其中脾与四肢的关系尤为密切，全身主要经脉均循行分布于四肢。望四肢可以诊察脏腑的病变和循行于四肢经脉的病变。望四肢时主要观察四肢的外形和动态变化。

（一）外形异常

1. 四肢肿胀　双侧下肢呈凹陷性水肿，多见于水肿；单侧肢体肿胀，多因经脉阻滞不通所致。

2. 四肢萎缩　即四肢或某一肢体消瘦，肌肉萎缩，松软无力。多因脾胃亏虚，气血不足，或经络闭阻，肢体失养所致，多见于痿证、中风偏瘫。

3. 膝部肿大　膝部红肿热痛，屈伸不利，多为热痹，因风湿热邪蕴结所致；膝部肿大，股胫消瘦，形如鹤膝，称为"鹤膝风"（图1-14），多因寒湿久留，气血亏虚所致。

4. 下肢畸形　直立时两踝并拢而两膝分离，为膝内翻，又称"O"形腿（图1-15）；两膝并拢而两踝分离，为膝外翻，又称"X"形腿（图1-16）；当膝关节固定时，足掌部活动受限，呈固定性内翻、内收畸形，为足内翻；足掌部呈固定性外翻、外展，为足外翻。上述畸形皆属先天不足，肾气不充，或后天失养，发育不良所致。

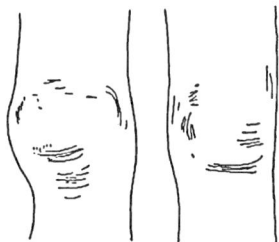

图1-14　鹤膝风

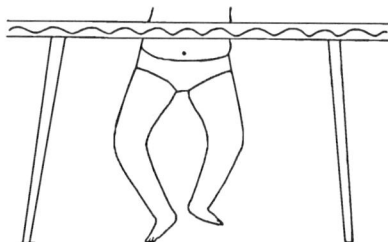

图1-15　膝内翻

图1-16　膝外翻

5.小腿青筋暴露　即小腿脉络粗大隆起、显露弯曲，形似蚯蚓，久立后更明显，多因寒湿内侵，或气虚血行不畅，瘀血阻络所致。

6.手指变形　手指关节呈梭状畸形，活动受限，称为"梭状指"（图1-17），多因风湿久蕴，痰瘀阻络，筋脉拘挛所致。手指或足趾末端增生肥厚，膨大如杵，称为"杵状指"（图1-18），常伴气喘唇暗，多因心肺虚损，痰瘀互结所致。

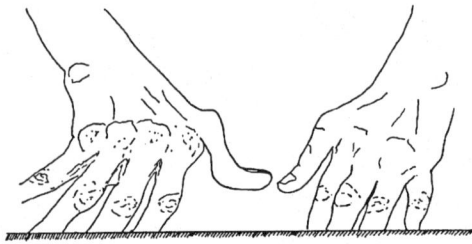

图1-17　梭状指

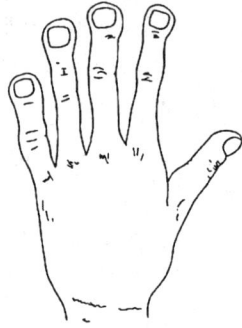

图1-18　杵状指

（二）动态异常

1.手足颤动　指手或足不自主地颤抖或振摇不定，为肝风内动之征，也可因饮酒过度所致。

2.手足蠕动　指手足时时掣动，动作迟缓、力量较弱，类似虫之蠕行，为阴血亏虚，筋脉失养，肝风内动所致。

3.手足拘急　指手足筋脉拘挛收紧，难以屈伸。在手可表现为腕部屈曲，手指强直，拇指内收贴近掌心与小指相对；在足可表现为踝关节后弯，足趾挺直而倾向足心，多因寒邪凝滞，或气血亏虚、筋脉失养所致。

4.四肢抽搐　指四肢肌肉不自主的收缩，多因肝风内动，筋脉拘急所致，常见于痉病、痫病、破伤风、惊风等疾病。

5.肢体痿废　指四肢痿软无力，肌肉萎缩，功能障碍，甚至功能丧失，多因脾胃虚弱，肝肾亏损，四肢筋肉失养所致。

考点与重点　望四肢的主要内容及其临床意义

五、望 二 阴

二阴，指前阴和后阴。前阴包括外生殖器和尿道，后阴即肛门。前阴为肾所司、宗筋所聚，肝之经脉绕行阴器。妇女阴户通于胞宫并与冲任二脉密切相关，故前阴病变与肾、膀胱、肝密切相关。后阴为排便之门户，也为肾所司，而脾主运化，大肠主传导糟粕，故后阴病变与脾（胃）、大肠、肾关系密切。

（一）望前阴

望男性前阴主要观察阴茎、阴囊、睾丸有无硬结、肿胀、溃疡及异常形色的改变，对女性前阴的诊察需要有明确的适应证，一般由妇科医生负责检查，确需男医生检查时，需在女护士陪同下进行。

1.外阴肿胀　男性阴囊或女性阴户肿胀，称为"阴肿"。阴肿而不痒不痛，皮色不红者，多为全身水肿的局部表现，见于严重水肿的患者；阴囊肿大，触之有水囊样感，透光试验可见橙红色的半透明状，称为"水疝"；阴囊肿大，但不透光，也不坚硬，平卧或腹内压降低时疝块可回缩，但站立过久或腹内压增高时疝块突出，称为"狐疝"，可因小肠坠入阴囊，或内有瘀血、水液停聚，或脉络迂曲、睾丸肿胀等引起；阴囊或阴户红肿、瘙痒、灼痛，多为肝经湿热下注所致。

2. 外阴收缩 男性阴囊、阴茎或女性阴户收缩，拘急疼痛，称为"阴缩"，多因外感寒邪，侵袭肝经，凝滞气血，筋脉拘急收引所致。

3. 外阴生疮 前阴部生疮，或有硬结破溃腐烂，时流脓水或血水者，称为"阴疮"，多因肝胆湿热循经下注浸淫，或感染梅毒所致。硬结溃后呈菜花样，有腐臭气，多为癌肿，病属难治。

4. 外阴湿疹 男子阴囊，或女子大、小阴唇起疹，红肿湿烂或有渗液，瘙痒灼痛，分别称为"肾囊风"和"女阴湿疹"，多因肝胆湿热循经下注所致。

5. 阴挺 妇女阴户中有物突出如梨状，称为"子宫脱垂"，又称"阴挺"，多因脾虚气陷，升举无力，或产后劳伤，使胞宫下坠阴户之外所致。

（二）望后阴

望后阴时，应注意观察肛门部有无红肿、痔核、裂口、瘘管等病变。

1. 肛痈 肛门周围局部红肿高起，疼痛明显，甚至溃破流脓，称为"肛痈"，多因湿热下注，或外感热毒，使肛周局部气血壅滞，肉腐血败而成。

2. 肛裂 肛管皮肤层裂伤或形成溃疡，称为"肛裂"，多因阴津亏损或热结肠燥，大便燥结坚硬，排便时撑伤肛门皮肤所致。

3. 痔疮 肛门内外出现紫红色柔软肿块，称为"痔疮"。其生于肛门齿状线以内者为内痔，以外者为外痔，内外皆有者为混合痔（图1–19），多由肠中湿热蕴结或血热肠燥，或久坐、便秘等，使肛门局部血络瘀滞所致。

4. 肛瘘 肛痈或痔疮溃破后久不收口，所形成的管腔，外流脓水，称为"肛瘘"。局部痒痛，脓水淋漓，缠绵难愈。其病机与肛痈、痔疮相同。

5. 脱肛 直肠全层或直肠黏膜组织脱出肛门外，称为"脱肛"（图1–20）。轻者大便时脱出，便后缩回；重者脱出后不能自回，需用手慢慢推还，多因脾虚中气下陷所致。

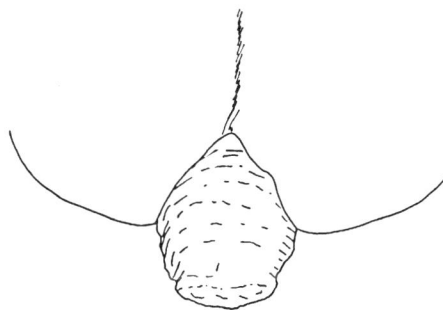

图1–19 痔疮　　　　　　　　　　　　图1–20 脱肛

六、望 皮 肤

正常人皮肤润泽、柔韧、光滑，是脏腑精气充足、气血津液充沛的表现。皮肤为一身之表，卫气循行其间，有卫护机体的作用。它通过经络与内在脏腑、气血发生密切联系，尤其与肺关系最为密切。望皮肤，除了可以诊察皮肤局部的病证，亦可测知内脏的病变和气血津液的盛衰。望皮肤应注意其色泽、形态的变化及皮肤特有的病证等。

（一）色泽形态变化

1. 皮肤发赤 皮肤突然色红成片，色如涂丹，焮热肿痛，边界清楚，称为"丹毒"。发于头面者，称"抱头火丹";发于小腿、足部者,称"流火";发于全身,游走不定者,称"赤游丹"。发于上部者,多因风热化火所致;发于下部者,多因湿热化火或外伤感染邪毒所致。

2. 皮肤发黄   周身皮肤发黄,伴见目黄、面黄、小便黄者,称为"黄疸"。注意鉴别阳黄与阴黄。

3. 皮肤发黑   皮肤色黑而晦暗,干枯不荣,多因劳伤肾精所致;周身皮肤色黑而晦暗,亦可由肾阳虚衰,失于温运所致。

4. 皮肤白斑   皮肤出现点、片状白色改变,大小不等,边界清楚,无异常感觉,进展缓慢者,称为"白癜风",多因风湿侵袭,气血失和,肌肤失荣所致。

5. 皮肤干枯   皮肤干涩不荣,甚则皲裂脱屑,多为津液已伤,或营血亏虚,肌肤失荣所致。

6. 肌肤甲错   皮肤干枯粗糙,状若鱼鳞,称为"肌肤甲错",多因血瘀日久,肌肤失养所致。

7. 皮肤肿胀   周身肌肤浮肿,按之凹陷者,为水肿。其中,肿势较急,头面先肿,继及全身,腰以上肿甚者,属"阳水",多因外感风邪,肺失通调所致。肿势较缓,下肢先肿,渐及全身,腰以下肿甚者,属"阴水",多因脾肾阳虚,水湿泛溢所致。

(二)皮肤病证

1. 斑疹   斑和疹均为全身性疾病表现于皮肤的症状,两者虽常并称,但实质有别。

(1)斑:色深红或青紫,多点大成片,平铺于皮肤,抚之不碍手,压之不褪色。斑有阳斑和阴斑之分。

1)阳斑:呈片状,色深红或紫红,兼身热、面赤、脉数等,多因外感温热邪毒,内迫营血,血溢脉外所致。

2)阴斑:斑点大小不一,色淡红或紫暗,隐隐稀少,兼神疲、脉虚等,多因脾气虚衰,血失统摄所致。

(2)疹:皮肤色红,点小如粟,高出皮肤,抚之碍手,压之褪色。疹有麻疹、风疹、瘾疹等不同。

1)麻疹:属儿科常见传染病,多见于冬末春初。发疹前一般有类似感冒的症状,如咳嗽、喷嚏、鼻流清涕、眼泪汪汪、发热等;发病后2～3天可见患儿颊黏膜出现麻疹斑;发热3～4天后开始出疹,疹色桃红,形似麻粒,先见于耳后发际,渐延及颜面、躯干和四肢,疹发透彻后,按出疹顺序逐渐消退,有糠麸样脱屑,留下暂时性褐色色素沉着,多因外感风热时邪所致。

2)风疹:疹色淡红,细小稀疏,瘙痒不已,症状轻微,因外感风邪所致。

3)瘾疹:皮肤突然出现淡红色或苍白色丘疹,大小形态各异,瘙痒难忍,搔抓后增大、增多,甚至融合成片,发无定处,出没迅速,反复发作,因外感风邪,郁于皮肤,或身体过敏所致。

无论斑或疹,在外感病中见之,若色红身热先见于胸腹,后延及四肢,斑疹透发后热退神清者,是邪去正安,为顺;若斑疹布点稠密成团,色深红或紫暗,先见于四肢,后延及胸腹,壮热不退,神识不清者,是邪气内陷,为逆。

2. 水疱   皮肤上出现成簇或散在性小水疱。主要有白痦、水痘、热气疮、湿疹、缠腰火丹等。

(1)白痦:皮肤出现白色小疱疹,晶莹如粟,高出皮肤,擦破流水,多发于颈胸部,四肢偶见,面部不发,常兼身热不扬、胸闷脘痞等症状。其多因外感湿热之邪,郁于肌表,汗出不彻所致,见于湿温病。

(2)水痘:属儿科常见传染病。开始时皮肤出现粉红色斑丘疹,随后迅速变成椭圆形小水疱,晶莹明亮,顶满无脐,浆液稀薄,皮薄易破,破后结痂,不留瘢痕,大小不等,分批出现。其多因外感时邪,内蕴湿热所致。

(3)热气疮:口唇周围、鼻孔周围等皮肤黏膜交界处,出现成簇粟米大小的水疱,灼热痒痛。其多因外感风热,或肺胃蕴热上蒸所致。

(4)湿疹:周身或局部皮肤出现红斑,迅速形成丘疹、水疱,破后渗液,形成红色湿润的糜烂面。其多因风、湿、热邪蕴结,郁于肌肤而成。

（5）缠腰火丹：沿一侧腰部或胸胁出现皮肤焮红，继之出现成簇小水疱，排列如带状，灼热刺痛，缠腰而生。其多因肝经湿热熏蒸肌肤所致（图1-21）。

3.疮疡 指各种致病因素侵袭人体后引起的发于皮肉筋骨之间的化脓性疾病，常见的有痈、疽、疔、疖等。

（1）痈：患部红肿高大，根盘紧束，焮热疼痛，易于成脓，易消、易溃、易敛，属阳证。多因湿热火毒蕴结，气血壅滞所致。其特点是未脓易消，已脓易溃，脓液黏稠，疮口易敛，属阳证。

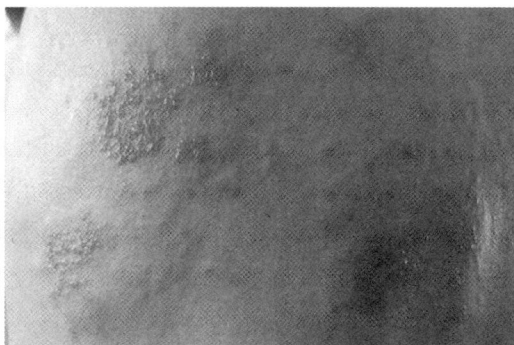

图1-21 缠腰火丹

（2）疽：患部漫肿无头，皮色不变或晦暗，疼痛彻骨，病位较深，难消、难溃、难敛，溃后易损伤筋骨，属阴证。多为气血亏虚，寒痰凝滞而成。其特点是未脓难消，已脓难溃，脓液稀薄，疮口难敛，溃后易伤筋骨，属阴证。

疔：患处形小如粟，顶白根深，坚硬如钉，麻木痒痛，多发于颜面和手足。多因外感风热蕴毒，或脏腑火毒炽盛所致。其特点是邪毒深重，易于扩散。

（4）疖：病患处起于浅表，形小而圆，红肿热痛不甚，易于成脓，脓出即愈。因外感热毒，或湿热内蕴，发于肌肤，使气血壅滞而成。其特点是病位表浅，症状轻微。

考点与重点 望皮肤色泽、斑疹的内容及其临床意义

❓ 思 考 题

1.简述望头颅的基本内容及临床意义。
2.简述五轮学说的内容及意义。
3.简述"乳蛾"与"白喉"在临床表现及意义上的区别。

项目三 舌 诊

📋 **案例导入**

患者，男性，67岁。患者胸闷症状持续3年余。近3个月来自觉胸闷加重，伴有心慌，心痛时作，痛如针刺，放射至左肩臂内侧。唇甲青紫，舌质紫暗，脉涩。

问题：1.青舌和紫舌有何区别?
　　　2.青舌和紫舌的临床意义有何不同?

舌诊，也被称为望舌，作为中医望诊中极为关键的一环，是中医特有的一种诊断方法。医生通过仔细观察舌质、舌苔以及舌下络脉的细微变化，便能洞察人体的生理功能与潜藏的病理变化。

舌诊的历史悠久，可追溯至远古时期。在《内经》中，就已经有关于舌诊基本理论的记载，详细阐述了舌与人体内脏之间千丝万缕的联系。比如《素问·刺热》曰："肺热病者，先淅然厥，起毫毛，恶风寒，舌上黄。"明确指出当肺部出现热证时，舌头会出现发黄的表现。而《灵枢·热病》里记载的"舌本烂，热不已者死"，则强调了舌头严重病变与病情危重的关系。东汉时期，名医张仲景在其所著的《伤寒杂病论》中，将舌诊纳入中医辨证的重要组成部分。《伤寒论·辨太阳病脉证并治》曰："脏

结，无阳证，不往来寒热，其人反静，舌上苔滑者，不可攻也。"这为临床医生在面对特定病证时，提供了基于舌象判断治疗方案的重要依据。元代《敖氏伤寒金镜录》紧密结合临床实践，深入阐述了各种舌象所对应的病证以及具体的治疗方法，对后世舌诊的发展产生了深远影响。明清时期，温病学派逐渐兴起，医者们对辨舌验齿尤为重视。通过观察舌头和牙齿的变化，能够更准确地判断温病的发展阶段和病情变化，为温病的临床辨证提供了关键的指导，大大推动了中医在温病诊疗方面的发展。

在漫长的医疗实践中，人们发现舌象的变化不仅快速，而且十分明显。在疾病的发展过程中，舌象能够较为客观地反映病位的深浅、病邪的性质、正邪力量的对比以及病势的发展方向，成为临床上辨证论治不可或缺的重要依据。

近年来，随着现代科学技术的飞速发展，舌诊研究也迎来了新的契机。借助多学科综合的研究手段，科研人员和医学工作者开展了舌诊现代化、客观化、数字化的深入探索。通过计算机图像识别、大数据分析等先进技术，对舌象进行更精准的分析和解读，使舌诊的理论体系更加完善，临床应用也更加科学、高效。

舌诊作为中医传统诊断方法，在历经数千年的发展后，不仅承载着深厚的历史文化底蕴，而且在现代医学中焕发出新的生机与活力，持续为人类的健康事业贡献着独特的力量。

一、舌诊原理

（一）舌的形态结构

舌作为一个由横纹肌与黏膜共同构成的肌性器官，承担着一系列重要的生理功能。在味觉感知方面，舌能够分辨各类滋味；在语言功能中，其辅助调节发音；在消化过程中，舌不仅能够搅拌食物，还能协助完成吞咽动作。通常，整个舌的肌肉组织被统称为"舌体"。舌体的上面称为"舌背"，亦称作"舌面"；舌体的下面则称为"舌底"（图1-22）。按照习惯，舌体的前端定义为"舌尖"，中部为"舌中"，后部且位于人字沟之前的部分是"舌根"，舌的两侧称为"舌边"。

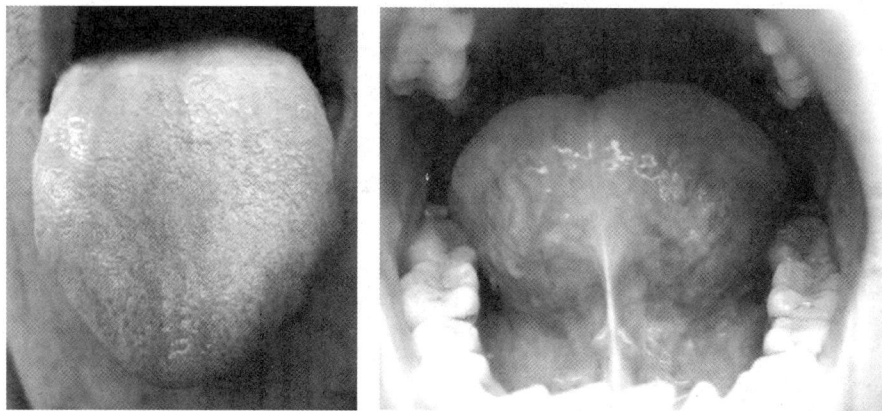

图1-22　舌面和舌底

舌黏膜覆盖于舌体表面，形成了众多细小的突起，这些突起被命名为"舌乳头"。依据乳头形状的不同，可将其分为丝状乳头、蕈状乳头、轮状乳头及叶状乳头等类型。其中，丝状乳头数量众多，形态细长，颜色呈乳白色；蕈状乳头形似蘑菇，是一种内含毛细血管的突起，这两种乳头共同在舌象的形成过程中发挥作用。而轮状乳头和叶状乳头则主要与味觉功能密切相关。

舌质主要由肌肉、丰富的血管与神经构成。在疾病发展过程中，舌体的色泽、形态及水液分布状况极易发生变化，而这些变化能够反映疾病的本质。蕈状乳头表面的上皮细胞具有半透明性，透过上皮可隐约观察到乳头内的毛细血管，肉眼观察呈现为红色小点。蕈状乳头的色泽与形态变化，是导致舌质改变的主要因素。

舌苔为附着于舌面的苔状物,由丝状乳头、脱落细胞、黏液及食物残渣等混合组成。丝状乳头表面上皮细胞存在轻度角化与脱落现象,常呈微白色,此乃正常舌呈现薄白苔的关键因素。

舌象是舌的征象,包括舌体的颜色、质地、性状、动态,舌苔的形质、颜色,以及舌体动作和味觉。舌色主要反映血液成分和循环功能;舌体的大小、形状,与机体的水液代谢和营养状况有关;舌的动作和味觉受神经系统功能的影响;舌苔的厚薄与人体消化吸收能力、体质的强弱及感受病邪的轻重有关,病情的进退能及时反映在舌质变化上,而苔色能提示疾病的性质。

(二)舌与经络、脏腑的关系

舌与脏腑经络密切相关,五脏六腑直接或间接地通过经络、经筋与舌相联系,特别是心、脾胃与舌的关系更为密切。

"舌为心之苗",手少阴心经之别系舌本。舌的脉络丰富,赖气血以充盈。心主血脉,故人体气血运行情况,可反映在舌质的颜色上;心主神明,舌体的运动受心神的支配,因而舌体运动是否灵活,语言是否清晰,与心神密切相关。所以,舌可反映心和神的病变。"舌为脾胃之外候",足太阴脾经连舌本、散舌下。舌苔禀胃气而生,舌体赖气血充养,而脾主运化,胃为水谷之海,脾胃为后天之本,气血生化之源。因此,舌象的形成和变化与脾胃功能密切相关,观察舌象就可以诊察全身气血的盛衰和脾胃的病理变化。肝藏血主筋,足厥阴肝经络舌本;肾藏精,足少阴肾经循喉咙,夹舌本;足太阳膀胱之经结于舌本;肺系上达咽喉,与舌根相连;其他脏腑也通过经络直接或间接地与舌产生联系。体内脏腑一旦发生病变,舌象就会出现相应的变化,所以,察舌象的变化,可以测知内在脏腑的病变。脏腑的病变反映于舌面,具有一定的分布规律,即舌尖属心肺,舌边属肝胆,舌中属脾胃,舌根属肾(图1-23)。

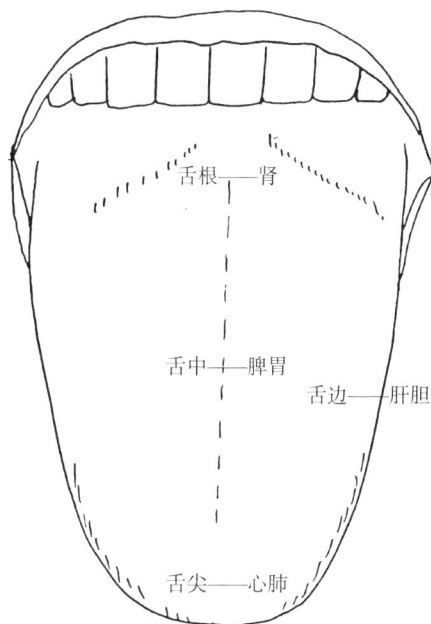

图1-23 舌面脏腑分候图

(三)精气神与舌象

舌作为富含血管的肌性器官,需依赖气血的滋养、津液的濡润,以及神的支配与协调,方能正常行使其生理功能。舌体的形态、质地、舌色状况,与气血的盛衰及运行态势紧密相关;舌苔的状态以及舌体的润燥程度,则与津液的盈亏状况休戚相关。唾属肾液,涎为脾液,二者均源自舌下肉阜部涎腺的开口处(即所谓"金津""玉液"),其生成和输布与肾、脾胃等脏腑关联极为密切。故而,通过观察舌质、舌苔的颜色、形态以及润燥等特征,能够判断气血的盛衰和津液的盈亏情况。

舌具备敏锐的味觉功能,且能灵活自如地运动,以搅拌食物、辅助发音,这一切均离不开神的作用,尤其是心神的主宰与协调。所以,舌体运动是否灵活、语言是否清晰、味觉是否灵敏,在一定程度上可反映心神是否正常。

考点与重点 舌诊的原理

二、舌诊的方法与注意事项

(一)舌诊的方法

1.舌诊体位与伸舌姿态 在进行舌诊时,患者可选择坐位或仰卧位,头部需略微扬起,自然地将舌伸出口外。此时，舌体应保持放松状态，舌面尽量平展，舌尖微微向下，同时尽量张大口腔，使舌体能够充分暴露。需注意的是，若伸舌时用力过度、舌体紧张蜷曲，或者伸舌时间过长等情况，均会对舌体的血液循环造成影响，进而引发舌色改变，致使舌苔出现紧凑变样，或导致舌体干湿度发生变化。

2. 按序观察舌象 望舌一般遵循舌尖、舌中、舌边、舌根、舌下络脉的顺序。由于舌质颜色相对容易变化，伸舌时间过长可能导致舌色失真，而舌苔受观察时间的影响相对较小。因此，望舌时应先观察舌质，再查看舌苔。倘若一次望舌无法准确判断，可让患者稍作休息后，重新进行望舌。

3. 刮舌法与揩舌法 刮舌法是指使用消毒后的压舌板边缘，以适中的力量，在舌面上由后向前刮3～5次；揩舌法是用消毒纱布包裹手指，蘸取少许生理盐水后，在舌面上揩抹数次。这两种方法的目的在于观察苔底，以鉴别舌苔是有根还是无根，判断舌苔的松腐与坚敛情况，同时排除染苔现象。若舌苔刮之不去，或刮后留下污迹，多提示里实有邪；若舌苔刮之易去，且刮后舌体明净光滑，则多属虚证。

（二）舌诊的注意事项

为确保舌诊结果的真实可靠，应尽量减少或排除各类非疾病因素对舌象的干扰，具体需注意以下几点。

1. 光线因素 应面向自然光线进行舌诊，同时要避免阳光直射。光线的强弱及色调对舌色的观察影响显著。例如，光线昏暗时，舌色会显得暗滞；在白炽灯照射下，舌苔往往偏黄；日光灯下，舌色则多偏紫；此外，周围有色物体的反射光，也可能导致舌色发生相应改变。因此，观察舌象时，以白天充足且柔和的自然光线为宜。若在夜间或光线较暗处，使用日光灯较好，且光线需直接照射在舌面上。

2. 饮食与药物影响 饮食和药物均可能致使舌象发生变化。通常建议在进食十分钟后，用清水漱口，此时观察舌象更为准确。进食过程中，由于食物的反复摩擦，可能使原本较厚的舌苔变薄；饮水后，干燥的舌苔会变得湿润；刚食用辛热食物，舌质会偏红；过量食用肥甘厚味或服用大量镇静剂，可能导致舌苔厚腻；长期服用某些抗生素，可能出现黑腻苔或霉腐苔。

此外，当舌象与实际病情不符时，尤其要留意是否存在染苔现象。可通过询问患者的饮食、服药情况来加以鉴别。某些食物或药物会使舌苔染色，此即"染苔"。比如，饮用椰汁、豆浆、牛奶，或服用钡剂等，可使舌苔变白、变厚；食用柿子、橘子、蛋黄，或服用核黄素等，可使舌苔变黄；服用各种黑褐色药品，或食用槟榔、橄榄、酸梅，或长期吸烟等，可使舌苔染成灰色或黑色。一般来说，染苔在短时间内会自然消退，也可通过刮舌、揩舌的方式去除。

考点与重点 舌诊的方法与注意事项

三、舌诊的内容

舌诊主要通过观察舌质、舌苔以及舌下络脉的变化来进行诊断。其中，望舌质涵盖对舌的颜色、形质及动态的观察，以此可诊察脏腑的虚实情况，判断气血的盛衰状态。望舌苔则包括对苔质和苔色的观察，凭借这些能够诊察病邪的性质、病位的浅深，以及邪正力量的消长变化。正如《医门棒喝》中所记载："观舌质可验其正之阴阳虚实，审苔垢即知邪之寒热浅深。"望舌下络脉时，需留意舌下络脉的长度、形态、色泽、粗细，以及舌下细小血络等方面的变化。在望舌过程中，必须全面观察舌质与舌苔的情况，并进行综合分析，如此才能对病情做出准确的判断。

四、正常舌象与生理差异

（一）正常舌象

正常舌象的特征为：舌色淡红，鲜明润泽；舌苔薄白，分布均匀且滋润；舌体大小适中，柔软灵活，可简称为"淡红舌，薄白苔"。正常舌象表明脏腑机能正常，气血津液充盈，胃气健旺。

考点与重点　正常舌象的特征和临床意义

（二）舌象的生理变异

淡红舌、薄白苔为正常舌象的特征，但在内外环境影响下，可产生生理性变异，具体如下。

1. 年龄因素　年龄是舌象生理变异的关键因素之一。儿童舌质多淡嫩，舌苔偏少且易剥脱；老年人舌色多较暗红或带有紫暗色，然而他们均无明显病变，故属于生理性变异。

2. 性别因素　临床调查资料显示，舌象一般与男女性别并无明显关联。但女性因其生理特点，在月经期会出现蕈状乳头充血，进而导致舌质偏红，或舌尖、舌边点刺增大，月经过后则可恢复正常。

3. 体质、禀赋因素　由于先天禀赋存在差异，每个人的体质各不相同，舌象也会因此有所区别。临床常见肥胖者舌体多胖大且质淡，消瘦者舌体偏瘦且舌色偏红。

4. 气候因素　从季节来看，夏季暑湿盛行，舌苔多厚且色偏黄；秋季燥气当令，舌多偏干；冬季严寒，舌多湿润。就地区而言，我国东南地区偏热、偏湿，西北及东北地区偏寒、偏燥，舌象会相应地发生一定变异。

此外，在望舌时，必须将真正的生理变异与病变前期的病态舌象区分开来。一般来说，若异常舌象长期不变，且无任何不适症状，多由生理性变异所致；反之，则应考虑是疾病的前期病变，可通过问诊加以鉴别。

五、望　舌　质

望舌质涵盖观察舌的神气、色泽、形质、动态及舌下络脉这五个部分。

（一）望舌神

舌神，指的是舌体呈现出的荣枯状态。

【舌象特征】舌体荣润，颜色红活鲜明，运动灵活自如，此为"荣舌"，表明舌有神；若舌体色泽晦暗，干枯死板，运动不灵活，称作"枯舌"，即舌无神。

【临床意义】舌质的荣枯，也就是舌之有神与否，是衡量机体正气盛衰的关键标志之一，也是判断疾病轻重及预后的重要依据。荣舌通常是健康人的舌象，意味着正气旺盛，气血充盛，津液充足；即便患病，也说明正气未衰，邪气轻浅，病情向好。而枯舌则提示邪盛正衰，气血精津枯竭，脏腑正气极度衰败，邪气较深，病情危重。

考点与重点　舌神变化的特征及临床意义

（二）望舌色

舌色即舌质的颜色，正常人的舌色淡红润泽，而病理舌色一般可分为淡红舌、淡白舌、红舌、绛舌、青紫舌这五种。

1. 淡红舌

【舌象特征】舌色淡红润泽，白中透红（图1-24）。

【临床意义】舌色与肤色的形成原理一致，红色代表血，明润体现胃气。淡红舌反映出心气旺盛，胃气强盛，正如《舌苔统志》所言："舌色淡红，平人之候……红者心之气，淡者胃之气"。淡红舌是气血调和的表现，常见于健康人，所以《舌鉴辨正·红舌总论》曰："全舌淡红，不浅不深者，平人也。"在外感病初起时，病情轻浅，尚未伤及气血及内脏，舌色仍可维持淡红色；内伤杂病中，若见舌色淡红明润，提示阴阳平和，气血充盈，病情较轻，或者是疾病转愈的良好征兆。

2. 淡白舌

【舌象特征】比正常舌色浅淡，白色偏多而红色偏少（图1-25）。若舌色白，几乎没有血色，则称为"枯白舌"。

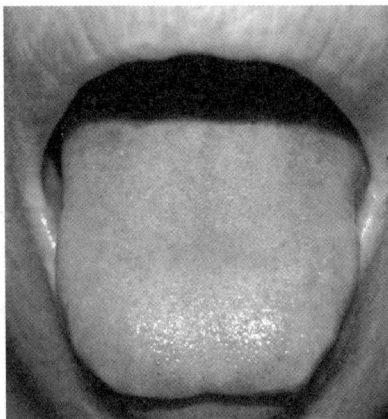

图1-24 淡红舌

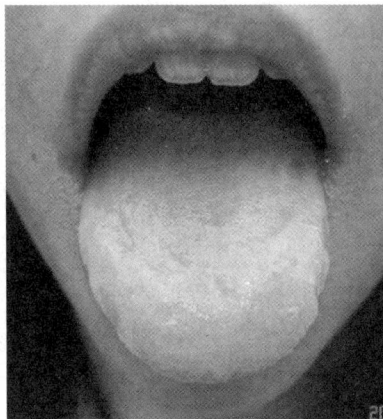

图1-25 淡白舌

【临床意义】主气血两虚、阳虚。气血亏虚，血液无法充分上荣于舌；或者阳虚内寒，经脉收缩，导致舌部血行减少，都可使舌肌脉络空虚不充盈，从而呈现出舌色浅淡。《舌鉴辨正》指出，淡白舌是"虚寒舌之本色"。淡白光莹，舌体瘦薄，多为气血两虚；淡白湿润，舌体胖嫩，属于阳虚水湿内停。在脱血夺气、病情危重时，舌无气血充养，就会显枯白无华。《温热论》曰："舌淡红无色者，或干而色不荣者，当是胃津伤而气无化液也。"

3. 红舌

【舌象特征】比正常舌色红，甚至呈现鲜红色。红舌可见于整个舌体，也可见于舌尖、舌边（图1-26）。

【临床意义】主实热、阴虚。血遇热则循行加速，致使舌体脉络充盈；或者因阴液亏乏，虚火上炎，故而舌色鲜红。舌色稍红，或者仅舌边尖略红，多属于外感风热表证初起；全舌老红，苔黄，为实热证；舌体小，舌鲜红少苔，或有裂纹，或红光无苔，为虚热证。舌尖红赤破溃，多是心火上炎；舌两边红，多为肝经有热。舌红有出血点，在外感热病中多为邪热迫血妄行，预示即将出现吐衄、发斑；在内伤杂病中往往是内脏出血的征兆。

4. 绛舌

【舌象特征】比红舌颜色更深，或略带暗红色（图1-27）。

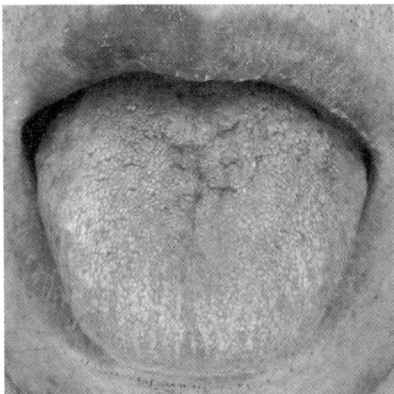

图1-26 红舌

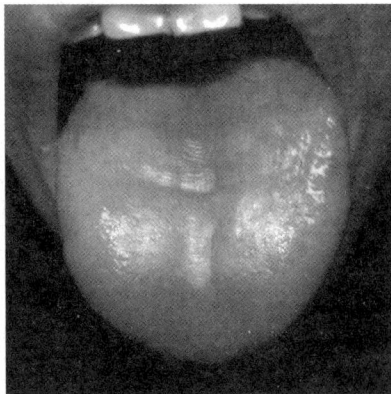

图1-27 绛舌

【临床意义】主热入营血、阴虚火旺。绛舌大多由红舌发展而来，多因热入营血，耗伤营阴，血液浓缩瘀滞；或阴虚水涸，虚火上炎，舌体脉络充盈所致。舌绛有苔，多属温热病热入营血，绛色越深，热邪越盛；舌绛而少苔或无苔，或有裂纹，多属阴虚火旺或热病后期阴液耗损。《辨舌指南》记载："绛而光亮者，胃阴亡也""舌虽绛而不鲜，干枯而萎者，肾阴涸也"。

5. 青紫舌

【舌象特征】全舌呈紫色，是红绛舌加深加暗的结果。淡白舌而泛现紫色，称为"淡紫舌"；舌红而泛现紫色，称为"紫红舌"；绛舌中泛现紫色，称为"绛紫舌"；舌体局部出现青紫色斑点，大小不等，不高出舌面，称为"斑点舌"（图1-28）。斑点舌中，大的称为瘀斑，小的称为瘀点。

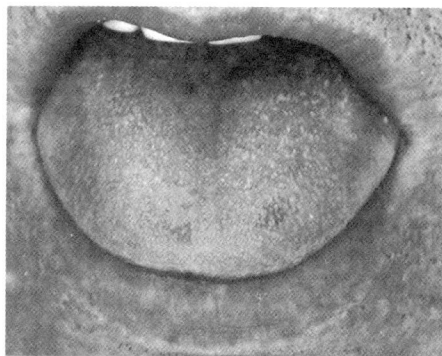

图1-28　青紫舌

【临床意义】主血瘀、热极、寒极、酒毒。紫红舌、绛紫舌，多是红绛舌进一步发展而成。全舌青紫，多为全身性血行瘀滞；舌有紫色斑点，多为瘀血阻滞局部；舌色紫红或绛紫，干枯少津，舌苔黄而干，多因热毒壅盛，内入营血，营阴受灼，气血壅滞所致；舌色淡紫或紫暗而湿润，多因阳气虚衰，运血无力，或阴寒内盛，血脉瘀滞所致；舌色青紫，为寒凝血瘀的重证，提示阴寒极盛，阳气受遏，血行凝滞；舌紫而肿胀，多因酒毒内蕴所致，常见于酒癖患者。

考点与重点 舌色变化（淡白、淡红、红、绛、青紫）的特征与临床意义

（三）望舌形

舌形即舌的形状，包含老嫩、胖瘦、点刺、裂纹、齿痕等方面的特征。

1. 老、嫩舌

【舌象特征】老舌舌质纹理粗糙或皱缩，坚敛而不柔软，舌色较暗，又称为"苍老舌"（图1-29）；嫩舌舌质纹理细腻，浮胖娇嫩，舌色浅淡，又称为"娇嫩舌"（图1-30）。

【临床意义】老舌多见于实证；嫩舌多见于虚证。舌质老嫩是舌色和舌形的综合体现，是辨别疾病虚实的重要指标之一。实邪亢盛，正邪剧争，气血壅滞，会使舌质显得坚敛苍老；气血不足，无法充盈舌体脉络，或者阳气亏虚，运血无力，寒湿内生，津液内停，会使舌体显得浮胖娇嫩。《辨舌指南》中说："凡舌质坚敛而苍老，不论苔色白、黄、灰、黑，病多属实；舌质浮胖娇嫩，不拘苔色灰、黑、黄、白，病多属虚。"

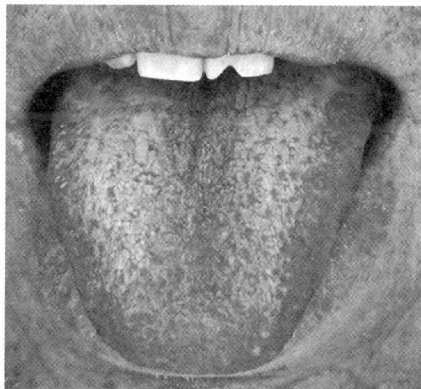

图1-29　苍老舌

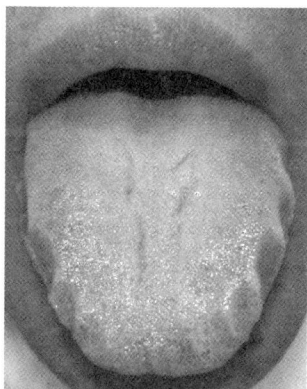

图1-30　娇嫩舌

2. 胖、瘦舌

【舌象特征】胖舌：舌体比正常舌大而厚，伸舌满口，又称为"胖大舌"（图1-31）；舌体肿大满口，甚至不能闭口，舌体不能缩回，则称为"肿胀舌"。瘦舌舌体比正常舌瘦小而薄，又称为"瘦薄舌"（图1-32）。

【临床意义】胖大舌多主水湿内停、痰湿热毒上泛；瘦薄舌多主气血两虚、阴虚火旺。舌淡胖大，多因脾肾阳虚，津液输布障碍，水湿内停所致；舌红胖大，多因脾胃湿热或痰热内蕴，或平素嗜酒，湿热夹酒毒上泛所致；舌红绛肿胀，多因心脾热盛，热毒上壅所致；舌青紫晦暗而肿胀，常因某些药物、食物中毒，血液凝涩，络脉瘀滞所致。此外，先天性舌血管瘤患者，可因舌局部血络郁滞，呈现青紫肿胀，但通常无全身辨证意义。胖大舌多兼见舌边齿痕。瘦薄舌多由于气血阴液不足，不能充盈舌体，舌失去濡养导致。舌体瘦薄而淡，为气血两虚；舌体瘦薄而色红绛干燥，为阴虚火旺，津液耗伤。

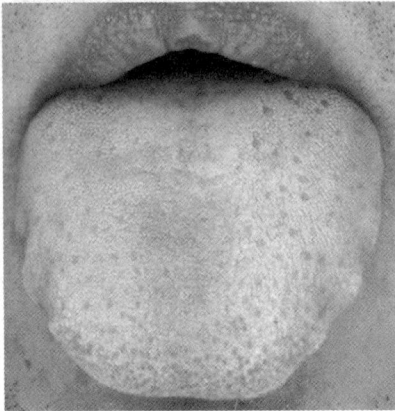

图 1-31　胖大舌

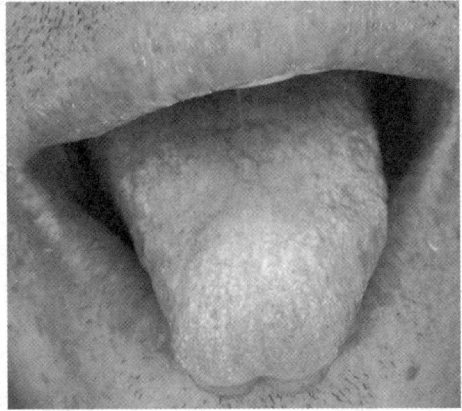

图 1-32　瘦薄舌

3. 点、刺舌

【舌象特征】由蕈状乳头增生，数目增多，充血肿大形成。点，是突起于舌面的红色或紫红色星点（图 1-33）。大的为星，称为"红星舌"；小的为点，称为"红点舌"。刺，是舌乳头突起如刺，摸起来棘手的红色或黄黑色点刺，称为"芒刺舌"（图 1-34）。点刺多见于舌尖部。

【临床意义】主脏腑热极，血分热盛。一般点刺越多，表明邪热越甚。《温热论》中指出："不拘何色，舌上生芒刺者，皆是上焦热极也。"根据点刺出现的部位，可区分热在何脏。舌尖生点刺，多为心火亢盛；舌中生点刺，多为胃肠热盛；舌边生点刺，多为肝胆火盛。观察点刺的颜色，能够判断气血运行情况以及病情的轻重。舌红生芒刺，多为气分热盛；点刺色鲜红，多为血热内盛，或阴虚火旺；点刺舌紫绛，为热入营血而气血瘀滞。

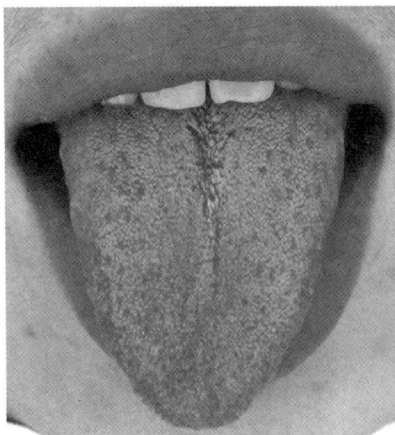

图 1-33　星点舌

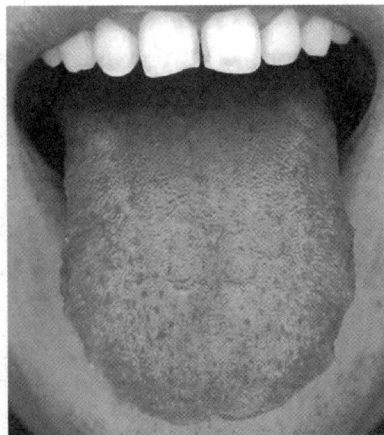

图 1-34　芒刺舌

4. 裂纹舌

【舌象特征】舌面上出现各种形状的裂纹、裂沟，深浅不一，且裂沟中没有舌苔覆盖。裂纹既可见于全舌，也可见于局部，形状各异，可呈"人""川""爻"等，严重的可呈回状、卵石状，或者如刀割样、剪碎样（图 1-35）。

【临床意义】主阴血亏虚，脾虚湿侵。红绛而有裂纹，提示邪热内盛，阴液大伤，或者阴虚液亏，舌体失于濡养，因而舌面萎缩；舌淡白而有裂纹，提示血虚不能上荣于舌；舌淡白胖嫩而有裂纹且见齿痕，提示脾失健运，湿邪内侵，精微不能濡养舌体。在健康人中，约0.5%的人舌面上有纵、横裂纹，其上有舌苔覆盖，且无不适症状，称为先天性裂纹舌，应与病理性裂纹加以鉴别，此不属于病态。

5. 齿痕舌

【舌象特征】舌体边缘有牙齿压迫的痕迹（图1-36）。

【临床意义】主脾虚，水湿内停。舌边有齿痕，多因舌体胖大，受牙齿挤压所致，常与胖大舌同时出现；舌体不大却呈现齿痕，是舌质较嫩的缘故。舌淡胖大而润，舌边有齿痕，多因阳虚不能运化水湿，水湿内停或寒湿壅盛所致；舌质淡红而舌边有齿痕，多为气虚或脾虚；舌红肿胀满口，舌有齿痕，多因痰浊湿热壅滞所致；舌淡红而嫩，舌体不大，边有轻微齿痕，为先天性齿痕舌。在病中见到先天性齿痕舌，则提示病情较轻，多见于气血不足者或小儿。

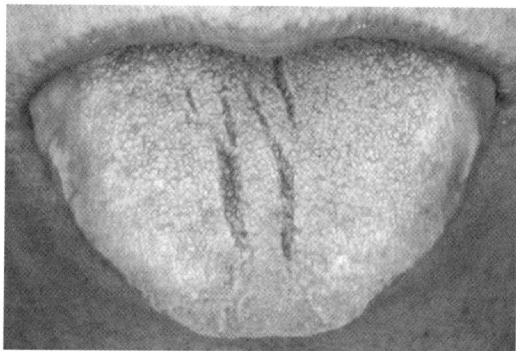
图1-35　裂纹舌

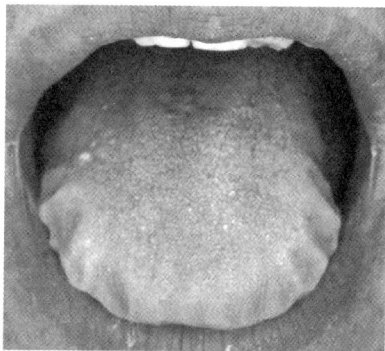
图1-36　齿痕舌

考点与重点　舌形变化（老嫩、胖瘦、点刺、裂纹、齿痕）的特征与临床意义

（四）望舌态

舌态即舌体的动态。舌体运动灵活是正常舌态，表明脏腑机能旺盛，气血充盛，经脉调和。常见的病理舌态包括痿软、强硬、㖞斜、颤动、吐弄、短缩等。

1. 痿软舌

【舌象特征】舌体软弱无力，不能随意伸缩回旋。

【临床意义】主阴液亏损，或气血俱虚。舌痿软而淡白无华，多属于慢病久病，因气血虚衰，阴液亏损，舌体筋脉失养而废弛所致；舌红干而逐渐痿软，多因肝肾阴亏，舌肌筋脉失养所致；舌痿软而红绛少苔或无苔，多见于外感病后期，因热极伤阴，或者内伤杂病，阴虚火旺所致。

2. 强硬舌

【舌象特征】舌失柔和，屈伸不利，或板硬强直，不能转动，同时伴有语言謇涩。

【临床意义】主热入心包、高热伤津，或风痰阻络。舌主调节发音，所以强硬舌多兼见语言謇涩。《千金要方》说："舌强不能言，病在脏腑。"这表明舌强硬虽是局部表现，但与内在脏腑病变密切相关。强硬舌多因外感热病，邪入心包，心神被扰，舌无主宰；或者高热伤津，筋脉失养；又或者肝风夹痰，风痰阻滞，使舌体失于柔和之性，从而表现出舌体强硬不灵。舌体强硬，色红绛而少津，多因邪热炽盛，热陷心包，或热盛伤津所致；舌体强硬，胖大兼厚腻苔，多因风痰阻络所致；舌强语言謇涩，伴有肢体麻木、眩晕，多为中风先兆。

3. 㖞斜舌

【舌象特征】伸舌时舌体偏向一侧，或左或右（图1-37）。

【临床意义】多见于中风、中风先兆，或喑痱。肝风夹痰或夹瘀，痰瘀阻滞一侧经络，使受阻一侧舌肌弛缓，收缩无力，而健侧舌肌正常，所以伸舌时向健侧㖞斜。

4. 颤动舌

【舌象特征】舌体不自主地震颤、抖动。轻者仅伸舌时颤动，重者不伸舌时也抖颤难宁。

【临床意义】主气血虚衰，或阴液亏损，或热极生风，或肝阳化风之肝风内动，也主酒毒内蕴。凡是气血亏虚，筋脉失于濡养而无力平展舌体；或者热极阴亏而动风、肝阳化风、酒毒内蕴等，都可出现舌颤动。舌淡白而颤动，多属血虚生风；舌绛紫而颤动，多属热极生风；舌红少津而颤动，多属阴虚动风；舌红绛而颤动不已，伴有眩晕肢麻，为肝阳化风。

5. 吐弄舌

【舌象特征】舌伸出口外，不立即回缩，称为"吐舌"；舌反复吐而即回，或舌反复舐口唇，掉动不宁，称为"弄舌"。

【临床意义】主心脾有热。心热则动风，脾热则耗津，致使舌体筋脉紧缩不舒而动摇。舌质红而吐弄，为心脾有热；舌色紫绛而吐弄，多见于疫毒攻心，或正气已绝；小儿智力发育不全，也可见吐弄舌。

6. 短缩舌

【舌象特征】舌体卷短、紧缩，不能伸长，甚至舌不抵齿（图1-38）。短缩舌常与痿软舌同时出现。

【临床意义】主寒凝筋脉、气血虚衰、热盛津伤、痰浊阻滞等，多属于病情危重。舌短缩，色淡紫或青紫而湿润，多因阳气暴脱，寒凝筋脉，舌脉挛缩所致；舌短缩而舌质淡嫩，多因气血俱虚，舌失充养，筋脉痿弱所致；舌短缩而舌体胖大苔黏腻，多因脾虚不运，痰浊内蕴，经气阻滞所致；舌短缩而红绛干燥，多因热盛伤津，筋脉挛急所致。此外，先天性舌系带过短，称为"舌绊"，可见明显舌短缩而影响舌体伸出，无辨证意义，但应注意与短缩舌鉴别。

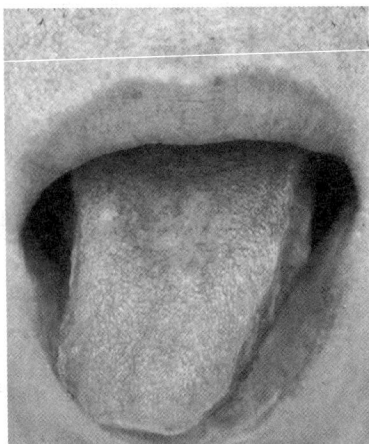 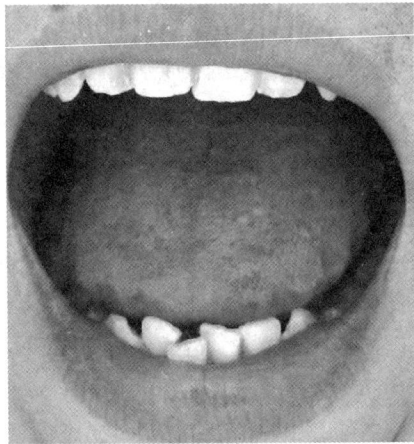

图1-37　㖞斜舌　　　　　图1-38　短缩舌

考点与重点 舌态变化（强硬、痿软、颤动、㖞斜、吐弄、短缩）的特征及临床意义

六、望舌苔

舌苔乃附着于舌面的一层苔状物，由脾胃阳气蒸化胃中水谷之气，上聚于舌面而形成。《伤寒论本旨·辨舌苔》中指出："舌苔由胃中生气所现，而胃气由心脾发生，故无病之人常有薄苔，是胃中之生气，如地上之微草，若不毛之地，则土无生气矣。"正常舌苔表现为薄白均匀，干湿适中，舌面的中部和根部稍厚。异常舌苔多因外邪侵袭，或脏腑失调，致使脾胃浊气上升而成。望舌苔主要观察苔色和苔质的变化。

（一）望苔质

苔质的变化涵盖厚薄、润燥、腻腐、剥脱、有根无根、偏全、真假等。

1. 薄、厚苔

【舌象特征】舌苔的厚薄以"见底""不见底"为衡量标准。薄苔是透过舌苔能隐隐见到舌质，又称"见底苔"（图1-39）；厚苔是透过舌苔无法见到苔下的舌质，又称"不见底苔"（图1-40）。

【临床意义】主要反映邪正盛衰和邪气浅深。

薄苔是正常舌苔的表现之一，其舌苔薄而均匀，或中部稍厚，干湿适中，提示胃有生发之气。外感疾病初起在表，病情轻浅，或内伤病病情较轻，胃气未伤，舌苔亦无明显变化，可见薄苔。

厚苔是胃气夹痰、饮、水、湿、食积等邪气熏蒸，积滞于舌面所致，主邪盛入里，或内有邪气等。舌苔厚或舌中、根部尤为显著者，多提示外感病邪气已入里，或胃肠内有宿食，或痰浊停滞，病情较重。

在疾病过程中，舌苔厚薄的变化，主要反映邪正的消长。《辨舌指南》曰："舌常有苔，无苔者虚也。苔垢薄者，形气不足；苔垢厚者，病气有余。"舌苔由薄变厚，提示邪气渐盛，或表邪入里，为病进；舌苔由厚变薄，舌上复生薄白新苔，提示邪去正复，为病退。舌苔的厚薄转化以渐变为佳，若薄苔突然增厚，提示邪气极盛，迅速入里；厚苔骤然消退，而舌上无新苔复生，为正不敌邪，或胃气暴绝。

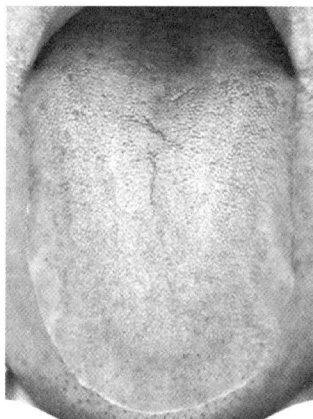

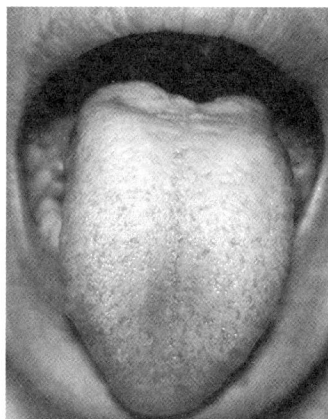

图1-39　见底苔　　　　　　　　　图1-40　不见底苔

2. 润、燥苔

【舌象特征】舌苔润泽有津，干湿适中，称为"润苔"（图1-41）；舌面水分过多，伸舌欲滴，扪之湿滑，称为"滑苔"。舌苔干燥，扪之无津，甚则干裂，称为"燥苔"；苔质粗糙，水分极少，扪之碍手，称为"糙苔"（图1-42）。《诸病源候论·唇口病诸候·口舌干焦候》指出："手少阴心之经，其气通于舌；足太阴脾之经，其气通于口。脏腑虚热，气乘心脾，津液竭燥，故令口舌干焦也。"

【临床意义】主要反映津液盈亏和输布情况。

润苔是正常舌苔的表现，是胃津、肾液上承，布露于舌面的表现。病中见润苔，提示津液未伤，风寒表证、湿证初起、食滞、瘀血等均可见润苔。滑苔为水湿内聚的表现，主痰饮、主湿。寒湿内侵，或阳虚不能运化水液，寒湿、痰饮内生等，均可见滑苔。

燥苔主津液已伤，常见于高热、大汗、吐泻后，或过服温燥药物所致津液不足，舌苔失于滋润而干燥；亦有因痰饮、瘀血内阻，阳气被遏，津液不能上承润泽舌苔而见燥苔者，属津液输布障碍。糙苔多由燥苔进一步加重而成。舌苔粗糙，津液极少，多见于热盛伤津之重症；苔质粗糙而不干，多为秽浊之邪盘踞中焦。

舌苔由润变燥，表示热盛津伤，或津失输布；舌苔由燥转润，为热退津复，或饮邪始化。《辨舌指南》曰："滋润者其常，燥涩者其变；滋润者为津液未伤，燥涩者为津液已耗。"

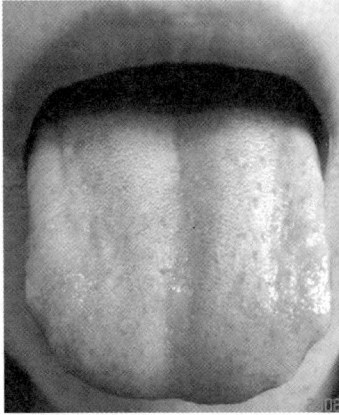

图1-41　润苔

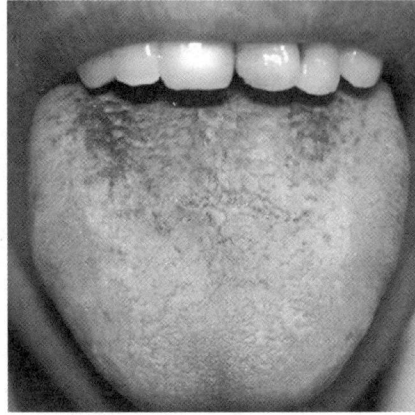

图1-42　糙苔

3. 腐、腻苔

【舌象特征】苔质颗粒细腻致密，融合成片，如涂有油腻之物，中厚边薄，紧贴舌面，揩之不去，刮之不脱，称为"腻苔"（图1-43）。苔质颗粒粗大，质地疏松，状如豆腐渣堆积于舌面，边中皆厚，揩之易去，称为"腐苔"。舌上黏厚一层，有如疮脓，称为"脓腐苔"。《辨舌指南》指出："腐者无迹，揩之即去，为正气将欲化邪；腻者有形，揩之不去，为秽浊盘踞中宫。"

【临床意义】腐腻苔主痰浊、食积；脓腐苔主内痈。

腻苔为湿浊内蕴，阳气郁遏，痰饮湿浊停聚于舌面所致。苔薄腻，或腻而不板滞者，主食积，或脾虚湿困；苔白腻而滑，主痰浊、寒湿内阻；苔黏腻而厚，口中发甜，主脾胃湿热上犯；苔黄腻而厚，主痰热、湿热、暑湿而致腑气不畅。

腐苔为胃气衰败，阳热有余，蒸腾湿浊上泛所致，多见于食积胃肠，或痰浊内蕴。脓腐苔多见于内痈或邪毒内结，属邪盛病重。病中腐苔渐退，续生薄白新苔，为病邪消散，正气渐复之象；若腐苔脱落，不能续生新苔，为久病胃气衰败，属无根苔。

4. 剥脱苔

【舌象特征】舌苔全部或部分脱落，脱落处光滑无苔，称为"剥苔"（图1-44）。舌苔不规则地剥脱，边缘凸起，界限清楚，形似地图，部位时有转移者，称为"地图舌"。舌苔剥脱处，舌面不光滑，仍有新生苔质颗粒，或舌乳头可见者，称为"类剥苔"。舌苔全部剥脱，舌面光洁如镜者，称为"镜面舌"。

【临床意义】主胃气不足，胃阴枯竭，或气血两虚。

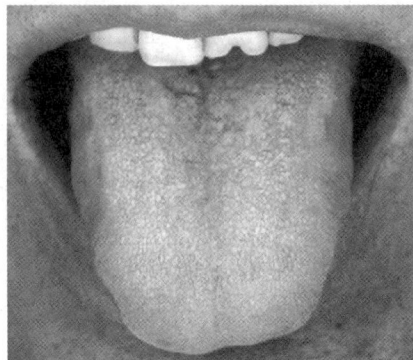

图1-43　腻苔　　　　　　　　　　图1-44　剥苔（前）

舌红苔剥者，多为阴虚；舌淡苔剥或类剥苔，多为血虚或气血两虚；镜面舌色红绛者，为胃阴枯竭，胃无生发之气；舌苔部分脱落，未剥脱处仍有腻苔者，为正气已虚而痰浊未化，其病情复杂。

剥脱部位，多与舌面脏腑分布相应，舌苔前剥，多为肺阴不足；舌苔中剥，多为胃阴不足；舌苔根剥，为肾阴枯竭。剥苔的范围大小，多与舌阴或气血不足程度有关。舌苔从全到剥，是胃气阴不足，正气渐衰的表现；舌苔剥脱后，复生薄白新苔，为邪去正胜，胃气渐复之佳兆。

另外，辨舌苔的剥落还应与先天性剥苔加以区别。先天性剥苔呈菱形，其部位常在舌面中央人字沟之前，多因先天发育不良所致，无辨证意义。

5. 有根、无根苔

【舌象特征】舌苔紧贴于舌面，中厚边薄，不易脱落，脱后新苔渐生者，称为"有根苔"；舌苔疏松，浮于舌面，苔易刮脱，不易复生，或舌面光剥如镜者，称为"无根苔"。

【临床意义】有根苔是有胃气的征象，提示气血有源，预后良好；无根苔提示胃气衰败，气血乏源，预后不良。病之初、中期，舌见有根苔且厚，说明胃气壅实，病较深重；久病见有根苔，说明胃气尚存；新病出现无根苔，属邪浊渐聚，病情较轻；久病出现无根苔，属胃气匮乏，不能上蒸，病情危重。

6. 真、假苔

【舌象特征】舌苔真假与有根苔、无根苔关系密切。舌苔紧贴舌面，刮之难去，刮后仍留有苔迹，不露舌质，舌苔如从舌体上生出者，称为"真苔"；舌苔不紧贴舌面，不像舌所自生而似涂于舌面，苔易刮脱，刮后无垢而舌质光洁者，称为"假苔"。

【临床意义】新病见真苔，病情较重；见假苔，病情轻浅。久病见真苔，主胃气尚存，病情预后较好；见假苔，主胃气衰败，病情预后不良。

判断舌苔真假，以"有根""无根"为标准。真苔是脾胃之气熏蒸食浊等邪气上聚于舌面而成，舌苔有根蒂，与舌体不可分离。假苔是因胃气匮乏，不能续生新苔，而已生之旧苔逐渐脱离舌体，浮于舌面，苔无根蒂，刮后无垢。病之初期、中期，舌见真苔且厚，为胃气壅实，病较深重；久病见真苔，说明胃气尚存；新病见假苔，属邪浊渐聚，病情较轻；久病见假苔，是胃气匮乏，不能上润，病情危重。舌面上浮一层厚苔，望似无根，刮后却见已有薄薄新苔者，是疾病向愈的征象。

7. 偏、全苔

【舌象特征】舌苔满布舌面，称为"全苔"。舌苔仅布于前、后、左、右之某一局部，称为"偏苔"。

【临床意义】病中见全苔，主邪气散漫，多为湿痰阻滞之征；舌苔偏于某处，常为舌部分候的脏腑有邪气停聚。舌苔偏于舌尖部，是邪气入里未深，而胃气则已先伤；舌苔偏于舌根部，为外邪虽退，但胃气停滞依旧；舌苔仅见于舌中，常是痰饮、食浊停滞中焦；舌苔偏于左或右，常提示肝胆湿热类疾患。

偏苔应与剥苔相鉴别，偏苔为舌苔分布上的病理现象，并非剥苔之本来有苔而剥落，以致舌苔偏于某处。因一侧牙齿脱落，摩擦减少而使该侧舌苔较厚者，亦应与病理性偏苔相鉴别。

考点与重点 苔质变化（厚薄、润燥、腐腻、剥脱、真假）的特征及临床意义

（二）望苔色

苔色，即舌苔的颜色，可分为白苔、黄苔、灰黑苔三类。

1. 白苔

【舌象特征】舌面上附着的白色苔状物，称为"白苔"（图1-45）。白苔有厚薄、润燥、滑腻之分。

【临床意义】可为正常舌苔，白苔为舌苔之本色，是最常见的苔色，其他苔色均可由白苔转化而成。病中见白苔，多主表证、寒证、湿证，亦可见于热证。《伤寒论本旨》指出："凡苔垢，色白者为

寒，白甚者，寒甚也。"苔薄白而润，多为正常舌象，亦示表证初起，或为里证病轻，或为阳虚内寒；苔薄白而滑，多为外感寒湿，或脾肾阳虚，水湿内停；苔薄白而干，常见于风热表证；苔白厚腻，多为湿浊内停，或为痰饮、食积；苔白厚而干，为痰浊湿热内蕴；苔白厚如积粉，扪之不燥者，称为"积粉苔"，多系秽浊湿邪与热毒相结而成，常见于瘟疫或内痈；苔白而燥裂，粗糙如砂石，提示邪热炽盛，津液大亏。

2. 黄苔

【舌象特征】黄苔有淡黄、深黄、焦黄之分。苔呈浅黄色，称为"淡黄苔"或"微黄苔"（图1-46）；苔色黄而深厚，称为"深黄苔"或"正黄苔"；舌苔深黄，中带黑褐色，称为"焦黄苔"或"老黄苔"。

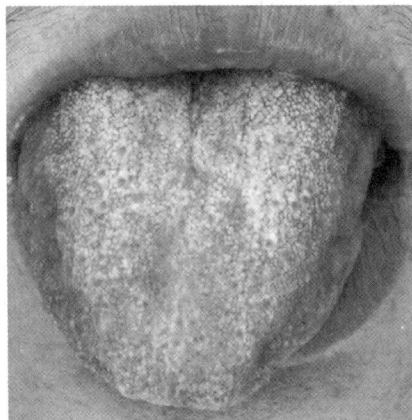

图 1-45　白苔

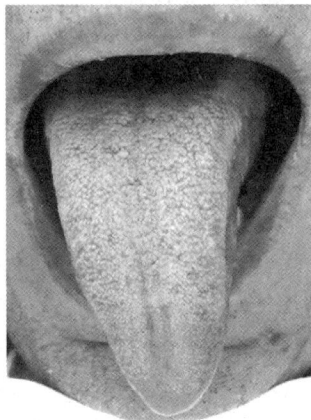

图 1-46　黄苔

【临床意义】主热证、里证。

邪热熏灼于舌，则苔呈黄色，苔色越黄，说明热邪越盛。《医学入门》指出："热深入胃，则苔黄。"就部位而言，舌尖苔黄，为热在上焦；舌中苔黄，为热在中焦；舌根苔黄，为热在下焦；舌边苔黄，为热在肝胆。就颜色深淡而言，淡黄苔为热轻，深黄苔为热甚，焦黄苔为热极。舌苔由白转黄，或黄白相间，为外感表邪化热入里，而表邪尚未入里的表里相兼阶段。舌苔薄黄，提示邪热较轻，多见于风热表证，或风寒化热入里初期；黄滑苔，多为阳虚寒湿之体，痰饮聚久化热，或为气血亏虚，复感湿热之邪；黄腻苔，为湿热或痰热内蕴，或食积化热；苔黄而干，中有裂纹似花瓣，称为"黄瓣苔"，提示燥热内结胃肠；苔深黄干燥，颗粒粗大，望之如砂，扪之糙手，称为"黄糙苔"，提示热盛伤津；苔黄黑相兼，称为"焦黄苔"，亦提示热盛伤津。

3. 灰黑苔

【舌象特征】苔色浅黑，称为"灰苔"；苔色深灰，称为"黑苔"。灰苔与黑苔只是颜色浅深不同，而临床意义相同，常合称为"灰黑苔"（图1-47）。

【临床意义】主阴寒内盛，或里热炽盛。苔质的润燥是辨别寒热的重要指征。

灰苔多由白苔晦暗转化而成；黑苔多在疾病持续到一定时日，发展到相当程度后，由灰苔或焦黄苔转化而来。灰黑苔既可见于寒湿病中，也可见于热性病中，但无论寒热均属重证，黑色越深，病情越重。《敖氏伤寒金镜录》曰："舌见黑色，水克火明矣，患此者百无一治。"又云："若见舌苔如黑漆之光者，十无一生。"这里需要与吸烟过多，舌苔灰黑，但无全身明显症状者鉴别。寒湿病中出现灰黑苔，多由白苔转化而成，其舌苔灰黑必湿润多津；热性病中出

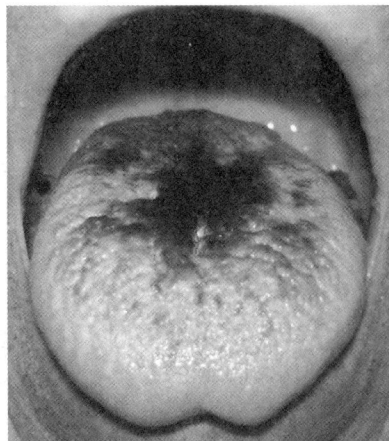

图 1-47　灰黑苔

现灰黑苔，多由黄苔转变而成，其舌苔灰黑必干燥无津液；苔灰黑而干燥，为热极伤阴、阴虚火旺；苔灰黑而润滑，为阴盛阳虚，痰湿久郁；舌边尖呈白腻苔，而舌中、舌根部出现灰黑苔，舌面湿滑，多因阳虚寒湿内盛，或痰饮内蕴所致；舌边尖为黄腻苔，而舌中为灰黑苔，多因湿热内蕴，日久不化所致；舌苔焦黑干燥，舌质干裂起刺，多因热极津枯所致。苔黄黑者，称为"霉酱苔"，多因胃肠素有湿浊宿食，积久化热，熏蒸秽浊上泛舌面所致，可见于湿热夹瘀的病证。

考点与重点 苔色变化（白、黄、灰黑）的特征及临床意义

七、望舌下络脉

舌系带两侧各有一条纵行大络脉，即"舌下络脉"。正常时，其管径不超过 2.7mm，长度不超舌尖至舌下肉阜连线的 3/5，呈暗红色，无怒张、紧束、弯曲、增生，排列规整，多为单支。

（一）望舌下络脉的内容

主要观察舌下络脉的长度、形态、色泽、粗细及舌下小血络变化。

（二）望舌下络脉的方法与注意事项

1. 观察方法 患者张口，舌体上抬，舌尖轻抵上腭并自然放松，充分显露舌下络脉。先观察大络脉的长短、粗细、颜色及有无异常形态，再查看周边细小络脉。

2. 注意事项 患者翘舌应自然放松，避免用力过度致舌色变深、舌肌紧张、舌脉变细短而影响观察。若患者疲劳可休息后再查，不会卷舌可用压舌板辅助。

3. 舌下络脉的异常变化和临床意义 舌下络脉的形色变化反映气血运行。色紫、脉粗张弯曲或有结节，多因气滞血瘀；色青或淡紫、脉直紧束，多因寒凝血瘀或阳虚血滞。舌底有青紫瘀丝、瘀点（图1-48），多见于瘀血证早期或郁证，病因多样，需结合其他症状综合判断。

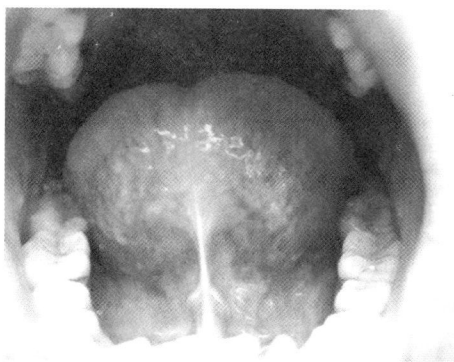

图1-48 舌下络脉（瘀阻）

考点与重点 舌下络脉变化的特征及临床意义

八、舌诊的临床意义

（一）判断邪正盛衰

诊察舌质的神、色、形态，能判断正气盛衰。舌质红润示气血旺，淡白为气血两虚，暗滞且运动失灵是脏气衰败、正气大伤。舌苔有无可断胃气存亡，有根则胃气足，无根或光剥为胃气衰，厚苔主邪气盛，薄苔主邪气弱。

（二）区别病邪性质

不同病邪致舌象各异。热邪致舌红绛、苔黄或灰黑干燥；寒邪使舌淡紫、苔白或灰黑滑腻；燥邪令舌红少津；湿浊、痰饮、食积或外感秽浊见舌苔厚腻；内有瘀血，舌紫暗、有斑点或舌下络脉怒张，其病因多可从舌象鉴别。

（三）辨别病位浅深

邪气入侵部位加深，舌象随之变化。薄苔病位浅，邪在表；厚苔病位深，邪入里；舌红为邪在气分，舌绛紫为邪入营血。

（四）推断病势进退

观察舌象动态，可测病势。舌质上，舌色由淡红转红、绛或绛紫，或有芒刺、裂纹，是邪热入营血、伤阴血瘀；舌色由淡红转淡白、淡紫而湿润，舌体胖嫩有齿痕，为阳气伤、阴寒盛，病进。舌苔上，苔色由白转黄、转灰黑，苔质由薄变厚、由润变燥，是病邪入里、病情加重、病性化热、津液已伤，为病进；反之，舌苔由厚变薄、由黄转白、由燥变润，是病邪退、津液生，病情向愈。舌苔骤变多因病情骤变，薄苔骤厚为邪气骤入，厚苔骤消是邪盛正衰、胃气暴绝，皆为恶候。

（五）估计病情预后

舌荣有神、有苔、舌态正常，邪气未盛、正气未伤、胃气未败，预后佳；舌质枯晦、舌苔无根、舌态异常，正气亏虚、胃气衰败，病情凶险。

表1-3　临床常见舌象及临床意义简表

舌象		简称	主病
舌质	舌苔		
淡红	薄白	淡红舌，薄白苔	健康人；风寒表证；病势较浅
	白苔	舌尖红，白苔	风热表证；心火亢盛
	白似积粉	淡红舌，积粉苔	瘟疫初起；或有内痈
	白腐	淡红舌，白腐苔	痰食内停；胃浊蕴热
	黄白相兼	淡红舌，黄白苔	外感表证将要传里化热
	白腻而厚	淡红舌，白厚腻苔	湿浊痰饮内停；食积胃肠；寒湿痹证
	薄黄	淡红舌，薄黄苔	里热轻证
	黄干少津	淡红舌，黄干苔	里热伤津化燥
	黄腻	淡红舌，黄腻苔	里有湿热，痰热内蕴，食积化热
	灰黑湿润	淡红舌，灰黑润苔	寒证；阳虚
鲜红	白而干燥	红舌，白干苔	邪热入里伤津
	白而浮垢	红舌，白垢苔	正气亏虚；湿热未净
	白黏	红舌，白黏苔	里热夹痰湿；阴虚兼痰湿
	薄黄少津	红舌，薄黄干苔	里热证，津液已伤
	厚黄少津	红舌，厚黄干苔	气分热盛，阴液耗损
	黄腻	红舌，黄腻苔	湿热内蕴；痰热互结
	黑而干燥	红瘦舌，黑干苔	津枯血燥

舌象		简称	主病
舌质	舌苔		
绛红	焦黄干燥	绛舌，焦黄苔	邪热深重；胃肠热结
	黑而干燥	绛舌，黑干苔	热极伤阴
	无苔	绛舌，无苔	热入血分；阴虚火旺
青紫	黄燥	紫舌，黄燥苔	热极津枯
	焦黑而干	紫舌，苔黑干燥	热毒深重，津液大伤
	白润	紫舌，白润苔	阳衰寒盛；气血凝滞
	无苔	淡白舌，无苔	久病阳衰；气血俱虚
淡白	透明	淡白舌，无苔	脾胃虚寒
	边薄白中无	淡白舌，中剥苔	气血两虚；胃阴不足
	白	淡白舌，白苔	阳气不足；气血虚弱
	白腻	淡白舌，白腻苔	脾胃虚弱，痰湿停聚
	灰黑润滑	淡白舌，黑润苔	阳虚内寒；痰湿内停

？ 思 考 题

1. 舌色的变化有哪些？其临床意义是什么？
2. 望苔质主要观察舌苔的哪些方面？各具何临床意义？
3. 舌诊的临床意义体现在哪些方面？
4. 阐述舌体不同部位的点、刺舌的临床意义。

项目四　望小儿食指络脉

案例导入

患者，女性，2岁。2004年12月15日初诊：患儿母亲代诉：患儿两天前受寒后出现哭闹不止，发热，恶寒，鼻塞流涕，咳嗽阵作，咳痰稀白，遂来就诊。体检示：体温38.9℃，两肺听诊无殊，舌淡红苔薄白。推察小儿食指络脉浮露，其色鲜红，现于风关之内。

问题：1. 如何诊察小儿食指络脉？
　　　2. 根据其食指络脉特征，试推论其主要病机。

望小儿食指络脉，又称望小儿指纹。这里的食指络脉，指的是浮露于小儿食指掌面靠拇指一侧的络脉。通过观察3岁以内小儿食指掌侧前缘部浅表络脉的形态与色泽变化，中医从业者能够对小儿的身体状况进行初步判断，从而为后续的诊断与治疗提供重要依据。正常情况下，小儿食指络脉色泽浅红略紫，若发生疾病，食指络脉的浮沉、色泽、部位等均随之发生变化。因此，通过对小儿食指络脉的观察，可以判断机体的病变情况。

一、望小儿食指络脉的原理

从中医理论来讲，食指掌侧前缘浅表络脉与寸口脉同属手太阴肺经。肺主气，朝百脉，小儿体内气血的运行状态会通过经络反映在手部食指络脉上。当小儿受到外邪侵袭，或是脏腑功能出现失调时，气血运行就会紊乱，进而使得食指络脉的色泽、形态以及位置产生变化，这些变化在一定程度上与寸口脉的变化相互呼应，所以望小儿食指络脉与诊寸口脉在诊断意义上是相通的。小儿皮肤娇嫩，经络气血相对浅表，食指络脉能够更加敏感地反映出身体内部的细微变化，这使得食指络脉成为中医儿科诊断的重要依据之一。另外，3岁以下的小儿寸口脉位短小，诊脉时又常常哭闹，很难配合，这极大地影响了诊脉的准确性。而小儿皮肤薄嫩，脉络暴露明显，便于观察，因此望食指络脉就成为一种辅助诊断的有效方法，很好地弥补了小儿脉诊的不足。

二、望小儿食指络脉的方法

（一）望小儿食指络脉的方法与要点

1. 准备工作　确保小儿处于安静舒适的状态至关重要，哭闹和挣扎会使小儿气血运行紊乱，从而干扰食指络脉的观察结果。同时，要选择光线充足且柔和的环境，比如自然光线下的室内，避免强光直射刺激小儿眼睛，也要防止光线昏暗导致观察不清。

2. 体位调整　将小儿抱在怀中，让其手臂自然伸展、放松，这样能使食指络脉呈现出最自然的状态。若是婴幼儿，也可让其平躺在床上，伸直手臂，方便医生进行观察。

3. 推擦食指络脉　医生用左手拇指和食指握住小儿食指末端，右手大拇指蘸取适量清水或滑石粉，从食指指端向指根部轻轻推擦3～5次。推擦时力度要恰到好处，既不能太轻导致食指络脉无法清晰显现，也不能过重伤害到小儿娇嫩的皮肤，并且推擦方向绝对不可反向，否则会改变食指络脉的正常形态，影响判断的准确性。

（二）望小儿食指络脉的注意事项

1. 时间选择　尽量选择在小儿进食后1～2小时进行观察。进食后胃肠蠕动加快，气血波动较大，此时观察食指络脉容易产生误差。同样，在小儿剧烈运动或哭闹后，也不宜立即观察，应等待其平静15～20分钟，待气血恢复平稳后再进行观察。

2. 手法轻柔　推擦食指络脉时手法务必轻柔，因小儿皮肤娇嫩，过度用力很容易造成损伤。如果小儿出现抗拒行为，切不可强行操作，可先耐心安抚小儿情绪，或者暂停片刻，等小儿情绪稳定后再尝试。

3. 多次观察　一次观察结果可能存在偏差，尤其是对于那些难以判断的食指络脉。此时，可在不同时间、不同状态下多次观察，然后综合分析，这样得出的结论会更加准确可靠。

4. 排除干扰　观察前要仔细检查小儿食指是否有外伤、污渍等情况。若有，需先清理干净，以免这些外在因素干扰对食指络脉的观察和判断。

考点与重点　望小儿食指络脉的方法

三、小儿食指络脉的三关定位

小儿食指按指节分为三关：食指第1节（掌指横纹至第2节横纹之间）为风关，食指第2节（第2节横纹至第3节横纹之间）为气关，食指第3节（第3节横纹至指端）为命关（图1-49）。

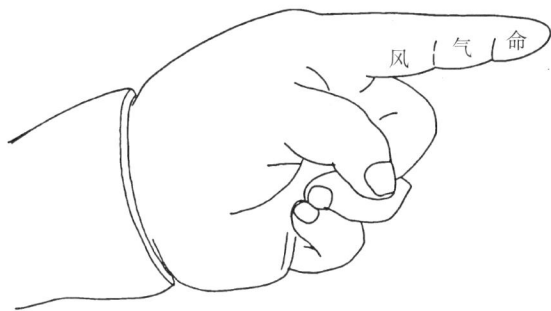

图 1-49　小儿食指络脉三关示意图

四、正常小儿食指络脉

（一）正常络脉特点

小儿正常食指络脉位于食指掌侧前缘，纹色浅红，黄红相兼，隐隐显露于风关之内，多数情况下不会过于浮露，甚至不太明显。其形态大多为斜形、单支、粗细适中，这代表着小儿身体气血调和，处于健康状态。

（二）影响因素

小儿食指络脉会受到多种因素的影响。年幼儿童由于气血相对稚嫩，络脉显露且较长；而年长儿气血逐渐充实，络脉则不显且略短。皮肤薄嫩的小儿，食指络脉清晰可见；皮肤较厚的小儿，络脉常常模糊难辨。肥胖儿皮下脂肪厚，络脉相对较深而不易显现；体瘦儿皮下脂肪少，络脉较浅就容易显露。此外，天气炎热时，络脉会扩张，食指络脉看起来会增粗变长；天气寒冷时，脉络收缩，食指络脉则会变细缩短。因此，在观察小儿食指络脉时，必须充分考虑并排除这些因素的干扰，才能做出准确的诊断。

考点与重点　望小儿食指络脉的正常表现

五、病理小儿食指络脉

观察病理小儿食指络脉，应注意观察其显隐、色泽、形态、长短等内容，其辨证要领可概括为：浮沉分表里，红紫辨寒热，淡滞定虚实，三关测轻重。

（一）浮沉

络脉的浮沉变化能够反映病位的深浅，帮助医生辨别疾病是在表还是在里。

1. 络脉浮显：当小儿受到外邪侵袭，正气奋起抗邪，气血被鼓舞趋向于体表，此时络脉就会浮显，多见于外感表证。

2. 络脉沉隐：如果邪气内陷，困阻于体内，气血难以向外通达，络脉就会沉隐，常见于外感病邪入里，或者内伤里证。

（二）色泽

络脉颜色的改变主要反映病邪的性质。

1. 络脉色深浓而暗滞　往往提示邪气亢盛，多属实证。

2. 络脉色浅淡　表明正气虚衰，多为虚证。

3. 络脉鲜红　多见于外感表证、寒证。外邪侵袭肌表，气血趋向于表，所以食指络脉浮显且颜色鲜红。

4. 络脉紫红　多属里证、热证。里热炽盛，脉络受热扩张，气血壅滞，故而食指络脉呈现紫红色。

5. 络脉青色　主疼痛、惊风。疼痛时气血不通，脉络气血郁滞；或者肝风内动，筋脉拘急，导致脉络郁阻，就会使食指络脉呈现青色。

6. 络脉紫黑　这是血络郁闭的表现，通常意味着病情危重。邪气极度亢盛，心肺功能虚衰，脉络瘀阻严重，才会出现紫黑色的食指络脉。

7. 络脉淡白　多属脾虚、疳积。脾胃为气血生化之源，脾胃气虚，气血生成不足，脉络得不到充分的给养，食指络脉就会呈现淡白色。

（三）长短

络脉的长短可以推测邪气的深浅和病情的轻重。

当络脉仅显现于风关时，说明邪气刚刚入侵络脉，病邪尚浅，病情较轻。

络脉从风关透至气关，且颜色较深，表明邪气已经深入经络，病情加重。

络脉到达命关，颜色更深，这意味着邪入脏腑，病情严重，甚至可能危及生命。

络脉直达指端，即所谓的"透关射甲"，且颜色紫黑，这是病情凶险的强烈信号，预后不良。

（四）形状

通过观察络脉的形状变化能够判断疾病的虚实。

络脉增粗，分支明显：多属实证、热证。邪正相争，气血壅滞所致，导致络脉增粗且分支明显。

络脉变细，分支不显：多属虚证、寒证。气血不足，脉络得不到充足的滋养，就会变细且分支不明显。

考点与重点　望小儿食指络脉病理变化的临床表现及意义

望小儿食指络脉作为中医儿科独特的诊断方法，蕴含着深厚的中医理论和丰富的临床经验。通过准确、细致地观察小儿食指络脉，能够为小儿疾病的诊断和治疗提供重要线索，帮助守护小儿的健康成长。但在实际应用中，医生需要综合考虑多种因素，结合小儿的其他症状表现，做出全面、准确的判断。

❓ 思 考 题

1. 影响小儿食指络脉的因素有哪些？
2. 三关测轻重中的三关指什么？
3. 望小儿食指络脉的方法。

项目五　望 排 出 物

📋 案例导入

患儿，男性，3岁。2024年6月13日初诊：患儿三天来呕吐呃逆，口渴饮冷，食入即吐，吐物秽浊酸臭，伴身热烦躁，大便秘结，小便短赤。

患者，女性，22岁。2024年9月6日初诊：患者一周前因过食瓜果冷饮，出现呕吐，朝食暮吐，呕吐物质稀，夹有大量不消化的食物残渣，无特殊臭气。面白唇淡，四肢不温，腹痛绵绵喜按，大便溏薄，小便清长。

问题：1. 呕吐之因多责之于哪个脏腑？

2. 两者均有呕吐，呕吐物有何不同？

3. 根据所学知识，判断两者各属何病证？

在中医诊断学中，望排出物是一项极具价值的诊察手段。通过细致观察患者的分泌物、排泄物以及体外排出的病理产物，如痰液、呕吐物、大小便等，从其形态、颜色、质地和数量的变化中，能够洞察人体脏腑的功能状态，判断疾病的性质是寒是热、属虚属实。这一方法充分体现了中医整体观念和辨证论治的特色，为准确诊断病情提供关键依据。

望排出物的总体规律较为明晰：一般而言，颜色发白、质地稀薄的排出物，大多与虚证、寒证相关；而颜色发黄、质地黏稠的，则多与实证、热证相关。

一、望痰涎涕

（一）望痰

痰作为机体水液代谢紊乱的产物，与肺、脾、肾三脏关系紧密。中医有云："肺为贮痰之器""脾为生痰之源""肾为生痰之根"，这三脏在水液代谢过程中各司其职又相互协作，一旦功能失调，就易产生痰邪。因此，观察痰液的特征，对于了解肺、脾、肾三脏的健康状况以及病邪性质有一定的意义。

1. 寒痰　痰色白、质清稀，多因寒邪侵袭肺脏，使津液的正常运化受阻，凝聚成痰；或者是脾阳不足，无法有效温煦和运化水湿，导致水湿凝聚为痰。

2. 热痰　痰黄且质地黏稠，甚至结块，这是由于邪热侵犯肺脏，肺中热邪过盛，津液被过度煎熬而形成。

3. 湿痰　痰白、质地黏稠、量多，咯出较为顺畅，通常是因为脾的运化功能失常，水湿在体内停滞积聚，进而化为痰湿，上逆于肺。

4. 燥痰　痰少而黏，难以咳出，多因燥邪损伤肺津，或者肺阴亏虚，肺失滋润和清肃，使得痰液黏稠难咯。

5. 咯血　痰中带血或咯血，血色鲜红，常见病因是热邪灼伤肺络，或阴虚产生的虚火灼烧肺脏，损伤血络。

6. 肺痈　咯吐的痰液为脓血痰，且伴有腥臭气味，属于热毒壅滞于肺，化腐成脓所致。

考点与重点　望痰的内容及临床意义

（二）望涎

涎是由口腔分泌的黏液，作为脾之液，由脾精化生，并受脾气的统摄，具有濡润口腔、辅助进食和促进消化的作用。观察涎液的变化，有助于判断脾与胃的病变。

1. 脾胃虚寒　口中留存大量清涎，多是脾胃阳气不足，虚寒内生，无法正常运化和统摄涎液所致。

2. 脾胃湿热　口中时常吐出黏涎，多因脾胃遭受湿热之邪侵袭，导致涎液分泌异常且质地改变。

3. 滞颐　小儿口角流涎，涎渍颐下，中医称之为"滞颐"。主要原因是小儿脾胃虚弱，不能有效统摄涎液。此外，胃热、虫积或消化不良等情况也可能引发。

4. 睡中流涎　睡眠中流涎，多与胃中有热，或宿食停滞在胃，导致痰热内生有关。

5. 中风后遗症或风邪中络　口角流涎并伴有口眼㖞斜，常见于中风后遗症患者，或因风邪中络所致。

（三）望涕

涕是鼻腔分泌的液体，属于肺之液，主要功能是滋润鼻腔。通过观察涕液的颜色、质地和量的变化，可以了解肺的病变情况。

1. 外感风寒　新患病时出现鼻塞并流清涕，多为外感风寒之邪，侵袭肺卫，导致肺气失宣，津液凝聚为清涕。

2. 外感风热　鼻流浊涕，一般是外感风热之邪，风热犯肺，使肺气不清，涕液变得黏稠混浊。

3. 鼻鼽　阵发性清涕量多如注，同时频繁打喷嚏，多属于鼻鼽，主要是风寒之邪束缚肺卫，导致鼻窍功能失调。

4. 鼻渊　长期流浊涕，质地黏稠、量多且气味腥臭，多为鼻渊，是温热之邪蕴结在鼻窍，阻滞气血，日久化腐生浊。

考点与重点　望涕的内容及临床意义

二、望呕吐物

呕吐物是胃内容物上逆经口而出的产物。正常情况下，胃气以降为顺，若胃气上逆，可导致胃内容物吐出。观察呕吐物的形态、颜色、质地和数量，能够帮助判断呕吐的病因以及疾病的寒热虚实。

1. 寒呕　呕吐物清稀且无臭味，或者直接呕吐清水，多因胃阳不足，无法温煦和腐熟水谷；或寒邪侵犯胃腑，胃气失和上逆。

2. 伤食　呕吐物酸腐难闻，夹杂着未消化的食物，多是因为饮食不节，食物停滞在胃脘，不能正常消化，胃气上逆所致。

3. 肝胆湿热或内有郁热　呕吐出黄绿色苦水，多与肝胆湿热有关，胆汁上逆；或者体内有郁热，影响胆汁的正常排泄和胃的通降功能。

4. 胃有积热、肝火犯胃或胃腑瘀血　呕吐物暗红并伴有血块，或吐血鲜红，夹杂食物残渣，常见于胃中积热，灼伤胃络；或肝火过旺，横逆犯胃，损伤胃络；也可能是胃腑瘀血，血不循经。

5. 痰饮　呕吐清水痰涎，伴胃脘有振水声，口干不欲饮者，这是饮停胃脘，胃失和降的表现。

考点与重点　望呕吐物的内容及临床意义

三、望大便

大便的形成和排泄与脾、胃、大肠的功能密切相关，同时也受到肝、肾、肺三脏的影响。通过观察大便的形态、颜色、质地、数量和排便次数等变化，可以了解相关脏腑的功能状态，判断疾病的寒热虚实性质。正常的大便颜色呈黄色，形状为软圆柱状，干湿程度适中。

1. 寒湿泄泻　大便清稀如水样，伴有腹胀或腹部冷痛，多因外感寒湿之邪，或食用生冷食物，损伤脾胃阳气，脾失健运，导致清浊不分所致。

2. 湿热泄泻　大便黄褐如糜状，气味臭秽，伴有肛门灼热感，多是外感暑湿之邪，或体内湿热之邪伤及胃肠，大肠传导失职所致。

3. 脾虚或脾肾亏虚　大便稀溏，食物不能完全消化，甚至出现完谷不化，或大便如鸭溏状，多因脾胃气虚或阳虚，运化功能减弱；或肾阳虚衰，不能温煦脾土，导致脾失健运。

4. 痢疾　大便中夹有黏冻、脓血，伴有腹痛、里急后重感，多因饮食不洁，湿热邪毒蕴结在大肠，损伤肠络，气血凝滞。

5. 黄疸　大便颜色灰白，呈陶土色，多见于黄疸患者，主要是因为肝胆疏泄功能失常，胆汁不能下注于肠以助消化所致。

6. 热盛伤津或阴血亏虚 大便干燥硬结，排出困难，甚至燥结如羊屎，多是由于体内热邪过盛，灼伤津液；或阴血不足，肠道失去濡润，导致传导功能障碍。

7. 便血 大便出血，简称"便血"，多因肠络受损。若先出现便血，后排便，血色鲜红，多为近血，常见于痔疮出血；若先排便，后出现便血，血色褐暗，多为远血，常因脾虚不能统摄血液，或瘀阻胃络所致。

四、望 小 便

小便的形成和排泄与体内津液代谢息息相关，依赖于肾和膀胱的气化功能、肺的通调水道功能、脾的运化功能以及三焦的决渎功能正常。观察小便的颜色、质地、数量和排尿次数变化，能够了解体内津液的盈亏状况以及相关脏腑的功能状态。正常小便颜色淡黄，清澈而不混浊。

1. 虚寒证 小便清长，尿量较多且颜色清淡，多因阳虚导致气化功能减弱，气不能将津液充分转化和利用，使得水津直趋膀胱。

2. 实热证 小便短黄，尿量少且颜色深黄，多因热盛伤津，或因出汗、呕吐、腹泻等导致津液大量丢失，化源不足。

3. 尿中带血 尿中出现血液，多因下焦热盛，灼伤血络；或阴虚火旺，虚火扰动血分；或湿热蕴结膀胱，损伤血络；或泌尿系统结石损伤血络；也可能是脾肾亏虚，不能统摄血液。

4. 尿有砂石 尿中出现砂石，多因湿热之邪在膀胱内蕴结，煎熬津液，日久形成结石。

5. 尿浊 小便混浊如米泔水，或油腻如脂膏，称为"尿浊"。多因脾肾亏虚，清浊不能正常分辨，脂液下流；或下焦湿热，气化功能失常，清浊混杂并下注膀胱。

❓ 思 考 题

1. 简述如何通过望痰辨别病证。
2. 简述望呕吐物的基本内容及临床意义。
3. 简述便血的临床意义。

本章数字资源

模块二　闻　　诊

闻诊包括听声音和嗅气味两个方面的内容，是医者通过听觉和嗅觉了解由病体发出的各种异常声音和气味，来收集病情资料、诊察疾病的方法。闻诊也是一种不可缺少的诊察方法，是医者获得客观体征的一个重要途径，颇受历代医家重视，正如《难经·六十一难》所言："闻而知之谓之圣。"

📋 案例导入

患者，女性，25岁。形体消瘦，潮热盗汗，干咳少痰，痰黏难咯，时有咳血，血色鲜红，咽干口燥，纳少乏力，溺黄便干。舌红无苔，脉细数。

问题： 1. 在以上临床表现中的哪些症状可以通过闻诊获取？导致该症状的病机是什么？

2. 如何根据咳声特点区别病证的性质？

一、听　声　音

听声音，主要是听辨患者言语气息的高低、强弱、清浊、缓急等变化，以及各脏腑病变所致的咳嗽、呕吐、呃逆、嗳气、太息、喷嚏、肠鸣等声响的异常，以分辨病情的寒热虚实等性质的诊病方法。

肺是发声的动力，声音的发出，是肺与喉、会厌、舌、齿、唇、鼻等器官协同作用的结果，与心、肝、脾、肾亦有着密切关系。因此，临床听辨声音的变化，不仅能诊察发声器官的病变，而且可进一步推断脏腑和整体的病变。

（一）正常声音

正常声音是指人体在生理状态下发出的声音，又称"常声"。虽有个体差异，但发声自然，声调和畅，言语清楚，言与意符，应答自如，此为正常声音的共同特点，表示人体气血充盈，发声器官和脏腑功能正常。

由于人体在性别、年龄、身体等形质禀赋之不同，正常人的声音亦各不相同，如男性多声低而浊，女性多声高而清，儿童多声尖而清脆，老人多声低而浑厚。此外，语音变化与情感变化密切相关。如喜时发声欢悦顺畅；怒时发声愤厉而急；悲哀则发声悲切而断续等。这些因一时感情触动而发的声音，也属于正常范围，与疾病无关。

（二）病变声音

病变声音，指疾病反映在语声、语言及人体其他声响方面的变化。一般来说，在正常生理变化范围或个体差异以外的声音，均属病变声音。

1. 语声异常　在患病时，一般而言，若语声高亢洪亮，多言而躁动，多属实证、热证、阳证，是阳盛气实、功能亢奋的表现；若语声低微无力，少言而沉静，多属虚证、寒证、阴证，是禀赋不足、气血虚损的表现。常见的语声异常如下。

（1）语声重浊：指说话或咳嗽的声调因病变影响而低沉含混，简称"声重"。多因外感风寒，或湿痰内阻，使气道不畅所致。《素问·脉要精微论》云："声如从室中言，是中气之湿也。"

（2）音哑与失音：发声嘶哑，称"音哑"；语而无声，称"失音"，古称"喑"。临床发病往往先见音哑，病情继续发展则见失音，故二者病因病机基本相同，当先辨虚实。新病多属实证，因外感风寒或风热袭肺，或因痰浊壅肺，肺失清肃所致，称"金实不鸣"；久病多属虚证，因精气内伤，肺肾阴虚，虚火灼金所致，称"金破不鸣"。音哑或失音，亦可因暴怒争吵，或持续高声宣讲，耗伤气阴，咽喉失润所致。妊娠晚期出现声音嘶哑，音浊不扬，甚至不能出声，称"子喑"，多因胞胎阻络，肾精不能上荣所致。子喑分娩后即愈，一般不需治疗。

考点与重点 音哑与失音的临床表现及意义

（3）鼻鼾：指熟睡或昏迷时，因息道不利以致鼻内发出的一种鼻息声。熟睡鼾声，但无其他明显症状，多因慢性鼻病，或睡姿不当引起，常见于体胖、年老之人；昏睡不醒，鼾声不绝，多因神志昏迷，气冲息道所致，多属热入心包，或中风入脏之危候。

（4）呻吟：是因病痛难忍而发出的痛苦低哼声。呻吟不止，是身痛不适。新病呻吟，声音高亢有力，多属实证，亦可因剧痛所致；久病呻吟，声低无力，多为虚证。临床常结合望姿态来判断病痛的部位，如呻吟扪心者，多为胸痛；呻吟护腹者，多为腹痛。

（5）惊呼：由于出乎意料的刺激而突然发出喊叫声，称惊呼。骤发剧痛或惊恐常令人发出惊呼。惊呼声尖锐，表情惊骇，多为剧痛，或惊恐所致；小儿阵发惊呼，多为受惊；小儿夜啼惊呼，多为脾寒腹痛，或心腹有热，或食积、虫积、惊恐所致。成人惊呼，多属剧痛，或精神失常所致。

2. 语言异常　常人语言清晰，言意相符，即所谓"言由心声"。心病则语言错乱，言意不符。故语言是神志活动的表现之一，语言的异常变化，则主要反映心神的病变。一般来说，沉默寡言者多属虚证、寒证；烦躁多言者，多属实证、热证。

（1）狂言与癫语：均是患者神志错乱、意识思维障碍所出现的语无伦次。

狂言表现为骂詈歌笑无常，胡言乱语，喧扰妄动，烦躁不安等，主要见于狂证，俗称"武痴""发疯"。患者情绪处于极度兴奋状态，属阳证、热证、实证。多因痰火扰心、肝胆郁火所致。

癫语表现为语无伦次，自言自语或默默不语，哭笑无常，精神恍惚，不欲见人。主要见于癫证，俗称"文痴"，患者精神抑郁不振，属阴证。多因痰浊郁闭或心脾两虚所致。

（2）独语与错语：均是患者在神志清醒，意识思维迟钝时出现的语言异常，以老年人或久病之人多见，为心之气血亏虚，心神失养，思维迟钝所致，多见于虚证患者。

独语表现为自言自语，喃喃不休，首尾不续，见人便止。多因心气虚弱，神气不足，或因痰浊内盛，上蒙心窍，神明被扰所致，属阴证。常见于癫证、郁证。

错语表现为语言颠倒错乱，或言后自知说错，不能自主，又称为"语言颠倒""语言错乱"。错语有虚实之分，虚证多因心脾两虚，心神失养所致；实证多为痰浊、瘀血、气郁等阻遏心神所致。

（3）谵语与郑声：均是患者在神志昏迷或朦胧时，出现的语言异常，为病情垂危，失神状态的表现。

谵语多因邪气太盛，扰动心神所致。表现为神志不清，胡言乱语，声高有力，往往伴有身热烦躁等症，多属实证、热证，故《伤寒论》谓"实则谵语"。尤以急性外感热病多见。

郑声多因心气大伤、神无所依而致，表现为神志昏沉，语言重复，低微无力，时断时续，属虚证，故《伤寒论》谓"虚则郑声"。常见于久病、重病后期，或亡阴、亡阳证。

《医宗金鉴》辨谵语、郑声

《医宗金鉴·伤寒心法要诀》云："言语心主之也，心气实热而神有余，则发为谵语，谵语为实，故声长而壮，乱言无次，数数更端也。心气虚热而神不足，则发为郑声，郑声为虚，故音短而细，只将一言重复呢喃也。盖神有余，则能机变而乱言，神不足，则无机变而只守一声也。"

（4）语言謇涩：指语言不流利，吐词不清晰的症状，简称"言謇"。多因风痰阻络所致。因语言习惯而成，或因先天舌系带过短所致言謇，称"口吃"，无诊断意义。

> **考点与重点**　谵语、郑声、独语、错语、狂言、言謇的临床表现及意义

3. 呼吸异常与咳嗽　呼吸异常与咳嗽是肺病常见的症状。肺主呼吸，肺功能正常则呼吸均匀，不出现咳嗽、咯痰等症状。当外邪侵袭或其他脏腑病变影响于肺，就会使肺气不利而出现呼吸异常和咳嗽。

（1）呼吸异常：主要表现为喘、哮、上气、短气、少气等现象。

1）喘：指呼吸急促困难，甚至张口抬肩，鼻翼扇动，端坐呼吸，不能平卧的现象，又称"气喘"。喘可见于多种急慢性肺脏疾病。喘在临床辨证时，要首先区分虚实。实喘的特点是发病急骤，呼吸困难，声高息涌气粗，唯以呼出为快，甚则仰首目突，形体强壮，脉实有力，多因风寒（热）袭肺、痰热壅肺，或痰饮阻肺，肺失肃降，肺气上逆所致。虚喘的特点是发病缓慢，呼吸短促，似不相接续，唯以深吸气为快，活动后喘促更甚，气怯声低，形体虚弱，倦怠乏力，脉虚无力，多因肺肾亏虚，摄纳无权所致。

2）哮：以呼吸急促，喉中痰鸣如哨为特征。哮多反复发作，不易痊愈。往往在季节转换、气候变动突然时复发，多因痰饮内伏，复感外邪而诱发，或因久居寒湿之地，或过食酸咸生冷而诱发。哮证要注意区别寒热。

寒哮，又称"冷哮"，多在冬春季节，遇冷而作。因阳虚痰饮内停，或寒饮阻肺所致。

热哮，常在夏秋季节，气候燥热时发作。因阴虚火旺或热痰阻肺所致。

喘以气息急迫、呼吸困难为主，哮以喉间哮鸣声为要；喘不必兼哮，哮必兼喘。临床上哮与喘多同时出现，故常并称"哮喘"。

3）上气：以呼吸气急，呼多吸少为特点，可兼有气息短促，面目浮肿，为肺气不利，气逆于喉间所致。上气有虚证和实证之分。实证以痰饮阻肺或外邪袭肺多见；虚证以阴虚火旺多见。

4）短气：以呼吸短促，不相接续为特点，亦称"气短"。其症似虚喘而不抬肩，似呻吟而无痛楚，喉中无哮鸣音。短气有虚实之分。虚证短气，声低息微，兼体弱神疲、乏力等，多因肺气不足，或元气亏虚所致；实证短气，呼吸息粗，兼见胸部窒闷，胸腹胀满等，多因痰饮、气滞，或胃肠积滞所致。

5）少气：以呼吸微弱，语声低微无力为特点，又称"气微"。患者多伴有倦怠懒言，面色不华，在谈话时自觉气不足以言，常深吸一口气后再继续说话，主诸虚劳损，多因久病体虚，或肺肾气虚所致。

> **考点与重点**　少气、短气的临床表现及意义

（2）咳嗽：肺病中最常见的症状，是肺失肃降，肺气上逆的表现。

"咳"是指有声无痰；"嗽"是指有痰无声，"咳嗽"为有声有痰。现在，临床上并不区分，统称为"咳嗽"。咳嗽病位在肺，其他脏腑的病变累及于肺亦可出现咳嗽。故《素问·咳论》说："五脏六腑皆令人咳，非独肺也。"

咳嗽一症，首当鉴别外感、内伤。一般说来，外感咳嗽，起病较急，病程较短，必兼表证，多属实证；内伤咳嗽，起病缓慢，病程较长或反复发作，以虚证居多。

临床上可根据咳声的高低、清浊、结合痰的颜色、质地、多少以及发病的时间、病史、兼症等情况，来辨别病证的寒热虚实。咳声重浊沉闷，多属实证；咳声轻清低微，多属虚证；咳声不扬，痰稠色黄，不易咯出，多属热证。咳声沉闷，痰多易咯，多因痰湿阻肺所致；干咳无痰或少痰，多因燥邪犯肺，或阴虚肺燥所致。如咳嗽昼甚夜轻者，常为热为燥；夜甚昼轻者，多为肺肾阴亏。若无力作咳，咳声低微者，多属肺气虚。

此外，临床上还常见顿咳和犬吠样咳嗽。顿咳又称为"百日咳"，其特点是咳嗽阵作，咳声连续，呈痉挛性发作，咳剧气逆则涕泪俱出，甚至呕吐，阵咳后伴有怪叫，其声如"鹭鸶鸣"。顿咳以五岁以下的小儿多见，多发于冬春季节，其病程较长，不易速愈。多因风邪与伏痰搏结，郁而化热，阻遏气道所致。一般地说，初病多属实，久病多属虚，痰多为实，痰少为虚，咳剧有力为实，咳缓气怯为虚。实证顿咳多因风寒犯肺或痰热阻肺所致。虚证顿咳多见于肺脾气虚。白喉病则咳声如犬吠，干咳阵作，伴声音嘶哑，吸气困难，喉中有伪膜，重擦出血，随之复生，多因肺肾阴虚，时行疫毒攻喉所致。

考点与重点 咳嗽、喘、哮的临床表现及意义

4. 呕吐、嗳气与呃逆 均属胃气上逆所致，因病邪影响的部位不同，而见呕吐、嗳气与呃逆等不同表现。

（1）呕吐：又可分呕、吐、干呕。有声有物称为呕；有物无声称为吐，如吐酸水、吐苦水等；干呕是指欲吐而无物有声，或仅呕出少量涎沫。临床上呕与吐常常并见，一般统称为"呕吐"。

临床上根据呕吐声音的强弱、吐势的缓急、呕吐物的性状、气味及兼症等，可判断病证的寒热虚实。呕声微弱，吐势徐缓，呕吐物清稀者，多属虚寒证。常因脾胃阳虚，温运失司，胃气失和上逆而致。呕声壮厉，吐势较猛，呕吐物呈黏稠黄水，或酸或苦者，多属实热证。常因热邪伤胃，胃气失和上逆而致。呕吐呈喷射状，多为热扰神明，或头颅外伤，脑髓有病等所致，多属病重。呕吐酸腐食物，多属伤食。常因暴饮暴食，食滞胃脘，胃失和降，胃气上逆所致。对于某些比较特殊的呕吐，须四诊合参，才能做出正确诊断。如饮食不洁，餐后呕吐，多为食物中毒；朝食暮吐或暮食朝吐，称为"胃反"，多属脾胃阳虚；口干欲饮，饮入即吐，称为"水逆"，多因痰饮停胃，胃气上逆所致。总之，呕吐者，暴病多实，久病多虚。

（2）嗳气：是指胃中气体上出咽喉而发出的一种声长而缓的声音，古称"噫"，俗称"打饱嗝"。日常因饱食，或饮用汽水，偶见短暂嗳气，无其他兼症者，且可自愈，多因饮食入胃，诱发胃气上逆所致，不属病态。长期嗳气，不能自愈，则属病态。临床根据嗳气声音的强弱和气味的不同，可判断病证的寒热虚实。嗳气酸腐，兼脘腹胀满而厌食者，多因食滞胃脘，胃气上逆所致。嗳气频作响亮，嗳气后脘腹胀减，嗳气发作随情志变化而增减者，多因肝气犯胃所致。嗳气低沉断续，无酸腐气味，兼见纳呆食少者，多因脾胃气虚，胃气失和上逆所致，多见于老年人或久病体弱者。嗳气频作，兼脘腹冷痛，得温缓解者，多因寒邪客胃，或胃阳亏虚所致。

（3）呃逆：是胃气上逆，从咽部冲出，发出的一种不由自主的冲击声，为胃气上逆，横膈拘挛所致。唐代以前文献多称"哕"，俗称"打呃"。临床上根据呃声的高低强弱、间歇时间的长短，来判断病证的寒热虚实。一般呃声频作，高亢而短，其声有力者，多属实证；呃声低沉，声弱无力者，多属虚证。新病呃逆，其声有力者，多属寒邪或热邪客于胃；久病、重病呃逆不止，声低无力者，多属胃气衰败之危候。偶尔呃逆，呃声不高不低，短暂且无其他病史及兼症者，多因饮食刺激，或食后寒气入胃，属一时胃气上逆，不视为病态。

考点与重点 呕吐、呃逆、嗳气的临床表现及意义

5. 叹息 又称"太息"，是指患者因情绪抑郁，自觉胸中憋闷而长吁气，呼后胸中略舒的一种表现。多因情志不遂，肝气郁结所致。

考点与重点　太息的临床表现及意义

6. 喷嚏　是因肺气上逆，气冲喉鼻而突然发出的声响。常人偶发喷嚏，不属病态。新病喷嚏频作，兼恶寒发热、鼻流清涕，多因外感风寒、鼻窍不利所致；久病阳虚之人，突然出现喷嚏，多为阳气来复，病趋好转之佳兆。

7. 肠鸣　是因胃肠运动而产生的一种声响，又称"腹鸣"。正常情况下，肠鸣音低弱而缓和，一般难以闻及，借助听诊器，可在脐部听得较为清楚，4～5次/分。临床可根据肠鸣所发生的部位和声音，来辨别疾病的部位和性质。肠鸣发自胃脘，如囊裹水，振动有声，起立行走，或以手抚按，其声辘辘下行，多因水饮停聚于胃，阻滞中焦气机所致；鸣响在脘腹部辘辘如饥肠，得温得食则减，受寒饥饿加重，多因中气不足，胃肠虚寒所致；腹中肠鸣如雷，脘腹痞满，便溏，多因风寒湿邪客于胃肠，气机紊乱所致；肠鸣完全消失，腹满胀痛拒按，属胃肠气滞不通之重证。

二、嗅气味

嗅气味，主要是嗅患者病体、排出物、病室等的异常气味。以了解病情，判断疾病的寒热虚实。在疾病情况下，由于邪气侵扰，脏腑功能失调，气血运行失常，秽浊排出不利，产生腐浊之气，可出现体气、口气、分泌物、排泄物的气味异常。一般气味酸腐臭秽者，多属实热；气味不重或微有腥臭者，多属虚寒。嗅气味包括嗅病体气味和病室气味。

（一）病体之气

病体之气指患者身体散发出的各种异常气味，包括口气、汗、痰、涕、呕吐物、二便、经、带、恶露等排出物的异常气味。临床上，医生除直接闻诊所得外，还可以通过询问患者或陪诊者而获知。

1. 口气　指从口中散发出的异常气味。正常人呼吸或讲话时，口中无异常气味散出。口中散发出臭气，称为"口臭"。多与口腔不洁、龋齿及消化不良等因素有关。口气酸臭，伴纳呆食少、脘腹胀满者，多属食积胃肠；口气臭秽者，多属胃热；口气腐臭，或兼咳吐脓血者，多属内有溃腐脓疡；口气臭秽难闻，牙龈腐烂者，多为牙疳病。

2. 汗气　是汗液散发出的气味。因引起出汗的原因不同，汗液的气味也不同。外感六淫邪气，如风邪袭表，或卫阳不足，肌表不固，汗出多无气味。气分实热壅盛，或久病阴虚火旺之人，汗出量多而有酸腐之气。痹证若风湿之邪久羁肌表化热，也可汗出色黄而带有特殊的臭气。阴水患者若出汗伴有"尿臊气"则是病情转危的险候。汗气腥膻，多因湿热久蕴皮肤，熏蒸津液所致；汗气臭秽，多属瘟疫病热毒内盛之征；腋下汗气阵阵膻臊难闻，称"狐臭"，多因湿热郁蒸所致。

3. 痰涕之气　正常状态下，人体排出少量痰或涕，一般无异常气味。咳咳痰涎清稀量多，无异味者，属寒证；咳痰黄稠味腥者，多为热邪壅肺所致；咳吐浊痰脓血，腥臭异常者，属肺痈，多因热毒炽盛，血腐化脓所致；鼻流清涕，无异味者，多因外感风寒所致；鼻流浊涕腥秽，状如鱼脑者，称为"鼻渊"，多因湿热上蒸所致。

4. 呕吐物之气　呕吐物清稀无臭味者，多属胃寒；气味腐臭而秽浊者，多属胃热。呕吐未消化食物，气味酸腐者，多为食积；呕吐脓血而腥臭者，多为内有痈疡。

5. 排泄物之气　包括大小便以及妇女月经、白带、恶露等的异常气味。临床应结合望诊、问诊综合判断。大便臭秽难闻，多因肠道湿热肠道郁热所致；便溏而腥，多因脾胃虚寒所致；大便泄泻臭如败卵，或夹有未消化食物，矢气酸臭，多因食积化腐所致。小便臊臭，黄赤混浊，多因膀胱湿热所致；尿甜并散发烂苹果气味，则属消渴病。妇女经血臭秽，多属热证；经血气腥，多属寒证。带下黄稠臭秽，多因湿热所致；带下清稀而腥，多因寒湿所致；带下奇臭色杂，常见于癌肿，病多危重。产后恶露臭秽，多因湿热或湿毒下注所致。

考点与重点　口气、排泄物之气的临床表现及意义

医者**仁心**

嗅味识病，一视同仁

唐朝孙思邈所著《备急千金要方》载有一篇《大医精诚》，其中提到"其有患疮痍下痢，臭秽不可瞻视，人所恶见者，但发惭愧凄怜忧恤之意，不得起一念蒂芥之心，是吾之志也"对患有疮痍、下痢的患者，其脓液、大便恶臭污秽，不堪入目，人们见到了都会心生厌恶。但医者要做到"不问其贵贱贫富，长幼妍蚩，怨亲善友，华夷愚智，普同一等"，要有难过、怜悯、同情、照顾之心，不可以存有一丝一毫嫌弃之意，依然全心救治，一视同仁，此乃医者之根本也。

（二）病室之气

病室之气是由患者身体或其排泄物、分泌物的气味散发于室内而成。气味从病体发出以致充斥病室，说明病情危重。临床通过嗅病室气味，可推断病势，可作为诊断特殊疾病的参考。

病室臭气触人，多为瘟疫类疾病。戴天章《广瘟疫论·辨气》说："瘟疫气从中蒸达于外，病即有臭气触人，轻则盈于床帐，重则蒸然一室。"室内有血腥味，多是失血证。室内有腐臭气味，多有浊腐疮疡。室内有尸臭气味，是脏腑败坏，病情重笃。室内有尿臊气，多见于水肿病晚期。室内有烂苹果气味，多见于消渴病。病室有蒜臭味，多见于有机磷农药中毒。

考点与重点 病室气味异常的临床表现及意义

思考题

1. 简述喘与哮的基本概念。
2. 何谓谵语和郑声？它们的区别要点是什么？
3. 咳嗽常见的病因、病机及主要临床表现有哪些？
4. 简述二便气味的异常及其临床意义。

本章数字资源

模块三 问 诊

　　问诊，是指医生通过对患者或陪诊者进行有目的的询问，以了解疾病的发生、发展、诊治经过、现在症状和与疾病有关的其他情况，收集病史资料，用以诊察病情的方法。

　　早在《内经》中，就有关于问诊的记载，后世历代医家都非常重视问诊的运用，在长期的医疗实践中不断补充、完善。明代张介宾将问诊的内容归纳为10个方面，在其所著《景岳全书》中立专篇《十问篇》加以论述，该篇得到广泛认同，为临床普遍采用。

项目一 问诊的意义及方法

案例导入

　　患者，男性，47岁，因"突发上腹部疼痛半小时"就诊。神志清楚，痛苦面容，中等体形，以手护腹，俯身前倾。

问题：1. 针对该患者应如何问诊，问哪些内容？
　　　2. 问诊时，有哪些注意事项？

一、问诊的意义

问诊在疾病诊察过程中具有十分重要的意义。

（一）问诊获取的病情资料比较全面

　　在临床诊察过程中，许多病情资料，如疾病发生的时间、地点、原因或诱因，以及治疗的经过、病情的变化、自觉症状、既往健康情况、个人生活习惯、家族史等，都是正确辨证不可缺少的重要依据，这些只有通过问诊才能获得，其他诊法无法替代。

（二）问诊有利于疾病的及早诊断

　　临床上，对于有些疾病的早期或某些情志疾病，患者仅有一些主观不适的症状，如头痛、失眠等，而无明显客观体征，问诊就成为获取疾病诊断线索的重要途径。通过问诊可以初步判断疾病的性质、部位、病因等，有利于疾病的早期诊断。

（三）问诊有助于医患之间的交流

　　问诊是医患之间直接通过语言进行交流的重要途径。通过问诊，医生可以直接了解患者的情绪和心理状况，也有助于对精神、情志因素所致的疾病进行正确诊断与心理疏导，减轻患者的思想负担，建立良好的医患关系。

二、问诊的方法与注意事项

通过问诊，医生能否及时、准确、客观、真实、全面地获取有关病情资料，与医生问诊水平的高低、问诊方法与技巧的运用和临床实践经验的多少等因素密切相关。临床要在熟记问诊内容的基础上，掌握好问诊的方法与技巧，与患者建立良好的、有效的沟通，并不断加强临床实践，以提高问诊的效率。

（一）问诊的方法

1. 抓住重点，全面询问 在问诊过程中，医生要认真倾听患者的叙述，首先明确患者的主诉和主症是什么，然后围绕主诉有目的地进行深入细致的询问，做到重点突出、全面详尽。如对于"腹痛"患者，应重点询问其腹痛的部位、性质、程度、时间及伴随症状，同时兼顾患者的全身情况，如饮食、睡眠、二便、精神情绪等。

2. 边问边辨，问辨结合 问诊的过程，实际上是医生辨证思维的过程。在问诊过程中，医生要善于应用中医学理论，从病、证两个角度分析患者的主要症状，并结合望、闻、切三诊收集的信息，边问边辨、边辨边问，问辨结合，进一步深入了解病情，提高诊断的正确性。

（二）问诊的注意事项

1. 环境安静适宜 问诊应在安静适宜的环境下进行，避免受到各种干扰，使患者能敞开心扉，叙述病情感受，医生能静心凝神，准确、全面地获取病情资料。尤其对于某些病情不便当众表述的患者，应单独进行询问。

2. 态度认真和蔼 医生问诊时要关心、体贴患者，态度既要严肃认真，又要和蔼可亲。要细心询问，耐心倾听患者的叙述，使其感到亲切、可信，愿意主动陈述病情；同时，还应注意给予患者适当的语言和非语言形式的反馈，切忌敷衍了事或流露出急躁情绪。

3. 语言通俗易懂，反应平和恰当 问诊时，语言要亲切、易懂，不宜使用患者不易理解的医学术语。在患者叙述病情时，医生切忌用悲观、惊讶的语言和表情，以免给患者精神带来不良影响，增加思想负担。若遇患者有难言之隐，首先应消除其思想顾虑，争取使患者主动配合，不可强行询问患者隐私，以免患者产生抵触情绪；如患者情绪消沉，对疾病失去治疗信心，应努力激发患者热爱生活的热情，增强其战胜疾病的信心。

4. 适当鼓励和提示，避免诱导或暗示 临诊时如遇患者对病情叙述不够清楚，医生可适当给予启发式提问，帮助患者准确、全面地叙述病情，以获取准确的病情资料，但不能凭借自己的主观臆断去暗示、诱导或套问患者，以免所获病情资料失真，影响正确诊断。

5. 分清主次缓急 一般情况下，应直接询问患者本人，但若遇意识不清、语言障碍的患者或不能清晰表达的患儿等，可向陪诊者询问；对于危急重症患者，应先扼要询问，重点检查，迅速抢救治疗，待患者病情缓解能陈述时，再进行详细询问，加以核实或补充。切不可因过分追求资料的完整性而延误病情，使患者失去救治时机，造成不良后果。

医者仁心

国医大师，大医精诚

国医大师张伯礼常说："医术固然重要，但想成为一名好医生，高尚的道德情操、仁慈的爱心，更为重要。"从医40余年来，他一直用自己的仁心诠释着大医精诚的深刻内涵。

问诊是诊察疾病的重要方法，也是医患之间沟通交流的重要途径。作为医务工作者，要加强自身医德修养，树立以患者为中心的服务理念，具备良好的医患沟通能力，关心患者身心健康，并以真诚和仁爱之心对待每位患者，努力成长为有温度、有责任、有情怀的、有理想、有信念的中医传承者。

项目二　问诊的内容

问诊的内容主要包括一般项目、主诉、现病史、既往史、个人史、家族史等。问诊时，应根据就诊对象是初诊或复诊、门诊或住院等具体情况，进行针对性的询问。

一、一般项目

包括患者的姓名、性别、年龄、民族、职业、婚姻状况、籍贯、工作单位、现住址、联系方式等。

询问一般项目，既是对患者的诊断和治疗负责，又可帮助医生获取与疾病有关的信息，为诊治疾病提供依据，也便于医生对患者或家属进行联系和随访。

患者的性别、年龄、职业、籍贯等不同，则多发病亦有不同。例如，男子可有阳痿、遗精、早泄等疾病；妇女则有月经、带下、妊娠、产育等方面的疾病；麻疹、水痘、百日咳等疾病多见于小儿；中老年人则多见胸痹、中风等疾病。长期从事水中作业者，易患寒湿痹病；尘肺、汞中毒、铅中毒等病与所从事的职业密切相关；长期生活在丘陵地带者，易患瘿病等；疟疾多发于岭南；血吸虫病多见于长江流域等。同一疾病，因年龄不同，亦有虚实差异。一般来说，青壮年气血充足，患病多实证；老年人气血已衰，患病多虚证。

二、主诉

主诉是患者就诊时感受最明显或最痛苦的症状、体征及其持续的时间，是促使患者本次就诊的主要原因。如"反复咳喘5年，加重伴心悸1周""发热、咳嗽5天，加重伴胸痛1天"。主诉，往往是当前疾病的主症，体现当前疾病的主要矛盾。准确的主诉，可以为诊治疾病提供重要线索，帮助医生判断疾病的大致类别、病情的轻重缓急。

记录主诉时文字要简洁精炼，一般只有1~3个症状，不超过20个字。主诉一般不能用诊断性术语，如"痞满""胸痹"等，只能用具体症状、体征进行描述。

考点与重点　主诉的概念与意义

三、现病史

现病史是围绕主诉，从起病到本次就诊时疾病的发生、发展、变化历程，诊治经过，以及就诊时的全部自觉症状。

（一）起病情况

主要包括发病时间、起病缓急、发病原因或诱因、最初的症状及其特点、当时的处理情况等。询问患者的发病情况，对于辨识疾病的原因、部位及性质具有重要意义。

一般起病急、病程短者，多为外感病，多属实证；患病已久，反复发作，多为内伤病，多属虚证或虚实夹杂证。如因天气突变而致恶寒发热、鼻塞流涕者，多属外感表证；如因情志不舒而致胁肋胀痛、急躁易怒者，多属肝气郁结之证。

（二）病变过程

是指患者从起病到就诊时病情发展变化的主要情况。一般应按照发病的时间顺序询问，如发病后出现哪些症状，症状的性质、部位、程度，病情有无好转、加重或出现新的病情，病情变化在何种情况下出现，有无规律性。通过询问病变过程，有助于了解疾病的病机演变情况及发展趋势。

（三）诊治经过

是指患者从起病到此次就诊前所接受过的诊断与治疗情况。重点要询问曾在何处做过哪些检查，结果如何，作何诊断，经过哪些治疗，治疗效果及反应如何等。了解患者的既往诊治情况，对当前疾病的诊断和治疗有重要的参考价值。

（四）现在症

是指患者就诊时所感到的全部自觉症状。现在症是问诊的主要内容，是辨病、辨证的重要依据之一，将另列于后详述。

四、既 往 史

既往史，又称过去病史，包括患者平素的身体健康状况和既往的患病情况。

患者平素的健康状况与既往的患病情况，可能与现患疾病有一定的联系，可作为诊断现有疾病的参考依据。例如，素体健壮者，现多患实证；素体虚弱者，现多患虚证；素体阴虚者，易感温燥之邪而多发为热证；素体阳虚者，易受寒湿之邪而多发为寒证、湿证等；哮喘、胸痹等病在某些诱因下可复发。

询问既往病史，应重点询问患者曾患过何种疾病，主要诊治情况，是否痊愈或留有何种后遗症，是否患过传染病。有无药物、食物或其他接触物过敏史，以及手术史、预防接种史等。

五、个人生活史

个人生活史包括患者的生活经历、平素的饮食起居、精神情志及婚育状况等。

生活经历包括出生地、居住地及经历地。尤其要注意某些地方病、传染病的流行区域和患者的居住环境与条件。例如，居住或去过疟疾高发地区，易患疟疾；长期居住在潮湿地带，易患风湿痹病等。

饮食偏嗜与生活起居不当可导致疾病的发生。例如，嗜食肥甘者，多病痰湿；偏食辛辣者，易患热证；贪食生冷者，易致寒证；饮食无节、嗜酒过度者，易患胃病、肝病等；好逸懒动者，易生痰湿；劳累过度、房室不节者，易耗伤精气，多患诸虚劳损。

不良的情志刺激可导致脏腑、气血功能紊乱，从而引起疾病。如患者平素性格内向，或忧思恼怒者，易患郁证；若病起于情志刺激者，多出现肝气郁结、肝郁化火等证候表现，对于这类病证，在药物治疗的同时，还应辅以心理疏导，帮助患者尽快康复。

对成年男女应询问其是否结婚、结婚年龄、有无生育、配偶健康状况及有无传染病、遗传病等。对于女性患者，要询问其初潮或绝经年龄、月经周期、行经天数，以及月经和带下的量、色、质情况等。已婚妇女还应询问妊娠次数、生产胎数，以及有无流产、早产和难产等。

六、家 族 史

家族史，指询问与患者有血缘关系的父母、子女、兄弟姐妹等的健康与患病情况。

注意询问是否患有与患者同样的疾病，是否有传染性疾病或遗传性疾病。必要时还应询问亲属的死亡原因。

项目三　问 现 在 症

📋 **案例导入**

医生：您怎么不舒服？

患者：我觉得身体发热，手脚心发烫。

医生：这种情况有多长时间了？

患者：大概三周。

医生：有发冷的感觉吗？

患者：没有。

医生：您觉得一天里什么时候会有发热的感觉或这种感觉最明显？

患者：一般下午发热明显。

医生：您测过体温吗？

患者：测过几次，都是37℃左右。

医生：发现晚上睡着后有出汗的现象吗？

患者：最近常有。

医生：您的饮食、二便怎么样？

患者：吃饭还可以，就是最近总觉得口干，但喝水不太多。大便偏干，两天一次。

医生：您平时喜欢什么样的饮食？

患者：我喜欢吃辣的。

医生：伸出舌头来，我看看（舌红少苔）。让我摸摸您的脉（脉细而数）。

问题： 1. 请概括该案例的发热类型。

2. 本案例发热类型的主要特点及病机是什么？

问现在症，是指询问患者就诊时的全部不适症状，以及与病情相关的全身情况。

现在症状是疾病当前病理变化的反映，是临床诊病、辨证的主要依据。症状多是患者的主观感觉，如痞闷、疼痛、困倦、麻木、沉重等，只有通过询问患者才能得知。通过询问现在症状，可以了解疾病目前的主要矛盾，并围绕主要矛盾进行辨证，从而揭示疾病的本质，对疾病做出确切的判断。

问现在症的内容涉及范围广泛，清·陈修园《医学实在易·问证诗》总结"十问歌"，即"一问寒热二问汗，三问头身四问便，五问饮食六问胸，七聋八渴俱当辨，九问旧病十问因，再兼服药参机变，妇人尤必问经期，迟速闭崩皆可见，再添片语告儿科，天花麻疹全占验"。"十问歌"的内容言简意赅，至今仍具有一定的指导意义。但在临床实际运用时，要根据患者的具体病情，灵活而有主次地进行询问，不能千篇一律地机械套问。

考点与重点 "十问歌"

一、问　寒　热

问寒热是指询问患者有无怕冷或发热的感觉。寒与热是临床最常见的症状，是辨别病邪性质和阴阳盛衰的重要依据，是问诊的重点内容。

寒，指患者怕冷的感觉，临床上常分为恶风、恶寒和畏寒三种。恶风是指患者遇风觉冷，避风则缓；恶寒是指患者自觉怕冷，多加衣被或近火取暖，寒冷仍不能缓解；畏寒是指患者自觉怕冷，多加衣被或近火取暖，寒冷能够缓解。若患者恶寒严重，伴全身发抖，称为寒战。

热，指患者发热的感觉，包括患者体温升高，或患者体温正常而有全身或局部有发热的感觉，如五心烦热、骨蒸潮热。

寒热的产生，主要取决于病邪的性质和机体阴阳的盛衰两个方面。邪气致病者，寒为阴邪，其性清冷，感受寒邪则多见恶寒；热为阳邪，其性炎热，感受热邪则见发热。机体阴阳失调时，阳盛则热，阴盛则寒，阴虚则热，阳虚则寒。因此，询问患者寒热的感觉，可以辨别病变的寒热性质和阴阳盛衰等情况。

问诊时，首先应询问患者有无怕冷或发热的感觉，如有则须询问怕冷与发热是否同时出现，其次要询问寒热的新久、轻重程度、持续时间的长短，还要询问寒热出现的时间或部位特点、伴随症状等。

临床常见的寒热症状有恶寒发热、但寒不热、但热不寒、寒热往来四种类型。

（一）恶寒发热

恶寒发热，是指患者恶寒与发热同时出现，是表证的特征性症状。恶寒与发热并见，是外感表证初起，外邪与卫阳之气相争的反应。外邪束表，卫阳被遏，不能外达，肌表失于温煦则恶寒；正气抗邪，正邪交争，卫阳失于宣发则郁而发热。

链接

恶寒与表证

在外感病中，外邪袭表，无论是否发热，恶寒为必有之症。"有一分恶寒就有一分表证。"在外感病初期的表证阶段，有的患者虽然只有恶寒的感觉，并不觉得发热，但实际体温可能升高，随着病情的发展，患者很快就会伴有发热的感觉，故恶寒是发热的前奏。

由于感受外邪性质的不同，寒热症状可有轻重的区别。如感受寒邪，束表遏阳之势加重，则恶寒症状显著；感受热邪，助阳而致发热症状显著。临床上常见以下三种类型。

1. 恶寒重发热轻 指患者感觉怕冷明显，并有轻微发热的症状，见于外感风寒所致的风寒表证。因寒为阴邪，束表伤阳，肌腠闭塞，肌表失于温煦，故恶寒明显而发热轻。

2. 发热重恶寒轻 指患者自觉发热较重，并有轻微怕冷的症状，见于外感风热所致的风热表证。因热为阳邪，易致阳盛，故发热明显；风热袭表，卫气功能失常，故有轻微恶寒。

3. 发热轻而恶风 指患者自觉有轻微发热，并有遇风觉冷、避之可缓的症状，见于外感风邪所致的伤风表证。因风性开泄，肌腠疏松，阳气郁遏不甚，故发热轻而恶风。

外感表证的寒热轻重，不仅与感受病邪的性质有关，还与感受病邪的轻重、邪正盛衰密切相关。一般情况下，病邪轻者，则恶寒发热俱轻；病邪重者，则恶寒发热俱重。正气、邪气俱盛，则恶寒发热俱重；病邪盛而正气衰，则恶寒重而发热轻。

考点与重点 恶寒发热的临床表现及其意义

（二）但寒不热

但寒不热，是指患者只感怕冷，不觉发热的症状。多为感受寒邪，阻遏或损伤阳气，或素体阳气不足，机体失于温煦所致，是里寒证的特征。根据发病的缓急和病程的长短，临床上常见以下两种类型。

1. 新病恶寒 指患者突然恶寒肢冷，得温不减的症状，主里实寒证。常兼脘腹冷痛，呕吐泄泻，或咳喘痰鸣，脉沉实有力等症。多因寒邪较重，直接侵袭脏腑、经络，郁遏阳气，肌表失于温煦。此外，外感病初起尚未发热之时也可见但寒不热，当仔细分辨。

2. 久病畏寒 指患者经常畏寒肢冷，得温可缓解的症状，主里虚寒证。常兼神疲面白、舌淡胖嫩、脉沉迟无力等症。多因阳气虚衰，肌体失于温煦。

考点与重点 但寒不热的临床表现及其意义

（三）但热不寒

但热不寒，是指患者只觉发热，而无怕冷之感的症状，多因阳盛或阴虚所致，是里热证的特征。根据发热的轻重、时间、特点和兼症的不同，临床上有壮热、潮热、微热之分。

1. 壮热 指患者身发高热（体温在39℃以上），持续不退，不恶寒只恶热的症状，主里实热证。常兼满面通红、大汗出、烦渴饮冷、脉洪大等症。多因风寒入里化热或温热之邪内传，邪盛正实，交争剧烈，阳热炽盛，蒸达于外所致。

2. 潮热 指患者定时发热或定时热甚，如潮汐之有定时的症状。由于潮热的热势高低、持续时间不同，临床上常分为三种类型。

（1）阳明潮热：热势较高，日晡热甚（即申时，下午3～5时），又称日晡潮热。多见于阳明腑实证，属里实热证。常兼口渴饮冷、腹满硬痛、大便秘结等症。因胃肠燥热内结，日晡阳明经气旺盛，邪正斗争剧烈，此时热势加重。

（2）湿温潮热：午后热甚，且身热不扬（初按肌肤多不甚热，扪之稍久才觉灼手）。多见于湿温病。常兼头身困重、胸闷呕恶等症。因湿邪黏腻，湿遏热伏，故身热不扬；午后阳气盛，故发热明显。

（3）阴虚潮热：午后或夜间自觉低热，体温并不升高，多见于阴虚证候。常表现为五心烦热（即胸中烦、手足心发热而喜就凉处），严重者感觉有热自骨内向外透发，称为骨蒸潮热。常兼颧红、盗汗、舌红少津等症。由于阴虚不能制阳，机体阳气偏亢，午后卫阳渐入于里，夜间卫阳行于里，使体内阳气更盛，故见发热。

此外，午后或夜间发热，亦可见于瘀血久积化热；身热夜甚者，多见于温病热入营分证。

3. 微热 指热势较轻微（体温一般在38℃以下），或仅自觉发热的症状。但发热时间一般较长，病因病机较为复杂，常见于温病后期（余邪未清，余热留恋）和某些内伤杂病。

（1）气虚发热：长期低热，劳累后加重。常兼神疲倦怠、少气懒言、自汗等症。多因脾胃虚损，清阳不升，久郁而发热。

（2）阴虚发热：长期低热，午后夜间烦热明显。常兼颧红、盗汗等症。多因阴虚内热，或温病后期，真阴耗伤。

（3）气郁发热：情志不舒，时有微热。常兼胸闷、急躁易怒等症。多因情志不舒，肝气郁结化火。

（4）小儿夏季热：小儿在气候炎热时长期发热，兼有烦渴、多尿、无汗等症，至秋凉可自愈。多因小儿气阴不足，不能适应夏令炎热气候所致。

考点与重点 但热不寒的临床表现及其意义

（四）寒热往来

寒热往来是指患者自觉恶寒与发热交替发作的症状，是正邪相争，互为进退的病理反映，常见于少阳病和疟疾，为半表半里证的特征。临床常见两种类型。

1. 寒热往来，发无定时 患者寒热交替发作，无时间规律。常伴胸胁满闷、不欲饮食、口苦、咽干、目眩、脉弦等症，见于伤寒少阳病。因外感病邪至半表半里阶段时，正邪相争，正胜则发热，邪胜则恶寒，故恶寒与发热交替发作，发无定时。

2. 寒热往来，发有定时 患者恶寒战栗与高热交替发作，有时间规律，每日或二三日发作一次，伴有剧烈头痛、大汗出、口渴引饮等症，见于疟疾。因疟邪内侵，潜伏于半表半里的部位，入与阴争则寒，出与阳争则热，故恶寒战栗与高热交替出现，休作有时。

此外，气郁化火及妇女热入血室等，也可出现寒热往来，临床当详细辨识。

考点与重点 寒热往来的临床表现及其意义

二、问　汗

问汗是指询问患者有无汗出异常的情况。

《素问·阴阳别论》曰："阳加于阴谓之汗。"汗为津液所化，经阳气蒸化，从玄府达于体表而成。正常汗出具有调和营卫、调节阴阳、滋润肌肤的作用。一般人在体力活动、进食辛辣、气候炎热、衣被过厚、情绪激动等情况下容易出汗，属于生理现象。

若当汗出而无汗，不当汗出而多汗，或仅见身体的某一局部汗出，属病理现象。病理性汗出的有无，与感受病邪的性质、机体阳气的盛衰、津液的盈亏及腠理的开合等多种因素有关。因此，询问患者汗出的异常情况，对于判断病邪的性质和机体阴阳的盛衰具有重要意义。

出汗是临床常见症状之一，发汗是中医学的常见治疗方法之一。故问汗时，应首先询问患者有无出汗。若有汗，应进一步询问出汗的时间、部位、汗量多少、出汗的特点、主要兼症、出汗后症状的变化，以及近期是否服用发汗的药物等；若无汗，则应重点询问其兼症，以进一步明确诊断。

（一）有无汗出

询问汗的有无是判断病邪性质和卫阳盛衰、津液盈亏的重要依据。

1. 无汗　病理性无汗有表证、里证之分。表证无汗，常兼恶寒重、发热轻、头身痛、脉浮紧等症，多见于风寒表证。里证无汗，多见于津血亏虚，化汗乏源；或阳气亏虚，无力化汗。

2. 有汗　病理性有汗亦有表证、里证之分。表证有汗，若兼发热恶寒、咽痛鼻塞，多见于风热表证，兼恶风、脉浮缓，为风邪犯表证。里证有汗，若兼发热面赤、口渴饮冷，多见于里实热证；里证有汗亦可见于里虚证，如阳气亏虚，肌表不固，或阴虚内热，蒸津外泄等。

（二）特殊汗出

特殊汗出是指具有某些特定征象的病理性汗出，主要见于里证。

1. 自汗　指患者醒时经常汗出不止，活动后尤甚的症状，常兼见神疲乏力、少气懒言或畏寒肢冷等症，多见于气虚证和阳虚证。因阳虚或气虚，不能固卫肌表，玄府不密，津液外泄而汗出，动则耗气，故汗出尤甚。

2. 盗汗　指患者经常睡则汗出，醒则汗止的症状，常兼见潮热、颧红、五心烦热、舌红少苔、脉细数等症，多见于阴虚证。因阴虚则虚热内生，睡时卫阳入里，内热加重，肌表失固，蒸津外泄而汗出；醒后卫阳出表，内热减轻，肌表固密，故汗出止。若气阴两虚者，常自汗、盗汗并见。

3. 绝汗　指久病、重病患者，突然出现大汗不止的症状，又称脱汗。见于亡阴或亡阳证，病势危重。若冷汗淋漓如水、面色苍白、肢冷脉微者，属亡阳之汗，因阳气亡脱，津随气泄。若汗热而黏如油、烦躁口渴、脉细数或疾者，属亡阴之汗，因阴液大亏，虚热迫津外泄所致。

4. 战汗　指患者先恶寒战栗，继而汗出的症状。多见于外感热病的过程中，邪正剧烈相争之时，是疾病发展的转折点。若汗出热退，脉静身凉，提示邪去正复，疾病向愈；若汗出而身热不退，烦躁不安，脉来急疾，提示邪盛正衰，病情恶化。

5. 黄汗　指汗出色黄而黏的症状，多见于湿热证。因湿热邪气交蒸，迫津外泄所致。

考点与重点　特殊汗出的临床表现及其意义

（三）局部汗出

局部汗出是指身体的某一部位汗出异常。应重点询问汗出的具体部位及其兼症，以便辨证求因。临床常见的局部汗出有以下四种。

1. 头汗　又称"但头汗出"，指患者仅头部或头颈部出汗较多的症状。多因上焦热盛、迫津外泄，或中焦湿热郁蒸、逼津上越，或元气将脱，虚阳上越，津随阳泄所致。

小儿睡眠时，常有头汗较多，若无其他不适者，俗称"蒸笼头"，属正常现象。若进食辛辣、热汤、饮酒而见头汗较多者，不属病态。

2. 手足汗出　指手心、足心出汗较多的症状。多因阴虚内热、迫津外泄，或阳明燥热内结，或脾胃湿热内盛所致。

3. 心胸汗出　指心胸部易出汗或汗出过多的症状，多见于虚证，如心脾两虚、心肾不交证。

4. 半身汗出　指患者仅半侧身体汗出的症状，或左侧或右侧，或上半身或下半身。无汗出的半侧常是病变的部位，多见于痿病、中风及截瘫患者，多因风痰、痰瘀、风湿等阻滞经络，气血失和所致。

5. 阴汗　指外阴及其周围部位汗出较多的症状。多因下焦湿热郁蒸所致。

三、问 疼 痛

疼痛是临床上最常见的一种自觉症状，可发生于机体的任何部位。疼痛有虚实之分。实证为"不通则痛"，多因感受外邪，或气滞血瘀，或痰浊凝滞，或食积、虫积、结石等阻滞脏腑经络，闭塞气机，使气血运行不畅所致。虚证为"不荣则痛"，多因阳气亏虚，精血不足，脏腑经络失养所致。

问疼痛，应注意询问疼痛的具体部位、性质、程度、时间、喜恶及伴随症状等。

（一）问疼痛的性质

询问疼痛的性质、特点，有助于辨别疼痛的病因与病机。

1. 胀痛　指疼痛兼有胀感，是气滞作痛的特点，常见于胸胁、脘腹部，因气机郁滞所致。常表现为部位不固定，受情绪波动影响，嗳气、矢气后减轻。但头目胀痛，则多因肝火上炎或肝阳上亢所致。

2. 刺痛　指疼痛如针刺之状，是瘀血致痛的特点，常见于头部、胸胁、脘腹等部位，因瘀血阻滞，血行不畅所致。常表现为部位比较固定，疼痛拒按，夜间尤甚。

3. 走窜痛　指痛处游走不定，或走窜攻痛的症状。若胸胁、脘腹疼痛而走窜不定，称为窜痛，多因气滞所致；肢体关节疼痛而游走不定者，称为游走痛，多见于风邪偏胜之行痹。

4. 固定痛　指疼痛部位固定不移的症状。若胸胁、脘腹等处固定作痛，多是瘀血为患；若四肢关节固定作痛，多因寒湿、湿热阻滞经络所致，常见于痹病（痛痹、着痹）等。

5. 冷痛　指疼痛有冷感而喜暖的症状，常见于腰脊、脘腹、四肢关节等处，因寒邪阻滞经络所致者，为实证；因阳气亏虚，脏腑、经络、肢体失于温煦所致者，为虚证。

6. 灼痛　指疼痛有灼热感而喜凉的症状，常见于口咽、胁肋、脘腹、关节等处，因火邪窜络所致者，为实证；阴虚火旺所致者，为虚证。

7. 绞痛　指痛势剧烈，如刀绞割的症状，多因有形实邪阻闭气机，或寒邪凝滞气机所致。如心脉痹阻引起的真心痛、结石阻塞尿路引起的腰腹痛、寒邪犯胃引起的脘腹痛等。

8. 隐痛　指疼痛不剧烈，尚可忍耐，但绵绵不休的症状，常见于头、胸、脘、腹等部位，多因阳气不足、精血亏虚，脏腑经络失养所致。

9. 重痛　指疼痛兼有沉重感的症状，常见于头部、四肢、腰部及全身，多因湿邪困阻气机所致。但头部重痛者，亦可因肝阳上亢，气血上壅所致。

10. 酸痛　指疼痛兼有酸楚不适感的症状，常见于四肢、项背、腰膝等部位，多因湿邪侵袭肌肉、关节，气血运行不畅所致，亦可因肾虚骨髓失养，或气血亏虚、组织失荣引起。

11. 掣痛　指痛处有抽掣感或牵引它处作痛的症状，也称引痛、彻痛，多因经脉阻滞不通或筋脉失养所致，如心脉痹阻不通导致的"胸痛彻背"。

12. 空痛　指疼痛兼有空虚感的症状，常见于头部、腹部等处，多因气血亏虚，精髓不足，脏腑经络失其荣养所致。

13. 闷痛　指疼痛伴有满闷或憋闷感的症状，常见于胸部，多因痰浊阻肺，或痰瘀阻滞，心脉不通，气机不畅所致。

一般而言，凡新病疼痛，痛势剧烈，持续不解，或痛而拒按，多属实证；久病疼痛，痛势较轻，时痛时止，或痛而喜按，多属虚证。

（二）问疼痛的部位

询问疼痛的部位，可了解病变所在的脏腑、经络。

1. 头痛　指整个头部或头的某一部位（如前后、两侧及顶部等）疼痛的症状。

"头为诸阳之会"，手、足三阳经均直接循行于头部，足厥阴肝经亦上行于头，故根据头痛的部位可确定病在何经。前额连眉棱骨痛者，病在阳明经；后头连项痛者，病在太阳经；头两侧痛者，病在少阳经；颠顶痛者，病在厥阴经等。

头痛有虚实之分。凡外感风、寒、暑、湿、燥、火或瘀血、痰浊、郁火、阳亢等所致者，多属实证或虚实夹杂证；凡气血阴精亏虚，不能上荣于头所致者，多属虚证。临床应根据病史、兼症及头痛的性质，辨别头痛的原因。

2. 胸痛　指胸的某一部位疼痛的症状。胸居上焦，内藏心肺，故多与心肺病变有关。

临床应根据胸痛的具体部位、性质和兼症进行诊断。心前区憋闷作痛、时痛时止、痛引肩臂者，多因痰瘀等邪阻滞心脉之胸痹等病。胸背彻痛剧烈、面色青灰、手足青至节者，多因心脉急骤闭塞不通之真心痛等病。胸痛、颧赤、潮热盗汗、咳痰带血者，多因肺阴亏虚，虚火灼络之肺痨等病。胸痛、喘促鼻扇、壮热面赤者，多因热邪壅肺，肺失宣降之肺热病等病。胸痛，壮热，咳吐脓血腥臭痰者，多因痰热壅肺，热壅血瘀之肺痈等病。

3. 胁痛　指胁的一侧或两侧疼痛的症状。由于肝胆位于右胁部，肝胆经循行分布于两胁，故胁痛多与肝胆病变有关。

临床应根据胁痛的性质及兼症进行辨证。胁肋胀痛或窜痛，情志抑郁或易怒，胸闷，善太息，属肝郁气滞。胁肋胀痛，纳呆，厌食油腻，身目发黄，舌红苔黄腻，属肝胆湿热。胁肋灼痛，头晕胀痛，面红目赤，口苦，烦躁易怒，舌红苔黄，属肝胆火盛。胁肋刺痛，触及肿块，固定拒按，夜间痛甚，舌紫暗，属肝血瘀阻。肋间饱满胀痛，咳唾痛剧，多属饮停胸胁之悬饮病。

4. 脘痛　指上腹中部剑突下，胃之所在部位疼痛的症状。常因寒、热、食积、气滞、瘀血等致胃失和降，气机不畅而致，或胃阴或胃阳不足，胃失所养引起。临床应根据病史，结合疼痛的性质和兼症进行辨证。实证多在进食后疼痛加剧，虚证多在进食后疼痛缓解。

胃脘冷痛剧烈、得热痛减者，多属寒邪犯胃；胃脘灼痛、消谷善饥、口臭便秘者，多属胃火炽盛；胃脘胀痛，嗳腐吞酸，厌食者，多为食滞胃脘；胃脘胀痛、嗳气、郁怒则痛甚者，多属胃腑气滞；胃脘刺痛、痛有定处者，多属胃腑血瘀。胃脘隐痛，呕吐清水者，多属胃阳虚；胃脘灼痛嘈杂，饥不欲食者，多属胃阴虚。胃脘剧痛暴作，出现腹部板硬、压痛及反跳痛者，多因胃穿孔所致。胃脘疼痛失去规律、痛无休止而明显消瘦者，应考虑胃癌的可能。

5. 腹痛　指剑突下至耻骨毛际以上（胃脘所在部位除外）的腹部疼痛，或其中某一部位疼痛的症状。腹部有大腹、小腹和少腹之分。大腹属脾胃；小腹属膀胱、大小肠、胞宫；少腹为肝经循行所过之处。腹痛多与所属脏腑病变有关。

询问腹痛情况可以察知疾病所在的脏腑和病性的寒热虚实。凡腹痛暴急剧烈、胀痛、拒按，得食痛甚者，多属实证。凡腹痛徐缓、隐痛、喜按、得食痛减者，多属虚证。凡腹痛得热痛减者，多属寒证。凡腹痛，痛而喜冷者，多属热证。腹部持续性疼痛，阵发性加剧，伴腹胀、呕吐、便闭者，多见于肠痹或肠结，因肠道麻痹、梗阻、扭转或套叠，气机闭塞不通所致。全腹痛，有压痛及反跳痛者，多因腹部脏器穿孔或热毒弥漫所致。脐外侧及下腹部突然剧烈绞痛，向大腿内侧及阴部放射，尿血者，多系结石阻滞所致。妇女小腹及少腹部疼痛，常见于痛经、异位妊娠破裂等。

总之，腹痛范围较广，病因复杂，临证需问诊与按诊相结合，首先查明疼痛的确切部位，判断病变所在的脏腑，然后根据病史，结合疼痛的性质及兼症，确定疼痛的原因。

考点与重点 腹痛的要点及其临床意义

6. 背痛 指自觉背部疼痛的症状。背痛多与督脉、足太阳经、手三阳经病证有关。脊背痛不可俯仰者，多因寒湿阻滞或督脉损伤所致；背痛连项者，多因风寒客于太阳经所致；肩背痛多因寒湿阻滞，经气不利所致。

7. 腰痛 指腰部两侧，或腰脊正中疼痛的症状。临床应根据病史和疼痛的性质以确定引起腰痛的原因。腰部经常绵绵作痛，酸软无力者，多因肾虚所致；腰部冷痛沉重，阴雨天加重，多因寒湿所致；腰部刺痛，或痛连下肢者，多因瘀血阻络或腰椎病变所致；腰部突然剧痛，向少腹部放射，尿血者，多因结石阻滞所致；腰痛连腹，绕如带状，多因带脉损伤所致。另外，骨痨、外伤亦可导致腰痛。

考点与重点 腰痛的要点及其临床意义

8. 四肢痛 指四肢的肌肉、筋脉和关节等部位疼痛的症状。常见于痹证，多因风寒湿邪侵袭，或湿热蕴结，痹阻经络所致；亦可因脾胃虚损，水谷精微不能布达于四肢引起。若独见足跟痛或胫膝酸痛者，多因肾虚所致，常见于老年人或体弱者。临证应询问疼痛的部位、性质特点及其兼症，以判断病变的原因。

9. 周身疼痛 指头身、腰背及四肢等部位皆有痛感的症状。临床应注意询问病史、疼痛的性质及其兼症，以确定疼痛的原因。新病周身痛者，多属实证，常因外感风寒、风湿或湿热疫毒所致。久病卧床不起而周身痛者，多属虚证，常因气血亏虚，形体失养所致。

四、问头身胸腹不适

问头身胸腹不适是指询问患者头身、胸腹除疼痛之外的其他不适或异常。

头为诸阳之会、精明之府，周身、四肢为十二经脉循行之处，脏腑气血之所荣，胸腹部是脏腑之所在，各有其部位所属。根据患者头身、胸腹症状的性质和特点，常可诊察疾病的病位和病性等。询问时应注意患者有无头身胸腹不适症状及症状持续时间、有无明显诱因、表现特点、主要兼症等。

（一）头晕

头晕是指患者自觉头脑眩晕，轻者闭目自止，重者感觉自身或眼前景物旋转，不能站立的症状。头晕可分为虚实两类，虚者多因气血亏虚、肾虚精亏，清窍失养所致；实者多因肝火或肝阳、痰湿、瘀血扰乱清窍所致。问头晕的情况常可判断邪气的性质和正邪盛衰。询问时，要注意了解头晕的特点及其可能的诱发或加重原因及兼症。

头晕而胀，烦躁易怒，舌红苔黄，脉弦数，多因肝火上炎。头晕胀痛，耳鸣，腰酸，舌红少苔，脉弦细，多因肝阳上亢。头晕面白，神疲乏力，舌淡脉弱，多因气血亏虚。头晕且重，如物缠裹，痰多苔腻，多因痰湿内阻。头晕耳鸣，遗精健忘，腰膝酸软，多因肾虚精亏。外伤后头晕刺痛，多因瘀血阻滞。

考点与重点 头晕的要点及其临床意义

（二）胸闷

胸闷是指患者自觉胸部痞塞满闷的症状。多与心、肺等脏有关。寒热虚实等多种因素皆可出现胸闷的症状。一般虚者多为心气虚或心阳不足、肺气虚或肺肾气虚引起，实者多为寒邪、热邪或痰热、痰饮壅肺所致。

胸闷，心悸气短，多因心气虚或心阳不足；胸闷，咳喘痰多，多因痰饮停肺；胸闷，壮热，鼻翼扇动，多因热邪或痰热壅肺；若胸闷气喘，畏寒肢冷，多因寒邪客肺；胸闷气喘，少气不足以息，多因肺气虚或肺肾气虚。

考点与重点　胸闷的要点及其临床意义

（三）心悸

心悸是指患者自觉心跳异常，心慌不安，不能自主的症状。心悸有轻重之分，惊悸因受惊而发，或心悸易惊，病情相对较轻；怔忡为无明显外界诱因，心跳剧烈，上至心胸，下至脐腹，悸动不安，病情较重，可由惊悸发展而来。心悸多为心神失藏或心脏病变所致，常因心之气血阴阳亏虚，心失所养；或因痰饮、瘀血阻滞，或水气凌心所致。

若兼气短乏力、自汗，属阳气亏虚，鼓动乏力；兼面白唇淡，头晕气短，属气血两虚，心神失养；兼颧红盗汗，属阴虚火旺，热扰心神；兼胆怯易惊，心胸烦闷，痰多呕恶，属胆郁痰扰，心神不安；兼下肢或颜面浮肿，畏寒喘促，属阳虚水泛，水气凌心；兼心胸刺痛，舌紫暗，属心脉痹阻，血行不畅。

考点与重点　心悸的要点及其临床意义

（四）脘痞

脘痞是指患者自觉胃脘胀闷不舒的症状，是脾胃病变的表现。病机有虚实之分，虚证多为胃阴亏虚、脾胃气虚；实证多为食积胃脘、湿邪困脾或饮邪停胃所致。脘痞，兼见食少便溏，多为脾胃气虚；兼见嗳腐吞酸，多为食积胃脘；兼见纳呆呕恶，苔腻，多为湿邪困脾。

考点与重点　脘痞的要点及其临床意义

（五）腹胀

腹胀是指患者自觉腹部胀满，痞塞不适，甚则如物支撑的症状。多与胃肠气机不畅有关，有虚实之分，虚则气不运，实则气郁滞。腹部时胀时减而喜按者，多属虚证，因脾胃虚弱、健运失司所致；持续胀满不减而拒按者，多属实证，因食积胃肠，或实邪内结，阻塞气机所致。

若腹胀如鼓，皮色苍黄，腹壁青筋暴露，称为"鼓胀"，多因酒食不节、情志所伤，或虫积血瘀，致使肝、脾、肾功能失常，气、血、水等结聚于腹内而成；小儿腹胀而大，面黄肌瘦，纳呆，多属疳积，因脾胃虚弱所致。

考点与重点　腹胀的要点及其临床意义

（六）身重

身重是指患者自觉身体沉重的症状，主要与水湿泛溢及气虚不运有关。身重，脘闷苔腻，多因湿困脾阳，阻滞经络。身重浮肿，系水湿泛溢肌肤。身重，嗜卧疲乏，多因脾气虚，不能运化精微布达四肢、肌肉。热病后期见身重乏力，多因邪热耗伤气阴，形体失养所致。

（七）身痒

身痒是指患者自觉全身皮肤瘙痒不适的表现，多由风邪袭表、血虚风燥、湿热浸淫等所致，多见于风疹、瘾疹、疮疥、黄疸等疾患。

（八）麻木

麻木是指患者自觉皮肤发麻，或肌肤感觉减退，甚至消失的症状，亦称"不仁"，多见于头面、四肢等部位。其多因气血亏虚、风寒入络、肝风内动、风痰阻络、痰湿或瘀血阻络，使肌肤、筋脉失养所致。

若肌肤麻木，神疲乏力，舌淡白，多为气血亏虚。肢体麻木，眩晕欲仆，属肝风内动。半身麻木，口眼㖞斜，多属痰瘀阻络。四肢麻木，伴关节疼痛，多为痰湿阻滞，见于痹证。

考点与重点 麻木的要点及其临床意义

（九）乏力

乏力是指患者自觉肢体懈怠、疲乏无力的症状，又称疲乏。多与气血亏虚、脾虚湿困、阳气虚衰有关。若乏力，头晕，心悸气短，面色无华，多为气血亏虚。乏力身重，困倦，或伴纳呆脘痞，苔腻，脉濡，多为湿困；若伴面色萎黄、便溏、食少腹胀，多为脾虚湿盛。

考点与重点 疲乏的要点及其临床意义

五、问 耳 目

耳目为人体感觉器官，分别与内脏、经络有着密切的联系。肾开窍于耳，胆经入耳窍；肝开窍于目，五脏六腑之精气皆上注于目。所以，问耳目不仅能够了解耳目局部有无病变，还可以了解肝、胆、肾、三焦等有关脏腑的病变情况。

询问时，应注意询问其主要症状的表现特点，以及症状的新久、程度、伴随症状等。

（一）问耳

1.耳鸣 指患者自觉耳内鸣响的症状，可发生在单侧或双侧，或时发时止，或持续不停。耳鸣有虚实之分。突发耳鸣，声大如雷，按之鸣声不减，多属实证，多由肝胆火盛、肝阳上亢，或痰火壅结、气血瘀阻、风邪上袭，或药毒损伤耳窍等所致。渐起耳鸣，声细如蝉，按之可减，或耳渐失聪而听力减退，多属虚证，可因肾精亏虚，或脾气亏虚，清阳不升，或肝阴、肝血不足，髓海失充，耳窍失养所致。

考点与重点 耳鸣的临床表现及其意义

2.耳聋 指患者听力减退，甚至听觉完全丧失的症状。若患者自觉听力减退，听音不清，声音重复或听觉迟钝的症状，称为重听。耳聋、重听与耳鸣的病因病机基本相同。可同时出现，或先后发生。此外，老年人随着精衰气虚，渐成重听、耳聋者，多属生理现象。

考点与重点 耳聋的临床表现及其意义

（二）问目

目的异常症状比较多，且病因复杂，在此仅简要介绍常见症状及其临床意义。

1. 目痛、目痒　目痛是指患者自觉单目或双目疼痛的症状。一般痛剧者属实证，多因肝火上炎、风热上袭；痛微者属虚证，多因阴虚火旺引起。目痒是指患者自觉眼睑、眦内或目珠有瘙痒的症状。痒甚如虫行者，多属实证，因肝火或风热上扰；微痒者，多属虚证，因血虚失养所致。

2. 目眩　亦称眼花，是指患者自觉视物旋转动荡，如坐舟车，或眼前如有蚊蝇飞动的症状。因气虚、血亏、阴精不足，目失所养引起者，多属虚证；因肝火上炎、肝阳上亢、肝阳化风及痰湿上蒙清窍所致者，多属实证，或本虚标实证。

考点与重点　目眩的临床表现及其意义

3. 目昏、雀盲、歧视　目昏是指视物昏暗、模糊不清的症状。雀盲是指白昼视力正常，每至黄昏以后视力明显减退、视物不清的症状，亦称夜盲、雀目、鸡盲。歧视是指视一物成二物而不清的症状。三者皆为视力不同程度减退的病变，有各自的特点，但病因病机基本相同，多为肝肾亏虚，精血不足，目失所养，常见于年老、体弱或久病之人。

六、问　睡　眠

睡眠是人体适应自然界昼夜节律性变化，维持机体阴阳平衡协调的重要生理活动。睡眠的情况与人体卫气的循行和阴阳的盛衰有着密切的关系。正常情况下，卫气昼行于阳经，阳气盛则人醒；夜行于阴经，阴气盛则入眠。此外，睡眠还与人体气血的盛衰、心肾等脏腑的功能活动有着密切的关系。因此，问睡眠有助于了解机体阴阳气血的盛衰，心肝脾肾等脏腑的功能情况等。

问诊时，应注意询问睡眠时间的长短、入睡的难易程度、睡眠的深度，是否易惊醒和有无早醒、多梦，以及其他兼症等情况。

临床常见的睡眠异常主要有失眠和嗜睡。

（一）失眠

失眠是指患者有经常不易入睡，或睡而易醒，难以复睡，或时时惊醒，睡不安宁，甚至彻夜不眠的症状，或伴有多梦，又称"不寐"或"不得眠"。失眠主要是由于机体阴虚阳盛，阳不入阴，神不守舍，心神不安所致。分虚实两类，虚者多因阴血亏虚，心神失养，或心胆气虚，心神不安所致；实者多因邪气内扰，如火邪、痰热内扰心神，或食积胃脘所致。

若患者睡后易醒，伴心悸头晕、神疲乏力、纳少便溏者，为心脾两虚；不易入睡，伴心烦多梦、潮热盗汗、腰膝酸软者，为心肾不交；睡而时时惊醒，伴胆怯心烦、眩晕胸闷、口苦恶心者，为胆郁痰扰；夜卧不安，伴脘腹胀闷、嗳气酸腐者，为食滞胃脘。

考点与重点　失眠的临床表现及其意义

（二）嗜睡

嗜睡是指在睡眠充足的情况下，患者不论昼夜精神疲倦，睡意很浓，经常不自主地入睡的症状，亦称多寐、多眠。多因机体阳虚阴盛，脾虚或痰湿内盛所致。

患者困倦嗜睡，伴头目昏沉，胸闷脘痞，肢体困重，多是痰湿困脾，清阳不升；饭后困倦嗜睡，纳呆腹胀，少气懒言，多因脾气虚弱，清阳不升。精神极度疲惫，神识朦胧，困倦易睡，肢冷脉微，多因心肾阳虚，阴寒内盛。大病之后神疲嗜睡，乃是正气未复的表现。

嗜睡与昏睡的不同

嗜睡者，神志清楚，时时欲睡，但呼之即醒，醒后能正常应答。昏睡者，日夜沉睡，虽能唤醒，但神志不清，答非所问，旋即复睡，属浅昏迷。昏迷者，神志模糊，不省人事或昏睡不醒，呼之不应，对外界刺激毫无反应。如热性病出现高热昏睡，为热入心包之危象；而中风患者见昏睡而有鼾声、痰鸣者，则为痰瘀蒙蔽心神所致昏迷之象。

考点与重点　嗜睡的临床表现及其意义

七、问饮食与口味

饮食是后天水谷精气生化之源，是维持人体生命活动的物质基础。食物在体内经过胃的腐熟、脾的运化、肝胆的疏泄协调、三焦的气化，化生为精微物质，营养全身；水液在体内的吸收及转输，与肺、脾、肾、三焦等脏腑密切相关，五味又与五脏相应。故询问饮食口味，可以了解脾胃功能的盛衰及其他脏腑的病变。

问饮食口味包括询问口渴与饮水、食欲与食量及口味等方面的改变。

（一）问口渴与饮水

口渴是指患者自觉口中干渴不适，饮水是指实际饮水量的多少。口渴与饮水密切相关。口渴的产生主要是由于体内津液不足或津液输布障碍，口舌失于滋润所致，而饮水是人体津液的主要来源。一般而言，津伤轻者口渴轻微，津伤重者口渴严重，但也有因津液输布障碍而口渴不欲饮者。询问口渴与饮水的情况，可了解体内津液的盈亏、输布的情况和疾病的寒热虚实。

询问时，应注意患者有无口渴、饮水多少、喜冷饮还是热饮，以及其他兼症。

1. 口不渴　是指患者无明显口渴的感觉，饮水也不多，提示津液未伤，可排除热证、燥证，多见于寒证、湿证。因寒、湿为阴邪，不耗伤津液，故口不渴。

2. 口渴多饮　是指患者口渴明显，饮水量多，提示津液损伤，多见于燥证、热证。

若口渴咽干，鼻干唇燥，发于秋季者，多因燥邪伤津。口大渴喜冷饮，兼见壮热面赤、汗出心烦、小便短黄、脉洪数者，属实热证。口渴多饮，伴小便量多，多食易饥，身体消瘦，属消渴病。此外，大量汗出或发汗太过，剧烈吐泻，以及利尿太过，均可导致体内津液大量消耗而见口渴多饮。

考点与重点　口渴多饮的临床表现及其意义

3. 渴不多饮　患者有口干口渴的感觉，但又不欲饮水，或饮水不多，提示轻度伤津，或津液输布障碍，可见于风热表证、营分证、阴虚、湿热、痰饮、血瘀等。

外感病见口干微渴，恶寒发热，咽痛，脉浮数，为风热表证。温病见口渴不多饮，身热夜甚，心烦不寐，舌质红绛，为营分证。口干不欲饮，兼见五心烦热、颧红盗汗、舌红少苔、脉细数者，属阴虚证。口渴不多饮，兼身热不扬、头身困重、胸闷纳呆、舌苔黄腻者，属湿热证。口渴喜热饮，饮入不多，或水入即吐者，属痰饮。口干，但欲漱水不欲咽，兼面色黧黑、肌肤甲错者，为瘀血内停证。

考点与重点　渴不多饮的临床表现及其意义

（二）问食欲与食量

食欲是指进食的要求和对进食的欣快感，食量是指实际的进食量。胃主受纳、腐熟水谷，脾主运化，二者共同完成饮食物的消化吸收，以保证脏腑功能活动所需，故饮食与脾胃的关系非常密切。询问患者食欲与食量的改变，可以了解脾胃功能的强弱，以及疾病的轻重和预后转归。

询问时，要详细了解患者的食欲情况、食量多少，以及有无偏嗜食物的情况。

1. 食欲减退 指患者进食的欲望减退，甚至不想进食的症状，常伴食量的减少，包括"不欲食""纳少""纳呆"。食欲减退多由脾胃亏虚，或湿邪困脾，或食积胃肠所致。此外，外感疾病，病邪干扰胃气，脾胃升降失职，也可见食欲减退。

若患者纳呆食少，兼面色淡白或萎黄、腹胀便溏、疲倦乏力、舌淡脉虚者，属脾胃气虚。纳呆腹胀，胸闷恶心，呕吐泄泻，头身困重，苔腻，脉滑或濡缓，属湿邪困脾。不欲饮食，兼见寒热往来、胸胁苦满、神情默默、口苦咽干、目眩者，属少阳病。

考点与重点 食欲减退的临床表现及其意义

2. 厌食 指患者厌恶食物，食欲大减，甚至恶闻饮食之味，多由食滞、湿邪困阻脾胃、肝胆所致。

患者厌食，脘腹胀满，嗳气酸腐，苔厚腻，为食滞胃脘。厌食油腻，脘腹痞闷，呕恶便溏，肢体困重，为脾胃湿热。厌食油腻，胁肋胀痛，口苦泛呕，身目发黄，为肝胆湿热。

此外，妇女妊娠早期见厌食恶心，或食入即吐，属妊娠反应。严重者厌食明显，呕吐频繁，称为"妊娠恶阻"。

考点与重点 厌食的临床表现及其意义

3. 消谷善饥 指患者食欲亢进，进食量多，易感饥饿的症状，亦称"多食易饥"，多由胃热炽盛，腐熟太过所致。消谷善饥，兼多饮多尿、身体消瘦，多见于消渴病。多食易饥，兼见便溏者，为胃强脾弱。消谷善饥，兼见颈前肿大，心慌、出汗，多见于瘿病。

考点与重点 消谷善饥的临床表现及其意义

4. 饥不欲食 指患者虽有饥饿的感觉但不欲进食，或进食不多的症状，见于胃阴虚证，因虚火内扰而有饥饿感；但胃虚受纳腐熟功能减退而不欲食。常伴胃脘嘈杂、嗳气、干呕、呃逆、咽干口燥等症状。

考点与重点 饥不欲食的临床表现及其意义

5. 胃脘嘈杂 指胃中空虚，似饥非饥，似痛非痛，热辣不宁的症状，常伴有情绪抑郁、胸胁胀满、嗳腐吞酸等，多因肝郁化热，肝火横逆，克伐胃腑所致。

6. 偏嗜食物 指患者偏嗜某种食物或异物，如生米、泥土，或偏嗜酸辣等。

正常人由于地域或生活习惯不同，常有饮食的偏嗜，比如南甜、北咸、川辣等，一般不会引起疾病，但如果饮食偏嗜太甚，就可能诱发或导致疾病，如偏嗜肥甘厚味易生痰湿；过食生冷易伤脾胃；过食辛辣易致燥热。小儿偏嗜生米、泥土，兼见腹胀腹痛、面色萎黄，属虫积。妇女在妊娠期间偏嗜酸辣食物，为生理现象，不属病态。

医者 仁心

多一点沟通，少一分纠纷

随着社会生活水平日益提升，每个家庭对孩子的照护可谓无微不至，但随着孩童年龄逐渐增长，容易对身边的正常饮食物、零食等"傻傻分不清"，孩子长期嗜食某类零食或食物，极易导致脾胃功能损伤，轻则营养不良，重则变生他病。作为一个医务工作者，治病救人，一视同仁是本责，但在面对儿科疾病诊疗中，患儿不能准确表述所患不适时，除应关注患儿的病情以外，还需关注了解患儿家属对其教育喂养的方式，及时沟通，教会患儿家属如何正确喂养患儿也是一份责任。同时，在儿科四诊过程中，能多一点耐心与细心，及时做好医患沟通。

在疾病过程中，根据患者对饮食寒热的喜好，可帮助了解病性的寒热，如喜食温热者多属寒证，喜食寒凉者多属热证。结合病程，动态观察食欲与食量的变化，有助于判断病情的预后和转归。若患者食欲逐渐减退，食量渐少，日渐消瘦，是后天脾胃功能渐衰，疾病加重。反之，久病患者食欲逐渐好转，食量渐增，精神转好，表示胃气渐复，预后较好。若患者久病重病不能食，突然索食，食量大增，称为"除中"，是假神的表现之一，提示中气衰败，脾胃之气将绝之危候。

考点与重点　除中的临床表现及其意义

（三）问口味

问口味是指询问患者口中有无异常的味觉。脾开窍于口，五味与五脏相应，故口味的异常可反映脾胃功能的盛衰及其他脏腑的病变。

1. 口淡　指患者味觉减退，口中乏味，常伴食欲减退，属脾胃虚弱，或寒湿内阻所致。

2. 口甜　指患者口中有甜味感，多与脾胃病有关，脾胃湿热或脾虚导致。

3. 口黏腻　指患者自觉口中黏腻不适，多由湿浊困阻中焦所致。

4. 口酸　指患者口中泛酸或有酸腐气味，属肝胃郁热，或伤食证。

5. 口涩　指患者自觉口中有涩味，如食生柿，燥涩不适，属燥热伤津，或脏腑热盛。

6. 口苦　指患者自觉口中有苦味，见于实热证，尤以心、肝、胆火旺者多见。

7. 口咸　指患者自觉口中有咸味，咸属水入肾，见于肾虚或寒水上泛证。

考点与重点　口味异常的临床表现及其意义

八、问　二　便

问二便，是指询问患者大小便的有关情况，如大小便的次数、性状、颜色、气味、便量、排便时间、排便时的感觉及伴随症状等。大便的形成和排泄，由大肠所主，与脾的运化、胃气的通降、肾阳的温煦、肝气的疏泄、肺气的肃降、津液气血的充盈密切相关。小便为津液所化，由膀胱排出，与肾的气化、脾的运化转输、肺的肃降和三焦的通调等功能密不可分。

询问二便的变化，可帮助了解脏腑功能的盛衰，以及病性的寒热虚实。

（一）问大便

健康人大便一般每日或隔日一次，黄色，质软成形，排便通畅，内无脓血、黏液及未消化的食物。大便改变包括便次、色、质及排便感方面的变化。

1. 便次异常　是指大便次数的改变，有便秘和泄泻之分。

（1）便秘：指排便时间延长，便次减少，便质干燥，或时间虽不延长但排便困难。便秘有虚实之分。实证多由热邪内结或寒邪凝滞大肠；虚证多由阴血、津液亏虚，肠道失润，或气虚、阳虚，肠道传导无力所致。

热秘症见大便干结难解，兼腹胀痛拒按，口渴喜饮，舌苔黄燥；冷秘症见大便艰涩难解，兼腹部冷痛拘急，手足不温，脉弦紧；气秘症见大便便而不爽，兼肠鸣矢气，嗳气频作，胸胁痞闷。如大便难，兼神疲乏力、气短懒言、汗出脉弱者，为气虚；大便干结，兼面色无华，口唇色淡，舌淡苔白，脉细者，为血虚；大便干结，兼有口燥咽干、舌红少苔、脉细数者，为阴虚；大便难，兼畏寒肢冷，神疲乏力，舌淡，脉沉迟无力者，为阳虚。

（2）泄泻：指大便次数增多，粪质稀薄，甚至泻下如水样的症状。泄泻亦有虚实之分。实证多因寒湿、湿热、食积或肝郁气滞等引起；虚证多由脾虚，或肾阳虚，命门火衰所致，其中尤与脾虚、湿盛关系最为密切。

一般，新病暴泻，泻下清稀如水，肠鸣腹痛，或伴恶寒发热属寒湿。泄泻腹痛，泻而不爽，气味臭秽，肛门灼热者，为湿热。腹痛泄泻，泻下臭秽，泻后痛减，或大便中伴有不消化食物，属食积。便溏，纳少腹胀，脘腹隐痛喜按，面色萎黄，属脾虚。黎明前腹痛作泻，泻后则安，伴腰膝酸冷，形寒肢冷，称为"五更泄"，属脾肾阳虚。腹痛作泻，泻后痛减，每因情志抑郁恼怒或精神紧张时加重，属肝郁乘脾。

考点与重点 便次异常的临床表现及其意义

2. 便色异常 指大便颜色的改变。询问便色的改变，可帮助了解病性的寒热。
（1）大便黄褐如糜而臭：大便黄褐而臭，兼发热、腹痛腹胀、口渴、舌苔黄腻者，属大肠湿热。
（2）大便灰白：大便颜色灰白如陶土，溏结不调，见于黄疸。
（3）大便有黏冻、脓血：大便脓血并见，或伴有黏液，称为"下利赤白"，多见于痢疾。亦可见于肠癌患者。

3. 便质异常 指大便质地的改变。正常的大便应不干不稀，软硬适中。
（1）完谷不化：指大便中夹有很多未被消化的食物，多属脾肾阳虚或伤食。若大便泄泻日久，完谷不化，纳差，腹痛而喜温喜按，面白神疲，或腰膝酸冷，属脾肾阳虚。若暴饮暴食，见大便完谷不化，腹胀腹痛，泻下臭秽，为伤食。
（2）溏结不调：指大便时稀时干，粪质异常，多因肝郁或脾虚所致。若患者平素大便干时稀，属肝郁乘脾。若大便先结而后溏者，属脾虚。
（3）便血：指便中带血，多为胃肠血络损伤的表现，有远血和近血之分。胃、食管等离肛门较远的部位出血，为远血，大多表现为便血暗红或紫黑，甚至色黑如柏油样，多由脾虚不能统摄血液，或瘀阻胃络所致；直肠或肛门附近的出血，为近血，大多表现为大便带血，血色鲜红，血液附于粪便表面，或于排便前后点滴而出，多由大肠湿热，或大肠风燥，伤及血络所致。

考点与重点 便质异常的临床表现及其意义

4. 排便感异常 指排便时伴随的各种不适感觉。
（1）肛门灼热：指排便时自觉肛门周围有灼热不适之感，多由大肠湿热所致。
（2）里急后重：指腹痛窘迫，时时欲便，肛门重坠，便出不爽，常见于痢疾，是湿热内阻，肠道气滞所致。
（3）排便不爽：指排便不顺畅，有涩滞难尽之感，是大肠气机阻滞，常由肝郁乘脾、大肠湿热、食滞内停引起。
若腹痛欲便，排便不爽，抑郁易怒，多属肝郁乘脾。若排便不爽，黄褐臭秽，肛门灼热，或伴里急后重者，为大肠湿热。若大便不爽，腹胀腹泻，酸臭难闻，为伤食，是食滞内停。
（4）滑泻失禁：指大便不能随意控制而自行排出，呈滑出之状，甚至便出而不自知的症状，又称"大便失禁"，见于久病年老体衰，或久泻不愈的患者，或重病神志不清者，多因脾肾阳虚，肛门失约所致。
（5）肛门重坠：指患者自觉肛门有沉重下坠的感觉，见于脾虚气陷或大肠湿热等证。若患者觉肛门重坠，甚或脱肛，头晕乏力，面色少华，为脾虚气陷。若肛门重坠，腹痛窘急，时时欲泻，大便黄褐臭秽，或见脓血便者，属大肠湿热。
临床上询问大便异常，应结合患者的便次、便色、便质、排便感等情况综合判断。

考点与重点 排便感异常的临床表现及其意义

（二）问小便

健康成人在一般情况下，白天小便 4～6 次，夜间 0～2 次，一天的尿量在 1000～2000mL，淡黄色，质地比较清，排尿顺畅，无疼痛等不适感。尿次和尿量可受饮水、温度、汗出、年龄等因素影响。小便的改变包括尿量、尿次、色质及排尿感异常等。

1. 尿量异常

（1）尿量增多：指每天的尿量较正常明显增多，常见于虚寒证和消渴患者。若小便清长量多，畏寒肢冷者，属虚寒证。若患者小便量多，伴多饮、多食而身体消瘦，属消渴病。

（2）尿量减少：指每天的尿量较正常明显减少，多由体内津液不足所致，或见于水肿病。若高热汗出，小便短少，口渴者，为热盛伤津。若汗、吐、下太过，耗伤津液，亦可见尿少。尿量减少而肌肤浮肿者，为水肿病，是阳虚气化无权，水湿内停所致。

考点与重点 尿量异常的临床表现及其意义

2. 尿次异常

（1）尿次增多：指小便次数增多，时欲小便的症状，亦称尿频。临证时应结合病程长短、小便色质等情况综合判断。患者小便频数、短赤、尿急、尿痛，常见于淋证，多因湿热蕴结下焦，膀胱气化不利所致。老年人或久病患者小便频数，色清量多，夜间明显，多因肾阳虚或肾气不固，膀胱失约所致。

（2）尿次减少：指排尿次数减少，或伴排尿困难，多由肾与膀胱气化失司所致，常见于水肿、癃闭、鼓胀等疾病。小便不畅、点滴而出者为"癃"；小便不通、点滴不出者为"闭"，统称为"癃闭"。癃闭有虚实之分。实证多因湿热下注、瘀血内阻、结石阻塞，导致尿路不通，膀胱气化失利；虚证多由年老气虚，或肾阳不足，膀胱气化功能减退所致。

考点与重点 尿次异常的临床表现及其意义

3. 尿色质异常

（1）小便清长：指小便色清量多，见于虚寒证，多因阳虚气不化津，水液下渗膀胱所致。

（2）小便短黄：小便色黄而短少，多属热证，因热盛伤津所致，也可见于汗、吐、下太过，损伤津液。若伴小便频急涩痛，多因湿热蕴结膀胱所致，见于淋证（热淋）。

（3）尿中带血：指小便色赤，混有血液，甚至血块的症状。多因热伤血络，或脾不统血等所致。若尿血鲜红，小便黄赤，心烦口渴，多因热伤膀胱血络，或心火亢盛移热小肠。若尿血日久，兼见面色不华、少气懒言，或见皮肤紫斑者，为脾不统血。

（4）小便混浊：指小便混浊，如膏脂或米泔的症状，可见于尿浊、膏淋。若小便混浊如膏脂，或尿时疼痛，苔黄腻，脉滑数，为膏淋，是湿热下注膀胱所致。若小便混浊如米泔，小腹坠胀，面色淡白，神疲乏力，劳则尤甚，为尿浊，属中气下陷证，精微下泄所致。

（5）尿中有砂石：尿中夹有砂石，兼见小便短赤，一侧腰腹剧痛，或有尿血，属石淋，因湿热内蕴，煎熬尿液，结为砂石，伤及血络所致。

4. 排尿感异常

（1）小便涩痛：指排尿时自觉尿道灼热疼痛，小便涩滞不畅，常见于淋证，是湿热蕴结，膀胱气化不利所致。

（2）余沥不尽：指排尿后仍有小便点滴不尽的症状，多属肾阳虚、肾气不固，常见于老年人或久病体虚者。

（3）小便失禁：指患者神志清醒时，小便不能随意控制而自行溢出的症状，多属肾气不固，膀胱失约；亦有因尿路损伤，或湿热、瘀血阻滞，以致膀胱失约，气机失常。若患者神昏而见小便失禁，病属危重。

（4）遗尿：指经常睡眠中小便自行排出的症状，俗称尿床。多见于3岁以上小儿或老年人，多因禀赋不足，或肾气亏虚，不能固约膀胱所致。

考点与重点 排尿感异常的临床表现及其意义

九、问 经 带

妇女有月经、带下、妊娠、产育等生理特点，故对于青春期开始之后的女性患者，除了一般的问诊内容，还应注意询问月经、带下、妊娠、产育等方面的情况。

妇女月经、带下的异常，不仅是妇科的常见病变，也是全身病理变化的反映。因而，即使患一般疾病，也应询问妇女月经、带下的具体情况，作为诊断妇科或其他疾病的依据。

（一）问月经

月经是指正常性发育成熟的女子，有规律的周期性胞宫出血的生理现象。

链接

> ### 月 经
>
> 月经，又称月信、月事、月水、经水、经候等。妇女月经周期一般为21～35天，平均28天左右，行经天数为3～5天，经量中等（一般50～100mL），经色正红无块，质地不稀不稠。女子14岁（现在有明显提前的趋势）左右月经初潮，49岁左右绝经。在妊娠期和哺乳期月经不来潮。

月经的形成与肾、肝、脾、胞宫、冲任二脉及气血等的关系十分密切，机体发生疾病时，常可影响月经，出现异常改变。所以，询问月经的有关情况，可以判断机体脏腑功能的状况及气血的盛衰，亦可推断疾病的寒热虚实性质。

问月经，主要询问月经的周期，行经的天数，月经的色、质、量及有无闭经或行经腹痛等情况，必要时可询问末次月经日期及初潮或绝经年龄。

1.周期异常 月经周期是指每两次月经相隔的时间。周期异常主要表现为月经先期、月经后期和月经先后不定期。

（1）月经先期：指连续3个月经周期以上出现月经来潮提前7天以上。多因血热妄行，或气虚不摄而致。

月经先期，经色深红、质稠量多，为血热，多因阳热炽盛、肝郁化火、阴虚火旺、热扰冲任、血海不宁所致。月经先期，经色淡红、质稀量多，气短乏力，为气虚不摄，多因脾气亏虚、肾气不足，冲任不固所致。

（2）月经后期：指连续3个月经周期以上出现月经来潮延后超过7天以上。多因血虚、血寒和血瘀而致。

月经后期，经色淡红、质稀，唇淡面白，为血虚，多因营血亏损、肾精不足，或阳气虚衰，无以化血，使血海空虚所致。月经后期，经色紫暗，夹有血块等，为血瘀，可因气滞或寒凝血瘀、痰湿阻滞、冲任不畅所致。

（3）月经先后不定期：指连续3个月经周期以上，月经时而提前，时而延后达7天以上的症状，亦称经期错乱，多因肝气郁滞，或脾肾虚损所致。

经行无定期，经色紫红、有血块，兼见乳房胀痛，为情志不舒，肝气郁结，失于条达所致。经行无定期，经色淡红、质稀，腰酸乏力，为脾肾虚衰，冲任失调，血海蓄溢失常所致。

考点与重点 经期异常的临床表现及其意义

2. 经量异常 月经的出血量称为经量。经量的异常主要表现为月经过多和月经过少。

（1）月经过多：指经血量较常量明显增多的症状，多因血热内扰，迫血妄行；或气虚，冲任不固，经血失约；或瘀血阻滞冲任，血不归经所致。

月经过多，伴有月经先期，经色深红，身热或五心烦热，为血热；经色淡红，质稀量多，气短，乏力，为气虚不摄。月经过多，伴有月经后期，经色紫暗、有血块，为血瘀。

（2）月经过少：指经血量较常量明显减少，甚至点滴即净的症状，多因营血不足，或肾气亏虚，精血不足，血海不盈；或寒凝、血瘀、痰湿阻滞，血行不畅所致。

考点与重点 经量异常的临床表现及其意义

（3）崩漏：指非行经期间阴道出血的症状。若来势迅猛，出血量多者，谓之崩；势缓而量少，淋漓不断者，谓之漏，合称崩漏。二者病机基本相同，常互相转化，交替出现。形成原因主要是气虚、血热、血瘀。

经血不止，经色深红、质稠，势急者，多为血热妄行。经血不止，经色淡红、质稀，势缓者，多为气虚冲任不固。经行非时而下，时来时止，或时闭时崩，或久漏不止，血色紫暗或夹有血块，多为瘀血阻滞冲任，血不循经所致。

考点与重点 崩漏的临床表现及其意义

（4）闭经：也称经闭，是指女子年满16周岁，月经尚未来潮，或已行经、未受孕、不在哺乳期，而又停经达6个月以上的症状。闭经有生理性和病理性之分。妊娠期、哺乳期、绝经期出现的为生理性闭经。病理性闭经形成原因有肝肾不足，气血亏虚，阴虚血燥，血海空虚；或气滞血瘀、阳虚寒凝、痰湿阻滞，胞脉不通。

经闭，急躁易怒，太息，胸胁、小腹胀满，多为肝气郁结。经闭，面色暗黑，小腹胀痛拒按，舌紫暗或有瘀斑，多为血瘀。经闭，体胖面浮，胸闷腹胀，纳少痰多，气短乏力，多为湿盛痰阻。经闭，潮热，盗汗，皮肤干燥，形体消瘦，多为阴虚。

考点与重点 闭经的临床表现及其意义

3. 经色、经质异常 经色、经质变化总的规律：经色淡红质稀，多为血虚或气虚；经色深红质稠，为血热；经色暗紫，夹有血块，多属血瘀。

4. 痛经 指在行经期间，或行经前后，阵发性出现下腹部疼痛，或痛引腰骶，甚至剧痛难忍，并伴随月经周期性发作的症状，亦称行经腹痛。

若经前或经期小腹胀痛或刺痛拒按，多属气滞血瘀。小腹冷痛，得温痛减，多属寒凝或阳虚。月经后期或行经后小腹隐痛、空痛，多属气血两虚，或肾精不足，胞脉失养所致。

考点与重点 痛经的临床表现及其意义

（二）问带下

在正常情况下，妇女阴道内有少量无色、无臭的分泌物，即带下，具有濡润阴道的生理作用。在妇女月经期前后、排卵期或妊娠期，带下量略有增加，属于生理现象。若带下明显过多，淋漓不断，或色、质、气味异常，则为病理性带下。

问带下，应注意询问带下量的多少、色质和气味等情况。一般情况下，带下色深、质地黏稠、有臭味，多属实热；质稀或有腥味者，多属虚寒。

临床以白带、黄带、赤白带较为多见。

1. 白带 指带下色白量多、质稀如涕、淋漓不绝而无臭味的症状，多因脾肾阳虚，寒湿下注所致。

2. 黄带 指带下色黄、质黏、臭秽的症状，多因湿热下注或湿毒蕴结所致。

3. 赤白带 指白带中混有血液、赤白杂见的症状，多因肝经郁热，或湿毒蕴结，损伤络脉所致。若绝经后仍见赤白带淋漓不断，可能由癌瘤引起。

考点与重点 带下异常的临床表现及其意义

十、问 小 儿

小儿问诊比较困难，医生还需要询问其父母或陪诊者，从而获得有关病情资料。

小儿具有脏腑娇嫩、生机蓬勃、发育迅速的生理特点，病理上则发病较快、变化较多、易虚易实，因此，问诊时除了一般的问诊内容外，还要从小儿的生理、病理特点出发，询问出生前后情况，喂养情况、生长发育情况及预防接种情况，传染病史及传染病接触史。

（一）问出生前后情况

对于新生儿（出生后至1个月），应注意询问产妇妊娠期和哺乳期的营养状况，有无疾病、治疗用药情况，以及小儿是否难产、早产，颅脑是否受到损伤等。婴幼儿（1个月至3周岁）发育较快，应注意询问小儿的喂养情况和坐、爬、立、走、出牙、学语的情况，以了解小儿的后天营养是否充足和生长发育是否正常。

（二）问预防接种、传染病史

小儿6个月至5周岁期间，先天免疫力逐渐消失，而自身的免疫机能尚未健全，一旦接触水痘、麻疹则容易感染而发病。预防接种能帮助小儿建立后天免疫机能，以减少感染发病概率。某些传染病患病之后，常可获得终身免疫力。因此，询问预防接种、传染病史及传染病接触史，可为确定诊断提供依据。

（三）问发病原因

小儿脏腑娇嫩，抗病能力弱，易受寒热等气候、环境影响，感受外邪而致病。小儿脾胃薄弱，消化力差，容易伤食而出现呕吐、腹泻等症；小儿脑神经发育不完善，易受惊吓，而见哭闹、惊叫、夜啼，甚至惊风抽搐等表现。

? 思 考 题

1. 现病史包括哪些内容？应如何询问？

2. 何谓寒热？试述常见寒热表现及其临床意义。

3. 自汗、盗汗各有何特点，其临床意义分别是什么？

本章数字资源

模块四 切 诊

切诊是指医生用手指或手掌触、摸、按、压患者的某些部位，通过手的触觉及患者的反应，以了解疾病的内在变化，从而获得辨证资料的一种诊察方法。切诊包括脉诊和按诊两部分内容。

项目一 脉 诊

📋 案例导入

患者，男性，19岁。咳嗽两日，痰稠色黄，发热微恶风寒，鼻塞，流浊涕，咽喉疼痛，舌尖红，苔薄黄，脉搏轻按即得，重按反减，每分钟约96次。

问题： 1. 判断该患者的脉象。

2. 从脉象及临床表现上分析该病在表还是在里。

脉诊，又称"切脉"，是医生用手指切按患者特定部位的动脉搏动处，体察脉动应指的形态，以了解病情，诊断疾病。它是中医学一种独特的诊病方法。

一、脉象形成的原理

脉象即脉动应指的形态，其形成与脏腑气血功能活动密切相关。

（一）心、脉是形成脉象的主要脏器

心主血脉，包括血和脉两个方面，脉为血之府，心与脉相连，心脏有规律的搏动，推动血液在脉管内运行，脉管也随之产生有节律的搏动，因而形成脉搏，故能心动应脉，脉动应指。

（二）气血是形成脉象的物质基础

气、血是构成人体组织和维持生命活动的基本物质。气能生血、行血、摄血，血得气才能行于脉中；血能养气、载气，气得以输布周身。气血充盈调和是脉象形成的物质基础，心搏的强弱和节律有赖于气的调节，脉道的充盈有赖于血液的充沛。若气血不足，则脉象细弱；气滞或血瘀，则脉象细涩不利；气盛血疾，则脉多洪大滑数。脉象在一定程度上能反映出气血的盛衰与运行的状况。

（三）其他脏腑与脉象形成的关系

血液循行脉管之中，流布全身，环周不息，除心脏的主导作用外，还必须有各脏器的协调配合，肺朝百脉，即循行全身的血脉，均汇聚于肺，且肺主气，通过肺气的敷布，血液才能布散全身；脾胃为气血生化之源，脾主统血；肝藏血，主疏泄，调节循环血量；肾藏精，精化气，是人体阳气的根

本，各脏腑组织功能活动的原动力，且精可以化生血液，是生成血液的物质基础之一。因此，脉象的形成，有赖于脏腑功能的协调，以及人体气血的充盛和正常运行，故可通过体察脉象的细微变化以诊察疾病。

考点与重点 *脉象形成的原理*

二、诊脉的部位、方法和注意事项

（一）脉诊的部位

1.遍诊法 见于《素问·三部九候论》，切脉的部位有头、手、足三部，每部又分为天、地、人三候，三三合而为九，又称三部九候诊法。

2.三部诊法 最早见于张仲景《伤寒杂病论》，即人迎、寸口、趺阳（足背动脉）三脉。

3.寸口诊法 寸口，又称脉口、气口，其位置在两手腕横纹后方，桡骨茎突内侧，桡动脉搏动明显处。始见于《内经》，于《难经》提出"独取寸口"，至晋代王叔和著《脉经》得以推广。

（1）寸口分部：寸口脉分寸、关、尺三部（图4-1），以腕后的高骨（桡骨茎突）为标志，高骨内侧的部位为关部，关前为寸，关后为尺。三部的脉搏，分别称为寸脉、关脉、尺脉。两手各分寸、关、尺三部，共六部脉。

寸、关、尺三部又可施行浮、中、沉三候。《难经·十八难》言："三部者，寸、关、尺也；九候者，浮、中、沉也。"由此可见，寸口诊法的三部九候与遍诊法的三部九候名同而实异。

图4-1 脉诊寸关尺部位图（右）

（2）寸口脉诊病的理论：一是寸口为手太阴肺经原穴太渊之所在，十二经脉气血汇聚于此，故称其为"脉之大会"，故脏腑气血之病变可反映于寸口；二是肺朝百脉，五脏六腑的功能及气血盛衰与运行的状况均可反映于寸口；三是手太阴肺经起于中焦，与脾经同属太阴，与脾胃之气相通，而脾胃为后天之本，气血生化之源，故在寸口可诊察胃气的强弱，了解脏腑气血的盛衰。此外，腕部寸口脉位浅表易得，切按方便，故诊脉独取寸口。

（3）寸口分候脏腑：根据文献记载有几种不同的说法，具有代表性的分候列表如表4-1所示。

表4-1 几种寸口分候脏腑的比较

文献	寸		关		尺		说明
	左	右	左	右	左	右	
《难经》	心	肺	肝	脾	肾	肾	大小肠配心肺是表里相属。
	小肠	大肠	胆	胃	膀胱	命门	右肾为命门，故右尺候命门
《脉经》	心	肺	肝	脾	肾	肾	
	小肠	大肠	胆	胃	膀胱	三焦	

续表

文献	寸		关		尺		说明
	左	右	左	右	左	右	
《景岳全书》	心	肺	肝	脾	肾	肾	大肠配左尺,是金水相从;
	心包络	膻中	胆	胃	膀胱大肠	三焦命门小肠	小肠配右尺,是火居火位
《医宗金鉴》	心	肺	肝	脾	肾	肾	小肠配左尺,大肠配右尺,
	膻中	胸中	膈胆	胃	膀胱小肠	大肠	是以尺候腹中的相应部位, 故又以三焦分配寸关尺三部

可见,诸代医家对五脏、胆和膀胱分属部位的认识是基本一致的,主要分歧在大肠、小肠和三焦的分属部位,目前中医临床多用下列寸口分候脏腑法。

左寸候心,右寸候肺,并统括胸以上及头部的疾病。

左关候肝胆,右关候脾胃,统括膈以下至脐以上部位的疾病。

两尺候肾,并包括脐以下至足部疾病。

考点与重点 脉诊的部位

（二）诊脉的方法

1. 时间 《内经》中指出平旦(清晨)是诊脉的最佳时间,因为清晨患者未受饮食、活动等各种因素的影响,机体内外环境都比较安静,气血经脉处于少受干扰的状态,故容易鉴别病脉。临床诊脉难以保证在清晨进行,但总的来说,诊脉时要求有一个安静的内外环境。诊脉之前,先让患者休息片刻,使气血平和,医生也要平心静气,再开始诊脉,在其他时间诊察患者。

2. 体位 诊脉时患者取正坐位或仰卧位,手臂自然向前伸展,和心脏近于同一水平,手腕伸直,手掌向上,手指放松,并在腕关节下方垫脉枕,使寸口部充分暴露,便于医生切脉,也可使气血运行无阻,以反映机体的真实脉象。

3. 平息 一呼一吸为一息,诊脉时,医生的呼吸自然均匀,用一呼一吸的时间去计算患者脉搏的至数。但平息的意义还不止如此。平者,调匀之意,要求医生要宁静心神,全神贯注,故"持脉有道,虚静为保"(《素问·脉要精微论》)。

4. 定三关 诊脉时,医者与患者侧向而坐,用左手按诊患者的右手,用右手按诊患者的左手。下指时,先用中指按在掌后高骨(尺骨茎突)内侧的关脉位置,即中指定关,再用食指按在关前的寸部,无名指按在关后的尺部。

5. 布指 定三关后,三指(中指、食指、无名指)的指端平齐(图4-2),手指略呈弓形,与患者寸口部位体表约45°,以指目(图4-3)接触脉体。布指的疏密要和患者的身长相适应:身高臂长者,布指宜疏;身矮臂短者,布指宜密。

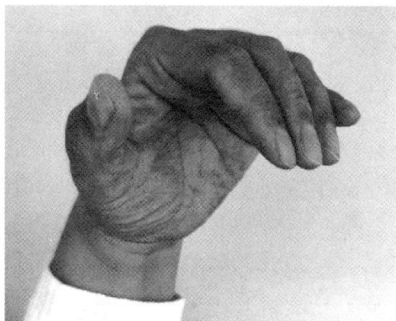

图 4-2 三指平齐

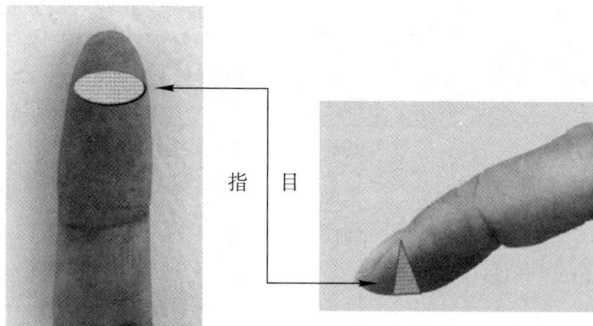

图 4-3 指目部位

6. 运指　诊脉时，运用指力的轻重和挪移以体察脉象。常用的指法有举、按、寻、循、总按和单按。

（1）举：用轻指力按在寸口以体察脉象，又叫"浮取"或"轻取"。

（2）按：用指重按，甚至按到筋骨以体察脉象，又称"沉取"或"重取"。指力适中，按至肌肉以体察脉象为"中取"。

（3）寻：寻是寻找的意思，医生往往用手指从轻到重，从重到轻，左右推寻以体察脉动最明显的部位。

（4）循：切脉时三指沿寸口长轴循行，以体会脉动范围的长短。

（5）总按：三指同时用力诊脉，从总体上辨别寸、关、尺三部和左右手的脉象。

（6）单按：一指单按寸、关、尺中的一部脉象，以重点体会某一部的脉象。

7. 五十动　每次诊脉，必满五十动。即每次按脉时间，每侧脉搏跳动不应少于 50 次。其意义有二：一是了解五十动中有无促、结、代脉，防止漏诊；二是说明诊脉不能草率从事，必须以辨清脉象为目的。如果第一个五十动仍辨不清楚，可延至第二个或第三个五十动。总之，每手诊脉时间至少 1 分钟，诊双手脉时间在 3～5 分钟为宜。

> **考点与重点**　脉诊的方法

（三）诊脉的注意事项

1. 环境安宁　诊脉时诊室环境需安静、整洁，室温适宜，诊具齐全，避免环境嘈杂、混乱等对医患造成干扰。

2. 静心凝神　医生诊脉时，需安神定志，凝神静气后，方可聚精会神地体察患者脉象。患者应休息片刻，待平静后方可诊脉，避免情绪、运动、饮酒等各种因素干扰诊脉的结果。

3. 体位得宜　诊脉时应尽量使寸口与心脏保持在同一水平，不宜将手臂过高抬起、双手握拳、压迫、扭转或低垂上臂等，脉枕高度及放置位置均应适宜，以避免影响局部气血运行，产生与疾病无关的脉象。

医者仁心

精研经典，审慎诊病

　　《伤寒杂病论·序》曰："观今之医，不念思求经旨，以演其所知，各承家技，终始顺旧。省疾问病，务在口给，相对斯须，便处汤药，按寸不及尺，握手不及足，人迎趺阳，三部不参，动数发息，不满五十，短期未知决诊，九候曾无仿佛，明堂阙庭，尽不见察，所谓窥管而已。夫欲视死别生，实为难矣！"

> **考点与重点**　脉诊的注意事项

三、脉象要素及平脉特征

（一）脉象要素

　　脉象种类很多，常从位、数、形、势四个方面进行分析归纳。用脉象要素概括和体会种类繁多的脉象，可起到提纲挈领、执简驭繁的作用。

　　位，指脉动显现部位的深浅；数，指脉搏的至数（每息跳动的次数）和节律；形，指脉形的粗细、长短、充盈度和紧张度，以及脉动往来的流利度；势，指脉动应指时力量的强弱。任何一种脉象都具有

"位、数、形、势"四种基本属性，即由脉位深浅（脉位）、至数（脉率）、节律（脉律）、粗细（脉宽）、长短（脉长）、强弱（脉力）、紧张度和流利度八个要素构成。以脉象的四大属性和八个要素为体察和学习脉象的要点，将有利于掌握平脉及 28 种常见病脉的特征。

考点与重点 脉象要素

（二）平脉（正常脉象）

1. 平脉的特征　平脉是指正常人在生理条件下出现的脉象，又称正常脉象，简称常脉。平脉的脉象特征是三部有脉，一息四五至，相当于 72～80 次 / 分，不浮不沉，不大不小，从容和缓，柔和有力，节律一致，尺脉沉取有一定力量，并随生理活动和气候环境的不同而有相应的正常变化。

古代医家将正常脉象的特点概括为"有胃""有神""有根"。

有胃：人以胃气为本，有胃气的脉象特征是从容、和缓、流利。即使是病脉，无论浮沉迟数，但有徐和之象者，便是有胃气。脉有胃气，则为平脉，脉少胃气，则为病变，脉无胃气，则属真脏脉，或为难治或不治之征象，故脉有无胃气对判断疾病预后吉凶有重要的意义。

有神：脉贵有神，心主血而藏神，血气充足，心神健旺，脉象亦有神气。有神的脉象特点是节律整齐，柔和有力。如见弦实之脉，弦实之中仍带有柔和之象；微弱之脉，微弱之中不至于完全无力者，都叫有神脉。神之盛衰，对判断脏腑功能和气血等情况有一定的意义。

有根：肾为先天之本，是人体脏腑组织功能活动的原动力。肾气足则生机旺盛，气血经脉流畅，脉象必然有根。有根的脉象特征主要表现为尺脉有力，沉取不绝。若病中肾气犹存，先天之本未绝，尺脉沉取尚可见，便是有生机。若脉浮大散乱，按之则无，则为无根之脉，为元气离散，标志病情危笃。

考点与重点 正常脉象的表现及特点

2. 平脉的生理性变异　脉象可反映人体全身功能状态，与人体内外环境的关系十分密切，正常脉象也会随人体内外因素的变化而有相应的生理性变化。

（1）四季气候：受气候的影响，平脉有春弦、夏洪、秋浮、冬沉的变化。人与天地相应，人体受自然界四时气候变化的影响，其生理功能也相应地变化，故正常人四季平脉有所不同。

（2）地理环境：地理环境也能影响脉象，如南方地处低洼，气候偏温，空气湿润，人体肌腠缓疏，故脉多细软或略数；北方地势高，空气干燥，气候偏寒，人体肌腠紧缩，故脉多沉实。

（3）性别：妇女脉象较男子濡弱而略快，妇女妊娠期间，脉常见滑数而冲和。

（4）年龄：年龄越小，脉搏越快。婴儿每分钟脉搏 120～140 次；五六岁的幼儿，每分钟脉搏 90～110 次。年龄渐长则脉象渐和缓。青年体壮，脉搏有力；老人气血虚弱，精力渐衰，脉搏较弱。

（5）体格：身躯高大的人，脉的显现部位较长；矮小的人，脉的显现部位较短。瘦人肌肉薄，脉常浮；肥胖的人，皮下脂肪厚，脉常沉。凡六脉沉细等同，而无病象的，叫作六阴脉；六脉常见洪大等同，而无病象的，叫作六阳脉。

（6）情志：一时性的精神刺激，脉象也发生变化，如喜则伤心而脉缓，怒则伤肝而脉急，惊则气乱而脉动等。这说明情志变化能引起脉象的变化，但当情志恢复平静之后，脉象也就恢复正常。

（7）劳逸：剧烈运动或远行，脉多急疾；人入睡之后，脉多迟缓；脑力劳动者，脉多弱于体力劳动者。

（8）饮食：饭后、酒后脉多数而有力；饥饿时稍缓而无力。

此外，由于脉管循行位置的生理变异，其脉不见于寸口，而从尺部斜向手背，称斜飞脉；若脉完全显现于寸口的背侧，则称反关脉；还有出现于腕部其他位置者，都属于生理变异脉位，是桡动脉解剖位置的变异，不属病脉。

四、常见病脉及其临床意义

疾病反映在脉象的变化，叫作病脉。一般来说，除了正常生理变化范围以及个体生理特异的脉象，均属病脉。不同的病理脉象，反映了不同的病证。我国现存最早的脉学专书《脉经》提出二十四种脉象；《景岳全书》提出十六种；李时珍《濒湖脉学》提出二十七种；李士材的《诊家正眼》又增加疾脉，故近代多从二十八脉论述。近代学者多主张以浮、沉、迟、数、虚、实为纲，统领 28 种常见脉象，从位、数、形、势等四方面来体察。这种以纲带目，同中求异，由浅入深的脉诊学习方法，易于掌握，便于运用。

1.浮脉类　有浮脉、洪脉、濡脉、散脉、芤脉和革脉六脉。其共同的脉象特征是脉位表浅，浮取即得。

（1）浮脉

【脉象特征】轻取即得，重按反减，举之有余，按之不足。

【临床意义】主表证，虚阳浮越证。

【机理分析】浮脉主表，反映外邪侵袭肌表时，卫阳奋起抵抗，脉气鼓动于外，脉应指而浮。外感风寒，寒主收引，血脉拘急，故脉多浮紧；外感风热，热则血流迫急，故脉多浮数。内伤久病体虚，阳气不能潜藏而浮越于外，亦有见浮脉者，必浮大而无力。

（2）洪脉

【脉象特征】脉形宽大，状如波涛汹涌，来盛去衰。

【临床意义】主热盛。

【机理分析】因阳气有余，气壅火亢，内热充斥，致使脉道扩张，气盛血涌，故脉见洪象。若久病气虚或虚劳、失血、久泻等病证而出现洪脉，是正虚邪盛的危险证候，或为阴液枯竭，孤阳独亢或虚阳亡脱，此时，浮取洪盛，沉取无力无神。

（3）濡脉

【脉象特征】浮而细软，不任重按，重按不显。

【临床意义】主虚证，湿证。

【机理分析】濡，即浮软之意，如絮浮水。凡久病精血亏损者；脾虚化源不足，营血亏虚者；阳气虚弱，卫表不固者，均见脉浮而细软，则为濡脉。若湿邪阻遏阳气，亦见濡脉。

（4）散脉

【脉象特征】浮散无根，稍按则无，至数不齐。

【临床意义】主元气离散。

【机理分析】"散似杨花无定踪"，散脉主元气离散，脏腑之气将绝的危重证候。因心力衰竭，阴阳不敛，阳气离散，故脉来浮散而不紧，稍用重力则按不着，漫无根蒂；阴衰阳消，心气不能维系血液运行，故脉来时快时慢，至数不齐。

（5）芤脉

【脉象特征】浮大中空，如按葱管。

【临床意义】主失血，伤阴。

【机理分析】芤脉的出现与阴血亡失，脉管失充有关。因突然失血过多，血量骤然减少，营血不足，无以充脉，或津液大伤，血不得充。血失阴伤则阳气无所附而浮越于外，因而形成浮大中空之芤脉。

（6）革脉

【脉象特征】浮而搏指，中空外坚，如按鼓皮。

【临床意义】主亡血、失精、半产、漏下等证。

【机理分析】革脉为弦芤相合之脉，由于精血内虚，气无所附而浮越于外，加之阴寒之气收束，因而成外强中空之象。

2. 沉脉类　有沉脉、伏脉、弱脉、牢脉四脉。脉位较深，其共同特征是脉位深沉，沉取方得。

（1）沉脉

【脉象特征】轻取不应，重按乃得，举之不足，按之有余。

【临床意义】主里证。亦可见于无病之正常人。

【机理分析】病邪在里，与正气相搏于内，气血内困，故脉沉而有力，为里实证；若脏腑虚弱，阳气衰微，气血不足，无力统运营气于表，则脉沉而无力，为里虚证。

（2）伏脉

【脉象特征】重按推筋按骨始得，甚则伏而不见。

【临床意义】主邪闭，厥证，痛极。

【机理分析】因邪气内伏，脉气不能宣通，脉道潜伏不显而见伏脉；若阳气衰微欲绝，不能鼓动血脉，亦见伏脉。前者多见实邪暴病，后者多见于久病正衰。

（3）弱脉

【脉象特征】沉细无力而软。

【临床意义】主阳气虚衰，气血俱虚证。

【机理分析】阴血不足，不能充盈脉道，阳衰气少，无力鼓动，推动血行，故脉来沉而细软，形成弱脉。

（4）牢脉

【脉象特征】沉而实大弦长，坚牢不移。

【临床意义】主阴寒内实，疝气，癥瘕。

【机理分析】牢脉之形成，是由于病气牢固，阴寒内积，阳气沉潜于下，故脉来沉而实大弦长，坚牢不移。牢脉主实，有气血之分，癥瘕有形肿块，是实在血分；无形痞结，是实在气分。若牢脉见于失血，阴虚等病证，是阴血暴亡之危候。

3. 迟脉类　有迟脉、缓脉、涩脉、结脉、代脉五脉。其共同的脉象特点是脉动较慢，一息不足四五至。

（1）迟脉

【脉象特征】脉来迟慢，一息不足四至（相当于脉率60次/分以下）。

【临床意义】主寒证。

【机理分析】迟脉主寒证，由于阳气不足，鼓动血行无力，故脉来一息不足四至。若阴寒冷积阻滞，阳失健运，血行不畅，脉迟而有力。因阳虚而寒者，脉多迟而无力。邪热结聚，阻滞气血运行，也见迟脉，但必迟而有力，按之必实。迟脉不可概认为寒证，当脉症合参。久经锻炼的运动员，脉迟而有力，则不属病脉。

（2）缓脉

【脉象特征】一息四至（脉率60~70次/分），来去怠缓无力或脉形弛缓。

【临床意义】主湿证，脾胃虚弱。

【机理分析】湿邪黏滞，气机为湿邪所困；脾胃虚弱，气血乏源，气血不足以充盈鼓动，故脉见怠缓；平缓之脉，是气血充足，百脉通畅。若病中脉转缓和，是正气恢复之征。

（3）涩脉

【脉象特征】迟细而短，往来艰涩不畅，如轻刀刮竹。

【临床意义】主伤精血少，气滞血瘀，痰食内停。

【机理分析】精伤血少津亏，不能濡养经脉，血行不畅，脉气往来艰涩，故脉涩而无力；气滞血瘀，痰、食胶固，气机不畅，血行受阻，则脉涩而有力。

（4）结脉

【脉象特征】脉来缓，时而一止，止无定数。

【临床意义】主阴盛气结，寒痰血瘀，亦主气血虚衰。

【机理分析】阴盛气机郁结，阳气受阻，血行瘀滞，故脉来缓急，脉气不相顺接，时一止，止后复来，止无定数，常见于寒痰血瘀所致的心脉瘀阻证。结脉见于虚证，多为久病虚劳，气血虚衰，脉气不继，故时而一止，气血续则脉复来，止无定数。

（5）代脉

【脉象特征】脉来一止，止有定数，良久方来。

【临床意义】主脏气衰微，也主痛证、七情惊恐、跌仆损伤等。

【机理分析】因脏气衰微，气血两虚，元气不足，心阳不振，致脉气不相接续，故脉有歇止，不能自还，良久复来；或因突然惊恐，跌仆损伤，致使脉气不能相接。不论虚实，总以脉气不能接续为主要机制。

4. 数脉类　有数脉、疾脉、促脉、动脉四脉。其共同的脉象特点是脉率快，脉来急数。

（1）数脉

【脉象特征】一息脉来五至以上而不满七至（脉率90～120次/分）。

【临床意义】主热证，亦主里虚证。

【机理分析】邪热内盛，气血运行加速，故见数脉。因邪热盛，正气不虚，正邪交争剧烈，故脉数而有力，主实热证。若久病耗伤阴液，阴虚内热，则脉虽数而无力。若脉显浮数，重按无根，是虚阳外越之危候。

（2）疾脉

【脉象特征】脉来急疾，一息七八至（脉率120～140次/分）。

【临床意义】主阳极阴竭，元阳将脱。

【机理分析】实热证，阳亢无制，真阴垂危，故脉来急疾而按之益坚。若阴液枯竭，阳气外越欲脱，则脉疾而无力。

（3）促脉

【脉象特征】脉来数而时有一止，止无定数。

【临床意义】主阳盛实热，气血痰食停滞，亦主脏气衰败。

【机理分析】阳热盛极，或气血痰饮，宿食郁滞化热，正邪相搏，血行急速，故脉来急数。邪气阻滞，阴不和阳，脉气不续，故时一止，止后复来，指下有力，止无定数。促脉亦可见于虚证，若元阴亏损，则数中一止，止无定数，必促而无力，为虚脱之象。

（4）动脉

【脉象特征】脉来滑数有力，应指跳突如豆，关部尤显（脉形短小）。

【临床意义】主痛证、惊证。

【机理分析】动脉是由于阴阳相搏，升降失和，气血冲动，故脉道随气血冲动而呈动脉状。痛则阴阳不和，气血不通；惊则气血紊乱，心突跳，故脉亦应之而突跳。妇女妊娠早期可见动脉，这对临床诊断早孕有一定参考价值。

5. 虚脉类　有虚脉、细脉、微脉、短脉四脉，其共同的脉象特点是脉势弱，应指无力。

（1）虚脉

【脉象特征】三部脉举之无力，按之空虚，应指松软。

【临床意义】主虚证。

【机理分析】气虚不足以运其血，故脉来无力，血虚不足以充盈脉道，故按之空虚。因气虚不敛而外张，血虚气无所附而外浮，脉道松弛，故脉形大而势弱。

（2）细脉

【脉象特征】脉细如线，但应指明显。

【临床意义】主气血两虚，诸虚劳损，湿证。

【机理分析】细脉为气血两虚所致，营血亏虚不能充盈脉道，气不足则无力鼓动血液运行，故脉体细小而无力。湿邪阻遏脉道，伤人阳气，也见细脉。

（3）微脉

【脉象特征】极细极软，按之欲绝，似有若无。

【临床意义】主气血大虚，阳气衰微。

【机理分析】阳气衰微，无力鼓动，血微则无以充脉道，故见微脉。浮以候阳，轻取之似无，为阳气衰。沉以候阴，重取之似无，是阴气竭。久病正气损失，气血被耗，正气殆尽，故久病脉微，为气将绝之兆；新病脉微，是阳气暴脱，亦可见于阳虚邪微者。

（4）短脉

【脉象特征】首尾俱短，不及本部。常显于关部，寸脉和尺脉常不显。

【临床意义】主气郁或气虚。

【机理分析】气虚不足以帅血，则脉动不及尺寸本部，脉来短而无力。亦有因气郁血瘀或痰滞食积，阻碍脉道，以致脉气不伸而见短脉，但必短而有力，故短脉不可概作不足之脉，应注意其有力无力。

6. 实脉类 有实脉、滑脉、弦脉、紧脉、长脉五脉，其共同的脉象特点应指有力。

（1）实脉

【脉象特征】三部脉举按均有力，其势来盛去亦盛。

【临床意义】主实证，亦见于常人。

【机理分析】邪气亢盛而正气不虚，邪正相搏，气血壅盛，脉道紧满，故脉来应指坚实有力。平人亦可见实脉，这是正气充足，脏腑功能良好的表现。平人实脉应是静而和缓，与主病之实脉躁而坚硬不同。

（2）滑脉

【脉象特征】往来流利，如盘走珠，应指圆滑。

【临床意义】主痰饮、食积、实热，亦见于常人、孕妇。

【机理分析】邪气壅盛于内，正气不衰，气实血涌，故脉往来甚为流利，应指圆滑。若滑脉见于平人，必滑而和缓，总由气血充盛，气充则脉流畅，血盛则脉道充盈，故脉来滑而和缓。妇女妊娠见滑脉，是气血充盛而调和的表现。

（3）弦脉

【脉象特征】端直以长，如按琴弦。

【临床意义】主肝胆病，痰饮，痛证，疟疾。

【机理分析】弦是脉气紧张的表现。肝主疏泄，调畅气机，以柔和为贵，若邪气滞肝，疏泄失常，气郁不利则见弦脉。诸痛、痰饮，阻滞气机，阴阳不和，脉气紧张，故脉弦。疟邪为病，伏于半表半里，少阳枢机不利而见弦脉。虚劳内伤，中气不足，肝病乘脾，亦见弦脉。若弦而细劲，如循刀刃，便是胃气全无，病多难治。

（4）紧脉

【脉象特征】脉来绷急弹指，状如牵绳转索。

【临床意义】主寒证、痛证，宿食积滞。

【机理分析】寒邪侵袭人体，与正气相搏，以致脉道紧张而拘急，故见紧脉。诸痛而见紧脉，也是寒邪积滞与正气激搏之缘故。宿食见紧脉，多为积滞与正气相搏，收引气机，故脉来绷急而紧。

（5）长脉

【脉象特征】首尾端长，超过本位。

【临床意义】主阳证、热证、实证，亦见于平人。

【机理分析】健康人正气充足，百脉畅通无损，气机升降调畅，脉来长而和缓；若肝阳有余，阳盛内热，邪气方盛，充斥脉道，加上邪正相搏，脉来长而硬直，或有兼脉，为病脉。

考点与重点 常见脉象的脉象特征、临床意义

五、脉象鉴别、相兼脉和真脏脉

（一）脉象鉴别

1. 类比法 将相似脉归类后进行比较和鉴别的方法。如以浮（脉位浅）、沉（脉位深）、迟（一息不足四至）、数（一息五至以上）、虚（应指无力）、实（应指有力）为纲归类病脉，然后在同一类脉象之间进行比较和鉴别，明其异同以别之（表4-2）。

表4-2　28种脉象的分类与比较

脉纲	脉名	脉象	主病
浮脉类	浮	轻取即得，重按反减	表证，虚阳浮越证
	洪	洪形宽大，状若波涛，来盛去衰	热盛
	濡	浮而细软，不任重按	虚证，湿证
	散	浮散无根，稍按则无，至数不齐	元气离散
	芤	浮大中空，如按葱管	失血，伤阴
	革	浮而搏指，中空外坚，如按鼓皮	亡血，失精，半产，漏下
沉脉类	沉	轻取不应，重按乃得	里证
	伏	重力推筋按骨始得	邪闭，厥证，痛极
	牢	沉而实大弦长，坚牢不移	阴寒内实，疝气，癥瘕
	弱	沉细无力而软	阳气虚衰，气血俱虚
迟脉类	迟	脉来迟慢，一息不足四至	寒证
	缓	一息四至，来去怠缓	湿证，脾胃虚弱
	涩	往来艰涩不畅，如轻刀刮竹	伤精血少，气滞血瘀，痰食内停
	结	脉来迟缓，时而一止，止无定数	阴盛气结，寒痰血瘀，亦主气血虚衰
	代	脉来一止，止有定数，良久方来	脏气衰微，痛证，七情惊恐，跌仆损伤
数脉类	数	一息脉来五至以上而不满七至	热证，里虚证
	疾	脉来急疾，一息七八至	阳极阴竭，元阳将脱
	促	脉来数而时有一止，止无定数	阳盛实热，气血痰食停滞，脏气衰败
	动	脉来滑数有力，应指跳突如豆	痛证，惊证
虚脉类	虚	三部脉举之无力，按之空虚	虚证
	细	脉细如线，但应指明显	气血两虚，诸虚劳损，湿证
	微	极细极软，按之欲绝，似有若无	气血大虚，阳气衰微
	短	首尾俱短，不及本部	气郁，气虚
实脉类	实	三部脉举按均有力，来盛去亦盛	实证
	滑	往来流利，如珠走盘，应指圆滑	痰饮，食积，实热（见妊娠、平人）
	弦	端直以长，如按琴弦	肝胆病，痰饮，痛证，疟疾
	紧	脉来绷急弹指，状若牵绳转索	寒证，痛证，宿食积滞
	长	首尾端长，超过本位	阳证，热证，实证

考点与重点 *常见脉象的鉴别*

2. 对举法

浮、沉：是脉位相反的两种脉象。浮脉轻取即得，重按反减，脉位浅；沉脉轻取不应，重按乃得，脉位深。

迟、数：是至数相反的两种脉象。迟脉一息不足四至，数脉一息五六至。

虚、实：是脉势相反的两种脉象。虚脉三部举按均无力，实脉三部举按均应指有力。

长、短：是脉体轴向长度相反的两种脉象。长脉首尾超过寸、关、尺三部，短脉首尾俱短，不能满部。

滑、涩：是脉气流利度相反的两种脉象。滑脉应指圆滑流利，如盘走珠；涩脉应指艰涩不利，如轻刀刮竹。

洪、微：是脉体大小和脉势强弱相反的两种脉象。洪脉脉体宽大，应指有力，来盛去衰；微脉脉体极细，应指松软，似有似无，至数不清。

缓、紧：是脉势（弛张度）相反的两种脉象。缓脉松弛怠缓且速率正常，并不迟缓；紧脉绷急，脉势急劲紧张，如转绳索。

（二）相兼脉与主病

疾病是一个复杂的过程，可以由多种致病因素相兼为患，在疾病过程中邪正斗争的形势会不断地发生变化，疾病的性质和病位亦可随疾病变化而变化，因此，患者的脉象经常是两种或两种以上相兼出现。凡是由两个或两个以上单因素脉同时出现，复合构成的脉象，称为"相兼脉"或"复合脉"。

在二十八脉中，有的脉象属于单因素脉，如浮、沉、迟、数等；而有些脉本身就是由几种单因素脉合成的，如弱脉由虚、沉、细三种脉象合成，牢脉由沉、实、大、弦、长五种脉象合成等。

因为脉位、脉率、脉形、脉势等都只突出某一方面论脉，而诊脉时则必须从多方面进行综合考察，才能进行区别，所以临床所见脉象基本上都是复合脉。如数，必究其是有力还是无力、是浮数还是沉数、是洪数还是细数等。这些相兼脉被称为二合脉、三合脉、四合脉。如浮紧为二合脉，沉细数为三合脉，沉滑细数为四合脉。

相兼脉象的主病，往往是各脉主病的总和，如浮为表，数为热，浮数主表热，以此类推。常见的相兼脉及其主病如下。

浮紧脉：多主外感寒邪之表寒证，或风寒痹证疼痛。

浮缓脉：多主风邪伤卫，营卫不和的表虚证。

浮数脉：多主风热袭表之表热证。

浮滑脉：多主表证夹痰，常见于素体痰盛而又感受外邪者。

沉迟脉：多主里寒证。

沉弦脉：多主肝郁气滞证或水饮内停证。

沉涩脉：多主血瘀，尤常见于阳虚所致的寒凝血瘀证。

沉缓脉：多主脾虚证，水湿停滞证。

洪数脉：多主气分热盛，阳明经证，多见于外感热病。

弦紧脉：多主寒主痛，常见于寒滞肝脉证，或肝郁气滞所致的痛证。

弦数脉：多见于肝郁化火，或肝胆有热之证。

弦细脉：多主肝肾阴虚，或血虚肝郁，或肝郁脾虚证。

滑数脉：多主痰热、湿热、食积内热证。

弦滑数脉：多主肝火夹痰、肝胆湿热或肝阳上扰，痰火内蕴证。

沉细数脉：多主阴虚内热或血虚。

考点与重点 相兼脉的概念与主病

（三）真脏脉

真脏脉是在疾病危重期出现的脉象，其特点是无胃、无神、无根，为病邪深重，元气衰竭，胃气已败，病情危重，濒临死亡的征象，又称"败脉""绝脉""死脉""怪脉"。古代医家在《内经》的基础上将真脏脉归类为"七绝脉"，包括釜沸脉、鱼翔脉、虾游脉、屋漏脉、雀啄脉、解索脉、弹石脉等。随着医学的发展，人们对真脏脉有了新的认识，认为真脏脉绝大部分都是心律失常时的脉象特征，提示疾病危重，但并非无药可治。

考点与重点 真脏脉的概念与临床意义

六、诊妇人脉和小儿脉

（一）诊妇人脉

妇人有经、孕、产育等特殊的生理活动及其病理变化，因而其脉亦有一定的特殊性。

1.诊月经脉 妇人左关、尺脉忽洪大于右手，口不苦，无身热，腹不胀，此为月经将至。寸、关脉调和而尺脉弱或细涩者，月经多不利。

妇人闭经，尺脉虚细而涩者，多为精亏血少之虚闭；尺脉弦涩者，多为气滞血瘀之实闭；脉象弦滑者，多为痰湿阻于胞宫。

2.诊带下脉 带下病多为内湿所致，故脉多滑或濡。其脉滑数或弦滑者，多主湿热，带下色黄秽臭，外阴瘙痒；若见脉沉迟而滑，则多因寒湿内盛，症见带下清稀；若脉沉细而弱，则多见阳气不足，症见带下清稀量多。

3.诊妊娠脉 妇人婚后，平素月经正常，突然停经，脉来滑数冲和，兼见饮食偏嗜，或见晨呕恶者，多为妊娠之征。《素问·阴阳别论》云："阴搏阳别，谓之有子。"《素问·平人气象论》曰："妇人手少阴脉动甚者，妊子也。"均指出妊娠脉的特点是少阴脉（尺脉）脉动强于寸脉，或左寸脉滑数动甚而有力，是聚血养胎，胎气旺盛的征象。如果受孕后因母体气血亏损或胎元不固，或经产妇亦可见脉细软，或不滑利，应当引起重视。凡孕妇之脉沉而涩，多提示精血不足，胎元已受影响；涩而无力，提示阳气虚衰，胞中死胎，或为症块。

4.诊临产脉 孕妇将产的脉象特点，历代医家有不同的阐述。《诸病源候论》曰："孕妇诊其尺脉，急转如切绳转珠者，即产也。"又如《医存》说："妇人两中指末节之两旁，非正产时则无脉，不可临盆，若此处脉跳，腹连腰痛，一阵紧一阵，乃正产时也。"这种中指动脉的明显搏动，亦称离经脉。

考点与重点 月经脉与妊娠脉的脉象及临床意义

（二）诊小儿脉

小儿寸口部位狭小，难分寸关尺三部。此外，小儿临诊时容易惊哭，惊则气乱，脉气亦乱，故难于把握脉象特征，故诊小儿脉时，后世医家常用"一指定三关法"。

一指三部诊法：对3岁以下的小儿，医生用一手握住小儿手，用另一手大拇指（或食指）按在小儿掌后高骨脉位上诊察脉动，不分三部，只定至数；对3～5岁的小儿，则以高骨中线为关，用一指向两侧转滚寻觅三部；6～8岁可以挪动拇指诊三部；9～10岁，可以次第下指切诊寸、关、尺三部；10岁以上，则按成人三部诊脉进行。

小儿脉象特征及主病，3岁以下，一息七八至为平脉；5～6岁时，一息六至为平脉，七至以上为数脉,四五至为迟脉。小儿脉象只诊浮沉、迟数、强弱、缓急,以辨别阴阳、表里、寒热、虚实,不详求28种常见脉象。浮数为阳,沉迟为阴,强弱可测虚实,缓急可辨邪正。数主热,迟主寒。沉滑主痰食,浮滑主风痰。紧主寒,缓主湿,大小不齐是为滞。

考点与重点 小儿正常脉象的特点、常见小儿病脉的临床意义

七、脉诊的临床意义及脉症顺逆与从舍

(一)脉诊的临床意义

中医整体观念指出,人体是一个有机整体,机体各部分的功能有赖经络、气血的运行流注和温煦濡养而实现。脉象的形成,也和脏腑、气血关系十分密切,故当机体遭受病邪侵扰发生病变时,脏腑功能失调,气血逆乱,血脉运行受到影响,脉象也随之表现为各种病脉,故通过诊察脉象的变化,可以判断疾病的病位、性质与推断疾病的转归预后。

1. 辨别疾病的病位和病性 各种邪气均可引起脉象的变化,故不同的脉象可反映出病位的浅深。如脉浮,病位多在表;脉沉,病位多在里。两手寸口三部脉分候相应的脏腑,诊脉可知病在何脏何腑。若两手尺脉微弱,多为肾虚;右关部脉见弱脉,多为脾胃虚弱之象。此外,有些脉象与脏腑病变密切相关,如弦脉多主肝胆病,洪脉多主阳明胃热等。

疾病的性质不外寒、热、虚、实。一般而言,寒热可影响气血在体内运行的速率,虚实多影响气血鼓动的力度,故不同的病性变化可反映出不同的脉象。如迟脉、紧脉多主寒证,数脉、滑脉多主热证,虚脉、细脉、弱脉、微脉多主虚证,实脉、洪脉、弦脉、长脉多主实证。

2. 推断疾病的转归预后 脉象的动态变化,可及时反馈病变的信息,通过脉诊可以判断病情的轻重缓急,推测预后的吉凶,观察疗效的好坏。如久病脉见缓和,是胃气渐复,病退向愈之兆;久病气虚或失血,久泻久痢而见脉象虚大,则多属邪盛正衰危候。热病脉象多滑数,若汗出热退,脉转缓和,是将愈之候;若汗后而身热不减,脉来疾急、烦躁者,为邪胜正衰之危候。

(二)脉症顺逆与从舍

脉症顺逆是指脉与症的相应不相应,以判断疾病的顺逆。在一般情况下,疾病所表现于外的症状和脉象所提示的临床意义在属性上是一致的,即脉症相应。但在某些特殊的情况下,疾病所表现于外的症状和脉象所提示的临床意义在属性上相反,称脉症不相应。脉症相应者主病顺,不相应者主病逆,逆则主病凶。如实证而脉见洪、数、有力,则属脉证相应,为顺,表示邪实正盛,正气足以抗邪,多易治疗,预后良好;若实证反见细、微无力的脉象,则属脉证相反,是逆症,说明邪盛正虚,邪易内陷,预后不良。

脉症不相应时,或症真脉假,或症假脉真,此时必须在辨明疾病本质的前提下,确定脉症的真假以决定从舍,或舍脉从症,或舍症从脉。

1. 舍脉从症:症真脉假时,必须舍脉从症。例如,症见腹胀满、疼痛拒按,大便燥结,舌红苔黄厚焦燥,而脉迟细者,则症所反映的是实热内结肠胃,是真;脉所反映的是因热结于里,阻滞血液运行,故出迟细脉,是假象,故当舍脉从症。

2. 舍症从脉:症假脉真时,必须舍症从脉。例如,"伤寒,脉滑而厥者,里有热,白虎汤主之"(《伤寒论》)。本病的病机乃热邪炽盛,壅闭于里,脉所反映的是真热;而四肢厥冷之症所反映的却是寒象,是因热邪内伏,格阴于外而致,是假寒,此时应舍症从脉。

如《濒湖脉学·序》所言:"世之医病两家,咸以脉为首务,不知脉乃四诊之末,谓之巧者尔,上士欲会其全,非备四诊不可。"脉有从舍,说明脉象只是疾病临床表现的一个方面,只有四诊合参、综合判断,才能从舍得宜,保证诊断的准确性。

链接

明代李时珍《濒湖脉学·七言诀》节选

1.浮（阳）

【体状诗】

浮脉惟从肉上行，如循榆荚似毛轻。三秋得令知无恙，久病逢之却可惊。

【相类诗】

浮如木在水中浮，浮大中空乃是芤。拍拍而浮是洪脉，来时虽盛去悠悠。

浮脉轻平似捻葱。虚来迟大豁然空。浮而柔细方为濡，散似杨花无定踪。

【主病诗】

浮脉为阳表病居，迟风数热紧寒拘。浮而有力多风热，无力而浮是血虚。

寸浮头痛眩生风，或有风痰聚在胸。关上土衰兼木旺，尺中溲便不流通。

2.沉（阴）

【体状诗】

水行润下脉来沉，筋骨之间耎滑匀。女子寸兮男子尺，四时如此号为平。

【相类诗】

沉帮筋骨自调匀，伏则推筋着骨寻。沉细如绵真弱脉，弦长实大是牢形。

【主病诗】

沉潜水畜阴经病，数热迟寒滑有痰。无力而沉虚与气，沉而有力积并寒。

寸沉痰郁水停胸，关主中寒痛不通。尺部浊遗并泄痢，肾虚腰及下元痈。

项目二 按 诊

案例导入

患儿，男性，4个月。2024年4月11日初诊。其母亲代诉，患儿瘦弱，食少，易感冒。两天前受凉后出现发热，似有怕冷，咽喉疼痛，不愿进食，二便尚可。舌尖偏红，苔薄黄，食指络脉偏红。

问题：1.此患儿在按诊检查时应注意哪些方面的情况？

2.按诊方面，表热与里热应如何鉴别？

一、按诊的概念

按诊是医者用手直接触、摸、按、压患者体表某些部位，以了解局部冷热、润燥、软硬、压痛、痞块或其他的异常变化，从而推断疾病的部位、性质和病情轻重等情况的一种诊病方法。

按诊是切诊的组成部分，可通过按诊进一步探明疾病的部位、性质和程度。按诊是对望诊、闻诊、问诊所获资料的补充和完善，便于四诊合参，为全面分析病情、判断疾病提高重要的依据。临证时，根拒按诊的部位和目的，医者应采用不同的按诊手法，患者需选择坐位或仰卧位等适宜的体位，充分暴露受诊部位以配合医者完成按诊。当患者取坐位时，医者可面对患者站立，按诊时左手稍扶病体，右手触摸按压某一局部，此多用于皮肤、手足、腧穴的按诊。按胸腹时，患者须采取仰卧位，全身放松，两腿伸直，两手臂放在身旁。医生站在患者右侧，用右手或双手对患者身体某些部位进行切按。在切按腹内肿块或腹肌紧张度时，可令患者屈起双膝，使腹肌松弛或做深呼吸，以便于切按。按诊的方法主要有触法、摸法、按法和叩法。

触法是以手指或手掌轻轻接触患者局部皮肤，如额部及四肢皮肤等，以了解凉热、润燥等情况，常用于辨外感内伤、津液盈亏。

摸法是以手稍用力寻抚患者机体的局部，如胸腹、腧穴、肿胀部位等，以探明局部的感觉情况，如有无疼痛或肿物及肿物的形态、大小等，以辨病位及病性的虚实。

按法是以重手按压或推寻局部，如胸腹、肿物部位，以了解深部有无压痛或肿块，肿块的形态、质地、大小、活动度、光滑度等，以辨脏腑虚实和邪气痼结。

触法、摸法和按法的区别主要在指力轻重不同，所达部位深浅有别。在临床上，各种手法是综合运用的，常常是先触摸，后推按，由轻到重，由浅入深，逐层了解病变的情况。

叩法即叩击法，医生用手叩击患者身体某部位，使之产生叩击音、波动感或震动感，以此确定病变的性质和程度的一种检查方法。

直接叩击法是医生用中指指尖，或并拢的食指、中指、无名指和小指的掌面直接叩击体表相应部位。例如，对鼓胀患者可进行直接叩诊，若叩之如击鼓者为气鼓；叩之音浊者为水鼓。也可将手放于患者腹部两侧对称部位，用一侧手叩击，若对侧手掌有波动感，是水积腹中的表现。

间接叩击法是医生用左手掌平贴在体表，右手握成空拳叩击左手背，边叩边询问和观察患者的反应，有无局部或其他部位的疼痛或异常表现，以推测病变部位和程度。如腰部有叩击痛，除考虑可能与局部骨骼疾病有关，还要考虑与肾脏疾病有关。

按诊时应注意：①医生举止稳重大方，态度严肃认真，手法要轻巧柔和，要避免突然暴力，冷天要事先把手暖和后再行检查；②争取患者主动配合，使患者随时反映病位的感觉；③要边检查边观察患者的表情变化，以了解病痛所在及其程度、性质等。

考点与重点　按诊的方法与注意事项

二、按诊的主要内容

按诊的应用范围较广。临床上常用的有按肌肤、按手足、按胸胁、按脘腹、按腧穴等。

（一）按肌肤

通过诊察肌肤的寒热、润燥、滑涩、疼痛、肿胀、疮疡等不同情况，分析病证的寒热虚实及气血阴阳盛衰的诊断方法。

1. 诊寒热　按肌肤的寒热可了解人体阴阳的盛衰、表里虚实和邪气的轻重。一般而言，肌肤寒冷、体温偏低者，为阳气衰少；若肌肤厥冷而大汗淋漓、面色苍白、脉微欲绝者，为亡阳之征象。肌肤灼热、体温升高者，为阳气盛，多为实热证；若汗出如油，四肢肌肤尚温而脉躁疾无力者，为亡阴之征。身灼热而肢厥，为阳热壅盛，格阴于外所致，属真热假寒证。外感病汗出热退身凉，为表邪已解；皮肤无汗而灼热者，为热甚。凡身热初按甚热，久按热反转轻的，是热在表；若久按其热反甚，热自内向外蒸发者，为热在里。局部病变从按肌肤之寒热可辨证之阴阳。皮肤不热，红肿不明显者，为阴证；皮肤灼热而红肿疼痛者，为阳证。

2. 诊润燥滑涩　触摸肌肤的滑润和燥涩，可以了解汗出与否及气血津液的盈亏。如皮肤干燥者，为无汗或津液不足；干瘪者，津液不足；湿润者，身已汗出或津液未伤。皮肤甲错者，多为血虚失荣或瘀血内阻所致。

3. 诊疼痛　触摸肌肤疼痛的情况，可以分辨疾病的病位、范围、虚实。如肌肤濡软，按之痛减者，为虚证；硬痛拒按者，为实证；轻按即痛者，病在表浅；重按方痛者，病在深部。

4. 诊肿胀　用手按压肌肤肿胀程度，可以辨别水肿和气肿。按之凹陷，放手即留手印，不能即起的，为水肿；按之凹陷，举手即起的，为气肿。

5.诊疮疡 触诊疮疡局部的冷热、软硬，可辨别病证之阴阳寒热和是否成脓。肿硬不热者，属寒证；肿处灼手而压痛者，属热证。根盘平塌漫肿者，属虚证，根盘收束而高起者，属实证。患处坚硬多无脓，边硬顶软者多已成脓。至于肌肉深部的脓肿，则以"应手"或"不应手"来判断有脓或无脓。方法是两手分别放在肿物的两侧，一手时轻时重地施加压力，一手静候深处有无波动感，若有波动感，即为有脓，根据波动范围的大小，即可测知脓液的多少。

考点与重点 按肌肤的内容及其临床意义

（二）按手足

按手足主要在探明寒热，以判断病证性质属虚属实、在内在外及预后好坏。凡疾病初起，手足俱冷者，多是阳虚寒盛，属寒证。手足俱热者，多为阳盛热炽，属热证。

诊手足寒热，还可以辨别外感病与内伤病。手足背部较热者，为外感发热，手足心较热者，为内伤发热。此外，还有以手心热与额上热的互参来区分表热或里热的方法。额上热甚于手心热者，为表热；手心热甚于额上热者，为里热。这一诊法有参考意义。

在儿科方面，小儿指尖冷主惊厥。中指独热主外感风寒。中指末独冷，为麻痘将发之象。诊手足的寒温可测知阳气的存亡，这对于决定某些阳衰证预后良恶相当重要。阳虚之证，四肢犹温，是阳气尚存，尚可治疗；若四肢厥冷，其病多凶，预后不良。

考点与重点 按手足的内容及其临床意义

（三）按胸胁

根据病情的需要，有目的地对前胸和胁肋部进行触摸、按压和叩击，以了解局部及内脏病变的情况。前胸部即缺盆（锁骨上窝）至横膈以上。侧胸部又称胁部，即胸部两侧，腋下至第11肋、第12肋骨端的区域。胸内藏心肺，胁内藏肝胆，所以胸胁按诊除局部皮肤、经络、骨骼病变外，主要是用以诊察心、肺、肝、胆等脏腑的病变。

1.按胸部 胸为心肺之所居，按胸部可以了解心肺及虚里的病变情况。前胸高起，叩之膨然，其音清者，多为肺胀，亦见于气胸；若按之胸痛，叩之音浊者，常为饮停胸膈或痰热壅肺；胸部外伤则见局部青紫肿胀而拒按。

虚里位于左侧第4、第5肋间，心尖搏动处，为诸脉所宗。诊察虚里搏动的情况可以了解宗气之强弱、疾病之虚实、预后之吉凶，尤以危急病证寸口脉难凭时，按虚里更具有重要的诊断价值。诊虚里时，患者取仰卧位，医生站其右侧，用右手平抚于虚里部，注意诊察动气之强弱、至数和聚散。正常情况下，虚里搏动不显，仅按之应手，其搏动范围直径为2～2.5cm，动而不紧，缓而不息，节律清晰规整，一息四五至，是心气充盛，宗气积于胸中，为平人无病的征象。

按诊虚里时，其动微弱者为不及，是宗气内虚之征。搏动迟弱，或久病体虚而动数者，多为心阳不足。若动而应衣为太过，是宗气外泄之象。若按之弹手，洪大而搏，或绝而不应者，是心气衰绝，证属危候。

孕妇胎前产后，虚里动高者为恶候。虚损痨瘵之病，虚里日渐动高者，为病进，临证时尤应重视。虚里搏动数急而时有一止，为宗气不守。胸高而喘，虚里搏动散漫而数者，为心肺气绝之兆。虚里动高，聚而不散者，为热甚，多见于外感热邪或小儿食滞、痘疹将发之时。至于惊恐、大怒或剧烈运动后，虚里搏动虽高，但静息片刻即平复如常者，是生理现象。如果其动已绝，它处脉搏也停止，便是死候。

考点与重点 按胸部虚里的内容及其临床意义

2. 按胁部　肝脏位居右胁，肝胆经脉分布两胁，故按胁肋主要是了解肝胆疾病。按胁部，除在胸侧腋下至肋弓部位进行按、叩外，还应由中上腹部向肋弓方向轻循，并按至肋弓下，以了解胁内脏器状况。肝上界在锁骨中线处平第5肋，下界与右肋弓下缘一致，故在肋下一般不能扪及。胁痛喜按，胁下按之空虚无力为肝虚；胁下肿块，刺痛拒按为气滞血瘀；右胁下肿块，按之表面凹凸不平，应警惕肝癌；右胁局部肿胀疼痛，摸之有热感，痛处拒按者，多为肝痈；疟疾日久，左胁下可触及痞块，按之硬者为疟母。

（四）按脘腹

膈以下为腹。剑突下方位置为心下，胃脘位于上腹中部，大腹为心下至脐上部位，亦有称脐周部位为脐腹者，小腹在脐下，少腹即小腹之两侧。按腹部主要了解凉热、软硬度、胀满、肿块、压痛等情况，以协助疾病的诊断与辨证。

1. 按胃部　胃脘痞满，按之较硬而痛者属实证，主实邪聚结胃脘；按之濡软无痛者属虚证，主胃腑虚弱；按之有形而胀痛，推之辘辘有声者，为胃中有水饮。

2. 按大腹　按腹部肌肤觉凉者，多属寒证；肌肤灼热者，多属热证。腹痛喜按，按之痛减者为虚；腹痛拒按者属实。腹部胀满，按之有充实感，有压痛，叩之声音重浊者，为实满；腹部膨满，按之不实，无压痛，叩之作空声者，为气胀，多属虚满。腹部高度胀大，如鼓之状者，称为鼓胀，可分水鼓与气鼓。以手分置腹之两侧，一手轻拍，另一手可触到波动感。同时，按之如囊裹水，且腹壁有凹痕者，为水鼓；叩之如鼓，无波动感，按之亦无凹痕者，为气鼓。另外，有些高度肥胖的人，亦见腹大如鼓，但按之柔软，且无脐突及其他重病征象，当与鼓胀鉴别。

3. 按小腹和少腹　左小腹作痛伴便秘，按之累累有硬块者，肠中有宿粪。右小腹作痛，按之疼痛或有反跳痛者，为肠痈。腹部肿块，按诊时要注意大小、形状、硬度、压痛和移动度。癥瘕积聚是指腹内的结块，或胀或痛的一种病证。但癥积与瘕聚不同。痛有定处，按之有形而不移，为癥积，病属血分；痛无定处，按之无形，聚散不定，为瘕聚，病属气分。腹中虫块，按诊有三大特征：一是形如筋结，久按会转移；二是细心诊察，医者感觉指下如蚯蚓蠕动；三是腹壁凹凸不平，按之起伏聚散，往来不定。

考点与重点　按腹部辨疼痛、痞满、积聚的要点

（五）按腧穴

按腧穴，是按压身体上某些特定穴位，通过观察这些穴位的变化与反应，来推断内脏的某些疾病。腧穴是脏腑经络之气转输之处，是脏腑病变反映于体表的反应点。腧穴的变化主要是出现结节或条索状物，或者出现压痛及敏感反应，然后结合望、闻、问诊所得资料综合分析判断内脏疾病。如肺病患者，可在肺俞穴摸到结节，或在中府穴出现压痛。肝病患者可出现肝俞或期门压痛。胃病在胃俞和足三里有压痛。肠痈在阑尾穴有压痛。此外，还可以通过指压腧穴作试验性治疗，从而协助鉴别诊断。如胆道蛔虫腹痛，指压双侧胆俞则疼痛缓解，其他原因腹痛则无效，可资鉴别。

考点与重点　按腧穴的内容及其临床意义

❓ 思 考 题

1. 寸口诊法的操作方法。
2. 试述浮脉、洪脉、濡脉、散脉的脉象特征及主病异同。
3. 何谓相兼脉？其主病如何？

模块五 八 纲 辨 证

八纲，即表、里、寒、热、虚、实、阴、阳八个辨证的纲领。

运用八纲对四诊收集的病情资料，进行分析、综合、归纳，辨别疾病病位的深浅、疾病性质的寒热、邪正斗争的盛衰和病证类别的阴阳，称为八纲辨证。

疾病的表现尽管是极其复杂的，但基本上都可以用八纲加以归纳。如疾病的类别，可分为阴证与阳证；病位的浅深，可分为表证与里证；疾病的性质，可分为寒证与热证；邪正的盛衰，可分为实证与虚证。这样，运用八纲辨证就能将错综复杂的临床表现，归纳为表里、寒热、虚实、阴阳四对纲领性证候，从而找出疾病的关键，掌握其要领，确定其类型，预测其趋势，为治疗指出方向。其中，阴阳又可以概括其他六纲，即表、热、实证为阳；里、寒、虚证属阴，故阴阳又是八纲中的总纲。

八纲辨证是分析疾病共性的辨证方法，是各种辨证的纲领。在诊断过程中，有执简驭繁、提纲挈领的作用，适用于临床各科的辨证。无论内、外、妇、儿、眼、耳、鼻、喉等科，无不应用八纲来归纳概括。但八纲辨证对疾病本质的认识尚不够具体、全面。例如，八纲辨证中的里证涵盖的内容广泛，还不能明确病变所在的具体脏腑；寒证与热证不能完全概括湿、燥等邪气所致病证；虚证与实证所涵盖的各种具体证的内容尚未论及等。因此，八纲毕竟只是"纲"，八纲辨证的结果比较笼统、抽象，临床不能只满足于对八纲的分辨，而应结合其他辨证方法，对疾病的具体临床表现进行深入的分析，才能对证做出更加准确的判断，为论治提供更加全面、可靠的依据。

八纲辨证是从八个方面对疾病本质做出纲领性辨别，并不意味着把各种证候截然划分为八个区域，它们是相互联系而不可分割的。如表里与寒热、虚实相联系，寒热与虚实、表里相联系，虚实又与寒热、表里相联系。疾病的变化往往不是单一的，而是经常会出现表里、寒热、虚实夹杂在一起的情况，如表里同病、虚实夹杂、寒热错杂等。在一定的条件下，疾病还可出现不同程度的转化，如表邪入里、里邪出表、寒证化热、热证转寒、实证转虚、因虚致实等。在疾病发展到一定阶段时，还可以出现一些与疾病性质相反的假象，如真寒假热、真热假寒、真虚假实、真实假虚等。阴证、阳证也是如此，阴中有阳，阳中有阴，疾病可以由阳入阴，由阴出阳，又可以从阴转阳，从阳转阴。因此，进行八纲辨证，不仅要熟练掌握各类证候的特点，还要注意它们之间的相兼、转化、夹杂、真假，才能正确而全面地认识疾病、诊断疾病。

项目一 八纲基本证候

📋 案例导入

患者，女性，36岁。2023年11月20日初诊。主诉胃脘痛3年，时作时止。昨天因受凉而发作。现感胃脘冷痛、喜温热，进食后缓解。伴有怕冷喜暖，手足不温，面色白，舌淡、苔薄白，脉弱。

问题： 1. 请概括本病案的主诉。

2. 分析以上所见症状的主要病机。

3.本证的主要病理变化是在里还是在表?

一、表 里 辨 证

表里,是辨别疾病病位外内、浅深的一对纲领。表与里是一个相对的概念,如就躯壳与内脏而言,躯壳为表,内脏为里;就脏与腑而言,腑为表,脏为里;就经络与脏腑而言,经络为表,脏腑为里;就经络中的三阳经与三阴经而言,三阳经属表,三阴经属里等。

一般而论,皮毛、肌腠、经络为外,属表;脏腑、气血、骨髓为内,属里。但是,临床辨证时,把外邪侵犯肌肤、病位浅者,称为表证;病在脏腑、病位深者,称为里证。表证、里证的辨别主要以临床表现为依据,不能把表、里简单地理解为固定的解剖部位。

从病势深浅论,外感者,病邪入里一层,病深一层;出表一层,病轻一层,因此辨别表、里对外感疾病的诊断和治疗具有特别重要的意义。这是由于内伤杂病一般属于里证范畴,主要应辨别"里"所在的脏腑、具体病位,而外感病则往往具有由表入里、由浅而深、由轻而重的发展传变过程。因此,表里辨证是对外感病发展阶段性的基本认识,可以说明病情的轻重浅深及病变趋势,从而把握疾病演变的规律,取得诊疗的主动性,采取适当的治疗措施。

(一)表证

表证是指六淫、疫疠邪气经皮毛、口鼻侵入时所产生的证候。多见于外感病的初期,正气抗邪于肌表,以恶寒发热为主要表现的证,一般起病急,病程短。

表证有两个明显的特点。一是外感时邪,表证是由邪气入侵人体所引起。二是邪气轻。表证的病位在皮毛肌腠,病轻易治。

【临床表现】恶寒、发热、头身疼痛,兼有鼻塞、流涕、咳嗽、喷嚏、咽喉痒痛,舌淡红、苔薄,脉浮。

【证候分析】由于六淫邪气客于肌表,阻遏卫气的正常宣发,郁而发热。卫气受遏,失去温养肌表的功能,肌表得不到正常的温煦,故见恶寒。邪气郁滞经络,使气血运行不畅,致头身疼痛。肺主皮毛,鼻为肺窍,邪气从皮毛、口鼻而入肺,肺系皆受邪气,肺气失宣,故鼻塞、流涕、咳嗽、喷嚏、咽喉痒痛诸证常常并见。邪气在表,未伤及里,舌象可无变化,故舌淡红、苔薄。正邪相争于表,脉气鼓动于外,故脉浮。

考点与重点 表证的临床表现、辨证要点

(二)里证

里证是指病变部位在内,脏腑、气血、骨髓等受病,以脏腑受损或功能失调为主要表现的一类证候。它与表证相对而言。多见于外感病的中、后期或内伤疾病。里证的成因,大致有三种情况:一是表邪内传入里,侵犯脏腑所致;二是外邪直接侵犯脏腑而成;三是七情刺激、饮食不节、劳逸过度等因素,损伤脏腑,引起功能失调、气血逆乱而致病。

里证的范围甚广,除了表证以外,一般其他疾病都可以说是里证。里证的特点也可归纳为二点:一是病位在内;二是里证的病情一般较重。

【临床表现】里证病因复杂,病位广泛,症状繁多,常以或寒或热、或虚或实的形式出现,故详细内容见各章辨证。现仅举几类常见症脉分析如下:壮热恶热或微热潮热,烦躁神昏,口渴引饮;或畏寒肢冷,倦卧神疲,口淡多涎;或大便秘结,小便短赤;或便溏,小便清长,腹痛呕恶,苔厚,脉沉。

【证候分析】以上所列仅是寒热虚实各里证中可能出现的一些常见症脉。就热型与寒象看,里证当

是但热不寒或但寒不热，热可以是壮热恶热、微热潮热。壮热恶热是热邪入里，里热炽盛所致。微热潮热，常见于内伤阴虚，虚火上炎。寒象表现为畏寒，得衣被可以缓解，此乃机体自身阳气不足或寒邪内侵，损伤阳气，阳虚生寒。烦躁神昏是实热扰乱心神的表现；口渴引饮、小便短赤是实热耗伤津液。大便秘结是由于热结肠道，津液枯竭，传导失司所致。阳气不足者，多见蜷卧神疲，虚寒者即见口淡多涎，脾虚不运者可见便溏。腹痛呕吐、便秘、溏泄、小便短赤或清长，苔厚脉沉均为疾病在内之征。

考点与重点 里证的临床表现及辨证要点

（三）半表半里证

半表半里证指外感病邪在由表入里的过程中，邪正分争，少阳枢机不利，病位处于表里进退变化之中所表现的证候。

【临床表现】寒热往来，胸胁苦满，心烦喜呕，默默不欲饮食，口苦，咽干，目眩，脉弦等。

【证候分析】半表半里证在六经辨证中称为少阳病证，多为外感病邪在由表入里的过程中，邪正分争，少阳枢机不利所表现的证候。

医者 仁心

文化传承与科研创新

疟疾作为一种古老且危害严重的疾病，在传统中医典籍中早有记载。屠呦呦团队在研究青蒿素治疗疟疾时，查阅大量中医古籍，其中就记载有运用八纲辨证等中医理论对疟疾症状分析，中医对疟疾有"寒热往来"等基于八纲辨证的认识，病位多涉及少阳经，属寒热夹杂等证型。屠呦呦团队受此启发，结合现代科学技术，经过多次实验，最终发现了青蒿素，为全球疟疾防治做出了巨大贡献，让古老的中医文化在现代社会绽放新的光彩。这体现了八纲辨证等中医理论的价值，以及在现代科研中对中医文化的传承与创新，彰显了文化自信。

（四）表证和里证的鉴别

辨别表证和里证，主要是审察其寒热、舌象、脉象等变化。一般说来，在外感病中，发热恶寒并见的属表证，但热不寒、但寒不热者属里证，表证舌苔不变化，里证舌苔多有变化，脉浮主表证，脉沉主里证。

表 5-1　表证与里证的鉴别

证名	病史	寒热	内脏证候	舌象	脉象
表证	新病程短 病急位浅	寒热并见	身痛、流涕 内脏症不显	舌苔变化不显	脉浮
里证	久病程长 病缓位深	但热不寒 但寒不热	咳喘、心悸 腹痛、呕泻	舌苔多有变化	沉脉或其他脉

考点与重点 表证与里证的鉴别要点

二、寒热辨证

寒热是辨别疾病性质的两个纲领。寒证与热证反映机体阴阳的偏盛与偏衰。阴盛或阳虚则表现为寒证，阳盛或阴虚则表现为热证。辨清寒证、热证，是确定寒者热之、热者寒之治则的依据，对于认识疾病的性质和指导治疗有重要意义。

（一）寒证

寒证，是疾病的本质属于寒性的证候。既可以由感受寒邪而致，也可以由机体自身阳虚阴盛而致。

由于寒证的病因与病位不同，又可分别出几种不同的证型。如感受寒邪，有侵犯肌表者，有直中内脏者，故有表寒、里寒之别。内寒的成因有寒邪入侵者，有自身阳虚者，故又有实寒、虚寒之分。这里先就寒证的共性进行分析。

【临床表现】各类寒证的临床表现不尽一致，但常见有"冷、凉"等特点：恶寒喜暖，面色白或㿠白，肢冷蜷卧，口淡不渴，痰涎、涕清稀，小便清长，大便稀溏，舌淡苔白润滑，脉迟或紧等。

【证候分析】阳气不足或为外寒所伤，不能发挥其温煦形体的作用，故见形寒肢冷，蜷卧，面色㿠白。阴寒内盛，津液未伤，故口淡不渴。阳虚不能温化水液，以致痰、涎、涕、尿等排出物皆为澄澈清冷。寒邪伤脾，或脾阳久虚，则运化失司而见大便稀溏。阳虚不化，寒湿内生，则舌淡苔白而润。阳气虚弱，鼓动血脉运行之力不足，故脉迟；寒主收引，受寒则脉道收缩而拘急，故见紧脉。

考点与重点 寒证的临床表现

（二）热证

热证，是疾病本质属于热性的证候。可以由感受热邪而致，也可以由机体自身阴虚阳亢而致。

根据热证的病因与病位的不同，亦可分出几种不同的证型。如外感热邪或热邪入里，便有表热、里热之分。里热中，有实热之邪入侵或自身虚弱造成，则有实热和虚热之分。这里仅就热证的共性进行分析。

【临床表现】各类热证的证候表现不尽一致，但常见有"温、热"等特点：恶热喜冷，口渴喜冷饮，面红目赤，烦躁不宁，痰、涕黄稠，吐血衄血，小便短赤，大便干结，舌红、苔黄而干燥，脉数等。

【证候分析】阳热偏盛，则恶热喜冷。火热伤阴，津液被耗，故小便短赤；津伤则需引水自救，故口渴喜冷饮。火性上炎，则见面红目赤。热扰心神，则烦躁不宁。津液被阳热煎熬，则痰涕等分泌物黄稠。火热之邪灼伤血络，迫血妄行，则吐血衄血。肠热津亏，传导失司，势必大便秘结。舌红苔黄为热证，舌干少津为伤阴，阳热亢盛，血行加速，故见数脉。

考点与重点 热证的临床表现

（三）寒证和热证的鉴别

辨别寒证与热证，不能孤立地根据某一症状作判断，而应对疾病的全部表现进行综合观察、分析，尤其是寒热的喜恶、口渴与不渴、面色的赤白、四肢的凉温，以及二便、舌象、脉象等方面更应细致观察。

表 5-2 寒证与热证的鉴别

证名	寒热	口渴	面色	四肢	二便	舌象	脉象
寒证	恶寒喜热	不渴	白	冷	大便稀溏 小便清长	舌淡苔白	迟或紧
热证	恶热喜冷	渴喜冷饮	红赤	热	大便干结 小便短赤	舌红苔黄	数

考点与重点 寒证与热证的鉴别要点

三、虚实辨证

虚实是辨别邪正盛衰的两个纲领。《素问·通评虚实论》："邪气盛则实，精气夺则虚。"虚指正气不足，实指邪气盛实。虚证反映人体正气虚弱而邪气也不太盛。实证反映邪气太盛，而正气尚未虚衰，邪正相争剧烈。虚实辨证，可以掌握病者邪正盛衰的情况，为治疗提供依据，实证宜攻，虚证宜补，只有辨证准确，才能攻补适宜，免犯虚虚实实之误。

（一）虚证

虚证是对人体正气虚弱各种临床表现的病理概括。其病理本质为正气不足，邪气不著。人体正气包括阴阳、气血、津液、精髓等。虚证的形成，有先天不足，后天失养和疾病耗损等多种原因。

【临床表现】由于人体阴阳、气血、津液、精髓等受损程度的不同及所影响脏腑的差异，各种虚证的表现极不相同。因此，虚证的典型证候难以用几个症状全面概括。临床一般以久病，势缓者，耗损过多者，体质素弱者多虚证。

【证候分析】虚证的形成，虽然由先天禀赋不足所致，也可由后天失调或疾病耗损所致。例如，饮食失调，营血生化之源不足；思虑太过、悲哀猝恐、过度劳倦等，耗伤气血营阴；房事不节，耗损肾精元气；久病失治、误治，损伤正气；大吐、大泻、大汗、出血、失精等，使阴液、气血耗损等，均可形成虚证。

考点与重点　虚证的临床表现

（二）实证

实证是对人体感受外邪，或体内病理产物堆积而产生的各种临床表现的病理概括。其病理本质为邪气盛实、正气不虚。实证的成因有两个方面：一是外邪侵入人体，二是脏腑功能失调以致痰饮、水湿、瘀血等病理产物停积于体内。随着外邪性质的差异，致病之病理产物的不同，而有各自不同的证候表现。

【临床表现】由于感邪性质与病理产物的不同，以及病邪侵袭、停积部位的差别，实证的表现亦极不一致，同样难以全面概括。临床一般以新起、暴病者，病情急剧者，体质壮实者，多为实证。

【证候分析】实证的形成主要有两方面原因：一是风、寒、暑、湿、燥、火、疫疠及虫毒等邪气侵犯人体，正气奋起抗邪；二是脏腑功能失调，气化失职，气机阻滞，形成痰、饮、水、湿、脓、瘀血、宿食等病理产物，停积壅聚于体内。

考点与重点　实证的临床表现

（三）虚证和实证的鉴别

虚证与实证的证候表现已分别介绍如上，但从临床来看，有一些症状，可出现于实证，也可见于虚证。例如，虚证实证均可出现腹痛。因此，要鉴别虚实，必须四诊合参，通过望形体，察舌象，闻声息，问起病，按胸腹，切脉象等多方面进行综合分析。一般说来，虚证多身体虚弱，实证多身体粗壮。虚证者声息低微，实证者声高息粗。久病多虚，暴病多实。舌质淡嫩，脉象无力为虚；舌质苍老，脉象有力为实。

表 5-3　虚证和实证的鉴别要点

鉴别要点	虚证	实证
病程	长（久病）	短（新病）
体质	虚弱	壮实

续表

鉴别要点	虚证	实证
精神	萎靡	兴奋
声息	声低息微	声高息粗
疼痛	喜按	拒按
胀满	时时自减	不减
发热	五心烦热	壮热
恶寒	得衣近火则解	添衣加被不减
舌象	质嫩，苔少或无苔	质老，苔厚腻
脉象	无力	有力

考点与重点 虚证与实证的鉴别要点

四、阴阳辨证

阴阳是八纲辨证的总纲。在诊断上，可根据临床上证候表现的病理性质，一般都用阴阳进行概括或归类，故可以用阴证和阳证来概括其余六纲，即表证、热证、实证属阳；里证、寒证、虚证属阴，阴、阳两纲可以统领其他六纲而成为八纲中的总纲，故有人称八纲为"二纲六要"。

阴证与阳证的划分不是绝对的，是相对而言的。例如，与表证相对而言，里证属于阴证，但里证又有寒热、虚实之分，相对于里寒证与里虚证而言，里热证与里实证则又归于阳证的范畴。因此，临床上对具体病证归类时会存在阴中有阳、阳中有阴的情况。

以阴阳命名的，除了阴证、阳证以外，还有真阴不足、真阳不足及亡阴亡阳等证，兹分述如下。

（一）阴证和阳证

1.阴证 凡符合"阴"的一般属性的证候，称为阴证。如里证、寒证、虚证概属阴证范围。

【临床表现】不同的疾病，所表现的阴性证候不尽相同，各有侧重，一般常见为：面色暗淡，精神萎靡，身重蜷卧，形寒肢冷，倦怠无力，语声低怯，纳差，口淡不渴，大便稀溏，小便清长，舌淡胖嫩，脉沉迟、或弱、或细涩。

【证候分析】精神萎靡，乏力，声低是虚证的表现。形寒肢冷，口淡不渴，大便溏，小便清长，是里寒的表现。舌淡胖嫩，脉沉迟、弱细涩均为虚寒舌脉。

2.阳证 凡符合"阳"的一般属性的证候，称为阳证。如表证、热证、实证概属于阳证范围。

【临床表现】不同的疾病，表现出的阳性证候也不尽相同。一般常见的有：面色红赤，恶寒发热，肌肤灼热，神烦，躁动不安，语声粗浊或骂詈无常，呼吸气粗，喘促痰鸣，口干渴饮，大便秘结，奇臭，小便涩痛，短赤，舌质红绛，苔黄黑生芒刺，脉象浮数、或洪大、或滑实。

【证候分析】恶寒与发热并见，是表证的特征。面色红赤，神烦躁动，肌肤灼热，口干渴饮，为热证的表现。语声粗浊，呼吸气粗，喘促痰鸣，大便秘结等，又是实证的表现。舌质红绛、苔黄黑起刺，脉浮数、洪大、滑实均为实热之征。

3.阴证和阳证的鉴别 按四诊对照如下。

（1）阴证

1）望诊：面色苍白或暗淡，身重蜷卧，倦怠无力，萎靡不振，舌质淡而胖嫩，舌苔润滑。

2）闻诊：语声低微，静而少言，呼吸怯弱，气短。

3）问诊：大便腥臭，饮食减少，口中无味，不烦不渴，或喜热饮，小便清长短少。

4）切诊：腹痛喜按，身寒足冷，脉象沉微细涩，弱迟无力。

（2）阳证

1）望诊：面色潮红或通红，喜凉，狂躁不安，口唇燥裂，舌质红绛，苔黄或老黄、甚则燥裂，或黑而生芒刺。

2）闻诊：语声壮厉，烦而多言，呼吸气粗，喘促痰鸣，狂言叫骂。

3）问诊：大便或硬或秘，或有奇臭，恶食，口干，烦渴引饮，小便短赤。

4）切诊：腹痛拒按，身热足暖，脉象浮洪数大滑实而有力。

阴阳消长是相对的，阳盛则阴衰，阴盛则阳衰。如诊得脉象洪大，舌红苔燥，兼见口渴、壮热等，便可知阳盛阴衰。如诊得脉象沉迟，舌白苔润，兼见腹痛、下利等，便可知其阴盛阳衰。此外，阴阳错综复杂的变化，具体表现于表里、寒热、虚实等六纲中，不再重复。

考点与重点 阴证与阳证的鉴别要点

（二）真阴不足与真阳不足

阴虚证也叫虚热证，阳虚证也叫虚寒证，前面已详述。肾为人体阴阳之根本，当阴阳虚日久，或久病，会耗伤肾阴肾阳而致肾阴不足或肾阳不足之证，即真阴不足、真阳不足。

1. 真阴不足（肾阴不足）

【临床表现】虚火上炎，面白颧赤，唇若涂丹，口燥，咽干，心烦，手足心热，头晕眼花，耳鸣，腰腿酸软无力，骨蒸盗汗，发梦遗精，大便秘结，小便短少，脉细数无力，舌红干少苔。

【证候分析】病程日久，损伤阴精，累及真阴，阴不制阳，致虚火上炎，出现阴虚之证，故见面白颧赤，唇若涂丹，口燥，五心烦热，盗汗便秘，尿少，舌红干少苔，脉细数无力。同时，由于病已伤及肾阴，故出现肾功能异常的症状。如肾生髓、主骨的功能失常，则见头晕、眼花、腰腿酸软无力、骨蒸；耳失肾阴濡养，则耳鸣如蝉；肾主生殖，虚热内扰精室，则发梦遗精。

2. 真阳不足（肾阳不足）

【临床表现】面色㿠白，形寒肢冷，唇舌色淡，口淡多涎，喘咳身肿，自汗，头眩，不欲食，腹大胫肿，大便溏薄或五更泄泻，阳痿早泄，精冷不育，或宫冷不孕，舌淡胖嫩，苔白滑，脉沉迟无力。

【证候分析】病程日久，损伤阳气，累及真阳，阳不制阴，致阴寒内盛，出现阳虚之证，故见面色㿠白，形寒肢冷，唇舌色淡，口淡多涎，自汗，不欲食，舌淡胖嫩，苔白滑，脉沉迟无力。同时，由于病已伤及肾中之阳，故出现肾功能失常的症状。如肾主纳气、主水的功能失常，则喘咳身肿，腹大胫肿。肾主生殖功能失常，则阳痿早泄，精冷不育，宫冷不孕；肾虚火衰，主二便的功能失常，则五更泄泻。

（三）阴虚证与阳虚证

1. 阴虚证（虚热证） 指体内阴液不足，无以制阳，滋润、濡养等作用减退所致的虚热证。多因热病之后，或杂病日久，耗伤阴液，或情志过激，火邪内生，日久伤及阴精，或房事不节，耗伤阴精，或过服温燥之品，暗耗阴液而成。

【临床表现】形体消瘦，口燥咽干，五心烦热，潮热，两颧潮红，盗汗，小便短黄，大便干结，舌红少津或少苔，脉细数。

【证候分析】阴液亏虚，机体失于濡养滋润，故形体消瘦，口燥咽干，阴津不足，故小便短黄，大便干结；阴虚生内热，故五心烦热，潮热，两颧潮红，盗汗；舌红少津或少苔，脉细数，均为阴虚生内热之象。

2. 阳虚证（虚寒证） 是人体阳气不足，温煦、推动等功能减退而导致的虚寒证。多因气虚证进一步发展，或年老命门火衰，过服苦寒清凉之品，阳气逐渐耗伤而成。

【临床表现】畏寒肢冷，面色㿠白，口淡不渴，神疲乏力，少气懒言，自汗，尿清便溏，舌淡苔白润滑，脉沉迟无力。

【证候分析】阳虚形体失温煦，故畏寒肢冷；水液失温化，故口淡不渴，尿清便溏；阳气不足，机能活动减退，故神疲乏力，少气懒言；阳虚津液不固，故自汗；面色㿠白，舌淡，苔白润滑，脉沉迟无力，为阳虚生内寒之象。

考点与重点 阴虚证与阳虚证的临床表现

（四）亡阴证与亡阳证

亡阴与亡阳是疾病的危险证候，辨证一差，或救治稍迟，极易导致死亡。亡阴与亡阳是两个性质不同的病证，亡阴的根本原因是机体内大量脱失津液；亡阳的主要病因是阳气亡脱。因为气可随液脱、可随血脱，所以亡阳可见于汗、吐、下太过以及大出血之后，同时，许多疾病的危笃阶段也可出现亡阳。由于阴阳是互根依存的，因此，亡阴可导致亡阳，而亡阳也可致使阴液耗损。在临床上，宜分辨亡阴、亡阳之主次，及时救治。

1. 亡阴证

【临床表现】大汗淋漓，汗温、咸而黏（吐、下之亡阴，有时可无大汗出），身热肢暖，烦躁不安，口渴咽干，唇干舌燥，肌肤皱瘪，小便极少，舌红干，脉细数无力。

【证候分析】阴液耗竭，失去濡润之功。故口渴咽干，唇干舌燥，肌肤皱瘪。津液化源告竭，故小便极少。阴虚则内热，故身热肢暖。虚热上扰则烦躁不安。舌红干、脉细数无力为津枯虚热之象。大汗淋漓多发生于原为热病的患者，热邪逼迫则汗液外泄。也可见于因治疗不当、发汗太过的患者。此时，大汗出既是亡阴之因，又是亡阴之症。

2. 亡阳证

【临床表现】大汗出，汗冷，汗质稀淡，身凉恶寒，四肢厥冷，蜷卧神疲，口淡不渴，或喜热饮，舌淡白润，脉微欲绝。

【证候分析】亡阳发生在各种原因所致的阳气虚弱以致亡脱的阶段。阳虚固摄无权，故腠理开而汗大出，汗冷、汗质稀淡，此乃亡阳的必备症状。阳虚则寒，故身凉恶寒、四肢厥冷。人体机能活动低下，则见蜷卧神疲。口淡，舌淡白，脉微欲绝，均为阳微欲脱之征。

表 5-4　亡阴证与亡阳证的鉴别要点

鉴别要点	亡阴	亡阳
汗	汗热，味咸，黏稠	汗冷，味淡，微黏
四肢	温和	厥冷
舌象	红干	白润
脉象	细数无力	微细欲绝
其他	身热，烦躁不安，口渴，喜冷饮	身冷，蜷卧神疲，口淡，喜热饮

考点与重点 亡阴证、亡阳证的临床表现与鉴别要点

项目二　八纲证候间的关系

📋 案例导入

患者，男性，24 岁。2023 年 5 月 26 日初诊。患者数日前因饮食不慎，食后随即腹部胀满疼痛，大

便稀水，臭秽，曾求治于某医，医生予温补止泻之法治疗。服药后，泻虽止，但腹胀更甚，身热面红，胸腹灼热，且神志昏沉，合目欲睡，但时有躁动，手脚冰凉，口唇红燥，小便短少色黄，舌质红，舌苔黑而干燥，脉中取若有若无，沉取有力。

问题：1. 患者服药前的病证是什么？
　　　2. 服药后的变证是什么？

八纲中，表里、寒热、虚实、阴阳，各自概括一方面的病理本质。病理本质的各个方面是互相联系的，即寒热病性、邪正相争不能离开表里病位而存在，反之，也没有可以离开寒热虚实等病性而独立存在的表证或里证。因此，用八纲来分析、判断、归类证候，并不是彼此孤立、绝对对立、静止不变的，而是相互间可有兼夹、错杂，可有中间状态，并随病变发展而不断变化。临床辨证时，不仅要注意八纲基本证候的识别，更应把握八纲证候之间的相互关系，只有将八纲联系起来对病情作综合性的分析考察，才能对证候有比较全面而正确的认识。

八纲证候间的相互关系，主要可归纳为证候相兼、证候错杂、证候转化、证候真假四个方面。

一、证 候 相 兼

广义的证候相兼，是指各种证候的相兼存在。本处所指为狭义的证候相兼，即指在疾病某一阶段，其病位无论是在表、在里，但病情性质上没有寒与热、虚与实相反的证候存在。表里、寒热、虚实各自从不同的侧面反映疾病某一方面的本质，故不能互相概括、替代，而临床上的证候又不可能只涉及病位或病因病性的某一方面。因而在辨证时，论病位之在表在里，必然要区分其寒热虚实性质；论病性之属寒属热，必然要辨别病位在表或在里、邪盛或正虚；论病情之虚实，必察其病位之表里、病性之寒热。

八纲辨证在临床上常见的相兼证候有表实寒证、表实热证、里实寒证、里实热证、里虚寒证、里虚热证等，其临床表现一般是有关纲领证候的相加。按理尚应有表虚寒证、表虚热证、表里虚寒证、表里虚热证。但所谓表虚，除卫表不固证（卫阳不固，偏于虚寒）外，以往常将表证有汗出者称为"表虚"，将表证无汗者称为"表实"。其实表证的有无汗出，只是在外邪的作用下，毛窍的闭与未闭、邪正相争的不同反应而已，毛窍未闭、肤表疏松而有汗出，不等于疾病的本质属虚。"证候相兼"，是从表里病位、寒热病性、虚实病性等不同角度，对病情进行综合辨别。

二、证 候 错 杂

证候错杂是指疾病的某一阶段同时存在八纲中对立两纲的证。在错杂证中，矛盾的双方都反映着疾病的本质，临床辨证时当辨析疾病的标本缓急、因果主次，以便采取正确的治疗。八纲的错杂关系，从表与里、寒与热、虚与实的角度，分别可概括为表里同病、寒热错杂、虚实夹杂。而这三种类型又可交互错杂，形成如表实寒里虚热、表实寒里实热（即"寒包火"证）等证，临证时应对其进行综合分析。

（一）表里同病

表里同病是指在同一患者身上，既有表证，又有里证的情况。表里同病的形成可归纳为三种情况：一是发病即同时出现表证与里证的表现；二是先有表证未罢，又及于里；三是先有内伤病未愈而又感外邪。表里同病临床上常见以下六种情况。

1. 表里俱寒 如素体脾胃虚寒之人，复感风寒之邪，或外感寒邪之后，同时伤及表里，出现恶寒重发热轻、头身疼痛、鼻塞流涕、脘腹冷痛、便溏、脉迟或浮紧等。

2. 表里俱热 如素有内热之人，又感风热之邪，或外感风热未罢，又传及入里，出现发热重恶寒轻、咽喉疼痛、咳嗽、气喘、便秘、尿黄、舌红苔黄、脉数或浮数等。

3. 表寒里热　患者表里同病，寒在表而热在里的一种证候。如先有表寒未罢，又入里化热，或先有里热，复感风寒之邪，出现恶寒发热、无汗、头身疼痛、口渴喜饮、烦躁、便秘尿黄、舌红苔黄等。

4. 表热里寒　患者表里同病，表有热而里有寒的一种证候。常见于素有里寒而复感风热，或表热证未解，误下以致脾胃阳气损伤的病证。如素体阳气不足，复感风热之邪，出现发热恶寒、有汗、头痛、咽痛、尿清、便溏、腹胀满等。

5. 表里俱实　如先有饮食停滞，复感风寒之邪，出现恶寒发热、鼻塞流涕、脘腹胀满、便秘、脉浮紧等。

6. 表实里虚　如素体气血虚弱之人，复感风寒之邪，出现恶寒发热、无汗、头身疼痛、神疲乏力、少气懒言、心悸失眠、舌淡脉弱等。

（二）寒热错杂

在同一患者身上同时出现寒证和热证，呈现寒热交错的现象，称为寒热错杂。结合部位寒热错杂有上下寒热错杂和表里寒热错杂的不同。上下寒热错杂包括上寒下热和上热下寒两种情况。上、下是一组相对的概念。如以膈为界，则胸为上，腹为下。而腹部本身，上腹胃脘又为上，下腹膀胱、大小肠等又属下。表里寒热错杂包括表寒里热和表热里寒两种情况。

1. 上寒下热　患者在同一时间内，上部表现为寒，下部表现为热的证候。例如，胃脘冷痛，呕吐清涎，同时又兼见尿频、尿痛、小便短赤，此为寒在胃而热在膀胱之证。此即中焦有寒，下焦有热，就其相对位置而言，中焦在下焦之上，所以属上寒下热的证型。

2. 上热下寒　患者在同一时间内，上部表现为热，下部表现为寒的证候。例如患者胸中有热，肠中有寒，既见胸中烦热、咽痛、口干的上热证，又见腹痛喜暖、大便稀溏的下寒证，就属上热下寒证。

寒热错杂的辨证，除了要辨别上下、表里的部位，关键在于分清寒热的多少。寒多热少者，应以治寒为主，兼顾热证；热多寒少者，应以治热为主，兼顾寒证。

（三）虚实错杂

虚实夹杂是指在同一患者身上，既有虚证，又有实证。结合病位，虚实夹杂可概括为表虚里实、表实里虚，或上实下虚、上虚下实等证，所以在治疗上便有攻补兼施法。但辨别虚实夹杂的关键是分清虚实的孰多、孰少，病势的孰缓、孰急，为临床确立以攻为主，或以补为主，或攻补并重的治疗原则提供依据。因此，可将虚实夹杂概括为以虚证为主的虚中夹实、以实证为主的实中夹虚及虚证、实证难分轻重的虚实并重三种类型。

1. 实中夹虚　此证常见于实证过程中正气受损的患者，亦可见于原来体虚而新感外邪的患者。它的特点是以实邪为主、正虚为次。例如《伤寒论》的白虎加人参汤证，本来是阳明经热盛，可见壮热、口渴、汗出、脉洪大。由于热炽伤及气阴，又出现口燥渴、心烦、背微恶寒等气阴两伤的症状，这就是邪实夹虚之证。治疗以白虎汤攻邪为主，再加人参兼扶正气。

2. 虚中夹实　此证往往见于实证深重，拖延日久，正气大伤，余邪未尽的患者；亦可见于素体大虚，复感邪气的患者。其特点是以正虚为主，实邪为次。例如，春温病的肾阴亏损证，出现在温病的晚期，邪热将尽而肝肾之阴已大伤，此时呈现邪少虚多的证候。症见低热不退，口干，舌质干绛，此时治法以滋阴养液、扶正为主，兼清余热。

3. 虚实并重　此证见于以下两种情况：一是原为严重的实证，迁延时日，正气大伤，而实邪未减者；二是原来正气甚弱，又感受较重邪气的患者。其特点是正虚与邪实均十分明显，病情比较沉重。例如，小儿疳积，见大便泄泻，形瘦骨立，食欲亢盛，烦躁不安，苔厚浊，脉细稍弦。病起于饮食积滞，损伤脾胃，虚实并见，治宜消食化积与健脾同用。

三、证候转化

证候转化是指在疾病的发展变化过程中，八纲中相互对立的证在一定条件下可以相互转化。但证候转化往往有一个量变到质变的过程，因而在证的真正转化之前，可以呈现出证的相兼或错杂现象。证转化后的结果有两种：一是病位由浅及深，病情由轻而重，向加重方向转化；二是病位由深而浅，病情由重而轻，向痊愈方向转化。

八纲证之间的转化包括表里出入、寒热转化、虚实转化三种情况。

（一）表里出入

表里出入是指病邪从表入里，或由里透表。一般而言，由表入里多提示病情转重，由里出表多预示病情减轻。

1. 表邪入里 指先出现表证，因表邪不解，内传入里，致使表证消失而出现里证。例如，外感病初期出现恶寒发热、头身疼痛、汗出、苔薄黄、脉浮数等症，为表实热证。如果失治误治，表邪不解，内传于脏腑，继而出现高热、口渴、舌苔黄、脉洪大等症，表示表邪已入里化热，原来的表实热证已转化为里实热证。

2. 里邪出表 指某些里证因治疗及时、护理得当，机体抵抗力增强，驱邪外出，从而表现出病邪向外透达的症状或体征。其结果并不是里证转化为表证，而是表明邪有出路，病情有向愈的趋势。例如，麻疹患儿热毒内闭，则疹不出而见发热、喘咳、烦躁等症，通过调治后，使麻毒外透，疹子发出而烦热、喘咳等减轻、消退；外感温热病中，出现高热、烦渴等症，随汗出而热退身凉、烦躁等症减轻，均是邪气从内向外透达的表现。

邪气的表里出入主要取决于正邪双方斗争的情况，因此，掌握病势的表里出入变化，对于预测疾病的发展与转归，及时调整治疗策略具有重要意义。

（二）寒热转化

寒热转化是指寒证或热证在一定条件下相互转化，形成与原来相反的证。寒证转热提示阳气旺盛，热证转寒提示阳气衰惫。

1. 寒证转热 指患者先有寒证，后来出现热证，热证出现后，寒证便随之消失。多因机体阳气偏盛，寒邪从阳化热所致，也可见于因治疗不当，过服温燥药物的患者。例如感受寒邪，开始为表寒证，见恶寒发热，身痛无汗，苔白，脉浮紧。病情进一步发展，寒邪入里热化，恶寒症状消退，而壮热、心烦口渴，苔黄，脉数等症状相继出现，这就表示其证候由表寒而转化为里热。

2. 热证转寒 指患者先有热证，后来出现寒证，寒证出现后，热证便随之消失。多因邪盛或正虚，正不胜邪，机能衰败所致；也见于误治、失治，损伤阳气的患者。这种转化可缓可急。如热痢日久，阳气日耗，转化为虚寒痢，这是缓慢转化的过程。如高热患者，由于大汗不止，阳从汗泄，或吐泻过度，阳随津脱，出现体温骤降、四肢厥冷、面色苍白、脉微欲绝的虚寒证（亡阳），这是急骤转化的过程。

寒热证候转化，反映邪正盛衰的情况。由寒证转化为热证，是人体正气尚盛，寒邪郁而化热；热证转化为寒证，多属邪盛正虚，正不胜邪。

（三）虚实转化

疾病的发展过程往往是邪正斗争的过程，邪正斗争在证候上的反映，主要表现为虚实的变化。在疾病过程中，有些本来是实证，由于病邪久留，损伤正气，而转为虚证；有些由于正虚，脏腑功能失常，而致痰、食、血、水等凝结阻滞为患，成为因虚致实证。例如高热、口渴汗出、脉洪大之实热证，因治疗不当，日久不愈，可导致津气耗伤，而见肌肉消瘦，面色枯白，不欲饮食，虚羸少气，舌苔光剥，脉细无力等，证已由实转虚；又如病本心脾气虚，常见心悸，短气，久治未愈，突然心痛不止，这是气虚血滞引致心脉瘀阻之证，虚证已转变为实证，治当活血化瘀止痛。

疾病的发展过程往往是邪正斗争的过程，邪正斗争在证候上的反映，主要表现为虚实的变化。在疾病发展过程中，由于正邪力量对比的变化，实证可以转变为虚证，虚证亦可转化为实证。实证转虚临床常见，基本上是病情演变的一般规律；虚证转实临床少见，实际上常常是因虚致实，形成本虚标实的虚实夹杂证。

1. 实证转虚　是病情先表现为实证，由于失治、误治，以及邪正斗争的必然趋势等原因，以致病邪耗伤正气，或病程迁延，邪气渐却，阳气或阴血已伤，渐由实证转为虚证。

2. 虚证转实　是指病情本为虚证，由于正气不足，气化失常，以致病理产物等停积体内，邪实上升为矛盾的主要方面，而表现以实为主的证候，一般不能理解为虚证转实，而应属于虚实夹杂的范畴。例如，心阳气虚日久，温煦无能，推运无力，则可使血行迟缓而成瘀，在原有心悸、气短、脉弱等心气虚证的基础上，出现心胸绞痛、唇舌紫暗、脉涩等症，则是心血瘀阻证，此时血瘀之实的表现较心阳气亏虚的表现显得更为突出。又如，脾肾阳虚不能温运气化水液，以致水湿泛滥，出现水肿等症，都是因虚而致实，并不是真正的虚证转化为实证。所谓虚证转化为实证，并不是指正气来复，病邪转为亢盛，形成邪盛而正不虚的实证，而是在虚证基础上转化为以实证为主要矛盾的证，其本质是因虚致实，本虚标实。

四、证候真假

某些疾病在病情危重阶段，可以出现一些与疾病本质相反的"假象"，以掩盖病情的真象。所谓"真"，是指与疾病的内在本质相符的证候；所谓"假"，是指疾病表现的某些不符合常规认识的假象，即与病理本质所反映的常规证候不相符的某些表现。对于证候的真假，必须认真辨别，才能去伪存真，抓住疾病的本质，对病情作出准确的判断，否则往往造成误诊。

（一）寒热真假

当寒证或热证发展到极点时，有时会出现与疾病本质相反的一些假象，如"寒极似热""热极似寒"，即所谓真寒假热，真热假寒。这些假象常见于病情危笃的严重关头，如不细察，往往容易贻误治疗时机。

1. 真寒假热　是内有真寒而外见假热的证候。其产生机理是阳气虚衰，阴寒内盛格阳于外，阴阳寒热格拒，故又称"阴盛格阳证""戴阳证"。阴盛于内，格阳于外，形成虚阳浮越阴极似阳的现象，其表现如：身热，面色浮红，口渴，脉大等似属热证，但患者身虽热却反欲盖衣被，渴欲热饮而饮不多，两颧浮红如妆，时隐时显，不像实热之满面通红，脉大却按之无力。同时还可见四肢厥冷，下利清谷，小便清长，舌淡苔白等。此种情况，热象是假，阳虚寒盛才是疾病的本质。

2. 真热假寒　是内有真热而外见假寒的证候。其产生机理，是由于阳热内盛，阳气闭郁于内，不能布达于四肢而形成，或者阳盛于内，拒阴于外，故也称为"阳盛格阴"，根据其阳热闭郁而致手足厥冷的特点，又称其为"阳厥"或"热厥"。其内热愈盛则肢冷愈严重，即所谓"热深厥亦深"。其表现如手足冷，脉沉等，似属寒证，但四肢冷而身热不恶寒反恶热，脉沉数而有力，更见烦渴喜冷饮，咽干、口臭、谵语、小便短赤，大便燥结或热痢下重，舌质红，苔黄而干等里实热证的表现。这种情况下，手足厥冷和脉沉就是假寒的现象，内热才是疾病的本质。

辨别寒热真假的要领，除了四诊合参、全面分析了解疾病的全过程，还应从以下两个方面辨别：①假象的出现，多在四肢、皮肤和面色方面，而脏腑气血、津液等方面的内在表现则常常如实反映着疾病的本质，故辨证时应以里证、舌象、脉象等方面为主要依据。②假象毕竟和真象不同，如假热之面赤，是面色㿠白而仅在颧颊上见浅红娇嫩之色，时隐时现，而真热的面红却是满面通红。假寒常表现为四肢厥冷，而胸腹部却是大热，按之灼手，或周身寒冷而反不欲近衣被，而真寒则是身蜷卧，欲加衣被。

（二）虚实真假

虚证和实证，有真假疑似之分，辨证时要从错杂的证候中，辨别真假，以去伪存真，才不致犯"虚虚实实"之戒。辨虚实之真假与虚实之错杂证绝不相同，应注意审察鉴别。

1.真实假虚 指疾病本质属实证，但又出现一些"虚赢"的现象。如热结肠胃，痰食壅滞，大积大聚之实证，却见神情沉静，身寒肢冷，脉沉伏或迟涩等。若仔细辨别则可以发现，神情虽沉静，但语出则声高气粗；脉虽沉伏或迟涩，但按之有力；虽然形寒肢冷，但胸腹久按灼手。导致这类似虚之症脉的原因并不是病体虚弱，而是实邪阻滞经络，气血不能外达之故，因此称这类症脉为假象，古称之为"大实有赢状"。此时治疗仍应专力攻邪。

2.真虚假实 指疾病本质属虚证，但又出现一些实的现象。如素体脾虚、运化无力，因而出现腹部胀满而痛，脉弦等症脉。若仔细辨可以发现，腹部胀满，即有时减轻，不似实证的常满不减；虽有腹痛，但喜按；脉虽弦，但重按则无力。导致这类似实之症脉的原因并不是实邪，而是脏腑虚衰，运化无力，气机壅滞，故亦称这类症脉为假象。古人所谓"至虚有盛候"，就是指此而言，治疗应用补法。

当出现上述"真实假虚"或"真虚假实"的情况时，一定要注意围绕虚、实证的表现特点及鉴别要点综合分析，仔细辨别，从而分清虚实的真假。应特别注意如下几点作为辨别虚实真假的要点，以指导临床辨证：①脉象的有力无力、有神无神；浮候如何，沉候如何。尤以沉取之象为真谛。②舌质的胖嫩与苍老，舌苔的厚腻与否。③言语发声的亢亮与低怯。④患者体质的强弱，发病的原因，病证的新久，以及治疗经过等。

？ 思 考 题

1. 为什么说阴阳是八纲的总纲？
2. 简述寒证与热证的鉴别要点。
3. 证候转化与证候真假有何不同？

本章数字资源

模块六　病因辨证

病因辨证是在中医理论的指导下，运用病因基本理论，对四诊收集的病情资料进行分析、归纳，以确定疾病属于何种因素所致的一种辨证方法。

疾病发生的原因多种多样，主要有外感六淫、疠气、内伤七情、劳逸失度、饮食失调、寄生虫及外伤等。病因辨证包括外感病因辨证、内伤七情辨证、劳伤辨证、食积与虫积辨证、外伤辨证等。

项目一　外感病因辨证

案例导入

患者，男性，26 岁。2024 年 7 月 16 日初诊。患者今日中午在户外徒步中，突感气短恶心，口渴汗出，神疲，肢体困倦，小便短黄，舌红少津，脉虚数。在阴凉处休息后，感症状缓解。

问题： 本案属何种病邪所致？

外感病是指因感受六淫、疠气等外邪而引起的疾病。外感病因辨证是根据外感病邪的性质和致病特点，对四诊收集的病情资料进行分析、归纳，以确定外感疾病具体病因和病机的辨证方法。其主要包括六淫辨证和疫疠辨证。

一、六　淫　辨　证

六淫辨证是根据患者当前的症状、体征、病史等，对照六淫的性质和致病特点，辨别疾病当前病理本质是否存在六淫证候的辨证方法。

六淫包括风淫、寒淫、暑淫、湿淫、燥淫、火淫。六淫病证是因感受外邪而产生，多与季节、气候和居处环境有关；六淫各病证既可单独存在，又可相互兼夹，还可在一定条件下发生转化。临床上有一些证候与六淫证候的临床表现类似，但并非外感所致，而是在疾病过程中，由于脏腑功能失调而产生的内风、内寒、内湿、内燥、内热等，属于"内生五邪"，应与六淫证候加以区分。

（一）风淫证

风淫证是指风邪侵袭人体肤表、经络等，导致卫外功能失常，以起病迅速、变化多端、游走不定为特点的症状、体征为主要表现的证候，又称为"外风证"。

【临床表现】恶风，微发热，汗出，脉浮缓，苔薄白。或有鼻塞，流清涕，喷嚏，咳嗽，咽喉痒痛；或突发皮肤瘙痒，风团，瘾疹；或突发肌肤麻木，口眼㖞斜；或肌肉僵直、痉挛、抽搐；或肢体关节游走作痛；或新起面睑、肢体浮肿等。

【证候分析】风邪袭表，伤人卫气，卫气不固，腠理疏松，则见恶风发热，汗出，脉浮缓；风邪袭肺，肺气失宣，鼻窍不利，则见鼻塞，流清涕，打喷嚏，咳嗽，咽喉痒痛；风邪侵袭肤表肌腠，使营卫郁滞不畅，则见突发皮肤瘙痒，风团，瘾疹；风邪或风毒侵袭经络，经气阻滞不通，轻则可出现肌肤麻木，口眼㖞斜，重则肌肉僵直、痉挛、抽搐；风邪善行，侵袭筋骨关节，则见肢体关节游走疼痛；风邪侵犯，肺通调水道失职，则见面睑、肢体浮肿。

注意内风证与风淫证的区别。内风证是因机体内部的病理变化，如热盛、阳亢、阴虚、血虚等，出现类似风性动摇为主要表现的证候，又称为"动风"。而风淫证主要是感受外界风邪导致，证候表现亦与内风有所不同，临床时应加以鉴别。

【辨证要点】新起恶风，微热，汗出，脉浮缓；或突起风团、瘙痒，麻木，肢体关节游走疼痛，面睑浮肿等。

（二）寒淫证

寒淫证是指寒邪侵袭机体，阳气被遏，以恶寒、无汗、局部冷痛、脉紧等为主要表现的证。

【临床表现】恶寒重，或伴发热，无汗，头身疼痛，鼻塞或流清涕，脉浮紧等；或见咳嗽，哮喘，咳稀白痰；或局部拘急冷痛；或四肢厥冷；或腹痛肠鸣，呕吐，泄泻等。口不渴或渴喜热饮，小便清长，面色苍白甚或青，舌苔白，脉紧或沉迟有力。

【证候分析】寒邪束表，腠理闭塞，阻遏卫阳，卫气内郁不能外达肌表，故恶寒，无汗，鼻塞，流清涕，脉浮紧；寒凝经络，经络气血不通，不通则痛，故头身疼痛。此为寒淫证之伤寒证。伤寒证，又称表实寒证、外寒证、表寒证、风寒表证等。

此外，寒淫证还有中寒证。中寒证指寒邪直中于里，伤及脏腑、气血，遏制并损伤阳气，阻滞脏腑气机和血液运行所表现的里实寒证，又称内寒证、里寒证等。寒邪客于不同脏腑，可有不同的证候特点。寒邪客肺，肺失宣降，故见咳嗽，哮喘，咳稀白痰；寒邪郁结于经脉，经脉收缩而挛急，故局部拘急冷痛；寒性凝滞，阳气不达四肢，故四肢厥冷；寒滞胃肠，使胃肠气机不利，和降传导失常，故腹痛，肠鸣，吐泻；面色苍白甚或青紫，舌苔白，脉紧或沉迟有力，均为阴寒内盛之征象。

【辨证要点】伤寒证以恶寒，或伴发热，无汗，脉浮紧等为辨证要点；中寒证以患部拘急冷痛，苔白，脉紧或沉迟有力等为辨证要点。

（三）暑淫证

暑淫证是指感受暑热之邪，耗气伤津，以发热、汗出、口渴、疲乏等为主要表现的证候。

【临床表现】发热恶热，心烦汗出，口渴喜冷饮，神疲气短，肢体困倦，小便短黄，舌红，苔白或黄，脉虚数；或发热神昏，猝然昏倒，汗出不止，甚至昏迷，惊厥，抽搐；舌红绛少津，脉细数。

【证候分析】暑性炎热，蒸腾津液，故发热恶热，心烦汗出；暑邪耗气伤津，故口渴喜冷饮，神疲气短，小便短黄；暑易夹湿，阻碍气机，故见肢体困倦，舌红，苔白或黄。此为暑淫证之伤暑证。

若湿邪较甚，阻遏中焦，则可见胸闷脘痞，腹痛，呕恶；邪气闭阻，玄府不通，则无汗；苔黄腻，脉濡数。此为暑湿证。

若暑热上扰清窍，暑闭心神，则见发热，甚至猝然昏倒，昏迷、抽搐；暑热炽盛，营阴受灼，故汗出不止，舌绛干燥，脉细数等。此为暑淫证之中暑证。

【辨证要点】有夏季感受暑热之邪的病史，发热，汗出，口渴，疲乏，尿黄等。

（四）湿淫证

湿淫证是指感受外界湿邪，阻遏人体气机与清阳，以头身困重、肢体酸痛重着、腹胀腹泻等为主要表现的证候，又称"外湿证"。

【临床表现】头昏沉如裹，肢体困重，倦怠嗜睡。胸脘痞闷，呕恶纳呆，食少腹胀，口腻不渴，便溏黏滞，小便混浊，面色晦垢，舌苔腻，脉濡、缓或细。或关节疼痛重着，屈伸不利，或妇女带下量多质稠，或皮肤出现湿疹瘙痒等。

【证候分析】湿性重着黏腻，留滞经络，阻遏气机，故头昏沉如裹，肢体困重，倦怠嗜睡；湿困脾胃，气机不畅，运化失调，故胸脘痞闷，呕恶纳呆，食少腹胀，口腻不渴，便溏黏滞；湿邪趋下、重浊，湿侵阴位，故小便混浊，妇女带下量多质稠。湿邪郁于肌肤，故皮肤出现湿疹瘙痒。面色晦垢，舌苔腻，脉濡、缓或细均为感受湿邪之征象。

注意，外湿证虽为感受外界湿邪而生，但常与内湿病证相合为病。

【辨证要点】肢体困重、酸楚，胸脘痞闷，苔腻浊，脉濡缓等。

（五）燥淫证

燥淫证是指外感燥邪，耗伤津液，以口鼻、咽喉、皮肤干燥等为主要表现的证候，又称"外燥证"。燥淫证的发生有明显的季节性或地域性。

【临床表现】口唇、鼻腔、咽喉干燥，皮肤干燥甚至皲裂、脱屑。口渴多饮，干咳少痰，痰黏难咯，大便干结，小便短黄，舌苔干燥。

【证候分析】燥性干燥枯涩，多从口鼻而入，易伤肺津，故口鼻、咽喉、皮肤干燥，舌苔干燥，干咳少痰，痰黏难咯；大便干结，小便短黄，口渴多饮亦为燥邪伤津的表现。

燥淫证有温燥和凉燥之分。温燥多见于初秋之季，气候尚热，余暑未消，燥热侵犯肺卫，在干燥津伤的表现基础上，又见表热证候；凉燥多见于深秋季节，气候既凉，气寒而燥，人体感受凉燥，除了干燥少津的表现，还见表寒证候。

血虚、津亏，也可导致干燥症状，属内燥，与外燥证症状相似，但两者在概念上有别。两者亦可相互为因，内外合病。

【辨证要点】时值秋季或处于气候干燥的环境，具有干燥不润的症状。

（六）火（热）淫证

火淫证是指外感温热火邪，阳热内盛，以发热、口渴、面红、便秘、尿黄、舌红、苔黄、脉数等为主要表现的证。

【临床表现】发热恶热，面红目赤，渴喜冷饮；或烦躁狂乱，神昏谵语；或各种出血；或局部痈肿疮疡；小便短赤，大便秘结，舌红或绛，苔黄而干或灰黑而干，脉洪滑数。

【证候分析】火性燔灼，充斥于外，故发热恶热；火热上炎，故面红目赤；热盛伤津，故渴喜冷饮，小便短赤，大便秘结；热扰心神，故烦躁狂乱，神昏谵语；热盛动血，迫血妄行，故各种出血；火热之邪郁结局部，气血壅滞，肉腐血败，故发为痈肿疮疡；舌红绛，苔黄而干或灰黑干燥，脉洪滑数，均为火热炽盛之象。

【辨证要点】新病突起，病势较剧，发热，口渴，便秘，尿黄，出血，舌红苔黄，脉数等。

考点与重点　风淫证、寒淫证、暑淫证、湿淫证、燥淫证、火淫证的临床表现

二、疫疠辨证

疫疠辨证是根据疫疠的性质和致病特点，对四诊所收集的病情资料进行分析、综合，通过辨证以确定疫病病因的辨证方法。疫疠传染性强，流行面广，发病急骤，病情危笃，传变迅速，一气一病，多与气候反常和恶劣环境有关。疫疠为自然界中的一种特殊的病邪，其致病具有传染性强，并迅速蔓延流行的特点。

【临床表现】可分为燥热疫和湿热疫两大类。①燥热疫：大热大渴，头痛如劈，两目昏瞀，或狂躁谵妄，咽喉痛烂，骨节烦疼，腰如被杖，或吐衄发斑，或绞肠痛绝，或抽搐强直，或猝然仆倒，不省人事，舌绛苔焦或起芒刺，脉数或浮大。②湿热疫：憎寒恶热，而后但热不寒，午后热甚，头身疼痛，或

腹痛吐泻，或猝发黄疸，或神昏谵语，或痰喘肿胀，舌红绛，苔浊腻或白厚如积粉，脉濡数。

【证候分析】①燥热疫：多因热毒充斥表里、脏腑，津血大亏所致。燥热炽盛，津血大亏，故大热大渴；火热上攻，故头痛如劈，两目昏瞀，咽喉痛烂；火热扰乱心神，故狂躁谵妄；燥热津伤，脏腑失养，气血不和，故骨节烦疼，腰如被杖，绞肠痛绝；热盛动血，故吐衄发斑；火热炽盛，引动肝风，故抽搐强直，或猝然仆地不省人事；舌绛苔焦起芒刺，脉数或浮大，乃燥热炽盛，津血大亏之征象。②湿热疫：多因湿遏热伏，邪阻膜原，三焦气滞所致。湿遏热伏，邪正相争，故憎寒恶热，而后但热不寒，午后热甚；湿热内蕴，三焦气滞，故头身疼痛，或腹痛吐泻，或痰喘肿胀；湿热伤及肝胆，胆汁外溢，故发为黄疸；热扰心神，故神昏谵语；舌红绛，苔浊腻或白厚如积粉，脉濡数，乃湿热内蕴之征象。

【辨证要点】发病急骤，传染性强，症状相似，病情危重，兼见燥热或湿热之象。

项目二　内伤七情辨证

📋 案例导入

患者，女性，50岁。2021年4月18日初诊。患者平素烦躁多怒，近日因琐事与人争吵，突感胸胁胀闷，面红目赤，眩晕耳鸣，后昏厥猝倒。舌红苔黄，脉弦。

问题：本案属何种病因所致？

内伤七情辨证，是根据患者当前的症状、体征、病史等，对照内伤七情致病的特点，辨别疾病当前病理本质是否存在着内伤七情证候的辨证方法。

情志活动，是人体的精神意识对外界事物的反应，主要有喜、怒、忧、思、悲、恐、惊"七情"。内伤七情证候，是指由于精神刺激过于强烈或过于持久，人体不能调节适应，导致神气失常，脏腑、气血功能紊乱所表现出的证候。内伤七情证候既有精神情志方面异常的症状，同时也可有脏腑气机失常的症状。不同的情志变化，会产生不同形式的气机逆乱，进而伤及不同的脏腑，引起相应的证候。

一、怒 伤 证 候

怒伤证候指因暴怒或过度愤怒，导致肝气横逆、阳气上亢，以烦躁多怒、胸胁胀闷、面赤头痛等为主要表现的情志证候。

【临床表现】烦躁多怒，胸胁胀闷，头胀、头痛，面红目赤，眩晕耳鸣，或脘腹胀痛、泄泻，甚至呕血、发狂、昏厥猝倒，舌红苔黄，脉弦劲有力。

【证候分析】怒为肝之志，怒则气上，愤怒过度，以致肝气升发太过，阳气上亢，血随气涌，故见面红目赤，头胀头痛，眩晕耳鸣，甚至呕血；肝气郁滞而欲发，故见胸胁胀闷，烦躁多怒；肝气横逆犯脾，故见脘腹胀痛、泄泻；阳气暴张而化火，冲扰神气，可表现为发狂、昏厥猝倒。舌红苔黄，脉弦劲有力，为气逆阳亢之征。

【辨证要点】有导致愤怒的情志因素存在，烦躁多怒，胸胁胀闷，头胀头痛等。

二、喜 伤 证 候

喜伤证候指由于过度喜乐，导致神气失常，以喜笑不休、精神涣散等为主要表现的情志证候。

【临床表现】喜笑不休，心神不安，精神涣散，思想不集中，或举止失常，甚则哭笑无常，语无伦次，狂乱妄动，肢体疲软，脉缓。

【证候分析】喜为心之志，适度喜乐能使人心情舒畅。然喜乐无制，则可使心气弛缓，神气不敛，故见精神涣散，思想不集中，肢体疲软，脉缓等；暴喜过度，神不守舍，故见语无伦次，狂乱妄动等。

【辨证要点】有导致喜悦的情志因素存在，喜笑不休，心神不安，精神涣散等。

三、悲伤证候

悲伤证候指由于悲伤过度，使气机消沉，伤及肺脏，以善悲喜哭、精神沮丧、意志消沉等为主要表现的情志证候。

【临床表现】善悲喜哭，精神沮丧，面色惨淡，神疲乏力；甚者心悸怔忡，健忘失眠，意志消沉。

【证候分析】悲为肺之志，悲则气消，悲伤过度，则神气涣散，意志消沉，故见善悲喜哭，精神沮丧，面色惨淡，神疲乏力等。

【辨证要点】有导致悲伤的情志因素存在，善悲喜哭，精神沮丧，意志消沉等。

四、忧伤证候

忧伤证候指由于忧伤过度，导致气机沉郁，以情绪抑郁、闷闷不乐、善叹息等为主要表现的情志证候。

【临床表现】情绪抑郁，闷闷不乐，胸闷气短，善太息，脘痞腹胀，食少纳呆，干咳少痰，甚则咯血或痰中带血，面白无华，消瘦。

【证候分析】肺在志为忧，忧则气沉，忧愁过度，必伤于肺，因脾肺有母子之气相通，故也有伤于脾者。忧愁过度，气机沉郁，情志不舒，故见情绪抑郁，闷闷不乐，善太息；肺气郁闭不宣，则胸闷气短，或干咳少痰，甚则咯血或痰中带血；脾气不运，故脘痞腹胀，食少纳呆，日久则面白无华，消瘦。

【辨证要点】有导致忧愁的情志因素存在，情绪抑郁，闷闷不乐，胸闷气短，善太息等。

五、思伤证候

思伤证候指由于思虑过度，导致心脾等脏腑气机紊乱，以神思恍惚，纳呆腹胀，健忘，失眠多梦等为主要表现的情志证候。

【临床表现】神思恍惚，食少纳呆，脘痞腹胀，便溏，心悸，健忘，失眠，多梦等。

【证候分析】思为脾之志，思虑太过则气结不散，脾不得正常受纳、运化，故食少纳呆，脘痞腹胀，便溏；思虑过度，暗耗心血，血不养神，故心悸、健忘、失眠、多梦等。

【辨证要点】有导致思虑过度的情志因素存在，神思恍惚，纳呆腹胀，失眠多梦等。

六、恐伤证候

恐伤证候指由于恐惧过度，导致肾虚气陷，封藏失司，以恐惧不安、遗精滑精、二便失禁等为主要表现的情志证候。

【临床表现】恐惧不安，心悸失眠，精神不振，遗精滑精，阳痿早泄，二便失禁等。

【证候分析】恐为肾之志，恐则气下，恐惧过度，以致肾气不固，神气不宁，故恐惧不安，心悸失眠，精神不振；肾虚气陷，封藏失司，故遗精滑精，阳痿早泄，二便失禁等。

【辨证要点】有导致恐惧的情志因素存在，以恐惧不安等为辨证要点。

七、惊伤证候

惊伤证候指由于经受过度惊骇，导致气机逆乱，而出现以胆怯易惊，坐卧不安，失眠多梦等为主要表现的情志证候。

【临床表现】胆怯易惊，惊悸不宁，坐卧不安，失眠多梦等。

【证候分析】惊则心无所倚，惊则气乱，惊吓过度，以致心神不宁，神无所归，故胆怯易惊，惊悸不宁，坐卧不安；气机逆乱，故神智志错乱，突然晕厥等。

【辨证要点】有导致惊骇的情志因素存在，以胆怯易惊，惊悸不宁，坐卧不安，失眠多梦等为辨证要点。

项目三　劳伤辨证

案例导入

患者，男性，56岁。2023年6月15日初诊。患者平素喜静喜卧，安逸少动。形体肥胖，身倦乏力，动则汗出气喘，精神萎靡，健忘，反应迟钝。舌淡，脉细弱。

问题： 本案属何种病因所致？

劳伤辨证，是根据患者当前的症状、体征、病史等，对照劳逸失度的致病特点，辨别疾病当前病理本质是否存在劳逸失度证候的辨证方法。劳伤主要有劳力、劳神、房劳和过逸等四个方面。

一、劳力证候

劳力证候指因劳力过度，气耗难复，损伤脏腑的证候。

【临床表现】气短乏力，嗜睡体倦，神疲懒言，食欲不振；或局部或全身酸软、疼痛不适，多发生于腰背、四肢关节等用力部位，常伴有压痛、活动受限等。

【证候分析】劳力过度，耗气伤血，积劳成疾，致脾肺气虚，故气短乏力，嗜睡体倦，神疲懒言，食欲不振；劳力过度，损伤筋骨，故局部或全身酸软、疼痛不适。

【辨证要点】神疲懒言，乏力气短，或局部或全身酸软疼痛等。

二、劳神证候

劳神证候指因思虑过度，心血暗耗，损伤心脾的证候。

【临床表现】心悸怔忡，健忘恍惚，失眠多梦，食少纳呆，腹胀脘痞，便溏，消瘦，面色少华等。

【证候分析】思虑过度，心血暗耗，使心神失养，故心悸怔忡，健忘恍惚，失眠多梦；思则气结，脾气失运，故食少纳呆，腹胀脘痞，便溏；脾虚日久，故消瘦，面色少华等。

【辨证要点】心悸，健忘，失眠多梦，食少便溏，甚则身心憔悴等。

三、房劳证候

房劳证候指房事太过等，损耗肾精、肾气的证候。

【临床表现】腰膝酸软，眩晕耳鸣，精神萎靡，性功能减退，或遗精、滑精、阳痿、早泄，或月经不调、滑胎不孕等。

【证候分析】房事太过，或早孕多育等，耗伤肾精、肾气，根本动摇，故腰膝酸软，眩晕耳鸣，精神萎靡，性功能减退；肾气不固，肾精失于封藏，故遗精、滑精、阳痿、早泄，或月经不调，滑胎不孕等。

【辨证要点】腰膝酸软，男子遗精早泄，女子滑胎不孕、月经不调等。

四、过逸证候

过逸证候指安逸少动或长期用脑过少，损伤脏腑、气血的证候。

【临床表现】形体肥胖，身倦乏力，动则汗出、气喘、心悸；精神萎靡，健忘，反应迟钝；抗邪无力，易感外邪；甚则形成气滞血瘀、水湿痰饮、结石等病变等。

【证候分析】过度安逸，气血运行不畅，脾胃功能减退，故形体肥胖，身倦乏力；久则影响气血津液运行，形成气滞血瘀、水湿痰饮、结石等病变；过逸少动，气血不行，正气虚弱，故动则汗出、气喘、心悸，抗邪无力，易感外邪；用脑过少，阳气不振，故精神萎靡，健忘，反应迟钝等。

【辨证要点】形体肥胖，身倦乏力，精神萎靡等。

项目四　食积辨证与虫积辨证

案例导入

患儿，男性，6岁。2022年3月10日初诊。患者平时偶有腹痛，昨日夜发脘腹绞痛，时发时止，伴恶心呕吐，吐出食物、痰涎，并有蛔虫1条，舌淡，脉细弱。

问题：本案属何种病邪所致？

一、食 积 辨 证

食积辨证，是根据患者当前症状、体征、病史等资料，对照饮食失宜的致病特点，辨别疾病当前病理本质是否存在饮食损伤证候的辨证方法。

食积证候指饮食过量，超过脾胃承受能力，难于消化传输的证候。

【临床表现】胃脘胀满或疼痛，嗳腐吞酸，纳呆厌食，恶心或吐出酸腐不化的食物，舌苔厚腻浊垢，脉滑有力；或脐腹胀满疼痛拒按，肠鸣而矢气频转，排便不爽，泄出糊状、水样粪便而臭如败卵，苔微黄而根厚腻，脉沉滑等。

【证候分析】多因暴饮暴食，或过食肥甘厚味，或酗酒而致饮食积滞于胃肠而成。饮食积滞于胃脘，纳运失职，故胃脘胀满或疼痛，嗳腐吞酸，纳呆厌食，恶心或吐出酸腐不化的食物；饮食积滞于肠道，大肠传化失司，故脐腹胀满疼痛，肠鸣而矢气频转，排便不爽，泄出糊状、水样粪便而臭如败卵；舌苔厚腻浊垢，脉滑有力，均为饮食积滞之征象。

【辨证要点】以脘腹胀满或痛，嗳腐吞酸，纳呆厌食，排便臭如败卵，舌苔垢腻，脉滑有力为辨证要点。

二、虫 积 辨 证

虫积辨证，是根据患者当前症状、体征、病史等资料，对照虫积的致病特点，辨别寄生虫种类和虫积性质的辨证方法。

虫积证候指寄生虫侵入人体、发育、繁殖，耗伤气血，阻碍气机，影响脏腑功能的证候。

【临床表现】脐周腹痛，时作时止，腹部可触及条索状虫团，胃脘嘈杂，大便失调，吐虫、便虫，嗜食异物，或睡中龄齿，或面目有虫斑，或发"蛔厥"；或面色萎黄，形体消瘦，神疲乏力，头晕心悸，唇爪淡白无华，舌淡脉细弱等。

【证候分析】虫积肠道，阻滞气机，故脐周腹痛，时作时止，腹部可触及条索状虫团；上扰胃腑，下泄肛门，故胃脘嘈杂，大便失调，吐虫便虫，嗜食异物，或睡中龄齿，或面目虫斑；虫积阻闭气机，故发蛔厥；虫积耗损气血，脏腑组织失养，故面色萎黄，形体消瘦，神疲乏力，头晕心悸，唇爪淡白无华，舌淡脉细弱。

【辨证要点】一是腹痛时作时止，吐虫、便虫，或触及虫团；二是面黄肌瘦等气血不足的表现；三是结合大便镜检发现虫卵。

项目五 外 伤 辨 证

外伤辨证，是根据患者当前症状、体征、病史等资料，判断外伤疾病的具体病因、损伤程度的辨证方法。

外伤证候指因跌打坠伤、撞击挤压伤、扭伤、金刃枪弹伤、烧烫伤、虫兽咬伤、冻伤、雷击、电击伤、溺水等各种外力，以及外物直接作用于人体而造成组织、器官、脏腑损伤的证候。

【临床表现】局部疼痛、肿胀、青紫、创口、皮损、流血、筋断、骨折、脱臼；或恶寒发热，或持续高热；或活动受限，功能障碍；或大出血、呼吸困难、神昏、生命体征消失，甚至死亡。

【证候分析】外力损伤软组织而局部气滞血瘀，故致肿胀、青紫、疼痛、活动受限、压痛等；体表创伤，故见伤口、皮损、流血、剧痛；感染毒邪，局部迅速红肿热痛，化脓溃烂，故见恶寒发热或持续高热；骨折和脱臼，故致局部肿痛、拒按、活动受限，功能障碍；损伤脏器和血管，故轻则局部疼痛、压痛拒按，少量渗血，相关脏腑功能障碍，重则可致大出血、呼吸困难、神昏、脉微欲绝、气息奄奄，甚至死亡。至于烧烫伤、虫兽咬伤、冻伤、雷击电击伤、溺水等表现各异，不一一列举。

【辨证要点】一是有外伤史，伤后立即或稍后发病；二是伤处有痛、瘀、肿、出血表现；三是脱臼、骨折、内出血、脏器损伤可借助影像学检查确诊。

❓ 思 考 题

1. 何谓"风淫证"？
2. 惊伤证候的辨证要点有哪些？
3. 过逸证候造成虚实病证的主要机理是什么？

本章数字资源

模块七 气血津液辨证

气血津液辨证，是运用脏腑学说中气血津液的理论，分析气、血、津液所反映的各科病证的一种辨证诊病方法。

气血津液是脏腑功能活动的物质基础。在生理上，气血津液的生成及运行有赖于脏腑的功能活动。在病理上，脏腑发生病理变化，可以影响到气血津液的变化；而气血津液的病理变化，也会影响到脏腑的功能。气血津液的病理变化与脏腑密切相关。因此，气血津液辨证应与脏腑辨证中各脏腑功能失调所致的气血津液盈亏的相关内容互相参照。

项目一 气病辨证

案例导入

患者，男性，45岁。常年工作压力大，作息不规律。半年多来，出现体力下降、精神不振的症状。患者诉早起时感到乏力，白天容易疲劳，特别是下午2点以后，症状加重，工作中容易感到困倦，影响工作效率，偶尔有气短、胸闷，饮食较清淡，偏爱辛辣食物，常感口干、口渴。面色略苍白，舌质淡，脉弱。

问题：1. 本案主诉是什么？
　　　2. 试述辨证诊断思路和机理分析。
　　　3. 该病案的辨证结论是什么？

气病辨证是以气的生理功能为依据，分析、判断导致气病的病因、病机以及证型的一种辨证方法。《素问·举痛论》说"百病生于气也"，指出了气病的广泛性。气病主要包括气的亏虚和气的运行障碍两方面的病理变化，共七种证型。

一、气虚证

气虚证指元气不足，气的推动、温煦、固摄、防御、气化等功能减退的病理表现。气虚证指元气不足导致气的功能活动减退所致的虚弱证候。

【临床表现】少气懒言，神疲乏力，声音低微，呼吸气短，头晕目眩，面色少华，自汗，易感冒，活动时诸证加重，舌淡苔白，脉虚无力。

【证候分析】人体脏腑组织功能活动的强弱与气的盛衰有密切关系，气盛则机能旺盛，气衰则机能活动减退。由于元气不足，脏腑功能衰退，故少气懒言，神疲乏力，声音低微，呼吸气短；气虚清阳不升，头面失养，故头晕目眩，面色少华；卫气虚弱，不能固护肌表，故自汗，易感冒；劳则气耗，故活动时诸症加重；气虚无力鼓动血液运行，血不上荣于舌，故舌淡苔白；气虚运血无力，故脉虚无力。

【辨证要点】以神疲乏力，声音低微，少气懒言，舌淡脉弱为辨证要点。

二、气 陷 证

气陷证指气虚无力升举，清阳下陷所导致的虚弱证候。

【临床表现】头晕眼花，耳鸣，少气倦怠，脘腹坠胀，久泻久痢，便意频频，白浊带下量多，或有内脏下垂、脱肛、阴挺等常见证候。常伴有气虚证的一般见症。

【证候分析】本证多由气虚证发展加重而来，故头晕眼花、耳鸣、少气倦怠；气虚不能升举，不能固托内脏，故见久泻久痢、脘腹坠胀、内脏下垂、脱肛、阴挺等证候；气虚则血不足，则舌淡苔白，脉弱。

【辨证要点】以脘腹坠胀，久泻久痢，内脏下垂或外脱，伴见气虚证为辨证要点。

三、气虚不固证

气虚不固证指因气虚不能固摄精、血、津液所致的虚弱证候。

【临床表现】自汗不止；或为涕、泪、涎、唾不止；或见各种出血；或见遗尿，余沥不尽，小便失禁；或为大便滑脱失禁；或妇女出现崩漏、滑胎、小产；或见男子遗精、滑精、早泄；常伴有气虚证的一般见症。

【证候分析】气虚不能固摄津液，津液外泄于腠理和孔窍，故自汗不止，涕、泪、涎、唾量多清稀；气虚不能摄血，血溢脉外，故见各种出血；气虚下元固摄失职，故见遗尿、余沥不尽、小便失禁，或为大便滑脱失禁，或妇女出现崩漏、滑胎、小产，或男子遗精、滑精、早泄等。本证多由气虚证发展而来，故可见气虚证的一般证候。总之，气虚不固证的病机有三：一是"卫表不固"；二是"气不摄血"；三是"肾气不固"。

【辨证要点】汗多，二便失禁，各种出血，滑精，滑胎等精、血、津液过度外泄症状，伴见气虚证症状。

四、气 脱 证

气脱证指元气衰极而气欲外脱的危急证候。气脱在气虚、气陷、气虚不固证的基础上发展而成，也可在大汗、大泻、大失血、急性中毒、严重外伤等情况下迅速出现，以致全身功能极度衰竭，如抢救不及时会导致死亡。

【临床表现】呼吸微弱而不规则，汗出不止，口开目合，全身瘫软，神识昏聩，二便失禁，面色苍白，口唇青紫，舌苔白润，脉微欲绝。

【证候分析】临床特点有二：一是常见气随血脱；二是气脱与亡阳常并见。肺气衰竭，故呼吸微弱而不规则；心气衰极，故脉微欲绝，神识昏聩，大汗淋漓；脾气衰竭，故面色苍白，口唇青紫；肝肾气衰竭，故口开目合，全身瘫软，二便失禁。

【辨证要点】以呼吸微弱，神识昏聩，汗出不止，二便失禁，脉微欲绝为辨证要点。

五、气 滞 证

气滞证指人体局部或全身气机不畅乃至停滞不行所致的证候。

【临床表现】以局部或全身胀满、痞闷、胀痛等自觉症状为主症，且症状时轻时重，走窜不定，按之无形，叩之如鼓，随不良情绪诱发而加重，随心情好转或嗳气、太息、矢气而减轻，脉象多弦，舌象可无明显变化。

【证候分析】气机阻滞，不通则痛，故胀满、痞闷、胀痛，且走窜不定，按之无形。当嗳气、太息、矢气或情志舒畅时，气机暂通，故症状缓解；当情志不舒时，气滞加重，故发病或加剧。气滞部位不同，则临床表现各异。气滞于头，则头目胀痛；气滞于上焦，则胸闷、善太息、咳喘；气滞于中焦，则脘痞胀痛、胁肋胀痛，叩之如鼓，嗳气、矢气；气滞于下焦，则小腹少腹胀痛，二便不畅，或疝气、痛经；气滞于经络，则经络所循行之处胀满、窜痛；气滞于肌肤，则肌肤肿胀。因此，辨气滞证候尚须与辨因辨位相结合。

【辨证要点】一是胀满、痞闷，或胀痛、窜痛、攻痛，按之无形；二是症状时轻时重，时发时止，部位不定；三是症状每随情绪波动而改变，情志舒畅则病情缓解，情志不舒则病情加重，并可随嗳气、太息、矢气可缓解。

六、气 逆 证

气逆证指体内气机升降失常，逆而向上所出现的证候。

【临床表现】咳嗽，哮喘，咯痰；呃逆，嗳气，恶心，呕吐；头痛，眩晕，面红目赤，昏厥，出血，或妇女倒经衄血，妊娠恶阻，或气从少腹上冲胸咽。

【证候分析】邪气侵肺，肺失肃降，肺气上逆，故咳嗽，哮喘，咯痰。寒饮、痰浊、食积等停留于胃，阻滞气机，或外邪犯胃，使胃失和降，胃气上逆，故呃逆，嗳气，恶心，呕吐。郁怒伤肝，肝气升发太过，气火上逆，故头痛眩晕，面红目赤，昏厥，出血；冲任脉气上逆，则见妇女倒经衄血，妊娠恶阻；气从少腹上冲胸咽，则为奔豚气。

【辨证要点】不同脏腑气逆虽各有特定的症状，但本证以肺、胃、肝的气机上逆为主，故以咳喘，呕呃，头痛眩晕等为辨证要点。

七、气 闭 证

气闭证指脏腑及其官窍因气机闭塞不通所致的危急证候。本证多为瘀血、痰浊、结石、蛔虫等导致心、脑、肺、胆等脏腑的经络、官窍阻塞，气机完全不通所致。多属病势危急之证，甚或有生命危险。

【临床表现】突发昏厥，喘急窒息，或头、胸、腰、腹部剧痛或绞痛，或二便闭塞，舌暗苔厚，脉沉实或涩。

【证候分析】有形实邪，阻塞心窍，蒙蔽神明，故突然昏厥；肺气阻塞，气道不通，故喘急窒息；砂石、蛔虫、痰浊、瘀血等阻塞脉道、管腔，导致气机闭塞，气血不通，故突发头、胸、腰、腹部剧痛或绞痛，或二便不通；舌暗苔厚，脉沉实或涩，为实邪内阻之象。

【辨证要点】突然昏厥，窒息，剧痛或绞痛，二便不通，病情急骤，病程较短。

项目二　血 病 辨 证

📋 案例导入

　　患者，女性，75岁。1976年4月17日初诊：心悸、气短乏力2～3年，平日常有左前胸部刺痛，遇冷加重，1小时前突发心前区疼痛，头晕，随即昏倒，面色苍白，冷汗湿衣，神志不清，小便自遗。血压70/60mmHg，心电图示：急性下壁心肌梗死。脉微欲绝，舌淡苔薄白。

问题：（1）望、闻、问、切四诊资料中还需要作哪些补充？
　　　　（2）本证应与哪些证候相鉴别？

　　血病辨证是以血的生理功能为依据，分析、判断导致血病的病因、病机以及证型的一种辨证方法。血病主要包括血液不足和血行失常两方面的病理变化，有血虚证、血瘀证、血热证、血寒证四种证型。

一、血 虚 证

血虚证指血液亏虚，脏腑百脉失养所致的虚弱证候。

【临床表现】面色、眼睑、唇甲色淡，头晕眼花，心悸怔忡，失眠多梦，手足发麻，妇女经血量少色淡，经期错后或闭经，舌淡苔白，脉细无力。

【证候分析】人体脏腑组织，赖血液之濡养，血盛则肌肤红润，体壮身强，血液生成不足，或耗损过多，以致血液亏少，不能濡养头目，故面色、眼睑、唇甲色淡，头晕眼花；心主血脉而藏神，血虚心神失养，故心悸怔忡，失眠多梦；血虚不能濡养经脉、肌肤，故手足发麻；血海空虚，冲任失养，故经量减少，经色变淡，经期迁延，甚则闭经。血虚脉道失充，故舌淡，脉细无力。

【辨证要点】面、睑、唇、甲淡白，心悸失眠，头晕眼花，妇女月经量少色淡，舌淡，脉细无力。

二、血 瘀 证

血瘀证指离经之血，未能及时排出或消散，而停留体内；或血液运行迟滞，失去血的滋润、濡养功能所致的证候。

【临床表现】疼痛和针刺刀割，痛有定处，拒按，常在夜间加剧；肿块在体表者，色呈青紫；在腹内者，紧硬按之不移；出血反复不止，色泽紫暗，中夹血块，或大便色黑如柏油，或妇女痛经血色紫暗，夹有血块，或为血崩、漏下；面色黧黑，肌肤甲错，口唇爪甲紫暗，或皮下瘀斑，或肤表丝状如缕，或腹部青筋外露，或下肢筋青胀痛；舌质紫暗，或见瘀斑、瘀点，或舌下络脉曲张；脉多细涩，或结、代。

【证候分析】由于瘀血阻塞经脉，不通则痛，故疼痛是血瘀证中的突出症状。瘀血为有形之邪，阻碍气机运行，故疼痛剧烈如针刺，部位固定不移。由于夜间血行较缓，瘀阻加重，故夜间痛甚。积瘀不散而凝结，故可形成肿块，外见肿块色青紫，内部肿块触之坚硬不消；瘀血阻塞络脉，阻碍气血运行，致血涌络破，不循经而外溢，故出现各种出血；所出之血停聚不得，故色呈紫暗，或已凝结而为血块；瘀血内阻，气血运行不利，肌肤失养，故见面色黧黑，肌肤甲错，口唇爪甲紫暗、丝状红缕、青筋显露等体征；舌质紫暗，或见瘀斑、瘀点，或舌下络脉曲张，或结、代，均为瘀血之征。

【辨证要点】起病缓慢，病程较长，疼痛状如针刺刀割，痛处固定，肿块不移，拒按，唇舌指甲青紫等。

三、血 热 证

血热证指脏腑火热炽盛，热迫血分所致的血分实热证候。

【临床表现】身热夜甚，各种急性出血症，如咳血、吐血、尿血、衄血、便血、妇女月经先期、崩漏等，且血色鲜红，量多，舌红绛，脉滑数；身热、口渴、心烦，或皮疹紫红密集；或疮疡红肿热痛；或烦躁、谵语、甚至狂乱。

【证候分析】血热迫血妄行，血络受伤，故表现为各种出血及妇女月经过多等；热迫血行，壅于脉络，故血色鲜红，量多，舌红绛，脉滑数；火热炽盛，灼伤津液，故身热、口渴；火热扰心神则心烦；热性燔灼，炎上升散，以致体表脉络充血，故见皮疹紫红密布；火邪壅阻肌肤，腐败血肉，故见疮疡红肿热痛；若热陷心营，扰乱心神，故见烦躁、谵语、甚至狂乱。因热入血分，气分热反不甚，故发热昼轻夜甚。

【辨证要点】出血势急、量多而色鲜红，身热夜甚，伴烦躁，神昏，狂乱，舌绛，脉数有力。

四、血 寒 证

血寒证指局部脉络寒凝气滞，血行不畅所致的证候。

【临床表现】手足或少腹冷痛，肤色紫暗发凉，喜暖恶寒，得温痛减，妇女月经衍期，经色紫暗，夹有血块，或痛经、闭经，舌淡紫，苔白，脉沉迟或弦涩。

【证候分析】寒为阴邪，其性凝敛，寒邪客于血脉，则使气机凝滞，血行不畅，故见手足或少腹冷痛；血得温则行，得寒则凝，所以喜暖怕冷，得温痛减。寒凝胞宫，经血受阻，故妇女经期推迟，经色暗有块，或痛经、闭经；舌淡紫，苔白，脉沉迟或弦涩，皆为寒邪阻滞血脉，气血运行不畅之征。

【辨证要点】局部冷痛、青紫、肿胀、得温痛减，唇舌淡而紫暗，脉沉迟或弦涩。

项目三　津液病辨证

案例导入

患者，男，18岁。5天前运动后汗出当风，当晚自觉恶寒，轻微发热，喉痒不适而微咳。昨日起咳嗽加重，咳痰稀白，喉痒微痛，恶寒发热，鼻塞，流清涕。体检：咽赤，体温38℃，可闻及咳声，舌淡红，苔薄白，脉浮紧。

问题：1. 试述本病例的辨证思路。
　　　2. 本病例的辨证结论是什么？

津液病辨证，是以津液代谢的生理功能为依据，分析、判断导致津液病的病因病机及证型的一种辨证方法。津液病主要包括津液亏虚和津液内停两方面的病理变化，有津液亏虚证、津液内停证两大证型。

一、津液亏虚证

津液亏虚证指由于体内津液亏虚，脏腑、组织、孔窍失去滋润濡养所致的干燥证候。

【临床表现】若皮肤干燥、皲裂，口燥咽干，毛发干枯，神疲乏力，口渴喜饮，干咳少痰，小便短少，大便干结，苔黄而干，脉细数等，称为"津亏证"。若肌肤缺乏弹性、甚或干瘪，面色枯槁，目眶深陷，唇焦或裂，骨瘦如柴，两目干涩，啼哭无泪，尿极少或无尿，精神萎靡或烦躁不宁，舌红绛干瘦，少苔或无苔，脉细数等，称为"液脱证"。

【证候分析】由于津液亏乏，不能濡润头面官窍、肌表组织，故见口、鼻、咽喉干燥，口唇干裂，毛发干枯，皮肤干燥甚至皲裂。津亏神衰，故神疲乏力；津液不足，虚热内生，故口渴喜饮，干咳少痰，小便短少，大便干结，苔黄而干，脉细。津液大亏，故见肌肤缺乏弹性，目眶深陷，面色枯槁，骨瘦如柴；五脏津液耗竭，故见两目干涩，啼哭无泪，尿极少或无尿；液脱，则五脏得不到滋养，神气失调，故精神萎靡或烦躁不宁；津液属阴，液脱则虚火越炽，阴虚火旺，故舌红绛干瘦，少苔或无苔，脉细数。

【辨证要点】肌肤、毛发、官窍、大便、舌苔干燥，口渴喜饮，形体消瘦、目眶深陷，脉细或细数。重点可总结为"干、渴、瘦、细"四个特征。

二、津液内停证

水液停聚证指体内水液输布，排泄失常，停聚体内所致的证候。凡外感六淫，内伤脏腑皆可导致本证发生。主要包括痰证、饮证、水停证和内湿证。

（一）痰证

痰证指因病理产物"痰"停聚于脏腑，经络，组织之间所致的病证。"痰"质地稠浊而黏滞，流动性小，不易消散，其致病具有多样性和奇异性，故有"怪病多属于痰"之说。

【临床表现】咳喘咯痰，喉中痰鸣，痰核、瘿瘤、乳癖，便溏，关节肿痛、屈伸不利；或眩晕，心悸，胸闷脘痞，呕咳痰涎，肢麻偏瘫，舌强言謇，怔忡惊悸，失眠多梦，梅核气，昏仆，癫、狂、痫，痴呆，肥胖，妇女不孕，白带量多，苔白厚腻，脉滑等。

【证候分析】痰阻于肺，宣降失常，肺气上逆，则咳喘咯痰，喉中痰鸣。痰湿中阻，气机不畅，则见胸闷脘痞，呕咳痰涎，纳呆呕恶等。痰聚于肠，故便溏，肠中辘辘有声；痰质黏稠，流动性小而难以消散，停积于局部，故见瘰疬、瘿瘤、乳癖；痰浊流注经络四肢，故关节肿痛、屈伸不利，或四肢麻木不仁，或偏瘫；痰气郁结于咽喉，可致梅核气；痰浊蓄积于肌肤腠理，故形体肥胖；痰湿停滞于胞宫，冲任受阻，故白带量多，或不孕；痰浊蒙蔽清窍，清阳不升，故头晕目眩。痰迷心神，故见神昏，或怔忡惊悸，失眠多梦，或发为癫、狂、痫、痴呆等病；苔白厚腻，脉滑皆为痰湿之证。

【辨证要点】上述特定症状，重点可总结为"苔腻、脉滑"两个特征。

（二）饮证

饮证指因病理产物"饮"停聚体内所致的病证。"饮"质地清稀而易流动，常停积于肺、心、胃肠及胸胁，引起相应的病证。

【临床表现】《金匮要略》将饮分为四种。①痰饮：症见脘腹胀满，胃脘有振水音，肠鸣辘辘，泛吐清涎，大便泄泻等。②悬饮：症见咳唾引痛，胸胁饱满，支撑胀痛，随呼吸、咳嗽、转侧而加剧。③溢饮：症见四肢水肿，发汗不解，身体疼重，畏寒肢冷。④支饮：症见咳逆倚息不得卧，气喘息涌，张口抬肩，咯痰清稀，量多色白，背心恶寒。饮证常见畏寒肢冷、口淡不渴，或渴喜热饮，小便不利，舌淡胖、苔白滑，脉沉弦等症。

【证候分析】饮留胃肠，上逆于胃，故呕吐清涎；阻滞腑气，故脘痞腹胀；水饮停蓄，流动于胃、肠之间，故可闻及振水音和肠鸣音；饮邪下趋，故泄泻；饮邪停聚胸腔，故胸胁饱满胀痛，按之有波动感，活动时气滞加重而痛剧；饮邪流行，归于四肢，故肢体浮肿，沉重酸困；饮停于肺，阻塞息道，肺气上逆，故见咳嗽哮喘，痰多而清稀，背心恶寒，胸膈胀闷，张口抬肩，不能平卧。饮证乃阳虚津液不化所致，故常见畏寒肢冷、口淡不渴，或渴喜热饮，小便不利，舌淡胖、苔白滑，脉沉弦等症。

【辨证要点】咳痰清稀、色白量多，呕吐清涎，脘腹有振水音和肠鸣音，胸胁饱满，舌淡胖、苔白滑，脉沉弦。

（三）水停证

水停证指因病理产物"水"停聚体内所致的病证。"水"质地最为清稀而最易流动，渗透性最强，易于渗透至肌肤、腠理等组织间隙以及空腔，产生全身或局部水肿和胸腹腔积水等病证。临床将水停证分为阳水、阴水两大类。

1. 阳水

阳水指发病较急，水肿性质属实者。

【临床表现】眼睑先肿，继而头面，甚至遍及全身，小便短少，来势迅速；皮肤薄而光亮，并兼有恶寒发热，无汗，舌苔薄白，脉象浮紧；或兼见咽喉肿痛，舌红，脉象浮数；或全身水肿，来势较缓，按之没指，肢体沉重而困倦，小便短少，脘闷纳呆，呕恶欲吐，舌苔白腻，脉沉。

【证候分析】风邪侵袭，肺卫受病，宣降失常，通调失职，以致风遏水阻，风水相搏，泛溢于肌肤而成水肿。风为阳邪，上先受之，风水相搏，故水肿起于眼睑头面，继而遍及肢体；若伴见恶寒、发热，无汗，苔薄白，脉浮紧，为风水偏寒之征；如兼有咽喉肿痛，舌红，脉浮数，是风水偏热之象；若由水湿浸渍，脾阳受困，运化失常，水泛肌肤，壅阻不行，则渐致全身水肿；水湿内停，三焦决渎失常，膀胱气化失司，故见小便短少；水湿日甚而无出路，泛溢肌肤，故肿势日增，按之没指，诸如身重困倦，脘闷纳呆，泛恶欲呕，舌苔白腻，脉象沉缓等，皆为湿盛困脾之象。

【辨证要点】阳水发病急骤，进展迅速，初期兼表证，以发病急、来势猛，先见眼睑、头面，上半身肿甚为辨证要点。

2. 阴水

阴水指发病较缓，水肿性质属虚者。

【临床表现】身肿，腰以下为甚，按之凹陷不易恢复，脘闷腹胀，纳呆食少，大便溏稀，神疲肢倦，小便短少，舌淡，苔白滑，脉沉缓。或水肿日益加剧，小便不利，腰膝冷痛，四肢不温，畏寒神疲，面色㿠白，舌淡胖、苔白滑，脉沉迟无力。

【证候分析】由于脾主运化水湿，肾主水，所以脾虚或肾虚，均能导致水液代谢障碍，下焦水湿泛滥而为阴水。阴盛于下，故水肿起于足部，并以腰以下为甚，按之凹陷不起；脾虚及胃，中焦运化无力，故见脘闷纳呆，腹胀便溏；脾主四肢，脾虚水湿内渍，故神疲肢困；腰为肾之府，肾虚水气内盛，故腰膝冷痛；肾阳不足，命门火衰，不能温养肢体，故四肢厥冷，畏寒神疲；阳虚不能温煦于上，故见面色㿠白；舌淡胖、苔白滑，脉沉迟无力，为脾肾阳虚，寒水内盛之象。

【辨证要点】阴水多逐渐起病，进展缓慢，以里虚寒证为主，以发病较缓，足部先肿，腰以下肿甚，按之凹陷不起为辨证要点。

（四）内湿证

内湿证指因病理产物"内生湿邪"所致的病证。"内生湿邪"易停滞于脾、胃、肠及胸腔、腹腔，流注于肌肉、关节、阴窍，阻碍气机，而产生相应的病证。

【临床表现】脘痞腹胀，恶心呕吐，食少纳呆，口淡不渴，或渴不欲饮，肠鸣泄泻，肢重体困，嗜卧思睡，小便短少，或下肢微肿，痰涎、白带质稠浊而量多，舌苔白腻，脉濡缓。内湿病证病势缠绵，病程较长。

【证候分析】内湿停于胃肠，阻滞中焦气机，故脘痞腹胀，食少纳呆，肠鸣尿少；脾胃受困，升降失常，故见呕恶泄泻；内湿外渗于肌肉关节，故肢重体困，下肢浮肿；下流于阴窍，故白带质稠量多；上逆于肺胃，故咯咳痰涎稠浊。湿为阴邪，易伤阳气，故嗜卧思睡；湿性黏滞难去，故病势缠绵而病程较长。苔白腻，脉濡缓，均为湿邪内停之征。

【辨证要点】脘痞腹胀、呕恶纳呆、便溏不爽等胃肠症状，常伴身重体困、分泌物稠浊量多、苔腻脉濡。

项目四　气、血、津液兼病辨证

气作为血和津液化生的动力属阳；血和津液作为气的功能活动基础属阴，二者生理上存在相互依存、相互转化的密切关系，病理上彼此累及和影响。因此，在疾病过程中，气、血、津液的病变既可互为因果，亦常兼夹并见。临床常见的有如下十种兼病证型。

一、气滞血瘀证

气滞血瘀证指由于气滞不行以致血运障碍，而出现既有气滞又有血瘀的证候。

【临床表现】胸胁胀满走窜疼痛，并兼见痞块刺痛拒按；或情志抑郁，急躁易怒，健忘失眠，甚则狂乱；或面色晦暗，肌肤甲错；妇女乳房胀痛、经闭或痛经，产后恶露不尽，色紫暗夹有血块，舌质紫暗或有瘀点瘀斑，脉弦涩或结代。

【证候分析】肝主疏泄而藏血，具有条达气机，调节情志的功能。情志不遂，则肝气郁滞，疏泄失职，故见胸胁胀满走窜疼痛；气为血帅，气滞则血凝，故见痞块疼痛拒按；瘀血扰乱心肝神魂，故健忘失眠，甚则狂乱；瘀血阻滞体表络脉，肌肤失荣，故面色晦暗，肌肤甲错；妇女气郁血瘀，冲任经脉受阻，故乳房胀痛、闭经痛经，经色紫暗有块；舌质紫暗或有瘀点瘀斑，脉弦涩或结代，为气滞血瘀之征。

【辨证要点】局部胀满、窜痛、刺痛、拒按，面色晦暗，妇女经色紫暗，舌紫或有瘀斑，脉弦涩。

二、气虚血瘀证

气虚血瘀证指因气虚运血无力，血液瘀滞所表现的证候。

【临床表现】面色少华或晦暗，神疲乏力，气短纳呆，或体表局部青紫、肿胀，刺痛不移而拒按，或肢体瘫痪、麻木，或腹内可触及肿块而质硬，舌淡紫或有瘀点瘀斑，脉细涩。

【证候分析】气虚不荣于面，故面色少华，舌淡；气虚则功能减退，形体失养，故神疲乏力，气短懒言，食少纳呆，脉细无力；气虚运血无力，血行缓慢，终致瘀阻络脉，故面色晦暗，舌紫暗或有瘀点瘀斑，或局部青紫、肿胀；瘀血内阻，经络不通，则局部刺痛不移而拒按，脉涩；气滞血瘀，脉道不通，筋脉肌肤失养，故肢体瘫痪、麻木；血瘀日久，结聚日深，则逐渐形成肿块而质硬。

【辨证要点】面色少华，神疲乏力，气短纳呆，局部青紫、刺痛，舌淡紫或有瘀点瘀斑，脉细涩。

三、气血两虚证

气血两虚证指气虚与血虚同时存在所表现的虚弱证候。

【临床表现】面色少华，头晕目眩，心悸失眠，少气懒言，乏力自汗，唇爪无华，或食欲不振，形体消瘦，或手足麻木，肢体酸困，舌淡苔薄白，脉细弱。

【证候分析】气血亏虚，不能上荣于头面，故面色少华，头晕目眩；心主血藏神，血虚心神失养，故心悸失眠；气虚，形神失养，故少气懒言，乏力自汗；气血不足，肌肤失养，故唇爪无华；舌淡嫩，苔薄白，脉细弱为气血不足之征象。

【辨证要点】面色少华，少气懒言，心悸失眠，同时见有气虚、血虚的表现。

四、气不摄血证

气不摄血证，又称气虚失血证，指因气虚无力摄血，血溢脉外所致的各种出血证候。

【临床表现】吐血、便血、尿血、齿衄、肌衄，妇女崩漏，气短，头晕，倦怠乏力，面色白而无华，食少纳呆，腹胀便溏，舌淡嫩、苔薄白，脉细弱或芤等。

【证候分析】气虚则统摄无权，以致血液离经外溢，溢于胃肠，故吐血、便血、尿血、齿衄；溢于肌肤，故见肌衄。脾虚统摄无权，冲任不固，渐成月经过多或崩漏；气虚则气短，倦怠乏力；气虚血不上荣，络脉不充，故面白无华，舌淡嫩，脉细弱；心脑失养，故头晕心悸；脾气虚而运化失司，故食少纳呆，腹胀便溏；失血日久量多，则可见芤脉。

【辨证要点】各种慢性出血，血色浅淡，伴见气虚表现。

五、气随血脱证

气随血脱证指大出血时所引起的阳气虚脱的危重证候。

【临床表现】大出血时，突然面色苍白，气少息微，四肢厥冷，大汗淋漓，甚至晕厥。二便失禁，舌淡而枯瘦，脉微细欲绝，或浮大而散。

【证候分析】大出血时，气无所附，随血脱而耗，故见气随血脱之证。肺气衰竭，故气少息微；心气衰竭，故面色苍白，大汗淋漓；神随气散，神无所主，故为晕厥；肾气衰竭，故二便失禁；血失气脱，正气大伤，舌体失养，则色淡，脉道失充而微细欲绝；阳气散越而虚极，故四肢厥冷，脉浮大而散。

【辨证要点】大出血的同时，伴见四肢厥冷，大汗淋漓，气息微弱，神昏，脉微欲绝。

六、气虚津泄证

气虚津泄证指气虚不能固摄津液而致津液外泄的证候。

【临床表现】气息微弱，声低懒言，神疲乏力，自汗不止，或涕泪清稀而量多，或咯吐大量清稀痰涎，或小便清长、余沥不尽，或遗尿，大便溏薄或久泻，或妇女带下清稀而量多，舌质淡，苔薄白，脉缓弱。

【证候分析】津液的排泄物，包括汗、尿、唾、涕、泪、白带、大便等，其排泄活动主要受脏气所控制。脏气虚弱则固摄津液的功能低下，以致排泄过多、过频而质地清稀。肺卫气虚，故自汗不止，鼻流清涕，咳吐大量稀痰；脾胃气虚，故咯吐清涎，便溏或久泻，带下清稀；肾气虚，故小便清长余沥不尽，或遗尿；气息微弱，声低懒言，神疲乏力，舌淡脉弱均为气虚证的表现。

【辨证要点】气虚表现，伴见汗、尿、唾、涕、泪、白带、大便等排泄过多，质地清稀。

七、气随津脱证

气随津脱证指津液大泄导致气脱的危重证候。

【临床表现】在大汗不止，尿频清长，暴泻久泻，反复呕吐的同时，又出现面色苍白，气息低微，神情淡漠或昏聩，四肢厥冷，全身软瘫，舌淡瘦而干，脉微欲绝或芤。

【证候分析】津液大量、急速的丢失，可引起气随津液暴脱。大量的出汗、排尿、呕吐或泄泻等，皆是津液急剧耗损的途径，而面色苍白，气息低微，神情淡漠或昏聩，四肢厥冷，全身软瘫，舌淡瘦而干，脉微欲绝或芤，均为气脱津伤之征象。本证虽起于津液大泄，但气脱表明生命已至垂危关头，故诊断和治疗应以气脱为先、为急。

【辨证要点】大量的出汗、排尿、呕吐或泄泻的同时，伴见面色苍白，气息低微，脉微欲绝。

八、气滞津停证

气滞津停证指因气滞而津液内停所致的证候。

【临床表现】气滞证以胸胁苦满，善太息，局部胀满、痞闷、胀痛为主症；津停证可见痰证、饮证、水停证、内湿证的临床表现。

【证候分析】本证以气滞为因，以津停为果。气的推动和气化功能，是津液运行、输布、排泄的动力和前提，气行则津行，气滞则津停。气滞，故胸胁苦满，善太息，局部胀满、痞闷、胀痛；气滞津停，则转化为痰、饮、水、湿等内生病邪，进而分别形成痰证、饮证、水停证及内湿证。

【辨证要点】气滞证与津液内停证并见，头身困重或浮肿，咳喘痰多，呕恶纳呆，脘痞腹胀，二便不利，舌苔滑腻，脉象弦滑。

九、津血俱亏证

津血俱亏证是指津液和血液均亏虚所表现的证候。

【临床表现】口唇、鼻腔、咽喉、皮肤干燥或皲裂，毛发干枯，口渴喜饮，小便短少，大便干结，面、唇、爪甲淡白无华，头晕眼花，心悸怔忡，心烦失眠，手足麻木，四肢拘急，形体消瘦，舌淡而干瘦，脉细数无力。

【证候分析】津液亏损，则肌肤、孔窍失于濡润，故口唇、鼻腔、咽喉、舌体、皮肤干燥，甚至干裂，毛发干枯，形体消瘦；脏腑缺乏津液的润养，故出现口渴，尿少，便结；血液亏虚，脑、心失养，故面唇淡白无华，头晕眼花，心悸怔忡，心烦失眠；肌肤、筋脉得不到足够的津、血濡养，故手足麻木，四肢拘急；舌淡瘦，脉细数无力，均为津血不足之征。

【辨证要点】津液亏虚证和血虚证并见，孔窍干燥，尿少渴饮，面唇淡白，眩晕心悸，舌淡脉细。

十、痰瘀互结证

痰瘀互结证指痰浊与瘀血相互结聚，停留于人体某部所致的证候。

【临床表现】局部肿块坚硬难消，或肢体麻木、偏瘫，或局部持续性胀痛、刺痛、闷痛，痛处拒按不移，或痴呆癫狂，或胸闷脘痞，喉中痰鸣，或关节肿大变形，面色晦暗无华，舌淡紫、紫暗或有瘀斑，苔厚腻，脉弦滑或沉涩。

【证候分析】痰瘀二邪阻滞体内，胶结难解，故病情顽固，病势缠绵。其阻滞部位以心、脑、肺、肝、胃、肠及关节等最为常见。痰瘀结于心脑，则心胸闷痛、绞痛，头目胀痛，痴呆，癫狂，偏瘫；痰瘀结于肺，则胸闷、胸痛、咳喘，喉中痰鸣；痰瘀结于腹中，则腹部癥积坚硬难消，刺痛拒按；痰瘀结于经络、关节，则见瘿瘤，关节肿大变形，肢体麻木；面色晦暗无华，舌淡紫、紫暗或有瘀斑，苔厚腻，脉弦滑或沉涩，均为痰浊、瘀血内停之象。

【辨证要点】持续性疼痛而拒按不移，肿块坚硬难消，舌紫暗、苔厚腻，脉弦滑。

医者仁心

掌握中医知识，领悟人生哲理

气血津液的平衡，就如同个人身心与生活的和谐。气的推动、温煦、防御、固摄、气化功能，恰似人在生活中积极进取的动力，温暖他人的善意，抵御诱惑的能力，坚守原则的定力及自我提升的蜕变。血的濡养，如同知识对我们的滋养，让身心充实而富有活力。而津液的滋润与濡养，宛如生活中的点滴关怀，润泽着我们的人生。

当气血津液出现亏虚、瘀滞等问题，身体便会失衡。这警示我们，在生活中若过度消耗精力、忽视自身修养，如同气血津液的损耗，会导致身心疲惫与人生方向的偏离。而在辨证过程中，需全面细致地分析症状，这与我们对待事物应秉持客观全面的态度一致。

？ 思 考 题

1. 试述气虚证、气陷证、血虚证、血瘀证的基本概念和辨证要点。
2. 试述气滞证的常见原因和临床表现。
3. 试述痰、饮、水、湿之间的异同。

本章数字资源

模块八　脏腑辨证

在中医理论体系中，脏腑辨证是一项极为关键的诊断方法。它以脏腑的生理功能和病理特点为依据，对通过望、闻、问、切四诊收集而来的各类病情信息，进行全面且深入的分析与归纳，进而精准地判断出疾病发生的脏腑部位及疾病的性质。脏腑辨证是中医辨证体系的核心内容，是临床诊断疾病必不可少的基本方法，更是内、外、妇、儿等各个临床科室进行辨证论治的基础，其应用范围广泛，贯穿中医诊疗的始终。

在学习和运用脏腑辨证时，应注重以下思维方法。

第一，脏腑的生理功能与病理变化是脏腑辨证的理论基础。不同脏腑具有独特的生理功能，相应地，其病理变化也各不相同。当脏腑发生病变时，所表现出的症状和体征也必然存在差异，这些差异正是确定脏腑病位的主要依据。

第二，病因病性辨证是脏腑辨证的根基。脏腑辨证的核心在于辨别脏腑病位，不仅要明确病证所在的脏腑，还需辨清疾病的病因与病性。例如，在脏腑辨证的实证中，存在寒、热、痰、瘀、水、湿等不同病因；虚证中，则有阴、阳、气、血亏虚等不同类型。只有深入探究病因与病性，并结合脏腑病位，才能做出准确的诊断，为后续治疗提供坚实依据。

第三，在进行脏腑辨证时，需从整体观念出发，全面分析脏腑病变所呈现的证候。中医学认为，人体是以五脏为核心的有机整体，脏腑之间以及脏腑与各组织器官之间，在生理状态下相互关联，在病理状态下相互影响。因此，临床诊疗时，应秉持整体观念，仔细剖析证候与脏腑之间的内在联系，从而全面、精准地判断病情。

脏腑辨证涵盖脏病辨证、腑病辨证及脏腑兼病辨证三个部分。由于脏与腑之间存在表里关系，在生理上相互协同、相互关联，在病理上相互传变、相互影响，所以通常将腑病辨证纳入脏病辨证中一并探讨。

脏腑辨证包括脏病辨证、腑病辨证、脏腑兼病辨证三部分。由于脏与腑之间具有表里关系，生理上相互为用、相互联系，病理上相互传变、相互影响，故将腑病辨证归纳到脏病辨证中讨论。

项目一　心与小肠辨证

📋 案例导入

患者，68岁。2023年4月15日初诊：心悸、气短乏力2年，平日常有左前胸部刺痛，遇冷加重，1小时前突发心前区疼痛，头晕，随即昏倒，面色苍白，冷汗湿衣，神志不清，小便自遗。血压70/60mmHg，心电图示：急性下壁心肌梗死。脉微欲绝，舌淡苔薄白。

问题：1. 望、闻、问、切四诊资料中还需要补充哪些内容？
　　　2. 本证应与哪些证候相鉴别？

心居胸中，为君主之官，主血脉，又主神志，为五脏六腑之大主，其华在面，开窍于舌，在体合脉，手少阴心经循上臂内侧后缘下行，下络小肠，与小肠构成表里关系。小肠主要承担受盛化物及泌别清浊的功能，为"受盛之官"。

心的病变主要体现在心脏自身及其主血脉、主神志功能的异常。在临床上，其常见症状包括心悸、怔忡、心痛、心烦、失眠、多梦、神昏谵语、神识错乱，或有舌痛、舌疮、脉结、代。小肠病变主要反映在其受盛化物、泌别清浊功能的失常。临床常见症状有肠鸣、泄泻、腹痛、小便赤涩等。

心病的证候分为虚证和实证。虚证多是由于久病损耗正气，过度思虑劳神，或者脏气本身虚弱等原因，导致心气虚、心血虚、心阳虚、心阳暴脱、心阴虚等证型；实证则多由寒邪凝滞、火热内扰、痰邪阻滞、气机郁滞、瘀血阻滞等因素，引发心火亢盛、心脉痹阻、痰蒙心窍、痰火扰心、瘀阻脑络等证型。小肠病变主要表现为泌别清浊功能的失常，常见的是小肠实热证。

一、心气虚证

心气虚证，本质上是由于心气不足，鼓动无力，从而引发以心悸等症状为主的一类虚弱证候。造成心气虚证的原因较为多样，常见的有长期患病致使身体虚弱，或是先天禀赋不足，从出生起就存在心气相对薄弱的情况，还有年事已高，身体各脏器功能自然衰退，心脏功能也随之下降而引发此证。

【临床表现】患者常自觉心悸、胸闷、气短、精神疲倦、自汗，活动后症状加重，面白无华，舌淡，脉虚。

【证候分析】心主血脉，心气不足时，心脏鼓动的力量不够，无法正常推动气血在脉管中运行，故见心悸、胸闷、气短等症状。卫气虽由肺气所主，亦需心气充养。心气不足，则卫气的固摄功能就会受到影响，肌表不固，汗液就容易外泄，出现自汗。当人体活动时，气血的消耗增加，心气更加不足，无力承担额外的负担，因此各种症状都会加重。中医理论中，舌为心之苗窍，心的气血状况可外显于舌，同时其荣华也体现在面部。心气虚则血不能上荣于面，故见面色苍白无华，舌质淡，脉象也因心气虚弱而表现为虚弱无力。

【辨证要点】同时出现心悸、胸闷，并且伴有气虚的表现，如气短、神疲、自汗等。

二、心血虚证

心血虚证，是指因心血亏虚，无法充分濡养心脏以及心神，进而表现出的一类虚弱证候。其成因较为复杂，常见的有长期过度劳神，致使心血过度消耗；大量失血，如外伤出血、月经过多等，使体内血液骤减；久病缠绵不愈，逐渐损伤营血；脾气虚弱，运化功能失常，无法将水谷精微转化为血液，导致生血无源；还有肾精亏损，肾藏精，精能化血，肾精不足则生血之源匮乏。

【临床表现】患者常自觉心悸，即心跳异常；伴有头晕眼花，视物不清；睡眠质量差，容易失眠多梦；面色呈现淡白或萎黄之色，缺乏血色；口唇、舌质颜色浅淡，脉象细弱无力。

【证候分析】心血不足，心脏失去血液的滋养，无法正常发挥功能，导致心动节律失常，所以会出现心悸。心神依赖心血的濡养，心血亏虚，心神失养，就会出现失眠多梦的情况。血液不能向上滋养头部和面部，就会引发头晕眼花，面色也会变得淡白或萎黄，口唇、舌质因缺乏血液的充养而颜色变淡。血液不足，脉道得不到充分充盈，故而脉象表现为细弱无力。

【辨证要点】心悸、失眠、多梦和血虚症状共同出现。

三、心阳虚证

心阳虚证是心阳虚衰，温运、鼓动无力，虚寒内生的证候。此证多由心气虚发展而来，或其他脏腑病证损伤心阳所致。

【临床表现】心悸、怔忡、心胸憋闷或痛、气短、自汗、畏寒肢冷、神疲乏力、面白或面唇青紫，舌质淡胖或紫暗，苔白滑，脉弱或结或代。

【证候分析】心阳受损，心动失常，引发心悸、怔忡；心阳不振，心脉不通，出现心胸憋闷或痛；阳气虚弱，表现为气短、体倦；阳虚不敛阴则自汗，不温煦肢体则畏寒肢冷；血行不畅，可见面白或面唇青紫、脉弱或结代；舌淡胖或紫暗、苔白滑，为阳虚寒盛、水湿不化之征。

【辨证要点】心悸、怔忡、心胸憋闷与阳虚症状并见。

四、心阳暴脱证

心阳暴脱证，是指心阳极度衰微，阳气即将外脱所呈现的一种极为危重的证候。此证多因心阳虚证进一步发展恶化所致，也可由寒邪骤然侵袭，严重损伤心阳，或者痰浊瘀血阻滞心窍而引发。

【临床表现】在原有心阳虚证的基础上，突然出现冷汗淋漓不止，四肢冰冷，面色苍白毫无血色，呼吸微弱，或伴有心悸，胸部剧烈疼痛，神志模糊甚至昏迷，口唇和舌体颜色青紫，脉象极其微弱，几乎难以察觉。

【证候分析】心阳衰微，无力固摄肌表，津液外泄，故冷汗淋漓；心阳无法温煦四肢，所以手足厥冷；宗气外泄，不能辅助肺脏正常行使呼吸功能，导致呼吸微弱；阳气大量外脱，脉道得不到充足的气血充盈，因而面色苍白；阳气衰微，寒邪凝滞，血液运行不畅，瘀阻心脉，致使心胸剧痛，口唇青紫；阳气虚衰，心脏失于温养，神明无法内守而涣散，所以神志模糊，甚至昏迷；脉微欲绝，正是阳气外脱的典型脉象。

【辨证要点】面色苍白、冷汗淋漓、四肢厥冷、脉微欲绝。

五、心 阴 虚 证

心阴虚证，指心阴亏虚，致使心与心神失于滋养，同时虚热在体内扰动而呈现出的虚热证候。其成因多为过度思虑劳神，悄然损耗心阴；或受到温热、火邪的侵袭，灼烧心阴；或因肝肾阴虚，累及心脏。

【临床表现】心悸，心烦意乱，失眠多梦，口燥咽干，形体日渐消瘦，或见手足心热，潮热盗汗，两颧泛红，舌红少津，脉象细数。

【证候分析】由于心阴不足，心脏得不到濡养，从而使得心动出现异常，所以会有心悸之感；心神失去滋养，虚火干扰心神，故而心烦不安，出现失眠多梦的情况；阴虚导致失于润泽，机体得不到充足的滋养，因此会有口燥咽干、形体消瘦的表现；手足心热、潮热盗汗、两颧潮红、舌红少津、脉细数等症状，皆为阴虚内热的典型特征。

【辨证要点】心悸、心烦、失眠等症状与阴虚相关症状同时出现。

表 8-1　心血虚证与心阴虚证的鉴别要点

证型	相同症状	不同症状
心血虚证	心失所养，心神不安，心悸，失眠多梦	有血虚表现——面色淡白或萎黄，唇舌色淡，脉细无力
心阴虚证		有阴虚表现——口燥咽干，形体消瘦，五心烦热，潮热盗汗，两颧潮红，舌红少苔乏津，脉细数

考点与重点　心血虚证与心阴虚证的鉴别要点

六、心火亢盛证

心火亢盛证，是指体内火热炽盛，心火上炎，或心热向下移至小肠所表现出的实热证候。其成因多为情志抑郁不畅，气郁而化生火热；或外感火热邪气内侵人体；或过度食用辛辣刺激、温补类食物，长期蕴积体内而化火，进而内炽于心。

【临床表现】发热，口渴，心烦意乱，失眠多梦，大便秘结，小便色黄，面色潮红，舌尖红绛、苔黄腻，脉象数而有力。部分患者可见口舌生疮，疮面溃烂且疼痛明显；或出现小便短少赤黄，排尿时有灼热感和涩痛；或有吐血、鼻衄症状；严重者可出现狂躁不安、胡言乱语，甚至神识不清。

【证候分析】心火炽盛，会在体内扰动心神，所以出现发热、心烦、失眠等症状；火邪容易损伤津液，故而引发口渴、便秘、尿黄；火热之邪具有炎上的特性，因此导致面红、舌尖红绛；气血受火热鼓动，运行速度加快，所以脉象表现为数而有力。若以口舌生疮、红肿溃烂疼痛为主要表现，通常称为心火上炎证；若同时伴有小便赤涩灼痛，则为心热下移小肠证；若吐血、衄血症状较为突出，常称为心火迫血妄行证。

【辨证要点】发热、心烦、失眠、吐血、鼻衄、舌赤生疮、小便赤涩、灼痛等实火症状。

考点与重点 心火亢盛证的临床表现

七、心脉痹阻证

心脉痹阻证，是指因瘀血、痰浊、阴寒、气滞等阻滞痹塞心脉，从而表现为心悸、怔忡、胸闷、心痛的一类证候。此证多因正气先虚，心阳不振，致使有形之邪痹阻心脉而引发，其性质多属本虚标实。痹阻的原因各异，心脉痹阻证据此分为瘀阻心脉证、痰阻心脉证、寒凝心脉证、气滞心脉证。

【临床表现】心悸，怔忡，心胸憋闷疼痛，疼痛可牵引至肩背及内臂，呈时作时止之态。若以刺痛为主，可见舌质晦暗，或有青紫斑点，脉象细涩或结代；若以心胸憋闷为主，多伴有形体肥胖、痰多、身体沉重困倦，舌苔白腻，脉象沉滑或沉涩；若遇寒时疼痛加剧，得温则疼痛减轻，常伴有畏寒肢冷，舌淡苔白，脉象沉迟或沉紧；若以胀痛为主，且与情志变化相关，常善太息，舌淡红，脉弦。

【证候分析】心阳不振，不能正常温运，导致心动失常，故而出现心悸、怔忡；阳气不能宣通，血行无力，心脉阻滞不通，所以心胸憋闷疼痛；手少阴心经之脉横出腋下，沿肩背、内臂后缘循行，因此疼痛会牵引至肩背内臂。瘀血痹阻心脉所导致的疼痛，以刺痛为特点，同时伴有舌暗，或有青紫斑点，脉象细涩或结代等症状。痰浊痹阻心脉的疼痛，以闷痛为特点，多伴有形体肥胖、痰多、身体沉重困倦，舌苔白腻，脉象沉滑或沉涩等痰浊内盛的表现。阴寒凝滞心脉的疼痛，以痛势剧烈、突然发作、遇寒加剧、得温痛减为特点，伴有畏寒肢冷，舌淡苔白，脉象沉迟或沉紧等寒邪内盛的症状。气滞心脉的疼痛，以胀痛为特点，其发作往往与精神因素相关，常伴有胁胀、善太息、脉弦等气机郁滞的症状。

【辨证要点】心悸、怔忡、心胸憋闷疼痛。

八、痰蒙心窍证

痰蒙心窍证，是指痰浊蒙蔽心窍，以神志异常为主要表现的证候，又称"痰蒙心神证""痰蒙心包证"。多因湿浊酿痰，阻遏气机；或情志不遂，气郁生痰；或痰浊内盛，夹肝风内扰，致使痰浊蒙蔽心窍而发病。

【临床表现】神情痴呆，意识模糊，甚至昏不知人；或精神抑郁，表情淡漠，喃喃独语，举止失常；或突然昏仆，不省人事，口吐涎沫，喉中痰声辘辘；常见面色晦暗，胸闷不适，时有呕恶，舌苔白腻，脉滑。

【证候分析】痰浊蒙蔽心神，导致神明失于主宰，故而出现神情痴呆、意识模糊，甚至昏不知人；情志不畅，肝失疏泄，气郁痰凝，痰气相互交结，蒙蔽神明，故见精神抑郁，表情淡漠，或神志错乱，喃喃自语，举止失常；倘若痰浊内盛，引动肝风，肝风夹痰，痹阻心神，则突然昏仆，不省人事，口吐涎沫，喉中痰鸣；痰浊内阻，清阳不升，浊气反而上泛，气血运行不畅，故面色晦暗；痰阻胸阳，胃失和降，因此出现胸闷、恶心呕吐；舌苔白腻，脉滑，均是痰浊内盛之象。

【辨证要点】精神抑郁、神志错乱、痴呆、昏迷等症状与痰浊内盛的表现同时出现。

九、痰火扰心证

痰火扰心证，是指火热与痰浊相互交结，扰乱心神，以神志异常为主要表现的证候，又称"痰火扰神证"。多因精神受到刺激，思虑过度、动怒伤肝，气郁化火，炼液为痰，导致痰火内盛；或外感温热、湿热之邪，热邪煎熬津液，灼津为痰，进而痰火内扰心神而发病。

【临床表现】发热，面红目赤，呼吸气粗，咯吐黄痰，喉间痰鸣，心烦意乱，失眠多梦，甚至神昏谵语；或狂躁妄动，打人毁物，不分亲疏，胡言乱语，哭笑无常，舌质红，舌苔黄腻，脉滑数。

【证候分析】本证既可见于外感热病，又可见于内伤杂病。在外感热病中，由于邪热内蕴，里热蒸腾向上，所以出现发热、面红目赤、呼吸气粗等症状；痰火内盛，故而咳痰黄稠，或喉间有痰鸣声；痰火扰乱或蒙蔽心神，则烦躁不安，甚至神昏谵语；在内伤杂病中，由于精神刺激，痰火内盛，闭阻心神，轻者表现为心烦失眠，重者则神志狂乱，出现胡言乱语、哭笑无常、狂躁妄动、打人毁物等；舌质红，舌苔黄腻，脉象滑数，这些都是痰火内盛的典型表现。

【辨证要点】神志异常与痰火内盛的症状同时出现。

十、瘀阻脑络证

瘀阻脑络证是指瘀血侵犯头部，阻滞脑络，以头痛、头晕等血瘀相关症状为主要表现的证候。其成因多为头部外伤，致使瘀血停积于脑内；或久病不愈，病邪入络，瘀血在体内停留，进而阻滞脑络。

【临床表现】长期存在头晕、头痛症状且难以治愈，痛如锥刺，疼痛部位固定不移；同时可能伴有健忘、失眠、心悸等症；有头部外伤史，甚则昏迷不醒；此外，患者面色晦暗，舌质紫暗，或见瘀斑、瘀点，脉细涩。

【证候分析】瘀血阻滞脑络，气血运行不畅，不通则痛，故见持续性头痛，且痛如锥刺，位置固定；脑络不通，气血无法正常输布滋养脑部，导致脑失所养，故而头晕；瘀血阻滞，新血难以生成，心神得不到充足的滋养，引发健忘、失眠、心悸；若头部外伤严重，损伤脑神，就会导致昏迷不醒；面色晦暗、舌质紫暗或有瘀斑瘀点、脉细涩等表现，均是瘀血内阻的典型征象。

【辨证要点】头痛、头晕等症状与血瘀相关症状同时出现。

考点与重点　瘀阻脑络证的临床表现

十一、小肠实热证

小肠实热证是指小肠内热邪炽盛所表现出的实热证候。原因多为心火过于旺盛，心火移热于小肠；或外感湿热病邪；或是过量食用温热香燥的食物，导致火热之邪在小肠积聚。

【临床表现】患者常感心烦意乱、口渴难耐，口舌生疮；小便表现为色赤、短涩，伴有灼热疼痛感，严重时可出现尿血症状；舌尖发红，舌苔发黄，脉象数疾。

【证候分析】心火炽盛，扰乱心神，因而出现心烦症状；热邪灼伤津液，导致津液亏损，所以口渴；心火上炎，就会引发口舌生疮；由于心与小肠通过经络相互络属，构成表里关系，小肠具有泌别清浊的功能，当心火下移至小肠时，就会出现小便赤涩、灼热疼痛的症状；热邪损伤血络，血液溢出脉外，从而出现尿血；舌尖红、苔黄、脉数，这些都是心火炽盛的典型表现。

【辨证要点】小便赤涩、灼热疼痛等症状与心火炽盛相关症状同时出现。

考点与重点　小肠实热证的临床表现

❓ 思 考 题

1. 请鉴别心血虚证和心阴虚证。
2. 请说出心脉痹阻证的临床表现。
3. 试比较心火炽盛证与小肠实热证的异同点。

项目二 肺与大肠辨证

📋 案例导入

患者，男性，15岁，学生。2024年12月14日初诊：患者于一周前因感受风寒，出现恶寒发热，鼻流清涕，轻微咳嗽等症，自服感冒药治疗，但无明显好转。昨日因咳嗽加重伴高热而来就诊。刻下症见：咳嗽气喘，咳痰黄稠量多，胸痛，壮热汗出，口渴喜冷饮，小便短黄，大便干结，食欲欠佳。四诊：神清，面赤，咽红，双侧扁桃体肿大，可闻及重浊咳声；舌质红，苔黄腻；脉滑数，脉率98次/分，律齐。

问题：1. 请概括本病案的四诊资料。
　　　2. 试述辨证诊断思路及机理分析。
　　　3. 脏腑辨证诊断结论是什么？

肺居胸中，上连气道、喉咙，开窍于鼻，共同构成肺系。肺在体合皮，其华在毛。肺经起于中焦，下络大肠，与大肠互为表里。

肺之主要生理功能为主气、司呼吸，吸入自然界之清气，呼出体内之浊气，生成宗气并运行周身，贯注于心脉，辅助心脏推动血液运行；肺又主宣发肃降，通调水道。通过宣发肃降，输布卫气与津液，使皮毛得以温养濡润，维持水道通畅。大肠的主要生理功能为主传导，排泄糟粕，且主津。

中医理论中，肺病变主要反映在肺系功能。呼吸功能失常，水液代谢和输布受影响，卫外功能减弱。常见症状有咳喘、咯痰、胸闷、咽喉不适、声音异常、鼻塞流涕、水肿，其中咳喘最为常见，《素问·脏气法时论》记载"肺病者，喘咳逆气"。大肠病变主要是传导功能失常，表现为泄泻、便秘、下痢脓血、腹痛腹胀。

肺病证候分虚、实两类。虚证多因久病咳喘或其他脏腑病变累及，致肺气虚、肺阴虚。实证多因风、寒、燥、热等外邪侵袭，或痰饮停肺，常见风寒犯肺、风热犯肺、燥邪犯肺、寒饮阻肺、饮停胸胁等证候。大肠病变主要有大肠湿热、肠热腑实、肠燥津亏、大肠虚寒等证候。

一、肺 气 虚 证

肺气虚证，指肺之功能减弱，其主气、司呼吸及卫外功能失职所表现出虚弱证候。多因久病咳喘，耗伤肺气；或因脾虚失运，生化不足，肺失充养所致。

【临床表现】咳嗽无力，气短而喘，活动后加剧，咳痰清稀，声低懒言，或见自汗、恶风，易患感冒，神疲体倦，面色淡白，舌淡苔白，脉弱。

【证候分析】肺主气、司呼吸，肺气亏虚时，呼吸功能减弱，宣发肃降功能失调，故咳嗽无力，气短而喘；活动时耗气，肺气更虚，故而咳喘加重；肺虚津液不能正常布散，聚而成痰，随气上逆，故咳痰清稀；肺气虚，不能将卫气宣发至肤表，腠理疏松，卫表不固，故自汗、恶风，且易受外邪侵袭而反复感冒；面色淡白，神疲体倦，舌淡苔白，脉弱，均为气虚表现。

【辨证要点】咳喘无力、咳痰清稀与气虚症状并见。

考点与重点 肺气虚证的临床表现

二、肺阴虚证

肺阴虚证，指肺阴不足，失于清肃，虚热内扰所表现之虚热证候。若虚热内扰症状不明显，又可称为"津伤肺燥证"。多因燥热伤肺，或痨虫蚀肺，或汗出伤津，或长期嗜食烟酒、辛辣燥热之品，或久病咳喘，老年体弱，渐致肺阴亏虚。

【临床表现】干咳无痰，或痰少而黏、不易咳出，或痰中带血，声音嘶哑，口燥咽干，形体消瘦，五心烦热，潮热盗汗，两颧潮红，舌红少苔，脉细数。

【证候分析】肺为娇脏，性喜清润，职司清肃。肺阴不足，失于滋润，或虚火灼肺，损伤肺津，导致肺热叶焦，失于清肃，气逆于上，故干咳无痰，或痰少而黏，难以咳出；甚则虚火灼伤肺络，络伤血溢，故痰中带血；肺阴不足，咽喉失润，故声音嘶哑；阴虚则阳无所制，虚热内生，故午后潮热，五心烦热；热扰营阴，故盗汗；虚火上炎，故两颧潮红；阴液不足，失于滋养，故口燥咽干，形体消瘦；舌红少苔，脉细数，为阴虚内热之象。

【辨证要点】干咳、痰少而黏与阴虚内热症状同时出现。

考点与重点 肺阴虚证的临床表现

三、风寒犯肺证

风寒犯肺证，指风寒之邪侵袭肺系，致使肺卫失于宣发所呈现的证候。其成因多为风寒外邪侵犯肺卫，进而导致肺卫失宣。

【临床表现】咳嗽，咯痰色白且清稀，或伴有气喘，略有恶寒发热之感，鼻塞，流清涕，咽喉作痒，或可见周身疼痛、无汗，舌苔薄白，脉浮紧。

【证候分析】肺主司呼吸，外合皮毛。风寒之邪侵袭人体，最易侵犯肌表与肺脏。肺气被束缚，无法正常宣发肃降，故而出现咳嗽、气喘；肺中津液不能正常布散，凝聚成痰饮，随肺气上逆，故咯出的痰色白而清稀；鼻为肺之窍，若肺气失于宣发，鼻咽部位就会受到影响，出现鼻塞、流清涕、喉痒；风寒侵袭肌表，卫阳之气被遏制，不能温暖肌表，所以会有轻微的恶寒；卫阳奋起抗邪，阳气浮郁在体表，因而出现发热；风寒侵犯肌表，凝滞经络，气血不通则产生疼痛，所以会有头身疼痛；寒性收引，使腠理闭塞，故无汗；舌苔薄白，脉浮紧，这是感受风寒之邪的典型表现。

【辨证要点】咳嗽、痰白清稀与风寒表证的症状同时出现。

四、风热犯肺证

风热犯肺证，是指风热邪气侵袭肺系，使肺卫受到病邪侵扰所表现出的证候。多因风热外邪侵犯肺卫，导致肺卫失宣而发病。

【临床表现】咳嗽，痰液黏稠且色黄，或伴有气喘，鼻塞，流浊涕，咽喉肿痛，发热，略有恶寒，口微渴，舌尖发红，舌苔薄黄，脉浮数。

【证候分析】风热侵袭肺脏，肺失清肃之性，肺气上逆，引发咳嗽；风热之邪熏蒸，将津液灼炼成痰，因此痰黏稠而色黄；肺气失于宣发，鼻窍功能失常，津液被热邪所灼，故而出现鼻塞、流浊涕；风热向上侵扰，咽喉部位受到影响，故而咽喉肿痛；风热侵袭肌表，卫气奋起抗邪，阳气浮郁于体表，出现发热；卫气被遏制，肌表得不到温煦，所以略有恶寒；热邪耗伤津液，故口微渴；舌尖红，苔薄黄，脉浮数，均为风热侵袭肌表、侵犯肺脏的表现。

【辨证要点】咳嗽、痰稠而黄与风热表证的症状同时出现。

五、燥邪犯肺证

燥邪犯肺证，指外感燥邪，致使津液耗伤，肺失于濡润所呈现的证候，简称"肺燥证"。多因时值秋令，人体感受燥邪，耗损肺津，导致肺卫失和；或是风温之邪化燥，损伤津液所致。初秋感受燥邪，燥邪与热邪相兼，多引发温燥之病；深秋之际感受燥邪，燥邪与寒邪并见，常出现凉燥之症。

【临床表现】干咳少痰，或者痰液黏稠难以咳出，甚则胸痛，痰中带血，亦可见鼻衄。同时，口、唇、鼻、咽、皮肤干燥，尿量减少，大便干结，舌苔薄且干燥少津；部分患者还会伴有轻微发热恶寒，无汗或者少汗，脉象浮数或浮紧。

【证候分析】肺脏喜好润泽而厌恶干燥，其主要功能是清肃。燥邪侵犯肺脏，肺中津液被耗损，肺脏失去滋润，清肃功能失常，所以会出现干咳少痰，或者痰少而黏、难以咳出的症状；咳嗽剧烈时损伤血络，引发胸痛、咯血、鼻衄；燥邪损伤津液，清窍以及皮肤得不到滋润，所以口、唇、鼻、咽、皮肤干燥，舌苔薄且干燥少津；肠道失于濡润，所以大便干结；津液亏虚，所以小便短少；燥邪侵袭卫表，卫气运行失和，所以会有发热恶寒症状。夏末秋初，燥邪与热邪结合，多为温燥，此时腠理开张外泄，则有汗，脉浮数。秋末冬初，若燥邪与寒邪结合，多为凉燥，寒邪主收敛，腠理闭塞，则无汗，脉浮紧。

【辨证要点】干咳痰少，鼻、咽、口、舌干燥。

链接

喻昌"秋燥论"学术思想介绍

喻昌（字嘉言），明末清初中医学家，被称为"清初三大家"之一。喻昌在"秋燥论"中认为，秋季气候干燥，人体内液体流失过多，容易引发各种疾病。因此，秋季养生应注意保持水分，多喝水，多吃润肺、润肠、滋阴、清热之品，并要避免日晒、风吹、酗酒、熬夜等不良习惯，以免损伤阳气。从中药角度提出了润肺、润燥、滋阴、清热等药物的运用，为中药学研究提供了重要的思路，丰富了中药理论。

六、寒饮阻肺证

寒饮阻肺证，指寒邪与水饮停聚于肺，致使肺失宣降所呈现的证候。其成因多为素有饮疾，又遭寒邪侵袭，内客于肺；或因外感寒湿之邪，侵袭肺脏后转化为痰；或因脾阳不足，寒从内生，聚水成饮，上犯于肺。

【临床表现】咳嗽，气喘，痰液白而清稀且量多，胸部满闷不适，或喉间可闻及哮鸣声，恶寒怕冷，四肢发凉，舌质淡，舌苔白腻或白滑，脉濡缓或滑。

【证候分析】寒饮阻遏肺气，肺失宣发肃降之能，肺气上逆，故而咳嗽、气喘，痰液白清稀且量多；痰气相互搏结，上涌至气道，故喉中痰鸣，时有喘哮发作；痰浊或寒饮凝闭于肺，肺气不畅，因此胸部满闷；寒性主凝滞，阳气被郁遏而不能向外布达，形体四肢得不到温煦，故而恶寒肢冷；舌淡、苔白腻或白滑，脉濡缓或滑，均为寒饮痰浊内停的征象。

【辨证要点】咳嗽气喘、痰白清稀量多以及舌苔白腻。

七、饮停胸胁证

饮停胸胁证，是指水饮停聚于胸胁，阻碍气机运行所表现出的证候，在中医典籍中亦被称为"悬饮"。其成因多为人体中阳素虚，阳气无法正常运化水液，致使水液停聚成饮；或因外感邪气侵袭人体，肺的通调水道功能失常，水液运行与输布出现障碍，停聚为饮，进而流注于胸胁。

【临床表现】胸胁部胀满闷痛，咳嗽、唾涎时疼痛加剧，呼吸短促。当身体转侧或呼吸时，胸胁部位会牵引作痛，部分患者还会出现头目晕眩的症状，舌苔呈现白滑状态，脉象沉弦。

【证候分析】水饮停聚于胸胁，导致胸廓饱满，气机运行受阻，升降功能失常，经脉气血不畅，故而出现胸胁胀闷疼痛、气短息促。水饮停积于胸腔，向上压迫肺脏，使肺的宣发肃降功能失调，胸胁气机不畅，所以咳嗽、唾涎时疼痛明显加剧，身体转侧时也会牵引胸胁作痛。饮邪阻滞，清阳之气不能正常上升，就会引发头目晕眩。水饮内停于体内，反映在舌苔上则表现为白滑，脉象呈现沉弦之象。

【辨证要点】胸胁胀闷、咳唾引痛作为辨证要点。

表 8-2 风寒犯肺证、寒痰阻肺证与饮停胸胁证的鉴别要点

证型	相同症状	不同症状
风寒犯肺证	咳嗽，咳痰，痰色白	多为风寒侵袭，伴有风寒表证，舌苔薄白，脉浮紧
寒痰阻肺证		寒饮或痰浊停聚于肺，伴有寒象，舌质淡，苔白腻或白滑，脉弦或滑
饮停胸胁证		水饮停于胸胁，伴有胸廓饱满、胸胁胀闷或痛，舌苔白滑，脉沉弦

考点与重点 风寒犯肺证、寒痰阻肺证与饮停胸胁证的鉴别要点

八、肺热炽盛证

肺热炽盛证，是指邪热炽盛，壅聚于肺，导致肺失清肃所表现出的实热证候。多因外感风热之邪入里，或风寒之邪入里化热，蕴结于肺而引发。

【临床表现】发热，口渴，咳嗽，呼吸气粗且气喘，甚则鼻翼扇动，鼻息灼热，胸痛，或伴有咽喉红肿疼痛，小便短赤，大便秘结，舌红苔黄，脉数。

【证候分析】肺热炽盛，肺失清肃之职，气逆而上，所以可见咳嗽、气喘，甚至鼻翼扇动，气粗息灼；邪气郁滞于胸中，阻碍气机运行，故出现胸痛；肺热向上熏蒸咽喉，气血壅滞，因此咽喉红肿疼痛；里热蒸腾，向外发散，所以发热较为明显；热盛伤津，故而口渴欲饮，大便秘结，小便短赤；舌红苔黄，脉数，均为邪热内盛的表现。

【辨证要点】咳喘气粗、鼻翼扇动与实热症状同时出现。

九、痰热壅肺证

痰热壅肺证，指痰热相互交结，壅滞于肺，致使肺失清肃所表现的肺经痰热证候。多因热邪侵犯肺脏，肺热炽盛，灼伤肺津，炼液成痰；或原有宿痰内盛，郁而化热，痰热互结，壅阻于肺所致。

【临床表现】咳嗽，咳痰黄稠且量多，胸闷，气喘息粗，甚至鼻翼扇动，喉中痰鸣，或咳吐脓血腥臭痰，胸痛，发热口渴，烦躁不安，小便短黄，大便秘结，舌红苔黄腻，脉滑数。

【证候分析】痰邪壅盛，热邪熏蒸，肺失清肃，气逆上冲，故而咳嗽气喘，气粗息涌，甚至鼻翼扇动；痰热相互交结，随肺气上逆，所以咳痰黄稠且量多，或喉中痰鸣；若痰热阻滞肺络，气滞血壅，肉腐血败，则咳吐脓血腥臭痰；痰热内盛，壅塞肺气，故胸闷胸痛；里热炽盛，向外蒸腾，故发热；热邪扰乱心神，故烦躁不安；热灼津伤，故而口渴，小便黄赤，大便秘结；舌红苔黄腻，脉滑数，是痰热内盛之征。

【辨证要点】发热、咳喘、痰多黄稠与实热症状并见。

十、饮停胸胁证

饮停胸胁证，是指水饮停聚于胸胁，阻碍气机运行所表现出的证候，在中医典籍中亦被称为"悬饮"。其成因多为人体中阳素虚，阳气无法正常运化水液，致使水液停聚成饮；或者因外感邪气侵袭人

体，肺的通调水道功能失常，水液运行与输布出现障碍，停聚为饮，进而流注于胸胁部位。

【临床表现】胸胁部胀满闷痛，咳嗽、唾涎时疼痛加剧，呼吸短促。当身体转侧或呼吸时，胸胁部位会牵引作痛，部分患者还会出现头目晕眩的症状，舌苔呈现白滑状态，脉象沉弦。

【证候分析】由于水饮停聚于胸胁，导致胸廓饱满，气机运行受阻，升降功能失常，经脉气血不畅，故而出现胸胁胀闷疼痛、气短息促的症状。水饮停积于胸腔，向上压迫肺脏，使肺的宣发肃降功能失调，胸胁气机不畅，所以咳嗽、唾涎时疼痛明显加剧，身体转侧时也会牵引胸胁作痛。饮邪阻滞，清阳之气不能正常上升，就会引发头目晕眩。水饮内停于体内，舌苔白滑，脉沉弦。

【辨证要点】胸胁胀闷、咳唾引痛。

十一、大肠湿热证

大肠湿热证，指的是湿热内蕴于体内，阻滞肠道，致使肠道传导功能失常所表现出的证候。其成因多为夏秋季节，暑湿热毒之邪侵犯肠道；或因饮食不节，食用腐败不洁的食物，湿热秽浊之邪在肠道蕴结。

【临床表现】腹痛腹胀，下痢脓血，里急后重，或暴泻如水，或腹泻不爽，粪便质黄稠且秽臭，肛门有灼热感，小便短黄，身热口渴，舌质红，舌苔黄腻，脉滑数。

【证候分析】湿热之邪侵犯肠道，阻碍气机运行，导致气滞不通，故而出现腹痛腹胀；湿热侵袭肠道，使气机紊乱，清浊无法分辨，水液向下趋行，所以会出现暴注下迫；湿热内蕴，损伤肠道脉络，瘀血与热邪相互交结，于是出现下痢脓血；火性急迫而湿性黏滞，湿热疫毒侵犯肠道，肠道内湿热之邪难以消散，秽浊之物蕴结而不排泄，因此会出现腹泻不爽、粪质黄稠、气味秽臭，排便时肛门有灼热感；湿热之邪蒸腾于体表，所以身热；热邪损伤津液，再加上泻下导致津液耗损，故有口渴、小便短黄；舌质红，苔黄腻，脉滑数，这些都是湿热内蕴的表现。

【辨证要点】腹痛、里急后重、下痢脓血、大便黄稠秽臭与湿热症状同时出现。

十二、肠热腑实证

肠热腑实证，是指邪热入里，与肠道中的糟粕相互搏结，燥屎在肠道内结聚所表现出的实热证候，又称为"大肠热结证"，也称作"大肠实热证"。多因邪热炽盛，大量出汗；或者误用发汗之法，致使津液外泄，从而导致肠道干燥，里热更为严重，燥屎在肠道内结聚。

【临床表现】脘腹胀满，疼痛拒按，大便秘结，或者出现日晡潮热，也可能出现热结旁流，大便恶臭，高热，汗多，口渴，甚至出现神昏谵语、狂乱，小便短黄，舌质红，舌苔黄厚而干燥，或者焦黑起刺，脉象沉数有力，或者沉迟有力。

【证候分析】里热炽盛，耗伤津液，肠道失去濡润，邪热与肠道内的燥屎结聚，腑气不通畅，所以脐腹部胀满，疼痛拒按，大便秘结；大肠属阳明经，阳明经气在日晡时最为旺盛，所以日晡时发热更明显；若燥屎在肠道内结聚，邪热逼迫津液下泄，就会泻下青黑色恶臭的粪水，这被称为"热结旁流"；肠热壅滞，腑气不通，邪热与秽浊之气向上熏蒸，侵扰心神，所以会出现神昏谵语、精神狂乱；里热熏蒸，逼迫津液外泄，则高热、汗出、口渴，小便短黄；实热内盛，则舌苔黄厚而干燥，脉沉数有力；若燥屎与邪热相互交结，经过煎熬熏灼，舌苔就会焦黑起刺；这种情况阻碍脉气运行，所以脉象沉迟有力。

【辨证要点】大便秘结、腹满疼痛与里热炽盛的症状同时出现。

十三、肠燥津亏证

肠燥津亏证，系指津液亏耗，肠道失于濡润，传导功能失常所呈现之证候，亦称为"大肠津亏证"。其成因多为平素体质阴虚，或年老体衰致阴津不足，或嗜食辛辣燥烈之品，或因吐泻、久病、温热病后期等因素耗伤阴液所致。

【临床表现】大便干结如羊屎状，艰涩难行，数日一行，伴见腹胀且痛，有时可于左少腹触及包块，口干，或口臭，或头晕，舌红少津，舌苔黄燥，脉细涩。

【证候分析】因诸般原因致使阴津受损，肠道失润，传导失职，故而大便干结秘涩，坚硬如羊屎，难以排出，甚至数日一行；大肠内有燥屎阻滞，气机不畅，故见腹胀疼痛，或于左下腹可触及包块；腑气不通，浊气上逆，遂致口气臭秽，甚则浊气上扰清阳而引发头晕；阴津亏虚，不能上承濡润，故见口干咽燥，舌红少津；阴液不能濡养脉道，故脉细涩。

【辨证要点】大便燥结、排便困难与津亏之象并见。

表 8-3　大肠湿热证、肠热腑实证与肠燥津亏证的鉴别

证型	病机	辨证要点	临床表现
大肠湿热证	湿热内蕴，阻滞肠道	腹痛，暴泻如水，下痢脓血，大便黄稠秽臭	身热口渴，下痢脓血，里急后重，或暴泻如水，或腹泻不爽、粪质黄稠秽臭，肛门灼热，小便短黄，舌质红，苔黄腻，脉滑数
肠热腑实证	里热炽盛，腑气不通	发热，大便秘结，腹满硬痛	高热，或日晡潮热，汗多，口渴，脐腹胀满硬痛、拒按，大便秘结，或热结旁流，大便恶臭，小便短黄，甚则神昏谵语、狂乱，舌质红，苔黄厚而燥，或焦黑起刺，脉沉数或迟有力
肠燥津亏证	津液亏损，肠失濡润	大便燥结、排便困难与津亏症状	大便干燥如羊屎，艰涩难下，数日一行，腹胀作痛，或可于左少腹触及包块，口干，或口臭，或头晕，舌红少津，苔黄燥，脉细涩

考点与重点　大肠湿热证、肠热腑实证与肠燥津亏证的鉴别

十四、大肠虚寒证

大肠虚寒证，乃指脾肾阳虚，固摄失司，导致肠道虚弱，滑泻无度所表现之证候，亦称为"肠虚滑泄证"。

【临床表现】大便泄泻无度，或滑脱失禁，甚至出现脱肛，腹痛隐隐，喜温喜按，舌淡，舌苔白滑，脉象沉弱。

【证候分析】本证多因平素体质阳虚，或过食生冷之物，久病损伤阳气，长期腹泻或久痢，致使大肠传导功能失常。久泻久痢，下利伤阳，导致脾肾阳虚，固摄无权，故而大便泄泻无度，或滑脱失禁，甚至脱肛；阳虚生内寒，中阳受损则腹痛隐隐，喜温喜按；舌淡、苔白滑、脉沉弱，皆为阳虚阴盛之征。

【辨证要点】大便泻下无度甚至失禁，兼见脾阳虚证、肾阳虚证之表现。

❓ 思 考 题

1. 何谓肠热腑实证之热结旁流？
2. 风寒犯肺证应与哪些证候相鉴别？
3. 试述肺气虚证与肺阴虚证的临床表现及鉴别要点。

项目三　脾与胃病辨证

📋 案例导入

　　患者，男性，39岁，平素喜食辛辣刺激等食品，半年来时见胃脘疼痛，曾服温胃散寒止痛药无效，近半个月来胃痛复发而来就诊。现见体瘦，胃脘隐痛，心下有灼热感，饮食稍有不慎，或略为多食，则

脘痞不舒，嗳气时作，饥不欲食，口燥咽干，小便短少，大便干结，舌红少津，脉细数。

问题：请写出主诉，辨证结论、证候分析及证名。

　　脾胃共处中焦，通过经脉相互络属而互为表里。脾主运化，主升清，主统血，喜燥恶湿；胃主受纳腐熟，主通降，以降为和，喜润恶燥。脾升胃降，共同完成食物的消化吸收与输布，为气血生化之源，后天之本。

　　脾的病变主要反映在运化、升清、统血功能的失常，其常见的症状有腹胀、便溏、食欲不振、浮肿、内脏下垂、慢性出血等。胃的病变主要反映在受纳、腐熟、和降功能障碍，其常见的症状有胃脘胀满或疼痛、恶心、嗳气、呕吐、呃逆等。

　　脾胃证候均有虚、实之分。脾病虚证多见脾气虚证、脾阳虚证、脾虚气陷证、脾不统血证；脾病实证有湿热蕴脾证、寒湿困脾证。胃病虚证多见胃阴虚证；胃病实证有寒滞胃脘证、胃火炽盛证、食滞胃脘证等。

一、脾气虚证

　　脾气虚证，是指脾气不足，运化失职所表现的证候。多因饮食失调，劳累过度，或禀赋不足、素体脾虚，或年老体衰及其他急慢性疾患耗伤脾气所致。

　　【临床表现】纳少腹胀，食后尤甚，大便溏薄，肢体倦怠，神疲乏力，少气懒言，形体消瘦，面色萎黄，或浮肿，肥胖，舌淡苔白，脉缓或弱。

　　【证候分析】脾气虚弱，运化失职，水谷不化，故纳少，腹胀；食入则脾气益困，故腹胀尤甚；脾虚失运，水湿下注肠道，故大便溏薄；脾为气血生化之源，脾虚化源不足，肢体、肌肉、颜面失于充养，故形体消瘦，肢体倦怠，面色萎黄；脾虚水湿不运，泛溢肌肤，则可见肢体浮肿或肥胖；舌淡苔白，脉缓或弱，是脾气虚弱之征。

　　【辨证要点】纳少、腹胀、便溏与气虚症状共见。

二、脾阳虚证

　　脾阳虚证，是指脾阳虚衰，阴寒内盛所表现的证候。此证多由脾气虚发展而来，或过食生冷，或肾阳虚，火不生土所致。

　　【临床表现】腹胀纳少，腹痛绵绵，喜温喜按，畏寒肢冷，大便稀溏或完谷不化，或肢体浮肿，或小便短少，或白带量多质稀，舌淡胖或有齿痕，苔白滑，脉沉迟无力。

　　【证候分析】脾阳虚衰，运化失健，则腹胀纳少、大便稀溏或完谷不化；中阳不足，虚寒内生，寒凝气滞，故腹痛绵绵，喜温喜按；阳虚温煦失职，故畏寒肢冷；脾阳虚，水湿不化，泛溢肌肤，故肢体浮肿，或小便短少；妇女带脉不固，水湿下渗，可见白带清稀量多；舌淡胖苔白滑，脉沉迟无力，皆为阳虚湿盛之征。

　　【辨证要点】腹胀、腹痛、大便稀溏与阳虚症状共见。

三、脾虚气陷证

　　脾虚气陷证，是指脾气亏虚，升举无力而反下陷所表现的证候。此证多由脾气虚进一步发展，或久泻、久痢，或劳累过度所致。

　　【临床表现】脘腹重坠作胀，食后尤甚，或便意频数，肛门坠重；或久泻不止，甚或脱肛；或子宫下垂；或小便混浊如米泔。伴见气少乏力，肢体倦怠，声低懒言，头晕目眩。舌淡苔白，脉缓或弱。

　　【证候分析】脾气上升，能升发清阳和升举内脏，气虚升举无力，故脘腹重坠作胀，食入更甚；中气下陷，内脏失于托举，故便意频数，肛门坠重，或久泻不止，甚或脱肛，或子宫下垂；脾主散精，脾虚气陷致精微不能正常输布而反下流膀胱，故小便混浊如米泔；中气不足，全身机能活动减退，故少气乏力，肢体倦怠，声低懒言；清阳不升则头晕目眩；舌淡苔白，脉缓或弱皆为脾气虚弱的表现。

【辨证要点】脘腹重坠，内脏下垂与气虚症状共见。

四、脾不统血证

脾不统血证，是指脾气亏虚不能统摄血液所表现的证候。此证多由久病气虚，或忧思日久，劳倦伤脾等引起。

【临床表现】各种慢性出血，如便血，尿血，呕血，肌衄，齿衄，或妇女月经过多，崩漏等。常伴见食少便溏，神疲乏力，少气懒言，面色萎黄，舌淡苔白，脉细弱等症。

【证候分析】脾有统摄血液的功能，脾气亏虚，统血无权，则血溢脉外，而见各种慢性出血：血液溢于肠胃，则见呕血或便血；渗于膀胱，则见尿血；溢出肌肤，则为肌衄；由齿龈而出，则为齿衄。脾虚统血无权，冲任不固，则见妇女月经过多，甚或崩漏。食少便溏，神疲乏力，少气懒言，面色萎黄，舌淡苔白，脉细弱，皆为脾气虚弱之象。

【辨证要点】各种出血与脾气虚症状共见。

考点与重点　脾病虚证的临床表现、鉴别要点

五、寒湿困脾证

寒湿困脾证，是指寒湿内盛，脾阳受困，脾失温运而表现的证候。此证多由淋雨涉水，居处潮湿等外感寒湿，或饮食不节，过食肥甘、生冷等寒湿内生等因素引起。

【临床表现】脘腹痞闷，腹痛便溏，泛恶欲吐，口腻纳呆，头身困重，面色晦黄，或肌肤面目发黄，黄色晦暗如烟熏，或肢体浮肿，小便短少。舌淡胖，苔白腻，脉濡缓。

【证候分析】寒湿内侵，中阳受困，运化失司，脾气郁滞，故轻则脘腹痞闷，重则胀痛；脾失健运，水谷不化，故纳呆；水湿下注，则大便溏薄；寒湿内盛，湿邪上泛，故口腻；胃失和降，故泛恶欲吐；寒湿属阴邪，阴不耗液，故口淡不渴。寒湿滞于经脉，故见头身困重；湿阻气滞，气血不能外荣，故见面色黄晦；脾为寒湿所困，阳气不宣，胆汁随之外泄，故肌肤面目发黄，黄色晦暗如烟熏；湿泛肌肤可见肢体浮肿；膀胱气化失司，则小便短少。舌淡胖、苔白腻，脉濡缓，皆为寒湿内盛的表现。

【辨证要点】脘腹胀闷、食少便溏，头身困重与寒湿症状共见。

六、湿热蕴脾证

湿热蕴脾证，是指湿热内蕴，脾失健运所表现的证候。常因外感湿热，或过食肥甘厚味，饮酒无度所致。

【临床表现】脘腹痞闷，纳呆呕恶，口中黏腻，渴不多饮，便溏尿黄，肢体困重，或面目肌肤发黄，色泽鲜明如橘，或皮肤瘙痒，或身热不扬，汗出热不解。舌红苔黄腻，脉濡数。

【证候分析】湿热蕴结脾胃，受纳运化失职，升降失常，故脘腹痞闷，纳呆呕恶；湿热上蒸于口，故口中黏腻，渴不多饮；脾主肌肉，湿热困脾，则肢体困重；湿热下注大肠，故便溏不爽；湿热下注膀胱，则小便短黄；湿热内蕴，熏蒸肝胆，致胆汁不循常道，外溢肌肤，故皮肤发痒，面目肌肤发黄，其色鲜明如橘子。湿遏热伏，热处湿中，湿热郁蒸，故身热不扬，汗出而热不解，舌红苔黄腻，脉濡数，均为湿热内盛之象。

【辨证要点】脘腹胀满、纳呆、呕恶、身目发黄与湿热症状共见。

考点与重点　湿热蕴脾、寒湿困脾证的临床表现、鉴别要点

七、胃 气 虚 证

胃气虚证，是指胃气虚弱，和降失职所表现的证候。多因饮食不节，劳倦失度，久病失养，胃气被伤所致。

【临床表现】纳少，胃脘痞满，隐痛喜按，嗳气，面色萎黄，神疲乏力，少气懒言，舌淡苔薄白，脉弱。

【证候分析】胃主受纳与腐熟，以降为和。胃气虚弱，失于和降，气机阻滞于中，故胃脘痞满，甚则隐痛；按之胃气暂时得以通畅，故喜按；胃气虚弱，腐熟功能减退，故纳少；胃气虚弱，和降失职，胃气上逆，故嗳气；胃气虚日久，气血生化乏源，故面色萎黄，神疲乏力，少气懒言。舌淡苔薄白，脉弱，均为胃气虚弱之象。

【辨证要点】胃脘痞满、隐痛喜按、纳少与气虚症状共见。

八、胃 阳 虚 证

胃阳虚证是指胃阳不足，胃失温养所表现的证候。多因嗜食生冷，过用苦寒，久病失养，或素体脾胃阳虚所致。

【临床表现】胃脘冷痛，喜温喜按，食后缓解，泛吐清水或夹不消化食物，纳少脘痞，口淡不渴，神疲乏力，畏寒肢冷，舌淡胖嫩，脉沉迟无力。

【证候分析】胃阳虚，阴寒内盛，寒凝气滞，不通则痛，故胃脘冷痛；得温后胃得以温养，气机暂通，故疼痛食后缓解，喜温喜按；胃阳虚，受纳腐熟失职，故纳少脘痞；阳虚津液未伤，故口淡不渴；神疲乏力，畏寒肢冷，舌淡胖嫩，脉沉迟无力均为阳虚见症。

【辨证要点】胃脘冷痛与阳虚症状共见。

九、胃 阴 虚 证

胃阴虚证，是指胃阴不足，胃失濡润所表现的证候。此证多由胃病久延不愈，或热病后期阴液未复，或平素嗜食辛辣，或情志不遂，气郁化火使胃阴耗伤而致。

【临床表现】胃脘隐隐灼痛，饥不欲食，或痞胀不舒，干呕，呃逆，口燥咽干，大便干结，小便短少，舌红少苔，脉细数。

【证候分析】胃阴不足，虚热内生，热郁胃中，胃气不和，则胃脘部隐隐灼痛，痞胀不舒；胃中虚热扰动，故有饥饿感，胃阴虚失于和降，故不欲食；胃阴亏虚，上不能滋润咽喉，则口燥咽干；下不能濡润大肠，故大便干结；胃阴虚，胃失和降，胃气上逆，可见干呕呃逆。舌红少苔，脉象细数，是阴虚内热的征象。

【辨证要点】以胃脘隐隐灼痛、饥不欲食与阴虚症状共见为辨证要点。

考点与重点 胃气虚、胃阳虚、胃阴虚证的临床表现、鉴别要点

十、食 滞 胃 脘 证

食滞胃脘证，是指食物停滞胃脘，不能腐熟所表现的证候。此证多由饮食不节，暴饮暴食，或脾胃素弱，饮食稍有不慎，即停滞不化所致。

【临床表现】脘腹胀满疼痛，嗳腐吞酸或呕吐酸腐食物，吐后胀痛得减，或矢气便溏，泻下物酸腐臭秽，舌苔厚腻，脉滑。

【证候分析】胃气以降为顺，食停胃脘，胃气郁滞，则脘部胀闷疼痛；胃失和降而上逆，故见嗳气吞酸或呕吐酸腐食物。吐后胃气暂得通畅，故胀痛得减；食浊下移，积于肠道，可致矢气频频，臭如败卵，泻下物酸腐臭秽，舌苔厚腻，脉滑为食浊内积之征。

【辨证要点】脘腹胀满疼痛、嗳腐吞酸、呕泄酸馊腐臭与气滞症状共见。

十一、寒滞胃脘证

寒滞胃脘证，是指寒邪犯胃，阻滞气机所表现的证候。此证多由脘腹受冷或过食生冷所致。

【临床表现】胃脘冷痛，轻则绵绵不已，重则拘急剧痛，遇寒加剧，得温则减，口淡不渴，口泛清水，或恶心呕吐，或伴见胃中水声辘辘，舌苔白润，脉弦紧或迟紧。

【证候分析】寒邪犯胃，凝滞气机，故胃脘冷痛；寒邪得温则散，遇寒气机凝滞加重，故遇寒痛增而得温则减；寒伤胃阳，水饮不化，随胃气上逆，故口泛清水，或恶心呕吐，舌苔白润，脉弦紧或迟紧，是阴寒内盛的表现。

【辨证要点】胃脘冷痛、恶心呕吐与实寒症状共见。

十二、胃肠气滞证

胃肠气滞证，是指胃肠气机阻滞所表现的证候。多因情志不遂，或外邪内侵，或食积、痰饮等病理产物停聚所致。

【临床表现】胃脘、腹部胀满疼痛，走窜不定，痛而欲吐或欲泻，泻而不爽，嗳气、肠鸣，得嗳气、肠鸣、矢气后胀痛可缓解，或无肠鸣、矢气则胀痛加剧，或便秘，苔厚，脉弦。

【证候分析】胃肠气机阻滞，传导失职，不通则痛，故胃脘、腹部胀满疼痛；气聚散不定，故胀痛走窜不定；胃以降为和，胃失和降，故嗳气，欲吐；大肠者传导之官，肠道气滞不畅，故肠鸣、矢气频作、欲泻而不爽；嗳气、矢气之后，气机暂时得以通畅，故胀痛得减；若气机阻滞严重，上不得嗳气，下不得矢气，气聚而不散，故脘腹胀痛加剧；胃肠气机不降，故便秘；苔厚、脉弦，均为浊气内停，气机阻滞之征。

【辨证要点】脘腹胀痛、嗳气、肠鸣、矢气。

> **考点与重点** 寒滞胃肠、食滞胃肠、胃肠气滞证的临床表现、鉴别要点

十三、胃火炽盛证

胃火炽盛证，是指胃火内炽，胃失和降所表现的证候。多因平素嗜食辛辣肥腻，化热生火，或情志不遂，气郁化火，或热邪内犯所致。

【临床表现】胃脘灼痛拒按，渴喜冷饮，或消谷善饥，或牙龈肿痛，齿衄口臭，大便秘结，小便短赤，舌红苔黄，脉滑数。

【证候分析】热炽胃中，胃气不畅，故胃脘灼痛拒按；胃热炽盛，耗津灼液，则渴喜冷饮；机能亢进，则消谷善饥。胃络于龈，胃火循经上熏，气血壅滞，故见牙龈肿痛，口臭；血络受伤，血热妄行，可见齿衄；热盛伤津耗液，故见大便秘结，小便短赤。舌红苔黄，脉滑数为胃热内盛之象。

【辨证要点】胃脘灼痛、消谷善饥与实热症状共见。

> **考点与重点** 胃火炽盛、寒饮停胃证的临床表现、鉴别要点

❓ 思 考 题

1. 简述脾气虚、脾阳虚、脾虚气陷证的区别。
2. 简述胃气虚、胃阳虚与胃阴虚的异同点。
3. 简述胃火炽盛证的证候。

项目四　肝与胆病辨证

案例导入

患者，男，34岁。3年来右胁下疼痛反复发作，前晚因朋友聚会，饮酒过多，右胁下疼痛再度发作，剧痛难忍，前来就诊。现见右胁下灼痛，持续不解，痛剧难忍，厌食腹胀，口苦，泛恶欲呕，便溏不爽，日行2~3次，寒热往来，小便短赤，舌红，苔黄腻，脉滑数。

问题： 请写出主诉，辨证结论、证候分析及证名。

肝位于右胁，胆附于肝，肝胆经脉相互络属，互为表里，肝主疏泄，主藏血，在体合筋，其华在爪，开窍于目，其气升发，性喜条达而恶抑郁。胆贮藏和排泄胆汁，并主决断。

肝的病变主要表现在疏泄与藏血功能失常，常见症状有胸胁、少腹胀痛，情志抑郁或易怒，头晕胀痛，肢体震颤，手足抽搐，以及眼部症状，月经不调等。胆病主要表现为贮藏和排泄胆汁功能失常，常见症状有胆怯易惊、惊悸不宁、口苦、黄疸等。

肝病常见证型有虚实之分，虚证多见肝血虚证、肝阴虚证；实证多见肝郁气滞证、肝火炽盛证、肝经湿热证、寒滞肝脉证。胆病常见证型有胆郁痰扰证。

一、肝 血 虚 证

肝血虚证，是指肝脏血液亏虚，机体失养所表现的证候。多因脾肾亏虚，生化之源不足，或慢性病耗伤肝血，或失血过多所致。

【临床表现】头晕目眩，视力减退或夜盲，面白无华，爪甲不荣，夜寐多梦。或见肢体麻木，关节拘急不利，手足震颤，妇女月经量少、色淡，甚则经闭，舌淡苔白，脉细。

【证候分析】肝血不足，不能上荣头面，故头晕目眩，视力减退或夜盲，面白无华；爪甲失养，则干枯不荣；血不足以安魂定志，故夜寐多梦；肝主筋，血虚筋脉失养，则见肢体麻木，关节拘急不利，手足震颤等虚风内动之象。妇女肝血不足，不能充盈冲任之脉，所以月经量少色淡，甚至闭经。舌淡苔白，脉细，为血虚常见之征。

【辨证要点】眩晕、视力减退、肢体麻木与血虚症状共见。

二、肝 阴 虚 证

肝阴虚证，是指肝脏阴液亏虚，虚热内生所表现的证候。此证多由情志不遂，气郁化火，或慢性疾病、温热病等耗伤肝阴，或肾阴不足，水不涵木，累及肝阴引起。

【临床表现】头晕眼花，两目干涩，视物不清，面部烘热，胁肋灼痛，五心烦热，潮热盗汗，口咽干燥，或见手足蠕动。舌红少津，脉弦细数。

【证候分析】肝阴不足，不能上滋头目，则头晕眼花，两目干涩，视物不清；虚火上炎，则面部烘热；虚火内灼，则见胁肋灼痛，五心烦热，潮热盗汗；阴液亏虚不能上润，则口咽干燥；筋脉失养，则手足蠕动。舌红少津，脉弦细数，均为阴虚内热之象。

【辨证要点】眩晕、目涩、胁肋隐痛与阴虚症状共见。

考点与重点 肝血虚、肝阴虚证的临床表现、鉴别要点

三、肝郁气滞证

肝郁气滞证是指肝失疏泄，气机郁滞而表现的证候。多因情志抑郁，或突然的精神刺激及其他病邪的侵扰而发病。

【临床表现】胸胁或少腹胀闷窜痛，善太息，情志抑郁，或咽部梅核气，或颈部瘿瘤，或胁下肿块。妇女可见乳房作胀疼痛，月经不调，痛经，闭经，苔薄白，脉弦。

【证候分析】肝气郁结，经气不利，故胸胁、乳房、少腹胀闷疼痛或窜动作痛；肝主疏泄，具有调节情志的功能，气机郁结，不得条达疏泄，则情志抑郁；气郁生痰，痰随气逆，循经上行，搏结于咽则见梅核气；积聚于颈项则为瘿瘤。气病及血，气血瘀阻，结于胁下，故见胁下肿块；肝郁气滞，血行不畅，冲任不调，故妇女月经不调、痛经、闭经。苔薄白，脉弦，为肝郁气滞之征。

【辨证要点】情志抑郁，胸胁、少腹胀痛，脉弦与气滞症状共见。

四、肝火上炎证

肝火上炎证，是指肝脏之火上逆所表现的证候。多因情志不遂，肝郁化火，或热邪内犯等引起。

【临床表现】头晕胀痛，面红目赤，口苦口干，急躁易怒，不眠或噩梦纷纭，胁肋灼痛，便秘尿黄，耳鸣如潮，吐血衄血，舌红苔黄，脉弦数。

【证候分析】肝火炽盛，循经上攻头目，故头晕胀痛，面红目赤；如夹胆气上逆，则口苦口干；肝失条达柔顺之性，故急躁易怒；火热内扰，神魂不安，以致失眠，噩梦纷纭，肝火内炽，气血壅滞，故胁肋灼痛；热盛耗津，故便秘尿黄；足少阳胆经入耳中，肝热移胆，循经上冲，则耳鸣如潮；火伤络脉，血热妄行，可见吐血衄血。舌红苔黄，脉弦数，为肝经实火炽盛之征。

【辨证要点】头晕胀痛，面红目赤，耳鸣如潮，胁肋灼痛与实热症状共见。

五、肝阳上亢证

肝阳上亢证，是指肝肾阴虚，不能制阳，致使肝阳偏亢所表现的证候。多因情志过极或肝肾阴虚，致使阴不制阳，水不涵木而发病。

【临床表现】眩晕耳鸣，头目胀痛，面红目赤，急躁易怒，心悸健忘，失眠多梦，腰膝酸软，头重脚轻，舌红少苔，脉弦或弦细数。

【证候分析】肝肾之阴不足，肝阳亢逆无制，气血上冲，则眩晕耳鸣头目胀痛，面红目赤；肝失柔顺，故急躁易怒；阴虚心失所养，神不得安，则见心悸健忘，失眠多梦；肝肾阴虚，腰膝失养，故腰膝酸软；阳亢于上，阴亏于下，上盛下虚，故头重脚轻；舌红少苔、脉弦或弦细数，为肝肾阴虚，肝阳亢盛之象。

【辨证要点】以头目胀痛、眩晕耳鸣、急躁易怒、头重脚轻、腰膝酸软等上实下虚症状共见为辨证要点。

考点与重点 肝郁气滞、肝火炽盛、肝阳上亢证的临床表现、鉴别要点

六、肝风内动证

肝风内动证，是指患者主要表现为眩晕欲仆，震颤，抽搐等动摇不定的证候。临床上可将其细分为肝阳化风、热极生风、阴虚动风、血虚生风四种证候。

（一）肝阳化风证

肝阳化风证，是指肝阳亢逆无制而表现动风的证候。多因肝肾之阴久亏，肝阳失潜而暴发。

【临床表现】眩晕欲仆，头摇而痛，项强肢颤，语言謇涩，手足麻木，步履不正，或突然昏倒，不

省人事，口眼㖞斜，半身不遂，舌强不语，喉中痰鸣，舌红苔白或腻，脉弦有力。

【证候分析】肝阳化风，肝风内旋，上扰头目，则眩晕欲仆，或头摇不能自制；气血随风阳上逆，壅滞络脉，故头痛不止；风动筋挛，则项强肢颤；肝脉络舌本，风阳扰络，则语言謇涩；肝肾阴虚，筋脉失养，故手足麻木；风动于上，阴亏于下，上盛下虚，所以步履不正，阳亢则灼液为痰，风阳夹痰上扰，清窍被蒙，则突然昏倒，不省人事；风痰流窜脉络，经气不利，可见口眼㖞斜，半身不遂；痰阻舌根，则舌体僵硬，不能言语；痰随风升，故喉中痰鸣。舌红为阴虚之象，白苔示邪尚未化火，腻苔为夹痰之征，脉弦有力，反映出风阳扰动的病机。

【辨证要点】眩晕欲仆、肢麻震颤、口眼㖞斜、半身不遂。

（二）热极生风证

热极生风证，是指热邪亢盛引动肝风所表现的证候。此证多由邪热亢盛，燔灼肝经，热闭心神而发病。

【临床表现】高热神昏，躁扰如狂，手足抽搐，颈项强直，甚则角弓反张，两目上视，牙关紧闭。舌红或绛，脉弦数。

【证候分析】热邪蒸腾，充斥三焦，故高热。热入心包，心神昏聩，则神昏，躁扰如狂；热灼肝经，筋脉失养，而见手足抽搐，颈项强直，角弓反张，两目上视，牙关紧闭等筋脉挛急的表现。舌质红绛，脉弦数，为肝经火热之征。

【辨证要点】高热、神昏、抽搐与实热症状共见。

（三）阴虚动风证

阴虚动风证，是指阴液亏虚，筋脉失养，引动肝风所表现的证候。多因外感热病后期阴液耗损，或内伤久病，阴液亏虚而发病。

【临床表现】手足震颤或蠕动，眩晕耳鸣，两目干涩，视物模糊，五心烦热，潮热盗汗，舌红少苔，脉弦细数。

【证候分析】肝阴虚，筋脉失养，故手足震颤或蠕动；阴虚头目失养，故眩晕耳鸣，两目干涩，视物模糊；阴虚虚热内生，见五心烦热，潮热盗汗；舌红少苔，脉弦细数，均为肝阴虚，虚热内生之征。

【辨证要点】手足震颤与阴虚症状共见。

（四）血虚生风证

血虚生风证，是指血虚筋脉失养所表现的动风证候。此证多由急、慢性出血过多，或久病血虚引起。

【临床表现】手足震颤，头晕眼花，肢体麻木，肌肉瞤动，皮肤瘙痒，爪甲不荣，面唇淡白，舌淡苔白，脉细或弱。

【证候分析】肝血虚，筋脉失养，故手足震颤，肢体麻木，肌肉瞤动；阴虚头目失养，故头晕眼花；血虚筋脉、爪甲失养，故爪甲不荣，面唇淡白；舌淡白，脉细或弱，均为血虚之象。

【辨证要点】手足颤动、肢体麻木与血虚症状共见。

考点与重点 肝风内动证的临床表现、鉴别要点

七、寒凝肝脉证

寒凝肝脉证，是指寒邪凝滞肝脉所表现的证候。多因感受寒邪而发病。

【临床表现】少腹牵引睾丸坠胀冷痛，或阴囊收缩引痛，或颠顶冷痛，受寒则甚，得热则缓，舌苔

白，脉沉弦或沉紧。

【证候分析】肝脉绕阴器，抵少腹，上颠顶，寒凝经脉，气血凝滞，故见少腹牵引睾丸冷痛，颠顶冷痛；寒为阴邪，性主收引，筋脉拘急，可致阴囊收缩引痛。寒凝气血，遇寒则收引凝滞加重，故疼痛遇寒加剧，得热则减。舌苔白，脉沉弦或沉紧，为寒盛之征。

【辨证要点】少腹、前阴、颠顶冷痛与实寒症状共见。

考点与重点 寒滞肝脉证的临床表现

八、肝胆湿热证

肝胆湿热证，是指湿热蕴结肝胆所表现的证候。此证多由感受湿热之邪，或偏嗜肥甘厚腻，酿湿生热，或脾胃失健，湿邪内生，郁而化热所致。

【临床表现】胁肋胀痛，厌食油腻，腹胀，纳少，呕恶，大便不调，身目发黄，口苦，或男子阴囊湿疹、睾丸肿胀热痛，或女子带下黄稠臭秽、阴痒，小便短赤，发热或寒热往来，舌红苔黄腻，脉弦数。

【证候分析】湿热蕴结肝胆，肝气失于疏泄，气滞血瘀，故胁肋痛；湿热内蕴，肝木横逆侮土，脾胃升降失司，故厌食油腻，纳少，呕恶，腹胀，大便不调。胆气上溢，可见口苦，湿热内蕴，胆汁不循常道而外溢肌肤，则身目发黄；肝脉绕阴器，湿热随经下注，在男子则见阴囊湿疹、睾丸肿胀热痛，在女子则见带下黄稠臭秽、阴痒。舌红苔黄腻，脉弦数，均为湿热内蕴肝胆之证。

【辨证要点】胁肋胀痛，身目发黄与湿热下注症状共见。

考点与重点 肝胆湿热证的临床表现

九、胆郁痰扰证

胆郁痰扰证，是指痰热内扰，胆气不宁所表现的证候。此证多由情志不遂，疏泄失职，生痰化火而引起。

【临床表现】惊悸失眠，胆怯易惊，烦躁不寐，口苦呕恶，胸闷太息，舌红苔黄腻，脉弦数。

【证候分析】胆为清静之腑，痰热内扰，则胆气不宁，故见惊悸失眠，胆怯易惊，烦躁不寐。胆气郁滞，则见胸闷善太息。热蒸胆气上溢，则口苦，胆热犯胃，胃失和降，则泛恶呕吐。舌红苔黄腻，脉象弦滑，为痰热内蕴之征。

【辨证要点】惊悸失眠、胆怯易惊与痰热症状共见。

考点与重点 胆郁痰扰证的临床表现

？ 思 考 题

1. 简述肝风内动证四证的鉴别要点。
2. 请阐述湿热蕴脾证与肝胆湿热证如何鉴别？
3. 简述肝血虚证与肝阴虚证的鉴别要点？

项目五 肾与膀胱病辨证

案例导入

患者，男性，18岁。2023年5月11日初诊。自幼年起，昼间小便不多，夜间则尿量、尿次增加，熟睡后小便常遗出，屡经治疗无明显效果。精神不振，腰膝酸困，背脊酸楚，舌质淡，苔薄白，脉沉细无力。

问题：1. 请概括本病案的主诉。
       2. 该病例辨证结论是什么？

肾位于腰部，左右各一，其经脉与膀胱相互络属，故两者互为表里。肾藏精，为先天之本，主生长发育和生殖，主水，主纳气，主骨生髓充脑，开窍于耳及二阴，其华在发。膀胱为州都之官，具有贮尿、排尿的功能。

肾为水火之宅，寓藏元阴元阳，"五脏之阳气，非此不能发""五脏之阴气，非此不能滋"，为人体生长发育之根，脏腑功能活动之本，一有不足，则诸脏皆病，故肾多虚证。膀胱多见贮尿排尿的功能失常，开合失职，水湿停滞，故多实证。肾的病变主要反映在生长发育、生殖功能、水液代谢的异常方面，以及呼吸功能减弱和脑、髓、骨、发、耳及二便异常，临床常见症状有腰膝酸软而痛，耳鸣耳聋，发白早脱，牙齿动摇，阳痿遗精，男子精少不育，女子经少、经闭不孕，以及水肿，呼多吸少，二便异常等。膀胱的病变主要反映为排尿异常及尿液的改变，临床常见尿频、尿急、尿痛、尿闭、遗尿，以及小便失禁等症。

肾病的常见证候有肾阳虚证、肾虚水泛证、肾阴虚证、肾精不足证、肾气不固证。膀胱病的常见证候有膀胱湿热证。

一、肾阳虚证

肾阳虚证指肾阳虚衰，温煦失职，气化失司，虚寒内生所表现的一类证候。此证多由素体阳虚，或年高命门火衰，或久病伤阳，或他脏阳虚累及于肾，或因房劳太过等因素引起。

【临床表现】腰膝酸软而冷痛，畏寒肢冷，尤以下肢为甚，精神萎靡，面色㿠白或黧黑，舌淡胖苔白滑，脉沉细无力，尺脉尤甚。或男子阳痿、早泄、滑精、精冷，女子宫寒不孕；或大便久泻不止，完谷不化，五更泄泻；或小便频数清长，夜尿频多。

【证候分析】肾主骨，腰为肾之府，肾阳虚衰，不能温养腰膝，则腰膝酸软冷痛；不能温煦肌肤，故畏寒肢冷；阳虚则生内寒，阴寒盛于下，故下肢尤甚；阳虚不能温养脏腑，脏腑功能衰退，气血化生不足，神失所养，故精神萎靡；阳虚无力温运气血上养头面，水液运行缓慢，故面色㿠白；肾阳虚极，阴寒内盛，则肾本脏色外露，故面色黧黑；舌淡胖苔白滑，脉沉细无力，尺脉尤甚，均为阳虚阴寒内盛之象。肾主生殖，命门火衰，生殖功能减退，故男子阳痿、早泄、滑精、精冷，女子宫寒不孕。肾阳不足，火不暖土，脾失健运，故久泻不止，完谷不化或五更泄泻。肾阳不足，气化失司，肾气不固，则小便频数清长，夜尿频多。

【辨证要点】腰膝酸软冷痛，生殖功能下降，夜尿频多伴有虚寒见症。

考点与重点 肾阳虚的临床表现、辨证要点

二、肾虚水泛证

肾虚水泛证指肾阳亏虚，气化失司，水液泛滥所表现的证候。此证多由素体阳虚，或久病损伤肾阳所致。

【临床表现】全身浮肿，腰以下尤甚，按之没指，腰膝冷痛，畏寒肢冷，脘腹胀满，小便短少，或心悸气短，或咳喘痰鸣，舌淡胖，苔白滑，脉沉迟无力。

【证候分析】肾主水，肾阳虚衰，气化失司，水湿内停，泛溢肌肤，故全身浮肿；水属阴，其性趋下，故腰以下肿甚，按之没指；水势泛滥，阻滞中焦气机，故脘腹胀满；膀胱气化失职，水液内停，故小便短少；阳虚温煦失职，故畏寒肢冷，腰膝冷痛。舌质淡胖，苔白滑，脉沉迟无力，为肾阳亏虚，水饮内停之征。若肾虚水泛，水气凌心，抑遏心阳，则见心悸气短；水泛为痰，上逆犯肺，肺失宣肃，则见咳喘，喉中痰鸣。

【辨证要点】全身浮肿，腰以下为甚，小便短少，伴有肾阳虚症状。

【类证鉴别】肾阳虚证与肾虚水泛证均为虚寒证，其主要区别是前者偏重于脏腑功能衰退，性功能减弱，后者偏重于气化失司，水湿内停而以水肿，尿少为主症。

考点与重点 肾虚水泛证的临床表现、辨证要点

三、肾 阴 虚 证

肾阴虚证指肾阴不足，失于滋养，阴不制阳，虚热内生所表现的证候。此证多由先天禀赋不足，或虚劳久病伤肾，或温热病后期，或房事太过，或过服温燥，耗损肾阴所致。

【临床表现】腰膝酸痛，眩晕耳鸣，失眠多梦，男子遗精、早泄，女子经少，或经闭，或崩漏，健忘，口干咽燥，五心烦热，潮热盗汗，或形体消瘦，骨蒸发热，两颧潮红，小便短少而黄，舌红少津，少苔或无苔，脉细数。

【证候分析】肾阴是人体阴液的根本，五脏之阴非此不能滋，故各脏腑组织有赖于肾阴的滋养和濡润。肾阴不足，髓海亏虚，官窍、骨骼失养，故腰膝酸痛，眩晕耳鸣；肾水亏虚，水火不济则心火偏亢，上扰心神，故失眠多梦；阴虚不能制阳，相火妄动，扰动精室，精关不固，故遗精、早泄；月经为血所化，阴亏则血之来源不足，故月经量少，甚则闭经；阴虚则阳亢，虚热迫血妄行可致崩漏；肾阴亏虚，失于滋润，虚热蕴蒸，故口燥咽干，潮热盗汗，五心烦热，或形体消瘦，骨蒸发热，两颧潮红。小便短少而黄，舌红少津，少苔或无苔，脉细数，为阴虚内热之象。

【辨证要点】腰膝酸痛，眩晕耳鸣，男子遗精，女子经少或闭经，伴见阴虚内热之象。

考点与重点 肾阴虚证的临床表现、辨证要点

医者仁心

历经坎坷孝道两全，儿科圣手美名传扬

北宋钱乙"为官刚正不阿，强调德技双馨；报恩养父归殡，六下东海寻父"，是一位孝道两全的医学大家，他的身上集中体现出了孝亲敬友，慈爱患者，矢志不移，责任担当的优秀传统美德，是我们学习的典范。

钱乙结合小儿生长发育特点与病因病机特点，将"肾气丸"化裁为"六味地黄丸"，用于治疗小儿肾阴虚证。历代医家在六味地黄丸"三补三泻"配伍特点基础上，结合临床，又化裁出"知柏地黄丸、麦味地黄丸、杞菊地黄丸、明目地黄丸"等诸多名方，促使"六味地黄丸"名声大噪，被誉为"滋补肾阴第一方"。

四、肾精不足证

肾精不足证指由于肾精亏损，导致以生长发育迟缓，生殖机能低下，早衰为主要表现的证候。多因先天禀赋不足，或后天失养，或房劳太过，或久病劳损所致。

【临床表现】小儿发育迟缓，身材矮小，智力低下，动作迟钝，囟门迟闭，骨骼痿软。男子精少不育，女子经闭不孕，性功能低下；成人早衰，耳鸣耳聋，发脱齿摇，精神呆钝，健忘恍惚，两足痿软，舌淡，脉细弱。

【证候分析】肾藏精，为先天之本，精不足则不能化气生血，充肌养骨，故小儿发育迟缓，身材矮小，囟门迟闭，骨骼痿软；脑为髓之海，精亏不能充髓实脑，故智力低下，动作迟钝。肾主生殖，肾精不足，则生殖功能低下，故男子见精少不育，女子见经闭不孕。肾之华在发，精亏血少，则发失所养，故易脱发；齿为骨之余，精不足则骨失充养，故牙齿动摇；耳为肾窍，脑为髓海，精少髓亏，脑窍空虚，故耳鸣耳聋，健忘恍惚；肾精衰，脑失充，则灵机失用，故精神呆钝；精损则筋骨失养，故足痿无力。舌淡，脉细弱，为肾精不足之象。

【辨证要点】以小儿生长发育迟缓，成人早衰，生殖功能低下为辨证要点。

【类证鉴别】本证与肾阴虚证虽然都为肾之阴精不足所导致，而且都为虚证，但肾阴虚必兼阴虚内热之象，而肾精亏损却无虚热之变，这是二证的主要鉴别要点。其临床表现的侧重面也各有不同，要仔细区别。

考点与重点　肾精不足证的临床表现、辨证要点

五、肾气不固证

肾气不固证指由于肾气亏虚，固摄功能失职所表现的证候。多因年高肾气亏虚，或先天禀赋不足，肾气不充，或房事过度，或久病劳损，耗伤肾气所致。

【临床表现】腰膝酸软，神疲乏力，耳鸣失聪，小便频数而清，或夜尿频多，或尿后余沥不尽，或遗尿，或小便失禁。男子滑精、早泄，女子月经淋漓不尽，或白带清稀量多，或胎动易滑，舌淡，苔白，脉弱。

【证候分析】肾气亏虚，腰膝、脑神、耳窍失养，故腰膝酸软，神疲乏力，耳鸣失聪；肾为封藏之本，肾气有固摄下元之功，肾气亏虚，固摄失权，膀胱失约，故小便频数而清长，或夜尿频多，甚则遗尿失禁；排尿功能无力，尿液不能全部排出，故尿后余沥不尽；肾气不足，失于封藏，则精关不固，精易外泄，故男子可见滑精、早泄；女子带脉失固，则见带下清稀量多。冲任之本在肾，肾气虚而冲任失约，下元不固，故月经淋漓不尽；任脉失养，胎元不固，故胎动不安，易造成滑胎；舌淡苔白，脉弱，为肾气亏虚，失于充养之象。

【辨证要点】腰膝酸软，小便、精液、经带、胎气不固与肾气虚症状共见。

考点与重点　肾气不固证的临床表现、辨证要点

六、膀胱湿热证

膀胱湿热证指由于湿热蕴结膀胱，气化不利所表现的证候。此证多由外感湿热，侵及膀胱，或饮食不节，内生湿热，下注膀胱，致使膀胱气化功能失常所致。

【临床表现】小便频数而急迫，小腹胀痛，排尿艰涩，尿道灼痛，小便短少、黄赤混浊，或尿血，或有砂石，可伴见发热，腰酸胀痛，舌红苔黄腻，脉滑数。

【证候分析】湿热下注膀胱，气化不利，热迫尿道，故小便频数而急迫，排尿艰涩，尿道灼痛；湿热内蕴，津液被灼，故小便短少。湿热郁蒸膀胱，气化失司，故尿液黄赤混浊；湿热伤及阴络则尿血；

湿热久郁不解，煎熬尿中杂质而成石，故尿中可见砂石；湿热郁蒸，热淫肌表，可见发热。湿性黏滞，易阻气机，湿热波及小腹、腰部，经气受阻，则见小腹、腰部胀痛；舌红苔黄腻，脉滑数为湿热内蕴之象。

【辨证要点】小便频、急、灼痛，尿黄，伴见湿热症状。

【类证鉴别】心火下移证与膀胱湿热证，均可见尿频、尿急、小便灼热、涩痛等症。但心火下移证为火热炽盛，灼伤津液，兼有心烦、口舌生疮等症；膀胱湿热证为湿热蕴结膀胱，气机不畅，舌苔黄腻、脉滑数等湿热证候。

考点与重点 膀胱湿热证的临床表现

？ 思 考 题

1. 简述肾阳虚证、肾阴虚证、肾精不足证的临床表现和辨证要点。
2. 鉴别肾阳虚证与肾虚水泛证。
3. 简述膀胱湿热证的临床表现和辨证要点。

项目六　脏腑兼病辨证

📋 案例导入

患者，女性，44岁。失眠3年，心悸2周。患者经常失眠已有3年，虽常服用西药镇静剂，但效果欠佳。近2周以来心悸，失眠逐渐加重，甚至彻夜难眠，多梦易惊，食纳乏味，食后腹胀，周身乏力，精神倦怠，面色无华，语言低弱，舌质淡，苔薄白，脉细弱。

问题：1. 本证的主症是什么？
　　　2. 询问失眠应注意哪些方面？
　　　3. 本病例诊断为何证？

人体的脏与脏、脏与腑、腑与腑之间，是一个密切联系的整体。在生理上它们既分工又合作，共同完成各种生理功能，以维持生命活动的正常运行；在发生病变时，它们之间又相互影响，或脏病及脏，或脏病及腑，或腑病及脏，或腑病及腑。凡两个或两个以上脏腑相继或同时发病者，称为"脏腑兼病"。

脏腑兼病，并不等同于两个以上脏腑证候的简单相加，而是在病理上存在着一定的内在联系和相互影响的规律，如具有表里关系的脏腑之间，兼病则较为常见；脏与脏之间的病变，可见生克乘侮的兼病关系等。因此在辨证时，应当注意辨析发病脏腑之间有无先后、主次、因果、生克等关系，这样才能准确把握病机，作出恰当的辨证论治。

脏腑兼病在临床上较为多见，其证候也较为复杂，但一般常见的是脏与脏、脏与腑的兼病。具有表里关系脏腑的病变，如肝胆湿热证等已在前面的章节里论述，这里不再重述，只介绍其他临床最常见的脏腑兼病证型。

一、心肾不交证

心肾不交证指心与肾的阴液亏虚，水火既济失调所表现的心肾阴虚阳亢证候。此证多由思虑劳神太过，或情志抑郁，郁而化火，耗伤心肾之阴，或因虚劳久病，房事不节等导致肾阴亏耗，虚阳亢动，上扰心神所致。

【临床表现】心烦失眠，心悸多梦，健忘，头晕耳鸣，腰膝酸软，或遗精，五心烦热，或潮热盗汗，咽干口燥，或伴见腰部、下肢酸困发冷，舌红少苔，脉细数。

【证候分析】《素问·六微旨大论》说："天气下降，气流于地；地气上升，气腾于天。"这是自然界阴阳的运动规律。在人体中，在上的心阳下降于肾，以温肾水；在下的肾阴上济于心，以制心阳，心肾相交，则水火既济。若肾阴亏虚，心阴失济，则心阳偏亢，或心火独炽，下伤肾水，致肾阴亏于下，火炽于上，水火不济，心火偏亢，扰动心神，故心烦失眠，心悸多梦；肾阴不足，骨髓不充，脑髓失养，故头晕耳鸣，健忘；腰为肾之府，膝为筋之府，阴液不足，腰膝失养，则腰膝酸软；阴不制阳，虚火内炽，扰动精室，故见遗精；阴虚失润，虚热蕴蒸，故五心烦热，潮热盗汗，咽干口燥；舌红少苔，脉细数，为阴虚火旺之象；心火亢于上，火不归原，肾水失于温煦而下凝，则腰足酸困发冷。

【辨证要点】心悸失眠、腰膝酸软、耳鸣梦遗，伴见阴虚症状。

考点与重点　心肾不交证的临床表现、辨证要点

二、心肾阳虚证

心肾阳虚证指由于心与肾的阳气虚衰，阴寒内盛，失去温煦，致血行瘀滞，水湿内停所表现的虚寒证候。此证多由心阳虚衰，病久及肾，或因肾阳亏虚，气化失职，水气上犯凌心所致。

【临床表现】畏寒肢冷，心悸怔忡，小便不利，肢体浮肿，神疲乏力，或唇甲青紫，舌质淡暗青紫，苔白滑，脉沉细微。

【证候分析】肾中阳气，为一身阳气之根本，能气化水液。心为阳脏，属火，是气血运行、津液流注的动力，故心肾阳虚则常表现为阴寒内盛，全身功能活动降低，血行瘀滞，水气内停等病变。阳气衰微，心失濡养、鼓动，故见心悸怔忡；不能温煦肌肤，则畏寒肢冷；肾阳不振，膀胱气化失司，则见小便不利；水湿停聚，泛溢肌肤，故肢体浮肿；阳虚形神失于温养，故神疲乏力；阳虚运血无力，血行不畅而瘀滞，可见口唇、爪甲青紫；舌质淡暗青紫，苔白滑，脉沉细微，皆为心肾阳气衰微，阴寒内盛，血行瘀滞，水气内盛之象。

【辨证要点】心悸怔忡、肢体浮肿、尿少，伴见虚寒症状。

考点与重点　心肾阳虚证的临床表现、辨证要点

三、心肺气虚证

心肺气虚证指由于心肺两脏气虚所表现的以心悸，咳喘，胸闷为主症的证候。此证多由久病咳喘，耗伤肺之气，累及于心，或年高体弱，劳倦太过等因素使心肺之气虚损所致。

【临床表现】胸闷气短，心悸咳喘，动则尤甚，痰液清稀，头晕神疲，语声低怯，自汗乏力，面色淡白，舌淡苔白，或唇舌淡紫，脉沉弱或结代。

【证候分析】心主血脉，肺主呼吸，依靠宗气的推动作用以协调两脏的功能。肺气虚，宗气生成不足，可使心气亦虚。反之，心气虚，宗气耗散，也能致肺气不足。心气不足，鼓动无力，则见心悸。肺气虚弱，主气功能减弱，肃降无权，气机上逆，为咳喘。气虚则气短乏力，动则耗气，故活动后诸症加重。肺气虚，呼吸功能减弱，气机不畅，则胸闷不舒；不能输布津液，水液停聚为痰，故痰液清稀。气虚全身功能活动减弱，血行无力，肌肤脑髓荣养不足，则面色淡白，头晕神疲。肺气虚，卫外不固则自汗；宗气不足则声怯。气虚则血弱，不能上荣舌体，故舌淡苔白。气虚血脉气血运行无力或心脉之气不续，故脉见沉弱或结代。

【辨证要点】咳喘、心悸，伴见气虚症状。

考点与重点 心肺气虚证的临床表现、辨证要点

四、心脾两虚证

心脾两虚证指由于心血不足，脾气虚弱所表现的心神失养，脾失健运、统血的虚弱证候。此证多由病久失调，或由过度思虑，或由饮食不节，损伤脾胃，气血化生乏源，或因慢性出血，血亏气耗，日久导致心脾气血两虚证。

【临床表现】心悸怔忡，眩晕健忘，失眠多梦，食欲不振，腹胀便溏，神疲乏力，面色萎黄，或见皮下出血，妇女月经色淡量少，或淋漓不尽，舌质淡嫩，脉细弱。

【证候分析】脾为后天之本，为气血生化之源，又具有统血功能。脾气虚弱，生血不足，或统摄无权，血溢脉外，均可导致心血不足。血为气之母，血充则气旺，血虚则气弱。心血不足，无以化气，则脾气亏虚。故两者在病理上常可相互影响，成为心脾气血两虚证。心血不足，心失所养，故心悸怔忡；心神不宁，故失眠多梦；头目失养，故眩晕健忘；肌肤失荣，故面色萎黄无华。脾气虚弱，升降失调，运化失健，故食欲不振，腹胀便溏；气虚脏腑功能活动减退，神失所养，故神疲乏力；脾虚不能摄血，血不归经，可见皮下出血，妇女月经色淡质稀，经量减少，或淋漓不尽；舌质淡嫩，脉细弱，均为气血不足之象。

【辨证要点】心悸失眠、腹胀便溏、神疲食少、慢性出血，伴见气血亏虚症状。

考点与重点 心脾两虚证的临床表现、辨证要点

五、心肝血虚证

心肝血虚证指由于心肝两脏血液亏虚，表现出心神及相关的官窍组织失养为主的血虚证候。此证多由思虑过度，暗耗心血，或由久病亏损，或由失血过多，或由脾虚化源不足所致。

【临床表现】心悸失眠，健忘多梦，头晕目眩，面白无华，两目干涩，视物模糊，爪甲不荣，或肢体麻木，震颤拘挛，或女子月经量少、色淡，甚则经闭，舌质淡白，脉细。

【证候分析】心主血，肝藏血，二者相互配合，才能维持血液的正常化生和运行。心血不足，则肝无所藏；肝血不足，则心血不能充盈，因而在病理上相互影响，形成心肝血虚证。心血不足，心神不宁，心失所养，故心悸失眠，健忘多梦；血不上荣，则头晕目眩，面白无华；肝血不足，目失濡养，可致两目干涩，视物模糊；筋脉、爪甲失血之濡养，可见爪甲不荣，肢体麻木，震颤拘挛。女子以血为本，肝血不足，月经之源匮乏，故经量减少，色淡，甚则经闭。舌淡白，脉细，为血虚之象。

【辨证要点】心悸失眠、健忘多梦、头晕目眩、肢体麻木，伴见血虚症状。

【类证鉴别】心脾两虚证与心肝血虚证两者都有心血不足，心及心神失养，而见心悸健忘、失眠多梦等症，但前者兼有脾虚失运，血不归经的表现，常见腹胀便溏、神疲食少、慢性出血等症；后者兼有肝血不足，失于充养的表现，常见头晕目眩、肢体麻木、视力减退等症。

考点与重点 心肝血虚证的临床表现、辨证要点

六、脾肺气虚证

脾肺气虚证指由于脾肺两脏气虚，所致脾失健运，肺失宣降的虚弱证候。此证多由久病咳喘，耗伤肺气，肺病及脾，或饮食不节，损伤脾胃，脾虚累及肺所致。

【临床表现】食欲不振，腹胀便溏，久咳不止，气短而喘，咯痰清稀而多，声低懒言，倦怠乏力，面白无华，甚见面浮肢肿，舌淡，苔白滑，脉细弱。

【证候分析】肺为主气之枢，脾为生气之源。久咳伤肺，肺失宣降，气不布津，水聚湿生，湿易困

脾，故脾运失健。或饮食不节，损伤脾气，脾失健运，聚湿生痰，脾不散精，故肺亦因之虚损。脾气虚，运化失健，则见食欲不振，腹胀不舒；湿浊下注，故便溏。肺气虚，宣降失职，气逆于上，则久咳不止，气短而喘；气虚水津不布，聚湿生痰，故咯痰清稀而量多；气虚全身功能活动减退，故声低懒言，倦怠乏力；气虚运血无力，肌肤失养，则面白无华；脾虚水湿泛滥，可致面浮肢肿。舌淡，苔白滑，脉细弱，均为气虚之象。

【辨证要点】腹胀便溏、纳少、咳喘，伴见气虚症状。

考点与重点 脾肺气虚证的临床表现、辨证要点

七、肺肾气虚证

肺肾气虚证指由于肺肾两脏气虚，降纳失权，气不归原所表现以短气喘息为主的证候。此证多由久病咳喘，耗伤肺气，久则肺虚及肾，或劳伤太过，或先天元气不足，老年体弱，致使肾气亏虚，纳气无权所致。

【临床表现】咳喘短气，呼多吸少，动则喘息益甚，自汗乏力，语声低怯，腰膝酸软，舌淡苔白，脉沉弱。或喘息加剧，冷汗淋漓，肢冷面青，脉浮大无根。或气短息促，心烦面赤，口燥咽干，舌红，脉细数。

【证候分析】肺为气之主，司呼吸；肾为气之根，主纳气。肺气久虚，肃降失司与肾气不足，摄纳无权，互为影响。肺肾气虚，降纳无权，气不归元，故咳喘短气，呼多吸少；动则气耗，故喘息益甚。肺气虚，宗气亦不足，卫外不固则自汗；气虚脏腑功能活动减退，故神疲乏力，语声低怯。肾气虚，骨骼失养，故腰膝酸软。舌淡苔白，脉沉弱，为气虚之象。若肾气不足，日久损及肾阳，肾阳衰微，阳气欲脱，则喘息加剧，冷汗淋漓，肢冷面青；虚阳浮越，则脉浮大无根。肾阳虚日久，阳损及阴，阴虚生内热，虚火上炎，故气短息促，心烦面赤，口燥咽干。舌红，脉细数，为阴虚内热之象。

【辨证要点】久病咳喘、呼多吸少，动则益甚，伴见气虚证表现。

【类证鉴别】心肺气虚证、脾肺气虚证、肺肾气虚证都有肺气虚，呼吸功能减退的咳喘无力、气短、咯痰清稀的表现。但心肺气虚证兼有心悸怔忡、胸闷等心气不足的症状；肺脾气虚证兼有纳呆食少、腹胀便溏等脾失健运的症状；肺肾气虚证兼有呼多吸少，腰膝酸软等肾失摄纳的症状。

考点与重点 肺肾气虚证的临床表现、辨证要点

八、肺肾阴虚证

肺肾阴虚证指由于肺肾两脏阴液不足，虚火内扰，肺失清肃所表现的虚热证候。此证多由久病咳喘，肺阴受损，累及于肾，或由燥热、痨虫耗伤肺阴，病久及肾，或房劳太过，肾阴亏损，不能上滋肺金所致。

【临床表现】咳嗽痰少，或痰中带血甚至咳血，口燥咽干，声音嘶哑，腰膝酸软，或形体消瘦，颧红盗汗，骨蒸潮热，男子遗精，女子月经不调，舌红少苔，脉细数。

【证候分析】肺肾阴液互相滋养，肺金为肾水之母，肺阴充足，下输于肾，使肾阴充盈；肾阴为诸阴之本，肾阴充足，上滋于肺，使肺阴充足，称为"金水相生"。在病理上，肺阴不足与肾阴不足，既可并见，也可互为因果，其最终均可形成肺肾阴虚证。肺阴不足，清肃失职，故咳嗽痰少；阴不制阳，虚热内生，热灼肺络，络损血溢，故痰中带血甚或咳血；阴液匮乏，不能上承，则口干咽燥；喉为肺系，肾经循喉，肺肾阴亏，喉失滋养兼虚火熏灼会厌，则声音嘶哑；腰为肾之府，肾阴亏虚，失其濡养，则腰膝酸软；肌肉失养，则形体日渐消瘦；虚火上浮则颧红；虚热迫津外泄则盗汗；阴虚生内热，故骨蒸潮热；热扰精室，肾失封藏，则遗精；肾阴不足，精不化血，冲任空虚，则月经量少；若虚火迫血妄行，又可见崩中。舌红少苔，脉细数，均为阴虚内热之象。

【辨证要点】干咳少痰、腰膝酸软，男子遗精，女子月经不调，伴见阴虚证表现。

考点与重点 肺肾阴虚证的临床表现、辨证要点

九、肝火犯肺证

肝火犯肺证指由于肝经气火上逆犯肺，所致肺失清肃的证候，又称"木火刑金证"。此证多由郁怒伤肝，气郁化火，或肝经邪热上犯于肺所致。

【临床表现】胸胁灼痛，急躁易怒，头胀头晕，面红目赤，烦热口苦，咳嗽阵作，痰黏色黄量少，甚则咳血，舌质红，苔薄黄，脉弦数。

【证候分析】《素问·刺禁论》言"肝生于左，肺藏于右"，说明肝气自左升发，肺气自右肃降。肝气以升发为宜，肺气以肃降为顺，二者升降相配，则气机协调平衡。若肝气升发太过，气火上逆，循经犯肺，肺失肃降，则成肝火犯肺证。肝经气火内郁，热壅气滞，经气不畅，则胸胁灼痛；肝性失柔，则急躁易怒；火邪上扰，则见头胀头晕，面红目赤；气火内郁，则胸中烦热；热蒸胆气上逆，故觉口苦；肝经气火循经犯肺，肺失清肃，气机上逆，则为咳嗽阵作；津为火灼，炼液为痰，故痰黏色黄量少；火灼肺络，络伤血溢，则为咳血；舌红，苔薄黄，脉弦数，为肝经实火内炽之征。

【辨证要点】胸胁灼痛、急躁易怒、咳嗽痰黄或咯血，伴见实火内炽之象。

考点与重点 肝火犯肺证的临床表现、辨证要点

十、肝胃不和证

肝胃不和证指由于肝失疏泄，横逆犯胃，胃失和降所表现的证候。此证多由情志不舒，肝气郁结，横逆犯胃所致。

【临床表现】胸胁胃脘胀满疼痛，走窜不定，嗳气呃逆，吞酸嘈杂，情绪抑郁，善太息，或烦躁易怒，纳食减少，舌淡红，苔薄白或薄黄，脉弦或兼数。

【证候分析】肝主疏泄，胃主受纳，肝气的条达促进胃气的和降。当肝疏泄机能失常，影响胃气降浊，致胃失通降，胃气上逆，从而形成肝胃不和证。肝气郁滞，疏泄失职，横逆犯胃，胃失和降，则胸胁胃脘胀满疼痛，走窜不定；胃气不降，其气上逆，故嗳气呃逆；肝失条达，气机郁滞，则情绪抑郁，善太息；气火内郁犯胃，可见吞酸嘈杂。若气郁化火，肝性失柔，则烦躁易怒；肝气犯胃，胃纳失司，故见纳食减少。若舌淡红，苔薄白，则脉弦为肝气郁结之象；若苔薄黄，脉弦数，则为气郁化火之象。

【辨证要点】胁肋、胃脘胀痛，嗳气呃逆，吞酸嘈杂，情绪抑郁。

考点与重点 肝胃不和证的临床表现、辨证要点

十一、肝脾不调证

肝脾不调证指肝失疏泄，脾失健运所表现的证候。此证多由情志不遂，郁怒伤肝，肝失条达而乘其脾土；或由饮食、劳倦伤脾，脾失健运而反侮于肝所致。

【临床表现】胸胁胀满窜痛，善太息，情志抑郁，或急躁易怒，纳呆腹胀，便溏不爽，肠鸣矢气，或腹痛欲泻，泻后痛减，或大便溏结不调，舌苔白，脉弦或缓。

【证候分析】肝主疏泄，畅达气机，有助于脾的运化功能；脾主健运，升降有序，有助肝气的疏泄，故在发生病变时，二者可相互影响，形成肝脾不调证。肝失疏泄，经气郁滞，故胸胁胀满窜痛；太息则使气郁得达，胀闷得舒，故善太息；气机郁结不畅，肝失条达，则情志抑郁；若气郁化火，肝失柔顺，则急躁易怒；肝气横逆犯脾，脾运失健，气机郁滞，故纳呆腹胀；气滞湿阻，则便溏不爽，肠鸣矢气；气滞腹中，不通则痛；排便后气滞得畅，故泻后疼痛得以缓解。舌苔白，脉弦或缓，均为肝

脾不和之征。

【辨证要点】胸胁胀满窜痛，腹胀便溏，情志抑郁。

【类证鉴别】肝胃不调证与肝脾不调证均有肝气郁结所致的胸胁胀满疼痛、情志抑郁或烦躁等表现，但肝胃不调证兼胃失和降所致的胃脘胀痛，嗳气呃逆等症；肝脾不调证兼脾失健运所致的纳呆食少，腹胀便溏等症。

考点与重点 肝脾不调证的临床表现、辨证要点

十二、肝肾阴虚证

肝肾阴虚证指肝肾阴液亏虚，阴不制阳，虚热内生所表现的证候。久病失调，阴液不足，或情志内伤，阳亢耗阴，或房事不节，耗损阴精，或温热病日久，邪热伤津耗液，均可导致此证。

【临床表现】腰膝酸软，耳鸣健忘，头晕目眩，失眠多梦，胁痛，咽干口燥，五心烦热，颧红盗汗，男子遗精，女子月经量少，舌红少苔，脉细数。

【证候分析】肾阴为五脏之阴的根本，肾阴充盛，则可涵养肝木，肝阴充足，则下藏于肾，二者互滋互用，故有"肝肾同源"之说。在病理上，两者相互影响，表现为盛则同盛、衰则同衰，形成肝肾阴虚证。肾阴亏虚，腰膝失于滋养则腰膝酸软；肾开窍于耳，耳失充养则耳鸣；髓海不足则健忘。肾阴不足，水不涵木，肝阳上亢，则头晕目眩；阴不制阳，虚热内生，扰其心神，故失眠多梦；肝阴不足，肝脉失养，故胁部隐隐作痛；阴津不足，口咽失润，故咽干口燥；阴虚生内热，热蒸于里，故五心烦热；火炎于上，则两颧潮红；内迫营阴，故盗汗；扰动精室，精关不固，则见遗精。肝肾阴亏，冲任失充，故女子月经量少。舌红少苔，脉细数，均为阴虚内热之象。

【辨证要点】腰膝酸软、眩晕耳鸣、胁痛，伴见阴虚内热证。

【类证鉴别】心肾不交证、肺肾阴虚证、肝肾阴虚证三者都有肾阴虚的表现，均见腰膝酸软、遗精、耳鸣及阴虚内热的症状。但心肾不交证兼心阴不足，虚火扰神，所见心悸心烦，失眠多梦等症状明显；肺肾阴虚证兼肺阴亏损，肺失肃降，所见干咳，痰少难咯等症状明显；肝肾阴虚证兼肝阴虚症状明显，故常见胁痛，目涩，眩晕等症状。

考点与重点 肝肾阴虚证的临床表现、辨证要点

十三、脾肾阳虚证

脾肾阳虚证指由于脾肾阳气亏虚，温化失权所表现的虚寒证候。此证多由脾肾久病，阳气被损，或久泻久利，或水邪久踞，损伤肾阳，肾阳虚衰，火不暖土，致脾阳不足，或脾阳久虚不能温养肾阳，最终导致脾肾阳虚。

【临床表现】腰膝或下腹冷痛，畏寒肢冷，面色㿠白，久泻久痢，或五更泄泻，完谷不化，粪质清冷，或全身水肿，小便不利，甚则腹胀如鼓，舌淡胖，苔白滑，脉沉迟无力。

【证候分析】肾为先天之本，脾为后天之本，先天温养激发后天，后天补充培育先天，故在生理上脾肾阳气相互资生，相互促进。脾主运化，布散精微，运化水湿，有赖于肾阳的温煦；肾主水，为五脏阴阳的根本，须赖脾阳的协助及脾所运化的水谷精微的供养。若肾阳不足，火不暖土，则脾阳亦不足，或脾阳久虚，日渐累及肾阳，则肾阳亦不足。无论脾阳虚衰或肾阳不足，日久均能发展为脾肾阳虚证。肾阳虚，阴寒内盛，腰膝失于温养，气机凝滞，故腰膝、下腹冷痛；阳虚无以温煦形体，故畏寒肢冷；脾阳虚不能运化水谷，气血化生不足，故面色㿠白。脾主运化，肾司二便，脾肾阳虚，运化、吸收水谷精微及排泄二便功能失职，故见久泻久痢不止；寅卯之交，阴气极盛，阳气未复，故黎明前泄泻，又称为"五更泻"，甚则泻下清冷水液，中夹未消化食物。肾阳虚，无以运化水湿，溢于肌肤，则全身水肿；膀胱气化失常，故小便不利；主水功能失职，水湿泛滥，停于腹内，则腹胀如鼓。舌淡胖，苔白滑，脉

沉迟无力，均属阳虚水寒内停之征。

【辨证要点】腰腹冷痛、久泻久痢、全身水肿，伴见虚寒之象。

【类证鉴别】脾肾阳虚证与心肾阳虚证均有腰膝酸软、小便不利、水肿、畏寒肢冷，舌淡胖，苔白滑等肾阳虚水湿内停的表现。但脾肾阳虚证兼有久泻久痢，完谷不化等脾阳虚的表现，心肾阳虚证兼有心悸怔忡，胸闷气喘，面唇紫暗等心阳不振的表现。

考点与重点 脾肾阳虚证的临床表现、辨证要点

❓ 思 考 题

1. 简述心肺气虚证、脾肺气虚证、肺肾气虚证的临床表现及三证的鉴别要点。

2. 试述心肾阳虚证与脾肾阳虚证的临床表现有何异同？

3. 简述心肾不交证、心脾两虚证的临床表现和辨证要点。

本章数字资源

模块九　其他辨证方法

在中医学中，辨证论治的方法体系丰富多样，涵盖了八纲辨证、病因辨证、气血津液辨证、脏腑辨证，以及六经辨证、卫气营血辨证、三焦辨证和经络辨证等。这些辨证方法是在中医学长期临床实践过程中，于不同历史时期、不同学术背景下逐步发展起来的。它们从多维度对疾病的本质进行了深入的分析、探讨和分类总结，构成了中医辨证理论体系的关键部分。本模块将重点学习六经辨证、卫气营血辨证、三焦辨证和经络辨证。

项目一　六 经 辨 证

📋 案例导入

患者，男性，49 岁。2023 年 5 月 15 日初诊。患者平时体质尚可，初起恶寒、发热，自以为感冒小疾，未及时诊治。一周前发热逐渐加重，午后明显，体温波动于 38.5～40℃，两天前又出现腹痛剧烈，心烦躁扰。自诉已有 5 天未大便，小便黄少，不恶寒而恶热，自服 "罗红霉素" 无效。体检：体温 39.6℃，左下腹可扪及条索状物，腹部硬满拒按，面色暗赤，肤热灼手，舌苔黄厚，中根部焦黄，舌红少津，脉弦滑数，扁桃体 Ⅱ 度肿大。实验室检查：胸透示肺纹理增粗，血常规：白细胞 15.5×10^9/L，中性粒细胞 0.82×10^9/L，淋巴细胞 0.18×10^9/L。

问题：1. 如何概括本患者的四诊所见？
　　　2. 三阳病的发热各有何不同？机理是什么？
　　　3. 本证属六经辨证证候中何种证候？

六经辨证理论源自《伤寒论》，由张仲景在《素问·热论》六经分证理论的基础上，结合伤寒病证的证候特征及传变规律，创立出用于鉴别外感病的一种辨证体系。

六经，指的是太阳、阳明、少阳、太阴、少阴、厥阴六条经脉，有别于经络学说中的六经，六经辨证详细阐释了外感病各个阶段的病变特征，包括邪正盛衰、病变部位、病势进退及其相互转化。六经辨证是基于六经所关联的经络脏腑、气血津液的生理病理机制，结合人体的抗病能力、病因、病势等要素，对各类外感病发展过程中的症状进行系统分析，以确定证候类型的辨证方法。涵盖了太阳病证、阳明病证、少阳病证、太阴病证、少阴病证、厥阴病证六种证候。

六经辨证依据阴阳理论来划分病性与病位，三阳经主要涉及表证，病发于阳分，其中太阳主表证，阳明主里证，少阳主半表半里证；三阴经则主要涉及里证，病发于阴分。三阳病证以六腑及阳经病变为主，表现为实证、热证，多为邪实正盛，病势亢奋；而三阴病证则以五脏及阴经病变为主，表现为虚证、寒证，呈现正气不足的临床表现。六经辨证实质是十二经脉、五脏六腑病理变化的反映，其核心在于解析由外感病邪引发的一系列病理变化及其演变规律。因此，六经辨证不应与脏腑辨证和经络辨证等同。

一、太 阳 病 证

太阳病证，是指外邪入侵导致太阳经脉及其相关脏腑功能紊乱，特指外感病邪初期阶段的证候。太阳经脉统摄营卫之气，控制全身肌表，被誉为"六经之藩篱"，是人体抵御外邪的第一道防线。当外界邪气侵袭机体，太阳经脉首当其冲，卫气发挥其抵御外邪的功能，正邪相争，太阳经气受阻，营卫失衡而发为太阳病证。

根据邪气侵袭的深度，太阳病证可进一步细分为太阳经证和太阳腑证。若外邪仅停留在肌表与正气相抗衡，则表现为太阳经证；若太阳经证未能得到及时治疗，病邪可能沿经脉深入至腑，形成太阳腑证。又由于患者体质和病邪传变的差异，太阳经证会有中风和伤寒的不同；太阳腑证会出现蓄水、蓄血证的区别。

（一）太阳经证

太阳经证，即太阳经感受外邪，邪气停滞于肌表，营卫失和，经络不畅，从而出现的证候。因感邪之轻重和患者体质差异，临床表现为太阳中风证和太阳伤寒证。

1. 太阳中风证　指风寒袭表，营卫失和，卫外不固，营阴不能内守而外泄，形成的一种临床证候，临床上亦称之为表虚证。

【临床表现】发热，恶风，头痛，自汗出，脉浮缓，或见鼻鸣干呕。

【证候分析】太阳主表，统摄营卫。风邪侵袭体表，其性轻扬开泄，致使腠理疏松，营卫失调，卫阳被遏，肌表失于温煦而恶风；卫气与邪气交争于表，故发热、头痛；营阴不能内守则自汗出；汗出，营阴不足，脉道弛缓，故脉浮缓；外邪袭表，肺胃之气不和，或可见鼻鸣干呕。在临床中又称之为表虚证，但这是相对于太阳伤寒证的表实而言，并非真正的虚证。

【辨证要点】恶风，发热，自汗出，脉浮缓。

2. 太阳伤寒证　指寒邪侵袭肌表，太阳经气运行不畅，卫阳受束，营阴郁滞所致的证候，临床上亦称为表实证。

【临床表现】恶寒，发热，头项强痛，身痛，骨节疼痛，无汗而喘，脉浮紧。

【证候分析】寒邪袭表，卫阳被郁，温煦功能失职，肌肤不温，则见恶寒；卫阳与邪气相搏，故而发热；寒主收引凝滞，卫阳被遏，营阴凝滞，肌肤筋骨失养，出现身痛，骨节疼痛；风寒侵袭，腠理闭塞，故无汗；寒邪客于体表，肌腠失于宣通，影响肺气运行，肺气不畅而喘；风寒邪气侵袭太阳经络，致经气运行不畅，出现头项强痛；正气欲驱邪于外，而寒邪束于体表，则脉象浮紧。此证被定义为表实证。

【辨证要点】恶寒、发热、无汗而喘、头身疼痛、脉浮紧。

【类证鉴别】太阳中风证与太阳伤寒证均有太阳经证"脉浮，头项强痛而恶寒"的表现。太阳中风证的临床表现以汗出恶风，脉浮缓为主；太阳伤寒证的临床表现以无汗而喘，脉浮紧为主。

考点与重点　太阳中风证、太阳伤寒证临床表现与辨证要点

（二）太阳腑证

太阳腑证，乃太阳经证未解，病邪沿经络内传膀胱与小肠所表现的证候。根据其病机及临床表现的差异，可进一步细分为太阳蓄水证与太阳蓄血证。

1. 太阳蓄水证　表邪不解，太阳经邪内舍于膀胱，膀胱气化失司，水道不利而致蓄水所表现出的临床证候。

【临床表现】发热，恶寒，小腹满，小便不利，口渴欲饮，或水入即吐，脉浮或浮数。

【证候分析】表邪未解，太阳经证仍在，故有发热、恶寒、脉浮。"膀胱者，州都之官，津液藏焉，

气化则能出矣。"邪热内传膀胱，与水互结，既不能布津上承，又不能化气行水，故出现口渴欲饮、小腹胀满、小便不利；水停不化，上聚于胃，胃失和降，拒而不纳，故水入即吐。

【辨证要点】小腹胀满、小便不利与太阳经证表现并见。

2. 太阳蓄血证 太阳经证未解，反化热内传于下焦，邪热与瘀血互结于少腹所致的证候。

【临床表现】少腹急结，硬满疼痛，如狂或发狂，善忘，小便自利，大便色黑如漆，舌紫或有瘀斑，脉沉涩或沉结。

【证候分析】太阳经证不解，化热内传，营血被热邪煎灼，血热搏结于少腹，故少腹急结、硬满而痛；邪热上扰心神，轻则如狂、善忘，重则发狂；瘀血结于膀胱，邪在血分，气化功能正常，故小便自利；瘀血停于胃肠，热邪迫血下行，则大便色黑如漆；瘀热内阻，脉道不畅，故脉沉涩或沉结。

【辨证要点】少腹急结、硬满疼痛、如狂、小便自利、大便色黑。

【类证鉴别】太阳蓄水证与太阳蓄血证均属于太阳腑证，由太阳经证邪气不解，内传于里所致。二者不同之处在于，太阳蓄水证是由邪气传入气分，膀胱气化功能失司，以致津液内停，临床表现为小便不利而渴；太阳蓄血证是由邪气传入血分，热邪与瘀血结于下焦所致，临床表现为小便自利而大便色黑。

考点与重点 太阳蓄水证、太阳蓄血证临床表现与辨证要点

二、阳 明 病 证

阳明病证，是指伤寒病发展过程中，阳热亢盛，胃肠燥热所致的证候。《伤寒论》载"阳明之为病，胃家实是也"，指出阳明病，其病位主要在胃肠，病机为"胃家实"，病性属里、热、实。

其主要脉症是身热，不恶寒，反恶热，汗自出，脉大。是外感病过程中正邪激烈相争，邪正斗争的极期阶段。太阳表证邪气未解，内传阳明，邪气入里化热逐渐亢盛，阳明多气多血，正气奋起抗邪，最易化燥化热，里热炽盛，热蒸于外，形成"蒸蒸发热"之特有热势；热迫津液外泄，则汗自出；阳气盛满，热盛血涌，脉道充盈，故脉大应指有力。

根据其内传阳明之燥热之邪是否与肠中糟粕、积滞互结，可分为阳明经证和阳明腑证。

（一）阳明经证

阳明经证，是指邪热亢盛，充斥阳明之经，弥漫全身，而肠中并无燥屎内结所表现出的临床证候。

【临床表现】身大热，大汗出，大渴引饮，脉洪大，喘促气粗，面赤，心烦谵语，舌苔黄燥。

【证候分析】邪入阳明，化燥化热，正邪交争，充斥周身阳明经脉，故身大热；邪热熏蒸，迫津外泄则大汗出；热迫津出，煎灼津液，津液大伤，故大渴引饮；阳明经为多气多血之经，燥热亢盛，热壅脉道，气血涌盛，故脉洪大；热迫于肺，呼吸不利，则见喘促气粗；热邪上蒸，扰动心神，神志不宁，故见面赤，心烦谵语；热盛津亏，故苔黄燥。

【辨证要点】身大热、大汗出、大渴引饮、脉洪大。

（二）阳明腑证

阳明腑证，是指邪热内传阳明之腑大肠，热邪与肠中糟粕相搏，燥屎内结，阻滞肠道，腑气不通所表现的证候。

【临床表现】日晡潮热，手足濈然汗出，脐腹胀满硬痛而拒按，大便秘结不通，甚则谵语，狂乱，不得眠，舌苔黄厚干燥，或起芒刺，甚则焦黑燥裂，脉沉迟而实或滑数。

【证候分析】日晡潮热，即午后三至五时热较盛，因阳明经气旺于日晡，实热邪气弥漫于经，邪正相争加剧，故潮热以日晡为甚；四肢禀气于阳明，阳明热盛，迫津外出，故手足濈然汗出；六腑以通为用，阳明证大热汗出，或误用汗法使津液外泄，津亏肠燥，燥热与糟粕互结肠道，腑气不通，则脐腹胀满硬痛而拒按，大便秘结不通；邪热炽盛，上扰心神，轻则不得眠，重则见谵语，甚则狂乱；邪热内结

而津液被劫，故舌苔黄厚干燥，或起芒刺，甚则焦黑燥裂；燥屎内结，腑气不通，脉道壅滞，故见脉沉迟而实；若邪热迫急，结而不甚，亦可见脉滑数。

【辨证要点】日晡潮热、手足濈然汗出、脐腹胀满、硬痛拒按、大便秘结、舌苔黄厚干燥、脉沉迟而实。

【类证鉴别】阳明经证与阳明腑证均属于里热实证，为阳热亢盛，胃肠燥热所致。但阳明腑证较阳明经证为重，往往是阳明经证的进一步发展。阳明经证者，邪气入里化热化燥，但腑中并无燥屎内结；阳明腑证者，邪热亢盛，炼灼津液，津亏肠燥，燥热与糟粕结于肠道，燥屎内结，腑气不通。

考点与重点　阳明经证、阳明腑证临床表现与辨证要点

三、少阳病证

少阳病证，是指邪犯少阳，正邪相争于半表半里之间，导致少阳枢机不利，胆火内郁，气失条畅所表现的证候。从其病位来看，邪气已离太阳之表，而未入阳明之里，正处于半表半里之间；从病性来看，总属热证、实证，但亦有正气不足的表现。多因太阳经证不解，邪传少阳；或厥阴病转出少阳；或病邪直犯少阳所致。

【临床表现】往来寒热，胸胁苦满，默默不欲饮食，心烦喜呕，口苦，咽干，目眩，脉弦。

【证候分析】邪正相争于半表半里，少阳阳气较弱，邪正分争，正胜则发热，邪胜则恶寒，邪正互有胜负，故见寒热往来；少阳受邪，邪热熏蒸，胆热上泛，炼灼津液必致口苦、咽干；少阳风火上逆，故目眩；少阳之脉布于胁肋，邪郁少阳，经气不利，故胸胁苦满；胆热木郁，横逆犯胃，胃失和降，水火上逆，故默默不欲饮食、心烦喜呕；肝胆受病，气机郁滞，脉气紧张，故脉弦。

【辨证要点】往来寒热、胸胁苦满、默默不欲饮食、心烦喜呕、口苦、咽干、目眩、脉弦。

《伤寒论》中记载"伤寒中风，有柴胡证，但见一证便是，不必悉具"，故在临床中只要见到能反映少阳证候的表现即可诊断，不必悉具。

考点与重点　少阳病证临床表现与辨证要点

四、太阴病证

太阴病证，是指脾阳虚弱，邪从寒化，寒湿内生所表现的证候。太阴为三阴之屏障，三阴受邪，太阴首当其冲，故太阴病证为三阴病证之初期阶段。其病性属里、属虚、属寒。

"太阴"主要是指脾（胃）而言，故太阴病可由三阳病传变而来，亦可见于寒邪直中太阴，以脾虚寒湿为病变特点。

【临床表现】腹满而吐，食不下，自利，口不渴，时腹自痛，四肢欠温，舌淡苔白滑，脉沉缓而弱。

【证候分析】太阴脾土主湿，中焦虚寒则脾失健运，寒湿内生，湿滞气机则腹满；气机郁滞，不通则痛，故时腹自痛；寒湿中阻，胃失和降，故腹满而吐，食不下；中阳不振，寒湿下注，水走肠间，则自利；脾阳失于温煦运化，寒湿内停，但下焦气化未伤，津液尚能上承，故口不渴、舌淡苔白滑；脾主四肢，脾阳受损，温煦失职，故四肢欠温；脾气不足，寒湿内阻脉道，故脉沉缓而弱。

【辨证要点】腹满而吐、自利、口不渴，以及虚寒之象。

考点与重点　太阴病证临床表现与辨证要点

五、少 阴 病 证

少阴病证，是指全身性阴阳衰惫所表现的证候。《伤寒论》中记载："少阴之为病，脉微细，但欲寐

也。"病至少阴，是外感病过程的后期阶段，其病位在心、肾，二者为水火之脏，乃人身之根本，因此也是疾病后期的危重阶段。

少阴病证多因他经之病失治误治而传变，或因心肾不足，外邪直中少阴所致。由于人体阴阳偏盛之不同，邪气侵袭少阴或从阴化寒或从阳化热；因而在临床中会出现两种不同证候，即少阴寒化证或少阴热化证。

（一）少阴寒化证

少阴寒化证，指病邪传入少阴，心肾阳气虚衰，邪气从阴化寒，阴寒独盛所表现的全身性虚寒证候。

【临床表现】无热恶寒，但欲寐，四肢厥冷，下利清谷，呕不能食，或食入即吐，脉微细，甚或欲绝，或见身热反不恶寒，面赤。

【证候分析】少阴阳气衰微，阴寒内盛，机体失于温煦，故无热恶寒、四肢厥冷；"阳气者，精则养神"，阳气衰微，神气失养，故见但欲寐；肾阳虚衰，无力温运脾阳，火不暖土，脾胃升降失调，故下利清谷、呕不能食、甚则食入即吐；阳衰寒盛，无力鼓动血液运行，故见脉微细、甚或欲绝；若阴寒盛极，格阳于外，虚阳外越，则会出现身热反不恶寒、面红如妆的假热征象。

【辨证要点】无热恶寒、四肢厥冷、下利、脉微。

（二）少阴热化证

少阴热化证，是指心肾阴虚，少阴病邪从火化热而伤阴，所表现出阴虚阳亢的虚热证候。

【临床表现】心烦不得眠，口燥咽干，舌尖红少津，脉细数。

【证候分析】邪入少阴，从阳化热，耗竭真阴，津亏不能上承，故口燥咽干；心肾不交，水火不济，肾阴不足则不能上济于心，心火独亢，扰动心神，故心烦不得眠；心肾阴虚，虚火内盛，故见舌尖红少津、脉细数等阴虚阳亢之征象。

【辨证要点】心烦不得眠、舌尖红少津、脉细数。

【类证鉴别】少阴病邪有寒化、热化之不同，皆因少阴内有水火二气，寒热并居。少阴病邪从阴化寒则为少阴寒化证，从阳化热则为少阴热化证。二者临床表现恰好相反，临证当仔细辨证，不可拘泥。

考点与重点 少阴寒化证、少阴热化证临床表现与辨证要点

六、厥阴病证

厥阴病证，是指病至厥阴，机体阴阳调节功能发生紊乱，出现阴阳对峙、寒热交错、厥热胜复的证候。厥阴经为阴经之尽，阳经之始，阴中有阳，循阴尽阳生之机，主司阴阳之气的交接。此证六经病变发展过程中的一个关键性阶段，是疾病全过程的重要转折点。

厥阴病的发生原因有三：一为直中，机体平素厥阴之气不足，外感邪气，直入厥阴；二为传经，少阴病进一步发展传入厥阴，是外感病证的末期阶段；三为转属，少阳病误治，失治，阳气大伤，病转厥阴。

【临床表现】消渴，气上撞心，心中疼热，饥而不欲食，食则吐蛔。

【证候分析】厥阴经为阴经之尽，阳经之始，故邪入厥阴，阴阳各趋其极，表现为寒热错杂之证候，此处总以上热下寒为主。阳热趋于上，木火循经上炎，肝气上逆，故见气上撞心；热灼津液，故见消渴；阴寒趋下，寒邪损伤中阳，脾失健运，肠道虚寒，肝木乘土，故饥而不欲食；蛔虫喜温而恶寒，上热下寒，肠寒则蛔动，逆行于胃或胆道，则可见吐蛔。

【辨证要点】消渴、气上撞心、心中疼热、食则吐蛔。

考点与重点 *厥阴病证临床表现与辨证要点*

七、六经病证的传变

传，指疾病沿着特定的趋势演进；变，则指在特定条件下病情性质发生转变。六经病证的传变，即外感病证在发展过程中，病邪在人体由表入里、由浅入深、由轻而重、由寒转热、由实致虚，反之则由里出表、由虚致虚实夹杂的演变过程。

六经病证是否发生传变，以及如何传变，取决于机体正气的强弱、感邪的轻重以及治疗是否得当等多方面因素。一般而言，病邪由表入里、由阳转阴，多为邪胜正衰、禀赋不足，或失治误治所致，是病情恶化的趋向；病邪由里达表、由阴转阳，则是正复邪退、体质健旺，或治疗得当的结果，为病情向愈的转归。在临床实践中，六经病证的传变方式主要表现为传经、直中、合病、并病四种。

（一）传经

指病邪从外侵入，由表及里，或正气来复，由里出表，由某一经病证转变为另一经病证，称为传经。

1. 循经传　指病邪按伤寒六经顺序相传。太阳病不愈，传入阳明，阳明不愈，传入少阳，三阳不愈，传入三阴，首传太阴，次传少阴，终传厥阴。亦有观点说六经循经按太阳、少阳、阳明、太阴、厥阴、少阴相传者。

2. 越经传　指不按循经次序相传，病邪隔一经或两经相传。如太阳病不愈，不传少阳，反传阳明，或直传太阴。越经传的原因，多由邪盛正虚所致。

3. 表里传　指病邪在伤寒六经中互为表里的两经之间相传。可从阳经传入阴经，如阳明胃经传入太阴脾经，太阳膀胱经传入少阴肾经，反映了机体邪盛正衰，病性由实转虚，是疾病加重的恶兆；亦可从阴经传入阳经，如厥阴肝经传入少阳胆经，多是机体正气能胜邪，祛邪外出，疾病向愈的佳兆。

（二）合病

伤寒病证初起，不经传变，两经或三经证候同时出现。如太阳阳明合病，太阳少阳合病，三阳合病等。临床中，三阴经有合病之实，而无合病之名。

（三）并病

伤寒病证一经证候未愈，而又出现他经证候，两经证候合并出现者，称为并病，其两经证候出现有先后次序之分。如太阳阳明并病，即先出现太阳病证，后出现阳明病证。

（四）直中

伤寒病证初起，外感病邪不从三阳经而入，反直入三阴经，出现三阴经证候。多见于正气不足，复感重邪之人。

考点与重点 传经、直中、合病、并病的概念

项目二　卫气营血辨证

📋 **案例导入**

　　患者，男性，52 岁。患者于 2023 年 12 月 15 日上午，突感一阵恶寒，旋即发热，头痛身重，咳嗽

鼻塞，痰涕多而清稀，咽喉痛。就诊于某社区医院，查体温 38.9℃，咽喉红，舌质边尖红，苔薄白，予辛温发汗解表药物连服 3 天，病情加重。12 月 18 日转院，体检：体温 40.7℃，大汗淋漓，咳嗽气喘，咯黄黏痰，口渴，舌质红，苔黄厚腻，脉数有力，扁桃体Ⅰ～Ⅱ度肿大、发红。胸片示肺纹理稍增粗。血常规：白细胞 $9.6×10^9$/L。西医诊断为"大叶性肺炎"。

问题：1. 该患者为何在服用辛温发汗解表药物之后病情反而加重？
　　　2. 如何对本案病情进行病因、病位和病性分析？
　　　3. 本证在卫气营血证候中属于何种证候？

　　卫气营血辨证，是一种辨治外感温热病的辨证体系，由清代医家叶天士在《温热论》中提出。温热病是指温热邪气侵袭机体，卫气营血生理功能失衡，所引起的热象偏重，具有一定季节性和传染性的外感病证。叶天士根据《内经》及历代医家有关卫气营血的认识，结合外感温热病证进程中的病机、证候，将其概括为卫分证、气分证、营分证、血分证四个不同的病理阶段。用以阐释温热病证在病变发展过程中，病位的深浅、病情的轻重及其传变规律，弥补了六经辨证在辨治外感温热病中的不足，丰富了温热病证辨证治疗的手段和内容，完善了外感病证的辨证方法。

　　卫气营血代表着温热病深浅、轻重各不相同的四个病理阶段。叶天士言："大凡看法，卫之后，方言气；营之后，方言血。"揭示了温热病邪初起从口鼻而入，侵及肺卫；若邪气在卫分郁结不解，则由卫及气；气分病邪不解，正气虚弱，津液亏损，病邪由气入营；营分热盛，动血耗阴，则可由营入血，代表病邪逐渐深入，病情逐渐加重。

　　卫分证主表，病位在肺与皮毛，是外感温热病的初起阶段，病情轻浅；气分证主里，病位在肺、胸膈、胆、三焦、胃、肠等脏腑，是正邪斗争的亢盛阶段，病情较重；营分证乃邪热进入营分，病位在心与心包络，热灼营阴，扰神窜络，病情深重；血分证为邪热深入血分，病位在心、肝、肾，此期血热亢盛，已耗血动血，病情危笃。

一、卫 分 证

　　卫分证，是指温热病邪侵袭肌表，导致卫外功能紊乱，肺卫失宣所呈现的临床证候。常见于外感温热病的初期阶段，以发热，微恶风寒为特征。

　　【临床表现】发热恶寒并见，发热重，微恶风寒，无汗或少汗，口干微渴，舌边尖红，苔薄黄，脉浮数。或兼头痛、咽喉肿痛、鼻塞、咳嗽等。

　　【证候分析】温热之邪外袭体表，卫气被郁，奋而抗邪，故而发热恶寒并见；温热邪气为阳邪，故发热重而恶寒轻；肺卫不调，腠理开合失司，故无汗或少汗；病情初起，伤津不甚，故口干而微渴；风热上扰，则舌边尖红；风邪在表，故苔薄、脉浮，兼热邪则苔黄、脉数；温热之邪上扰清窍，故头痛；咽喉为肺胃之门户，温热上灼咽喉，气血壅滞，故咽喉红肿疼痛；卫气被郁，肺气宣发失常，故鼻塞、咳嗽。

　　【辨证要点】发热重、微恶风寒、舌边尖红、脉浮数。

考点与重点　卫分证临床表现与辨证要点

二、气 分 证

气分证，是指温热病邪内传脏腑，正盛邪炽，阳热亢盛所表现的里热实证。是温热邪气由表入里，从卫入气的极盛时期，或温热病邪直入气分所致。

范围广，兼症多是气分证的另一大特点。在气分之邪侵及的脏腑部位不同，其证候类型多样，常见的有邪热壅肺、热扰胸膈、胃热亢盛、热结大肠、热郁胆腑等证。

【临床表现】发热，不恶寒反恶热，汗出，心烦，口渴，舌红苔黄燥，脉数有力。热壅于肺者，兼见咳喘、胸痛、咯吐黄稠痰；热扰胸膈者，兼见心烦懊侬，坐卧不安；胃热亢盛者，兼见胃脘灼痛，大汗出，大渴喜冷饮；热结大肠者，兼见日晡潮热，便秘腹胀，疼痛拒按，甚或谵妄；热郁胆腑者，兼见胁痛，口苦，干呕，脉弦数。

【证候分析】温热病邪侵入气分，正邪剧烈交争，阳热亢盛，故高热，不恶寒反恶热；里热炽盛，迫津外出，伤津耗气，故汗出、口渴；邪热侵扰心神，故心烦；热盛血涌，故脉数有力。

邪热壅肺，宣发肃降失常，肺气上逆，则见咳喘，胸痛；热壅而灼津炼液，则痰黄黏稠。

热扰胸膈，郁而不达，心神不宁，可见心烦懊侬，坐卧不安。

胃热亢盛，胃燥津液损伤，则胃脘灼痛，大汗出，大渴喜冷饮。

热结大肠，里热盛实，则日晡潮热；腑气不通，则便秘腹胀，疼痛拒按，甚或谵妄。

热郁胆腑，胆气郁滞，枢机不利，则见胁痛，胆气上逆，胆汁上溢于口，则口苦，干呕，胆经有热，则脉弦数。

【辨证要点】发热，不恶寒反恶热，汗出，烦渴，舌红苔黄燥，脉数有力。

凡温热病邪不在卫分，又不及营分、血分者，均属于气分证候。故在临床诊疗中除掌握主症特点外，还需兼顾兼证。

考点与重点 气分证临床表现与辨证要点

三、营 分 证

营分证，是指温热病邪内陷营阴，心神被扰所表现的证候，是温热病邪发展的深重阶段。营气由水谷精微所化，行于脉内，通于心气，故温热病邪伤及营阴以营阴受损、心神被扰为其特点，证型可分为营分热盛和热陷心包两种。

营分证多由气分证进一步深传而来；也有不经气分，由卫分直接逆传入营阴，称之为逆传心包；亦有温热病初起即在营分发病的情况。

【临床表现】身热夜甚，口不甚渴或不渴，心烦不寐，甚或神昏谵语，斑疹隐隐，舌质红绛少苔，脉细数。

【证候分析】邪入营阴，真阴被劫，夜间与入阴之卫阳相搏，故身热灼手，入夜尤甚；营阴之气受邪热熏蒸，上潮于口，故口不甚渴或不渴；营气通于心，温热邪气侵入营分，心神被扰，故心烦不寐，甚或神昏谵语；邪热灼伤血络，则斑疹隐隐；营分有热，劫伤营阴，故舌质红绛少苔，脉细数。

【辨证要点】身热夜甚、心烦甚或谵语、舌红绛少苔、脉细数。

营分介于气分和血分之间，若病邪由营转气，是疾病向愈的佳兆；若病邪由营入血，则为病势加重的恶兆。

考点与重点 营分证的临床表现与辨证要点

四、血 分 证

血分证，是指温热病邪深入营血，热盛动风、耗血、伤阴的临床证候，也是卫气营血病变的最后阶段。病位涉及心、肝、肾三脏；病性分虚、实两端，实证多以心、肝血热神乱为主，虚证多以肝、肾阴血亏虚为主。

多因温热病邪在营分不解，传入血分；或气分热盛，劫伤营血，病邪不经营分，直接传入血分而成；或素体阴虚，伏热内蕴，温热病邪直入血分而成。

（一）实证

温热病邪侵入血分，扰动心神，热盛动血，迫血妄行，或燔灼肝经。本证多为血分证的初期阶段。

【临床表现】身热夜甚，躁扰不宁，甚则神昏谵语，斑疹显露，色紫或黑，吐血、衄血、便血、尿血，舌质深绛，脉弦数；或兼抽搐，颈项强直，角弓反张，目睛上视，牙关紧闭。

【证候分析】温热病邪深入血分，灼伤阴血，夜间阳入于阴，故身热夜甚；邪热扰动心神，故躁扰不宁，甚则神昏谵语；邪热迫血妄行，血溢脉外，则见斑疹显露，吐血、衄血、便血、尿血出血诸症；血分热炽，燔灼肝经，肝在体合筋，灼伤筋脉，筋脉挛急，肝风内动则可见抽搐，颈项强直，角弓反张，目睛上视，牙关紧闭等症；邪热壅盛血络，故舌质深绛，脉弦数。

【辨证要点】身热夜甚、躁扰神昏、舌质深绛、脉弦数与出血或动风症状共见。

（二）虚证

血热久羁，肝肾之阴亏耗，阴液耗伤导致出现以阴虚内热为主的临床证候。本证多为血分证的后期阶段。

【临床表现】持续低热，暮热早凉，五心烦热，口干咽燥，神疲耳聋，形瘦，舌干少苔，脉虚细，或手足蠕动，瘛疭等。

【证候分析】邪热久羁，劫灼肝肾之阴，余热未清，阴虚内热，故持续低热，暮热早凉，五心烦热；阴精耗竭，不能上荣清窍，肝肾之体窍失养，故见口干咽燥、舌干少苔、神疲耳聋、形体消瘦；肝阴不足，筋脉失养，虚风内动，故见手足蠕动，瘛疭；脉络失养，故脉虚细。

【辨证要点】持续低热、暮热早凉，与形体干瘦、舌干少苔、脉虚细或手足蠕动、瘛疭等症状共见。

考点与重点 血分证临床表现与辨证要点

医者仁心

勇于担当，仁心济世

叶天士，清代杰出的临床医学家，出身于医学世家，自幼便跟随父亲学习医术，对中医经典之作有着深厚的阅读和理解。

在瘟疫肆虐的时代，叶天士展现出了非凡的勇气和坚持。瘟疫以其传染性极强、辐射范围极广的特点，成为当时最难治的疾病之一。面对疫情的严峻挑战，叶天士没有退缩，而是挺身而出，致力于瘟疫的防治。他深入研究瘟疫的根源和传播途径，提出了许多创新性的治疗方法。例如，在药物紧缺的情况下，创造性地使用灶心土与陈年芥菜卤热水治病，有效地控制了瘟疫的蔓延。这不仅体现了叶天士的医学智慧，更展现了身为一名医者对患者的深切关怀。

五、卫气营血证的传变

温热病的病势发展过程，实际上就是卫气营血证候的传变过程，传变方式包括顺传和逆传两种。

（一）顺传

指温热病邪初起于卫分，后沿着气分、营分、血分的次序依次传变，符合温热病发展的一般规律。标志着病邪步步深入，病位由浅入深、由表及里，病势由轻到重，病性由实到虚。

（二）逆传

指温热病邪不按照上述次序及规律传变。如机体发生卫分证，温热病邪不经气分阶段而直接深入营分、血分，出现相应的营分证、血分证的临床特征，出现神昏、谵语等危重证候。常见于邪气过盛或正气大虚之人，病势更加危急凶险。

此外，鉴于感受温病邪气的类别、患者体质的差异以及治疗的影响等因素，温热病的传变并不总是遵循既定模式。如温病初起，邪气滞于卫分，经及时治疗，祛邪外出而不发生传变；亦有起病之初，病邪直接深入气分或营分；或可出现"卫气同病"，即卫分病证未愈，又兼见气分证；或气分证未罢，又出现营分证或者血分证，称为"气营两燔"或"气血两燔"。

临床上在温热病的整个发生、发展和演变过程中，卫、气、营、血四个阶段常常相互交织。其病证之间的转化形式极为复杂，因此我们在临床中一定要把握主证，辨别兼证。

考点与重点 顺传与逆传的概念

项目三　三 焦 辨 证

案例导入

患者，男，19岁，学生。2024年7月22日初诊。患者4日前外出游玩，因天气炎热当晚即感发热，微恶风寒，头痛，咽痛，测体温38.1℃，自服某抗生素1片，药后汗出而热不退，身热持续，口渴喜冷饮，又增咳嗽，胸痛，气促，今晨出现烦躁不安，神志不清，胡言乱语，声高有力，遂抬来急诊。体检：体温40.1℃，满面通红，鼻翼扇动，躁动不安，舌红绛，苔黄燥，脉数有力。

问题：1. 本患者的主诉应如何概括？
　　　2. 如何对本案病情进行病因、病位和病性分析？
　　　3. 应用三焦辨证进行分析，本病案属于何证？

三焦辨证，是一种诊治温热病的辨证方法，由清代医家吴鞠通在《温病条辨》中创立，为温热病的辨治提供了新的诊疗思路。吴鞠通依据《内经》及历代医家对上、中、下三焦的论述，在六经辨证与卫气营血辨证的基础上，结合温热病的病变特点与传变规律，用上焦病证、中焦病证、下焦病证来归纳总结温热病各期的临床特征、病理变化及其病势传变。

膈以上的胸部为上焦，包括心与肺、头面部；横膈以下到脐为中焦，包括脾、胃；脐以下至二阴为下焦，包括肝肾、大小肠、膀胱。以三焦辨治温热病证，上焦病证即温热病证的初期，以手太阴肺经、手厥阴心包经病变为主，病情轻浅；中焦病证指温热病证的中期，以足阳明胃经、足太阴脾经病变为主，因二者生理特性有所区别，胃为阳明燥土之腑，脾为太阴湿土之脏，故温热病邪侵入阳明胃经则从燥化，多为里热燥实证；温热病邪侵入太阴脾经则从湿化，多发为湿温病证，病情较重；下焦病证指温热病证的末期，以足少阴肾经、足厥阴肝经病变为主，多表现为肝肾阴虚证候，病情深重。

一、上 焦 病 证

上焦病证，是指温热邪气侵袭手太阴肺和手厥阴心包所表现的证候。温热病邪从口鼻而入，首先犯肺，即邪犯肺卫。肺卫受邪后，邪气有两种不同的传变趋向：一为顺传，即病邪由上焦传入中焦，转为中焦足阳明胃经的证候；二为逆传，即邪气从手太阴肺卫直接逆传手厥阴心包经，出现邪陷心包的证候。因此，上焦病证包括邪犯肺卫、邪热壅肺、邪陷心包三种证候。

（一）邪犯肺卫

【临床表现】发热，微恶风寒，微汗出，头痛，咳嗽，鼻塞，口渴，舌边尖红，脉浮数。

【证候分析】肺主表统卫，邪犯肺卫，肺失宣肃，卫气郁遏，正邪交争，故见发热，微恶风寒；腠理不固，热迫津出，故汗出；津液耗伤则口渴；温热病邪上炎，清窍被扰，则头痛；肺开窍于鼻，肺失宣发肃降，故咳嗽，鼻塞；舌边尖红，脉浮数乃温热邪气在表之征象。

【辨证要点】发热、微恶风寒、微汗出、口渴、舌边尖红、脉浮数。

（二）邪热壅肺

【临床表现】身热烦渴，汗出，咳嗽，气喘，苔黄，脉数。

【证候分析】温热邪气由表入里，里热亢盛，充斥内外，故身热烦渴；热邪迫津外泄，故汗出明显；热壅于肺，肺失宣降，气逆于上，故咳嗽，气喘；苔黄，脉数，均为热邪壅肺之征象。

【辨证要点】身热烦渴、汗出、咳嗽、气喘、苔黄、脉数。

（三）邪陷心包

【临床表现】高热，神昏谵语，舌謇，肢厥，舌质红绛。

【证候分析】肺卫热邪不解，内陷心包，心神被扰，故神昏谵语；舌为心之苗，故舌謇；里热亢盛，故见高热；阳热内郁，阳气被遏，不能布达于四肢，故见肢厥；热灼营阴，则舌质红绛。

【辨证要点】高热，神昏谵语，舌謇，肢厥，舌质红绛。

考点与重点 上焦病证的临床表现、辨证要点

二、中焦病证

中焦病证，是指温热病邪侵袭中焦脾胃，邪从燥化或邪从湿化所表现的临床证候。若邪入于阳明胃从燥化，则出现燥热伤阴，阳明失润的阳明燥热证候；若邪入太阴脾从湿化，则会导致郁阻脾胃，脾胃气机升降受阻，表现为太阴湿热证候。

（一）阳明燥热证

【临床表现】身热面赤，日晡益甚，呼吸气粗，渴欲饮冷，口燥咽干，唇裂舌焦，小便短赤，腹满便秘，苔黄燥或焦黑，脉沉实有力。

【证候分析】温热病邪内传阳明，燥热炽盛充斥周身，火邪炎上，故见身热面赤；阳明经气旺于日晡时，故身热日晡益甚；邪热壅盛，肺气不利，故呼吸气粗；里热炽盛，炼灼津液，津液大伤，营阴不足，故渴欲饮冷、口燥咽干、唇裂舌焦、小便短赤；胃肠津亏，燥屎内结，腑气不通，故腹满便秘；苔黄燥或焦黑，脉沉实有力，均为里热炽盛，劫伤津液之征象。

【辨证要点】身热面赤，日晡益甚，唇裂舌焦，腹满便秘，苔黄燥或焦黑，脉沉实有力。

（二）太阴湿热证

【临床表现】身热不扬，头身困重，胸脘痞闷，泛恶欲呕，大便不爽或溏泄，舌苔黄腻，脉濡数。

【证候分析】太阴受邪，中焦湿热蕴郁，湿遏热伏，郁阻肌腠，故身热不扬；湿邪重浊黏滞，困于周身，故头身困重；湿热邪气困阻于脾，则脾气不升，气机升降失常，脾失健运，故胸脘痞闷、泛恶欲呕、大便不爽或溏泄；舌苔黄腻，脉濡数均为湿热内蕴之征象。

【辨证要点】身热不扬，胸脘痞闷，泛恶欲呕，舌苔黄腻，脉濡数。

考点与重点 中焦病证的临床表现、辨证要点

三、下 焦 病 证

下焦病证，是指温热病邪侵及下焦肝肾，劫灼肝肾阴精所表现的临床证候。多发于温病末期。

【临床表现】低热，手足心热甚于手足背，颧红，口舌干燥，神倦，耳聋，或见手足蠕动，或瘛疭，心中憺憺大动，甚或时时欲脱，舌绛苔少，脉虚数。

【证候分析】温病邪热传入下焦，劫伤肝肾阴津，阴虚阳亢，虚热内扰，故低热、手足心热甚于手足背；虚火上炎，故颧红；阴津亏少，故口舌干燥；精血不足，神失充养，故神倦；阴精不得上荣清窍则耳聋；热邪久羁，肾阴被灼，水不涵木，筋脉失养，虚风内动，故见手足蠕动、甚或瘛疭；心中憺憺大动亦为阴虚阳亢之征；时时欲脱，舌绛苔少，脉虚数均为阴精耗竭，阳气欲脱之征象。

【辨证要点】低热颧红，神倦耳聋，或手足蠕动，瘛疭，舌绛苔少，脉虚数。

考点与重点　下焦病证的临床表现、辨证要点

四、三焦病证的传变

三焦病证的传变与否，取决于感受病邪的轻重、患者的体质差异、治疗是否得当、机体正气的强弱等多方面因素。一般分为顺传、逆传两种。

（一）顺传

温热病邪在疾病初期，侵及上焦肺卫，继则传入中焦脾胃，后传入下焦肝肾。这标志着病邪一步步深入，病情逐渐加重。

（二）逆传

温热病邪侵及肺卫，邪气并不传入中焦，反而直接传入心包。这提示邪热炽盛，病情重笃。

受多种因素影响，三焦病证的传变有时并不拘泥于上述两种方式。如温热病邪侵及上焦，经治而愈，并无传变；亦有病邪不经中焦，自上焦径传下焦者；也有疾病初起即见中焦证候或下焦证候；此外，还有两焦病证同时出现和病邪弥漫三焦者。因此，在临床中运用三焦病证，一定要全面收集临床资料，进行综合判断分析。

考点与重点　顺传与逆传的概念

项目四　经 络 辨 证

案例导入

患者，女性，70岁。2022年6月25日初诊。患者自诉经常感冒、怕冷、四肢冰凉已有1年多，近有加重之势，夜间为甚，需穿毛衣毛裤盖棉被睡觉。3天前因天气骤变，突刮强风而受寒，出现恶寒明显，稍有发热，颈项拘急，背部如被人抓住感，周身疼痛，无汗。自服感冒药不显，现仍感恶寒明显，家人代诉近两天逐渐出现嗜睡，纳呆，大便溏，日2～4次。体检：神疲倦怠，气短声低，体温37.1℃，四肢凉，苔白润，脉细微若无。

问题：1. 如何概括本患者的四诊所见？

2. 如何对本案病情进行病因、病位、病性分析？

3. 本证属经络辨证中何种证候？

经络辨证，是一种基于经络学说，对患者呈现的症状、体征进行综合分析，以判定疾病所属的经络、脏腑，并进一步明确病因、病变性质和病理机制的辨证方法。

经络是经脉和络脉的总称，《灵枢·脉度》曰："经脉为里，支而横者为络……"简而言之，经是经络系统中的主干，存在于机体内部，贯穿上下，沟通内外；络是主干的分支，存在于机体的表面，纵横交错，遍布全身。经络系统分布周身，联络脏腑、形体、官窍，沟通上下、内外，能够运行全身气血，调节脏腑器官的机能活动。但当机体受邪时，经络又会成为病邪传变的天然通路。故当邪气侵袭肌表，经气失常，病邪会通过经络逐渐传入脏腑；反之，如果内脏发生病变，同样也循着经络反映于体表，在体表经脉循行部位，特别是经气聚集的腧穴之处，出现麻木、酸胀、疼痛，对冷热刺激敏感度异常等各种异常反应。

依据经络系统能够有规律地在体表反映出若干证候，因此在临床诊疗中，可以运用经络辨证，对脏腑辨证进行补充，以进一步明确病位、病性及其病变发展趋势。

一、辨十二经脉病证

十二经脉循行部位及其所络属的脏腑各有不同，但其病证传变均有规律可循。具体可归纳为以下三个特点。

（一）临床病证与经脉循行所过相关

经脉受邪，经气不利，所表现病证多与其循行部位相关。如：邪气痹阻于足太阳膀胱经，可见头、颈、项背、腰脊、尻、腘、踹及足跟等处发生疼痛，足小趾痿废不用。邪气痹阻于手太阴肺经，则可见缺盆中痛，肩背痛或寒，臑臂内前廉疼痛，掌中热。其余经脉受邪后，临床症状均循其经络所过，发生病变。

（二）临床病证与经脉络属脏腑相关

经络受邪可影响络属脏腑，脏腑病变亦可反映于经络，故会出现脏腑病候与经脉循行病候相兼的症状。如手阳明大肠经病变，既有颈肿，咽喉肿痛，鼻衄，目黄口干等脏腑症状，也伴随着肩臂外侧前缘疼痛，甚或痿痹不用、痹痛不举、活动障碍等。

（三）一经受病可累及多经

十二经脉循环往复，阴经属脏络腑，阳经属腑络脏。故十二经脉有一经受邪，可累及其他经脉发生病变，表现为多经合病的征象，尤以表里两经发生传变合病最为常见。如邪犯足厥阴肝经，除出现腰痛不可俯仰，咽干，疝气或妇人少腹痛等本经症状外，还可出现口苦，腋下肿，马刀侠瘿，汗出振寒等足少阳胆经证候。脾经受邪，除食不下，泄泻，股膝内肿厥，足大趾不用等本经症状外，还可见鼻衄，惊惕狂躁，或消谷善饥，脘腹胀满等胃经症状。

链接

"马刀夹瘿"为何病？

程士德主编《内经》注："'马刀侠瘿'病名。属瘰疬之类。常成串而出，质坚硬，其形长者称为马刀，或生于耳下、颈项，至缺盆沿至腋下，或生肩上而下沿。其生于颈部者称为'侠瘿'。'瘿'或作'婴'，'婴'通'缨'。瘰疬生于颈部缚帽缨之处，故称侠缨，或称侠瘿。《病源·疽候》云：'发于腋下，赤坚（音暴）者名曰米疽也，坚而不溃者为马刀也。'可见米疽、马刀、侠瘿均属一类。"本病相当于现代医学由结核杆菌所致的淋巴结核和非典型分枝杆菌所致的颈淋巴结炎。

二、辨奇经八脉病证

奇经八脉即十二经脉以外的八条经脉：冲脉、任脉、督脉、带脉、阳维脉、阴维脉、阳跷脉、阴跷脉。与十二正经不同，奇经八脉既不直属脏腑，又无表里配合关系，其循行别道奇行，故称奇经。具有联系、整合十二经脉，蓄积渗灌十二经气血的作用。因此，奇经八脉的病证要点，以其循行部位和特殊功能异常为主。

（一）冲脉、任脉、督脉、带脉病证以生殖功能异常为主

任脉起于胞中，行于腹面正中线，总任一身之阴经，为阴脉之海，与女子妊娠有关。督脉起于胞中，行于背部正中，上行入脑，并从脊里分出属肾，总督一身之阳经，为阳脉之海，与肾有密切联系。冲脉起于胞中，贯穿全身，为气血之要冲，调节十二经气血，被称为十二经脉之海、又称血海，与妇女的月经有关。带脉起于季胁，环腰一周，约束纵行的诸脉，与十二经脉和任、督、冲脉交互，调节气血，共主生殖。

任脉、督脉、冲脉一源三歧，皆起于胞中，与足阳明胃经、足少阴肾经联系密切，故四脉病证多与先天之精、后天之气有关。临床症状多表现为妇女月经不调，不孕，滑胎，流产，带下异常；男子阳痿，遗精，早泄，不育。

（二）阳跷脉、阴跷脉病证以运动障碍为主

"跷"者，捷也，有轻健矫捷之意。阳跷脉自下肢外侧上行至头面，阴跷脉自下肢内侧上行至头面。有濡养眼目、司眼睑开合，调节肢体运动的功能。故阳跷脉、阴跷脉发生病变，以肢体痿躄，运动障碍为主。

（三）阳维脉、阴维脉病证以寒热、疼痛为主

"维"，有维系之意。阳维脉起于诸阳会，为足太阳之别脉，司一身左右之阳，维络诸阳经；阴维脉起于诸阴交，为足少阴之别脉，司一身左右之阴，维络诸阴经。一阴一阳，为全身之纲维。阳维脉主阳，主表证，故阳维脉受邪，临床多以寒热病证为主；阴维脉主阴，主里证，故阴维脉受邪，临床多以心、胸、脘腹以及前阴疼痛为主。

❓ 思 考 题

1. 太阳中风证与太阳伤寒证当如何鉴别？
2. 简述卫气营血病证的传变规律。
3. 中焦病证的证候特点有哪些？

本章数字资源

模块十　中医临床诊断思维的应用

中医思维贯穿疾病诊疗始终，而采集病情资料和做出病、证等结论是中医诊断必不可少的两个基本环节。在病情资料的采集过程中，必须在四诊的同时将各种诊法综合运用，对所获得的资料进行分析思考，分析病因、病机、病性、病位。还要充分考虑地理环境、季节气候及个体差异，做到病证结合，互相补充。

项目一　中医诊断思维方法

📋 案例导入

患者，男性，36岁。2024年4月29日初诊。患者3年前因食青辣椒而发哮喘，久治不效，冬夏皆作，始终未离氨茶碱，半年来久服中药补脾益肾之剂，证反有增无减。近日哮喘发作，昼轻夜重，倚息不得卧。伴胸闷腹满，口干便秘，心悸眠差，苔薄白，脉沉缓。

问题：1. 该患者疾病有增无减的原因是什么？
　　　2. 应该如何辨证施治？

中医诊断是医生的主观思维对客观存在的病证本质的认识。中医诊断不仅是抽象的逻辑思维，还存在着形象思维、灵感思维等，如中医学的"揆度奇恒""司外揣内""援物比类""审证求因"等都是不同思维方法的具体体现。中医诊断的基本思维方法包括比较法、类比法、分类法、归纳法、演绎法、反证法、模糊判断法等。

一、比　较　法

比较法是区分患者的某些临床症状之间或某些证之间的相同点或不同点，一方面可以提高临床资料来源的准确性，另一方面可以进一步确定证的性质、部位和所处阶段。如同为腹胀，通过胀而疼痛拒按与胀而喜揉喜按来比较，可以进一步明确是实证还是虚证。

二、类　比　法

类比法是将患者的临床表现和某一常见的证进行比较，如两者主要特征相吻合，诊断便可成立。如少气懒言，神疲乏力，自觉有气下坠感，重者有内脏下垂，或有脱肛、阴挺等，为气陷证的常见症状，临床出现这些症状时，即可诊断为气陷证。

三、分　类　法

分类法是根据临床症状或病证之间的共同点和差异点，将其区分为不同种类的方法。分类法必须遵循相应相称、统一标准、逐级进行的原则。中医四诊的分类，以及不同的辨证方法都是分类法的具体体现。如咳嗽特点的鉴别包括时间、节律、性质、声音以及加重的有关因素；咯痰特点的鉴别包括痰的色、质、量、味等。

四、归　纳　法

归纳法是将患者表现的各种症状、体征，按照辨证的基本内容进行归类，归纳出各症状、体征所反映的共性特征，从而抓住病证本质的思维方法。当病情资料很多或者比较复杂时，最宜采用归纳法。例如，午后两颧潮红者，多属阴虚；潮热可见于阳明腑实证、阴虚证；盗汗多见于阴虚证；脉细多见于虚证或湿邪为病；脉数多见于热证，亦见于里虚证。当患者出现两颧潮红、潮热、盗汗、脉细数等症状时，其共性特征为阴虚，故患者阴虚的可能性最大。

五、演　绎　法

演绎法是运用从一般到个别、从抽象到具体的思维，对病情进行层层深入的辨证分析、推理的方法。例如，患者主诉"咳嗽伴发热5天"，今日晨起发热不恶寒，面赤，舌红，脉滑数。综合推演，知为外感新病，属表证入里化热；同时，痰多黄稠、脉滑数，为痰热的表现，故本证为痰热壅肺证。

六、反　证　法

反证法是寻找不属于某证的依据，通过否定其他诊断而达到确定某一诊断的目的。如《伤寒论》第61条："下之后，复发汗，昼日烦躁不得眠，夜而安静，不呕，不渴，无表证，脉沉微，身无大热者，干姜附子汤主之。"张仲景用不呕否定其为少阳病证，用不渴否定其为阳明病证，用无表证否定其为太阳病证，结合脉沉微、身无大热，诊断其为少阴病证。

七、模糊判断法

模糊判断法是通过对多种不够精确、非特征性的模糊信息，进行模糊的综合评判，而达到明确诊断的思维方法。

许多临床表现是难以精确表达的模糊信息，如少神、体倦、痞满、气短、麻木、面色淡白、萎黄、脉象有力、无力、弛缓，舌象淡红、淡白等，缺乏客观、定量的依据，有很大的模糊性和不确定性，其所主的病、证，更不是简单的是非判断。所以临床诊断时，应将各种症状有机地联系起来做相关分析，进行模糊辨证，求得病、证诊断的合理性。

考点与重点 中医诊断思维方法（基本思维方法与过程）

项目二　四诊资料的收集

在临床中，要做到全面、规范、准确、有效地收集临床资料，首先必须熟练掌握四诊操作要点与四诊合参技巧，并融会贯通，灵活运用，才能培养临床思维。

一、四诊操作技巧

（一）问诊信息收集

1. 抓住主症，确定主诉　由于患者文化水平、表达能力等方面的差异，其在诉说症状时会出现主次不分、重点不明、症状纷杂等现象，而且患者自身认为最痛苦的症状未必就是病证的核心症状。这就要求医者边倾听，边分析归纳，寻找其中的关联，初步得出患者可能的主诉，然后围绕该主诉有目的地进行深入而细致的询问，同时，尚需结合望诊、切诊等其他诊法来初步判断准确性，不断纠偏纠误，最终获得准确的主诉。如患者诉"1周来头晕乏力、胃闷痞满、纳食减少"，进一步追问得知"1周来每日解黑色大便"，望诊"面黄舌淡"，按诊"上腹部有不适感"，考虑患者诸症为"便血"所致，主症应以"解黑便"为主，则主诉可归纳为"大便色黑伴头晕纳差1周"。再如患者因"咳嗽1个月"求治，进一步询问得知，患者同时有"近2周以来盗汗、骨蒸潮热"，望诊"面颧微红"，初步考虑为"咳嗽或肺痨"。结合患者首诉及诸症，则主诉可归纳为"咳嗽1个月，伴盗汗、潮热半个月"。可见主诉不单纯是对患者感觉最痛苦的主要症状的简单记录，而应是临床医师结合临床思辨后的总结概括。一旦确定主诉，则应详细询问主症特点，包括部位、程度、时间、性质、诱发与缓解因素，这不仅有利于疾病的诊断，又有利于证候的分析。

2. 依据症状，边问边辨　中医病证大多是依据症状特点而命名的，因此，把握主症往往是基本确定病证诊断的关键，而中医的病证学有其相对特定的基本病机，依据这个特点，参合八纲辨证，可围绕主症展开深入细致的问诊，边问边辨。若对病证特点不十分熟悉，较为简便的方法是以八纲为基础，从虚实角度切入进行问诊，虚无非为气血阴阳之亏损，实多为气、血、湿、食、痰（饮）、火（热）、寒之郁积。

3. 了解素体，注意整体　患者平时的身体状况、体质、嗜好，往往会对疾病的发生发展造成影响。中医历来强调整体观，而病证往往是某一局部的表现，因此可结合"十问歌"全面了解患者的既往与现在、整体与局部状况，如怕冷一症，当需询问全身性怕冷，还是仅仅手足发冷，前者可能为阳虚，后者则可能为气血不通。

（二）望诊信息收集

望诊作为采集信息的手段，受主观因素的影响相对较小。患者的神、色、形、态等外部表现，是临床诊断疾病的重要依据。患者注重的往往是自身的感受和不适，而神、色、形、态等外部表现，只有通过医师的望诊才能了解。如接诊时，医师从患者的穿戴、形体、举止、步态等可以大致判断病证的寒热虚实；从毛发、肤色可以了解一个人的年龄及健康状况；面色还能反映心理状态，如受到惊吓时面色苍白、愤怒时面色涨红等。而这些信息是问诊、脉诊等其他诊法无法获得的。如胃痛患者，表现为胃脘疼痛、胀闷不适，体形矮胖，胃镜检查提示"胃下垂"，如果辨证过程中简单地根据胃镜检查结果辨为"脾虚气陷"，则可能导致误诊。

望诊强调"一会即觉"，重视第一印象，培养敏锐的观察能力，平心静气，集中精力，在不经意中进行观察，在短暂时间内凭直觉获得对患者神的真实印象；应以常衡变，对比观察，可将局部与整体相互参照、健康部位与病变部位对比观察、左右参照、上下对比，将病理体征与生理特征进行比较，作出正确判断；应注意生理变异，鉴别因季节、时辰、地域、饮食、情志、体质、年龄等情况不同所出现的生理性变化；应熟悉内容，观察有序，应遵循一定顺序，从上到下、由外至内、先整体后局部等；应动态观察，如望神时，若患者从有神变为少神，再发展为失神，甚至假神，说明病情逐渐加重，反之，若从失神逐渐变为少神，最后变为有神，说明病情减轻，疾病向愈。又如望面色时，若面色由红润有泽，逐渐变为枯槁无光，说明病情加重；面色由深浓变为浅淡，说明病情由实转虚；面色由疏散变为壅滞，说明病邪渐聚。

（三）舌诊信息收集

舌质能反映脏腑、气血的功能，舌苔能反映胃气盛衰和邪气性质。注意望舌顺序，先总体望舌，观察舌体的色泽、胖瘦、运动等，然后按照舌尖、舌中、舌边、舌根的顺序依次观察舌质、舌苔，先观察舌质再观察舌苔，最后观察舌下络脉；当患者舌苔过厚，或出现与病情不相符合的苔质、苔色时，为了确定其有根、无根或是否染苔等，可结合揩舌或刮舌方法，也可直接询问患者在望舌前的饮食、服药等情况，以便正确判断。

（四）脉诊信息收集

脉诊需依靠医者手指的灵敏触觉加以体验而识别，需要反复训练，仔细体会，才能逐步辨识各种脉象，并有效地运用于临床。主要注意诊脉体位与诊脉指法。

诊脉时的体位要做到正坐平臂，直腕仰掌，与心齐平。医师切脉时布指疏密要得当，要与患者手臂长短和医师手指粗细相适应，如患者手臂较长或医师手指较细者，布指宜疏，反之宜密。

诊脉时的指法要做到臂长宜疏，身矮要密，指目候脉，三指齐平。医师布指之后，运用指力的轻重、挪移及布指变化以体察脉象。常用的指法有举、按、寻、总按和单诊等。临证时一般总按和单诊配合运用，以求全面捕获脉象信息。

医者仁心

误诊有前鉴，明辨是关键

误诊、误治，古皆有之，即使医学大家、临床高手，面对错综复杂的病情，也难免有时失误。临床常见误诊误治原因中，从辨证角度主要包括：辨证方法运用不当、证候错杂真假不分、证候动态转化不辨、证症异同取舍失当、不辨标本缓急、不辨时令地域、更有套用西医理论指导辨证等七个方面。在临床诊疗疾病过程中，往往会因为一些小的细节而导致误诊误治，轻则治之无用，功效不显，甚则加重病情，诱发他病；重则非死即伤，事故缠身。

孙思邈在《大医精诚》中强调"人命至重，贵如千金"，意指诊疗过程的重要性。如能从过往医案中汲取教训，失误足以成为前进的借鉴。作为中医学学者，精研技艺是本职，也是本责，学会从细节联系整体，合理运用多种思维方法辨证诊断是避免"失之毫厘，差之千里"误诊误治的关键。

二、四诊合参技巧

四诊合参，是指对某一症状、体征进行多视角诊察，是考察症状和体征的全面性、客观性、真实性问题。望、闻、问、切四种诊法以各自独特的手段方法，分别从不同角度诊察病证，且单用某一种诊法所搜集的病情资料通常只反映了病证的某一方面情况。因此，要想全面掌握病情，必须四诊合参。如发热，患者感觉发热或手足心发热，通过问诊可知；体温升高，通过按（触）诊可察；结合望诊，可见面红、舌红等，可称之为局部四诊合参。舌象、脉象是反映机体整体情况的信息，舌诊、脉诊是每一次诊察病情必用的诊法，舌诊、脉诊合参，可称之为全身四诊合参。

（一）望诊与按诊结合

望诊有一定局限性，单凭望诊所获的信息不全，需将望诊与其他诊法密切结合，特别是临床辨别色泽、斑疹、汗液、疮疡等症的寒热虚实、阴阳，需将望诊与按诊结合。以望色泽为例，一般来说，望诊面色白、按诊手足俱冷者，是阳虚寒盛，属寒证；望诊面色通红、按诊手足俱热者，多为阳盛热炽，属热证。但在某些疾病的危重阶段，可出现一些与病理本质反映的常规证候不相符的"假象"。此时，要辨别寒热之真假，更需望按结合，方可去伪存真，避免误诊。如望诊见患者面色浮红，似热证，但结合按诊发现患者四肢厥冷、胸腹皆凉，再参合患者舌淡、苔白等症状，不难看出其病理本质实为真寒假热之"戴阳证"。又如，某患者面色紫暗、苔黑，伴恶寒、手足逆冷，看似寒证，但按之胸腹灼热，再结合其咽干口臭、小便短赤等表现，可知其为阳盛格阴之"真热假寒证"。

（二）问诊与按诊结合

问诊受医师主观意愿及其问诊思路与方法、患者表达能力等因素影响，在问诊时，需注意结合按诊等其他诊法，深入细致地询问，才能全面准确地了解病情。如问疼痛，导致疼痛的原因很多，需问按结合方可准确地辨其虚实。痛而拒按者，多属实证；反之，痛而喜按者，多属虚证。

（三）望诊与闻诊结合

闻诊时，单凭听和嗅获取的病情信息往往不够，特别是对排出物的形、色、质、量的判断，需望闻结合方能作出准确全面的判断。如闻诊咳声不扬，望诊见痰稠色黄、不易咯出者，多属热痰；若咳声重浊紧闷，结合望诊见痰白清稀，无特异气味者，多为寒痰。

（四）望诊与问诊结合

由于患者在陈述病情时可能表述不清，单靠问诊获取信息可能出现偏差；患者注重的往往是自身感受和不适，而神、色、形、态等外部表现，只有通过医师的望诊才能了解。在望色时，若患者的面色异常，应结合问诊，询查疾病相关原因，以及患者的自觉症状，从而判断疾病本质。如望诊见满面通红，问诊知其发热、恶寒，伴口渴、大便秘结、小便短黄等，为里实热证；长期两颧潮红，问诊知其潮热、盗汗、咽干等，为阴虚证。

（五）闻诊与问诊结合

闻诊包括听声音和嗅气味两个方面。闻诊时若发现患者所发声音或气味异常，应结合问诊以补充资料、明确诊断。如患者胡言乱语，声高有力，问诊知其伴有身热烦躁，则为邪热扰神之谵语；若患者言语重复，低微无力，时断时续，问诊知其有神疲乏力、心神涣散，则为心气大伤之郑声。

（六）望诊、问诊与按诊结合

望诊可获知患者神、色、形、态的异常变化，结合问诊了解患者主观不适，并运用按诊进一步补充望诊的不足，提示问诊重点。如望诊见患者眶周发黑，问诊有腰膝酸软、畏冷肢凉、腹部胀满、小便短少，按诊见肢体水肿，腰以下肿甚，则可判断为肾虚水泛。

（七）问诊、望诊与闻诊结合

问诊时，需结合望诊诊察疾病的外在客观征象，并结合闻诊了解其特殊气味、声音，全面判断疾病的寒热虚实。如诊察二便时，应注意询问排便时间、排便量、排便次数、排便感觉及兼症等；同时观察二便的性状、颜色；闻诊二便之气味。三诊综合分析判断，为准确判断疾病寒热虚实提供重要依据。

项目三　分析病情资料

病情资料是对病史、症状和体征，以及与疾病有关的社会、心理、自然环境等资料的统称，是诊病、辨证的依据。病情资料的分析是诊断疾病的关键，分析是否透彻，思路与方法是否正确，都关系到辨证结果，影响后期施治用药。

一、病情资料分析

（一）病情资料的分类

临床收集的资料，根据辨病、辨证中作用的不同，可分为必要性资料、特征性资料、偶见性资料、一般性资料和否定性资料。

1.一般性资料　指具有一般诊断意义的资料，没有特异性，但常与其他资料组合后，可显示出其临床意义。如潮热，若因夜晚明显、伴盗汗等，多属阴虚发热。

2. 必要性资料　指对某些病或证的诊断是必见的，要诊断为某种病或证，必有此症，但不等于出现此症就一定是此病或此证。如便溏是脾虚证的必见主症，但并非仅见于脾气虚证。

3. 特征性资料　指对该病或证的确诊具有特征性意义的资料。可以是单症，也可是一些症状的组合，见到此症或组合症就可诊断此病或证，但不等于此病或证必然出现这种症状。如咳吐腥臭脓血痰，即可诊断为肺痈溃脓期，而肺系其他病证少见此症。

4. 偶见性资料　指在该病或该证中出现频率较少的资料。一般认为对诊断的价值不大。但是有些偶见性资料可以提示病证候转化，也不可忽视。如胃痛出现远血，提示胃络损伤。

5. 否定性资料　指对于病或证的诊断具有否定性意义的资料，即某一病或证在任何情况下都不可能出现的资料。如汗出是外感风寒表证的否定性症。

（二）病情资料分析方法

医师运用望闻问切四诊收集的临床资料，由于每一诊法都是从不同的角度分别获取病情资料，因此要综合考虑各种诊法的特点，多方验证，才能得出正确的结论。

1. 注意病情资料的完整性　辨证强调四诊合参，医师在收集临床资料时，不能过于依赖某种诊法，或只凭某个症状、体征或检测结果仓促作出诊断，必须对患者进行全面系统的诊察，除了要注重患者的症状和体征外，还要注意与患者病、证有关的深层次因素，如社会、心理、地理环境等。病情资料不够完整，往往导致漏诊、误诊，因此医师除运用望闻问切四诊外，还需结合实验室检查或专科检查。

2. 判断病情资料的从属性　患者的临床资料常常十分复杂，涉及多个脏腑，甚至多个病性，临证必须对所获得的资料进行评估，对症状、体征的重要性进行判断，确定临床资料的属性。临证应根据资料的属性，找出主要问题，重点解决。

3. 评价病情资料的准确性　受各种主观、客观因素的影响，患者的临床表现复杂多样，某些病情资料的准确性或客观性欠佳，没有准确判断，常常导致诊断结论产生偏差。

（1）主观因素：医师受经验的影响，常出现先入为主、主观臆测或暗示患者等问题。患者受年龄、文化程度、表达能力、心理因素及神志状况等因素的影响，表述时存在对症状的表达不准、不全、不清或隐瞒、夸大等情况。

（2）客观因素：有的病证没有明显的临床表现，有的病证临床表现繁杂但缺乏特征性，有的症状隐藏于内，凭感官难以发现。因此，医师除要准确地运用各种诊法，还要运用相关检测手段弥补望闻问切诊察的不足，增强病情资料的准确性和可靠性。

4. 分析病情资料的一致性　临床大多数情况，病情资料提示的病理本质是一致的，可用统一的病机进行解释，即"脉症相应""舌脉相应""症舌相符"等，这说明疾病的本质不太复杂，不容易出现误诊。如患者神疲乏力，气短懒言，活动后症状加重，舌淡白，苔薄白，脉虚，均说明气虚病理变化，认识这类病情的本质比较容易。

当病情资料与所显示的病理本质不一致，甚至相反，即所谓"脉症不相应""舌脉不符""症舌相反"等，切不可简单地舍弃某些病情资料，应认真对这些资料进行分析判断，抓住病情本质，舍弃某些歪曲反映或未反映疾病病理本质的资料，"舍症从脉""舍脉从症"，"舍舌从脉""舍脉从舌"，"舍症从舌""舍舌从症"，而不是主观臆断地取舍，为正确辨证和诊断疾病提供保证。

（三）病情资料的归纳

辨证是对证的辨别与判断，是在中医学理论指导下，对所收临床资料的理性解析，发现其中关联性，从而辨别病情的轻重，明确病变部位，区分疾病的性质，把握疾病发展的趋势，作出全面而统一的机理解释，最终目的是确定"证"。具体内容包括以下几方面。

1. 明确病位　致病因素作用于人体而发病时，一般总是有一定的部位，如脏腑、经络、五官九窍、四肢百骸等。病位有空间性病位和时间性病位，如表、心、目等皆属空间性病位，而随着病情变化，有浅深层次的含义为时间性病位，如卫分、太阳、上焦等。常用的定位方法有表里定位法、气血定位法、脏腑定位法。表里定位是辨证首先要确定的，根据发病与病程特点、发病诱因、临床证候、有无明显的内脏证候等来确定，以判断病变部位在表还是在里，为后续的辨证确定方向。如新近有感受外邪病史，表现为恶寒发热、喷嚏、鼻涕、咽喉痒、苔薄、脉浮等皮毛、口鼻症状，无明显的内脏证候，可定位在表。气血定位法是辨别病在气、在血的定位方法，一般新病在气，久病及血；病轻浅者在气分，病深重者在血分。如属于功能上的障碍为特点或以气停滞或运行不通畅为主，表现为腹胀、胁胀、嗳气、呃逆等，可以定位在气；如属于身体必需的营养物质缺乏或不足，或表现为血液运行不畅或出血则定位在血。脏腑定位法是辨别证候在不同脏腑部位的定位方法，临床可结合脏腑与病因关系定位，如风伤肝、火伤心、湿伤脾、燥伤肺、寒伤肾等；结合经络循行路线定位，如肝经绕阴器、抵少腹、布胁肋，上述部位出现病证可判断部位在肝；结合五脏与五体、五志、五液等的关系定位，如脾开窍于口、在体为肉、其华在唇、在志为思、在液为涎，故以上方面的病证可定位在脾；结合脏腑生理病理特点定位，如心主血脉，心病症状表现有心悸、心痛等，若见心悸可定位在心。

2. 判断病性　用于分清疾病当前证的本质属性，具体表现在区分寒热、虚实的属性，具体的痰、湿、瘀、滞、虫、食、气、血、津液、阴、阳、精髓的亏虚等。如可以从病因的寒热、证候特点定性，如感受寒邪可能为寒证，若症状特点表现为冷（凉）、白、稀、润、静者可以判断病性为寒。又如从病因、体质特点、临床表现可以判断虚实，邪气盛则实，六淫、痰饮、食积、瘀血等有形之邪所致病证可定性为实；素体强壮者多实；机体处于亢奋、有余状态，邪正交争剧烈者，可定性为实。对病证的定性，还要注意寒与热、虚与实之间的错杂与真假。病性辨别的结果，直接关系到治则治法的确定，如寒者热之、热者寒之、虚则补之、实则泻之，气虚补气、血虚补血、血瘀化瘀、气滞行气等。辨病性是辨证中最重要的环节，对任何疾病的辨证都不可或缺。

3. 审查病势　指结合考虑病证特点、患者体质、病邪性质、感邪轻重、治疗作用等因素后，从整体动态中判断病情的轻重缓急、推测病证的预后和转归。如体质强者抗病能力强，病证亦趋好转，否则易趋恶化；感邪轻者预后较好，感邪重者预后较差。

4. 解释病机　是指将病位、病性、病势等内容有机结合起来，作出全面而统一的机理解释，得出对病证发生发展变化的整体、动态的全面认识。如盗汗为阴虚、舌红苔少亦为阴虚；但病机复杂的，需结合多方面病情资料分析，如潮热有阳明腑实、湿温、阴虚等多种病机。

5. 确定证型　通过对病性、病位、病机、病势的高度概括，可提出完整而规范的证型诊断。

二、各种辨证方法的适用范围

中医学辨证归类方法包括八纲辨证、病因辨证、气血津液辨证、脏腑辨证、卫气营血辨证、三焦辨证、六经辨证等。这些辨证方法是在不同时代、不同条件下形成的，因而各自归纳的内容、论理的特点、适用的范围不全相同。

（一）八纲辨证

阴阳是类证的纲领，表、热、实证归于阳，里、寒、虚证归于阴。先别阴阳可认识病理变化的本质方向，掌握要领，预决趋势，使诊断不被局部的、枝节的症状所迷惑，为治疗指明方向。分辨阴阳后，要注意从病位浅深分析在表在里，对外感病的辨证尤具意义，如外感病初起，病情轻浅，归为表证，随着病情的发展，出现脏腑症状时，可诊为里证。寒热辨证突出反映疾病中机体阴阳的偏盛偏衰，从病证性质来说有寒证、热证两类，一般寒证表现为畏寒或恶寒、喜温怕冷、肢体不温、脉迟等，热证表现为发热、喜凉恶热、肢体灼热、脉数等。虚实辨证反映病变过程中人体正气的强弱和致病邪气的盛衰，在正邪交争过程中，若以邪气盛为主则为实证，若以正气虚为主则为虚证。

（二）脏腑辨证

以辨脏腑病位为纲，除应辨别证候所在的脏腑部位以外，还应辨别病变的具体性质。主要适用于"内伤杂病"的辨证。

（三）六经辨证

是以外感病发展过程中所出现的不同证候为依据，重点在于分析外感风寒引起的一系列病理改变及其传变规律，适用于感受寒邪导致的外感病，不仅概括了外感伤寒病变化过程中的病位，还区分了病变的寒热虚实属性。

（四）卫气营血辨证

用以说明外感温热病的病位浅深、病势轻重及其传变规律。

（五）三焦辨证

将温病的证候归纳为上焦病证、中焦病证、下焦病证三大类，用以阐明外感病的病机、证候及其传变规律的一种辨证方法，适用于感受温热病邪的外感温病。

项目四　辨病与辨证的关系

一、中医辨病与辨证

（一）辨病

又称诊病，就是确定疾病的种类和病名。即根据四诊等方法所收集到的临床资料，在中医理论指导下进行综合分析，按照疾病的定义，确定疾病的病种，并对该病种的特点和规律进行整体性的诊断思维过程，称为辨病。

1.把握病变规律

由于每一种病都有各自的本质与规律，即有一定的病因可查、病机可究、规律可循、治法可依、预后可测。因而明确疾病诊断，便可以根据该病演变发展的一般规律，把握该病的全局，有利于对该病的本质认识和辨证论治，掌握诊疗的主动权。如中风。

同时，确定了病名，便可抓住疾病辨证的纲领。由于每种病的常见证型有限，抓住了病，也就把该病的辨证范围大致局限于该病的常见证型当中，缩小了辨证的范围，减少了辨证的盲目性。

2.为疾病的治疗提供依据

辨病为临床立法、处方的前提和依据。使临床处方针对性更强，疗效更确切。专法、专方、专药对疾病的治疗有很强的针对性，可以大大提高临床疗效。

（二）辨证

辨证的关键和基本要求，主要在于明确病变现阶段的病位与病性。通过分析而确定病位、病性等辨证的基本要素，便抓住了辨证的实质，为把握灵活复杂的辨证体系找到了执简驭繁的纲领。掌握每一辨证基本要素的概念、主要表现，并了解其相互间的一般组合关系，便能抓住辨证的实质，就可对各种疾病进行辨证诊断。基本程序包括探求病因，落实病位，分析病性，判断病情，审度病势，阐释病机，确定证名七个方面。

（三）辨病与辨证的关系

"辨病"是对具体疾病全过程的特点（如病因、病机、主要临床表现等）与规律（如发病条件、演变趋势、转归预后等）所作的病理性概括。辨证是对疾病所处一定阶段病因、病位、病性、病势所作的病理性概括。病和证都是对疾病本质的认识，二者既有联系又有区别，"病"要求体现疾病全过程的根本矛盾，"证"主要揭示病变当前的主要矛盾，病的本质一般规定了症的表现和证的变化规律，在病的全过程中可有不同的证，而同一证又可见于不同的病，所以病与证之间存在着同病异证、异病同证的相互关系。临床上既要辨证，又要辨病，才能使诊断更全面、更准确，治疗更具针对性。

同病可有异证，无论证型有何差异，从病的角度看有其共同的特点和规律，因此除据证选用不同的治法方药外，还应结合病的特点进行治疗。如肺痨病，有肺阴亏虚、阴虚火旺、气阴耗伤、阴阳两虚等不同证型，须各自采取不同的治法方药，但是治痨杀虫药应贯穿于治疗的始终。

异病虽可同证，证相同则可用相同的治法，但同中有异，针对不同的病，在治疗上应各有侧重。如胃缓和久泻等病，均可表现为脾虚证，都要健脾益气，但是胃缓以胃体下垂为主要病理特点，健脾的同时应升提阳气；久泻多夹有湿邪，则健脾的同时常佐以利湿止泻。

考点与重点　中医诊断思维的应用（辨病、辨证）

二、西医辨病与中医辨证的关系

随着现代医学的发展，人们对疾病的了解逐渐深入，这弥补了传统中医在认知方面的某些不足，两者相结合，有利于中医辨证论治时考虑得更周全，从而进一步提高疗效。比如，对于胃病的诊治，有时临床中医辨证为虚寒，但西医内镜诊断为糜烂性胃炎，内镜下见黏膜充血水肿、糜烂，黏液色黄混浊，这提示局部存在着热毒，从而纠正了单纯辨证为虚寒的不足，在治疗上则需寒热并用。再如肿瘤的诊治，更离不开西医辨病，从中医望闻问切上不一定能发现肿块的存在，在临证中也无痰瘀之证候，但通过西医现代影像学等检查手段可明确肿瘤诊断，因此在治疗上均配合活血解毒、化痰散结之品以提高疗效。

三、中医的"病"与西医的"病"的关系

中医病名与西医病名的对照并不完全相符，一是中医病名与西医病名相同，所指也相同，如"水痘""麻疹"；二是中医病名与西医病名相同，但所指不同，如"脚气""霍乱"；三是中医病名与西医病名不同，但所指相同，如"肺痨"与"肺结核"、"烂喉痧"与"猩红热"；四是中医病名与西医病名不同，但中医病名包含数种西医病名，如"胃痛"是指以上腹部近心窝处疼痛为主的病证，包括现代医学的急慢性胃炎、消化性溃疡、胃出血、萎缩性胃炎、胃癌等多种疾病。

中医的"病名"能简明扼要地阐述出中医病机，对中医的立法选方有重要的指导作用。如"胸痹"一病，《金匮要略·胸痹心痛短气病脉证并治》对病机、具体治法的论述中，将病机概括为"阳微阴弦"，创制治疗胸痹的九个经典方，普遍用于现代临床诊疗疾病。

西医采用先进的检测技术，对疾病的病因、病理认识更为明确，故西医的"病名"更为客观、具体。如中医的"疟疾"，若是能结合现代医学检测技术确诊疟原虫这一病原微生物，则可进行针对性的治疗。因此，对中西医"病"的全面认识、结合，更能提高辨证水平。

❓ 思 考 题

1. 中医诊断基本思维方法包括哪些？
2. 何为四诊合参，技巧包括哪些方面？
3. 分析病情资料的方法包括哪些？

模块十一　中医病案

　　病案，古称"诊籍""脉案"和"医案"，近又发展成"病历"，是医生诊治疾病经过的实录。它要求把患者的详细病情，既往病史和家属病史，以及诊断治疗过程，病的结果等都一一如实记录下来。它不仅是复诊和转诊或病案讨论的资料，也是疾病统计和临床研究的重要资料。另外，在发生法律纠纷时，还能作为原始记录，为法律提供重要依据。

　　准确、系统、全面，是书写病案的基本要求。准确地记录患者的异常感觉和表现，系统地记述疾病的经过，全面记载患者的临床资料和医生诊治过程，保证了病案的真实性和可靠性，使它具有科学价值。这样的病案，能在医疗、教学、科研中发挥重要作用。所以，正确地书写病案，是医生必须掌握的基本技能。

一、中医病案的沿革

　　我国古代医学家很早就对临床诊疗作了如实的记录。《史记·扁鹊仓公列传》记载了西汉名医淳于意治疗的 25 个病案，是我国现存最早的病案。

　　宋代已有医案专著问世，许叔微《伤寒九十论》是我国第一部病案专著。明清时期，收集和研究病案的工作被重视，有不少医案名著至今仍被人们借鉴。如明代薛己的《薛氏医案》，汪机的《石山医案》，清代叶桂的《临证指南医案》，等等。尤其是明代江采编纂的《名医类案》和清代魏之秀的《续名医类案》二书，收集医案八千余个，并加以分类评注，影响很大。这一时期也注意到对病案格式的研究，韩懋、李诞、吴昆、喻昌等人都提出自己的病案格式，其中以喻昌的"议病式"影响最大。

　　近代何廉臣的《全国名医医案类编》、秦伯未的《清代名医医案精华》等具有新的特色，文字通俗，内容完整。

　　虽然前人在病案格式的研究上作出了努力，但由于历史条件的限制，中医病案的格式仍未能做到统一，只有在今天，中医病案格式才能做到统一和规范。

二、中医病案的内容与要求

（一）内容

　　中医病案是记录中医临证诊疗全过程和诊疗结果的文本，常选用中医临床疗效较好的典型病例，内容包括初诊、复诊的四诊资料及证的演变、辨证处方、药物用量用法、调护、预后、按语等记录，即诊疗的理、法、方、药综合运用的整体表述。其具体内容和要求如下。

　　1.一般情况　患者的就诊时间、姓名、性别、年龄、婚姻状况、职业、居处环境等。

　　2.四诊　应如实记录四诊资料，按辨证的要求分清主次，有系统，有重点，扼要地填写，避免主次不分或有重复，遗漏。

　　3.辨证　必须把四诊的记述，加以综合研究，找出病因，病机、脏腑经络、阴阳虚实……及其可能的变化等，从而阐述疾病的病理本质，务求明确、中肯、详尽，避免粗略草率，或理论空泛而与实际脱节。

4. 立法　是根据辨证而来，根据辨证提出治疗法则。立法必须与辨证紧紧相扣。如患者为痢疾病，属虚寒痢，则立法应是温中散寒，健脾化湿。若除了主病，还有兼症，更应按辨证的标本先后缓急而立法。务使立法与辨证，丝丝入扣而不相矛盾，或有所遗漏。

5. 处方　方药治疗者，写出主方名称，列出药味、剂量、特殊煎法、用法，内服、外用药要分别注明，写明用药天数；针灸治疗为主者，列出所用穴位、手法和留针时间；推拿和正骨治疗者，详述穴位、部位与手法、治疗所用时间及所用材料。

6. 医嘱　内容包括用药时的注意事项、饮食宜忌、起居调摄及其他有针对性的医嘱。

7. 体会（按语）　论述对本病的辨析思路，是医案的重点和精华所在，内容包括对病情的理解、立法处方的思路和用药特点及其变化、对某药材的特殊炮制及配合其他治疗方法的特殊用意、对本案诊疗的心得体会及对本病临证的启发意义等。

除以上七个主要方面外，医生签名，日期及其他有关情况，都应详细准确地记录。

（二）要求

1. 书写病案必须严肃认真，实事求是、准确、及时，住院病案要求在入院的 24 小时内完成，门诊病案要求当时完成。

2. 症状描写要详细，一般要求使用中医名词术语，体现整体观念和辨证论治的理论。

3. 病案内容要求完整，精练，重点突出，条理清晰。注意前后病情演变的连贯性和系统性。

4. 文字要通顺、简洁，不能涂改，剪贴、挖补。书写一律用钢笔。

5. 最后要签全名，以示负责。

链接

常见病历书写错误

一、内容和格式不符合规定

1. 顺序颠倒。2. 不分段落。3. 内容不全。

①有诊断、无体征，也无病史。②出院证中无入院诊断。

二、遗漏

1. 漏字、句、行、段。漏书写时间。

2. 漏填项目。

3. 漏即往史、个人及家庭史中的重要病史。

4. 漏重要的阴性体征和次要诊断。

5. 漏检查单位和检查日期。

6. 住院次数和入院次数不符

7. 病程记录不及时、病情恶化不作分析，重要的医嘱更改不作原因说明。

8. 死亡患者记录无心跳停止时间和死亡医嘱。

9. 各种签名遗漏。

三、使用非医学术语

虽然提倡与患者交流，并尽量通俗易懂，但在写病历时必须用医学术语，避免使群众性用语和地方性语言。常见非医学术语觉举例如下：

1. 病状："发烧"（发热），"吐血"（咯血或呕血），"吐痰"（咳痰），"肚子痛"（腹痛），"拉肚子"（腹泻），"出气不赢"（呼吸困难），"心冲""心慌"（心悸），"吐酸水"（反酸），"心窝痛"（突下上腹部疼痛）"睡不着觉"（失眠）等。

2. 体征："皮肤发黄"（皮肤黄染），"疙瘩"（包块），发绀（发），"虫牙"（龋齿），"驼背""罗锅"（脊柱后突）。

3.检查："照光"（X光检查），"验血"（应有具体项目），"脑积水""胸水"检查（脑积液，胸腔积液检查）等。

4.描述诊断："痨病"（肺结核），扯吼（哮喘）、盲肠炎（阑尾炎）、"血癌"（白血病）等。

5.治疗时："打针"（注射），"开刀（手术）等。

四、病历修改过多而未重抄

病历为有效的法律文件，上级医师修改过多者（5处），应重抄并撤出原病历，重抄后由上级医师签名。

五、标点符号错误

句号与逗号混淆，或一"逗"到底，或一个完整意思未表达完就给句号，逗号与顿号混淆，引用药名和病名不加引号，乱用省略号等。

六、日期与时间书写错误

如："98、7/9""04、29、96""03、02、16"等错误，记录时间应一律按年月日时分的顺序，年份不能简写，月份前不能加"0"，更不能用分号表示。

七、化验单及检查报告单内项目遗漏、粘贴错误

各种化验检查单项目不填完，缺项，无时间，不签名等。不按顺序粘贴，不作眉批。应按时间顺序呈叠凡状粘贴，用红笔眉批，注明日期、项目结果正常或异常，以便检阅。

八、基本信息填写不全

如住院号或门诊号、页次、病室、床位、或整个眉栏空白，个人基本信息不全。

九、涂改

包括原字涂改，涂擦、涂刮、乱划。个别字错误可划双线，少量修改必须是上级医师用红笔删除再添加。

三、中医病案书写的注意事项

（一）医师签名

要签全名，不得马虎，以示负责，以便查询。若病历由实习医师书写，则应签上实习医师和指导医师的全名。

（二）治疗

要详细明确地写清采用何种治疗方法及其具体情况。若采用按摩、针灸、手术等疗法，则应写明疗程、部位、手法及操作时间等。如果采用药物治疗，也应写明治法、方剂名称、药物及剂量、剂型及服法等。

（三）西医检诊

结合西医诊断学的内容，作视、触、叩、听检查，主要记录阳性体征或有鉴别意义的阳性体征。西医诊断，有几个病写几个病，主要的先写。

（四）日期

书写病案完毕，要注明年、月、日，或时（公历）。

四、中医病案的书写格式

（一）门诊病案

门诊病案书写一般不要求过于详尽，但病历的主要内容必须具备（表11-1）。

表 11-1 门诊病案示例

姓名		性别		年龄		职业	
工作单位				就诊时间			
主诉：							
病史：							
四诊：							
望诊：							
闻诊：							
问诊：							
切诊：							
辨证分析：							
诊断：（病名后的括号内写证型）							
治法：							
方药：（方名、药味及剂量）							
医嘱：							
						医师签全名：	
						年 月 日	

（二）住院病案

住院病案要能系统完善反映患者当前病情情况，需要详实记录（表 11-2）。

表 11-2　住院病案示例

住院号：	联系电话：
姓名：	性别：
年龄：	婚否：
民族：	籍贯：
职业：	工作单位：
家庭住址：	入院日期：
病史陈述者：	病史采集时间：
发病节气：	家属姓名：

1. 主诉：简练，提纲式地记录患者自觉最痛苦的一个或几个主要证候及其部位、性质、特点、时间等。

2. 现病史：较详细地记述发病时间、诱因、主要证候、伴随证候、治疗经过及主要实验室检查结果，还要围绕主症，按"十问"了解一般情况。

3. 既往史：了解过去的健康和患病情况。

4. 手术外伤史：外伤或手术时间，诊治情况。

5. 个人史：个人的嗜好、性情、喜恶及居住条件、劳动卫生等。

6. 婚姻生育史：询问月经、婚育情况。

7. 家族史：了解病者家属成员的健康情况及已故成员的死亡原因。

8. 预防接种史：预防接种情况。

9. 过敏史：有无食物、药物过敏史。

10. 四诊概况：具体如下。

（1）望诊

1）全身：①望神，神志是否清醒，精神如何。②望色，气色、面色是否正常，有无病色。如青、赤、黄、白、黑，或鲜明、暗晦、枯涩等。③望形态，形体动态是否正常，高矮、胖瘦、强弱、胸廓的宽厚与狭窄，皮肤的润泽与枯燥，注意有无天柱骨倒、肌肤甲错、龟背、鸡胸、震颤、瘫痪、浮肿，以及头面部、四肢活动，行走坐卧等是否正常。

2）分部：①望舌，应详细描述舌象。②望头面、毛发、目、鼻、耳、唇口、齿、龈、咽喉、颈、胸、腹背、皮肤、手（足）指（趾）甲等部位的情况，小儿还应检查食指络脉。③望排泄物，大便的颜色、量、形；小便的色、量；呕吐物的内容、色、量；痰涎的形、色、量。

（2）闻诊

1）听：听声音，包括语言、呼吸、咳嗽、呕吐、腹声、儿啼声、嗳气、呃逆、哮声、呻吟等。

2）嗅：注意患者的口、鼻、身体有无异常气味以及了解大便、小便、经带的气味。

（3）切诊

1）切脉：详细记述脉象，如左右、寸、关、尺，或浮、中、沉脉，有差别时必须记录清楚。

2）按诊：头面部、皮肤、四肢、胸、腹、腰、背的温度、湿度；有无触痛拒按；腹部有无积聚痞块；颈、腋、腹股沟处是否有瘰疬、瘿瘤、肿物等；耳穴、体穴之压痛，虚里跳动，水肿压痕等。

11. 专科检查：如外科、五官科等检查。

12. 辨证分析与病证鉴别：一般涉及的主要相似病证均需鉴别。

13. 诊断：

（1）中医病名与证型诊断。

（2）西医病名诊断。

14. 治疗计划

（1）治则。

（2）方药及其他治疗方法如针灸、按摩，其他外治法。

（3）调护。

实习医师：

住院医师（签全名）：

主治医师：

年　　月　　日

❓ 思 考 题

1. 中医病案书写的基本要求有哪些?
2. 中医病案应包括哪些内容?

本章数字资源

模块十二　中医诊断技能项目指导

项目一　望　　诊

一、望诊准备与注意事项

（一）基本条件保障

1. 室温　诊室温度应适宜，必要时可开空调调节。只有在适宜的温度下，患者的皮肤、肌肉自然放松，气血运行畅通，疾病的征象才可能真实地显露出来。如果室温太低，皮肤肌肉收缩，气血运行不畅，不仅影响望诊所获资料的真实性，而且还有可能使患者因受凉而复加他疾。反之，若室温过高，患者面色通红、汗出较多，也可能掩盖病情真相，影响医生判断。

2. 光线　望诊依赖视觉，光线对视觉的影响很大，望诊应在充足、自然、柔和的光线下进行，如自然光线不足，也可借助日光灯，但必要时需复查。尽量避免在背光处及有色光源下观察，还须注意避开有色光源和颜色深的景物干扰。

3. 时间　望诊应尽可能选择合适的时间，如患者在远行、运动、大汗等之后，应适当休息后望诊。某些发作性病状，如能在发作时观察，对于诊断有很大帮助。采集的排出物应及时观察，不要长时间留置，以免影响观察结果。

（二）对患者的要求

1. 充分暴露望诊部位　望诊时应嘱患者充分暴露被观察部位，以便及时发现问题，排除假象。

2. 不要化妆就诊　望诊当怀疑患者化妆时，应主动询问化妆情况，同时指导患者就诊之前不要化妆，以免产生误诊。

（三）对医生的要求

1. 有的放矢　医生必须熟悉望诊的目的、内容和方法，从有意处落目，从无意处发现。

2. 聚精会神，排除杂念　望诊时医生应集中注意力，排除杂念，这样才能发现异常体征，捕捉到疾病的相关信息。如望神的方法是"以神会神"，即以医生之神去观察、体会患者之神。临床上，患者的神气常在有意无意之间流露最真，医生若不能静心凝神，专心致志，则所察非真，甚至有误。因此，望神时精神要专一、集中，在与患者接触的短暂时间内就应对神的表现有一个初步的印象。但绝不是长时间凝视着患者不放，要在自然中发现变化。

3. 保护患者的隐私　望诊时应注意保护患者的隐私权，尽量在单独、安静的环境中进行，最好只允许医生和正在就诊的患者在场，其他患者和家属应在诊室之外依序安静等候，在集体病房中，要记得拉好病床之间间隔的布帘。不要当面议论患者的特殊表现。在观察患者胸部和前后二阴等处时，应先向患者作解释，并征得其同意后在私密环境下进行。男医生观察女性的胸部和前后二阴时，应在有女护士陪同的情况下进行。

4. 辨别真假，排除假象　望诊时医生应注意辨识假象。如假神与疾病好转的区别，在于两者虽然都是以病情危重为前提，但假神出现多为久病、重病治疗无效的前提下，突然出现个别现象的一时性好转，且与整体病情危重情况不相一致，如颧红如妆、目光突然转亮、饮食突然增加等。而重病真正向愈，则是在治疗有效的基础上，从个别症状的改善，逐渐发展为全身的、稳步的好转，如食欲渐增、面色渐润、身体功能渐复等。

在对患者的面色、唇色进行望诊时，一定要注意是患者本来的颜色还是化妆使然。故对女患者进行面部和口唇的望诊时，一定要嘱其在卸妆后进行。观察头发，应注意是真发还是假发？头发颜色是本色还是染色？观察头发色泽时还应注意是否刚上了发蜡、发油等。

5. 注意非疾病因素影响　望诊时应注意非疾病因素的影响，如人的面色由于受遗传、种族、季节、时辰、地理环境、饮酒、情绪等因素的影响而有相应变化，此属于常色中的主色和客色，而非病色，应注意鉴别。

6. 排出物　望诊时应根据不同排出物选择不同的容器，采集的排出物应及时观察，不要长时间留置，以免影响观察结果，观察完毕，所有的排出物应立即倒入痰盂或废物桶，并将痰盂或废物桶放在指定地点以便清洁消毒后备用。医生随即洗手并消毒，以防交叉感染。望排出物应做如下准备：

（1）诊室应准备一只消毒的痰盂或废物桶。

（2）准备一次性手套及用于洗手的消毒液。

（3）诊室应备有洗手池或洗手盆以及消毒毛巾。

二、望诊的方法与技巧

1. 重视第一印象　望诊强调"一会即觉"，望神的最佳时机是在医生刚接触患者，患者尚未注意，毫无拘谨、没有掩饰、真实表露的时候。要求医生培养敏锐的观察能力，平心静气，集中精力，在不经意中进行观察，在医生与患者的目光交汇、交流中，通过医生敏锐的观察，在短暂时间内凭直觉获得对患者神的盛衰的真实印象，以此来了解患者的精神意识状态和机体的整体功能状态。

2. 以常衡变，对比观察　首先，医生要熟悉人体的生理状态，熟悉各部位组织的正常表现和生理特征，然后再将病理体征与生理特征或表现作比较，这样才能及时识别病理体征，发现异常情况，做出正确的判断。可将局部与整体相互参照、健康部位与病变部位对比观察、左右参照、上下对比、与同一人群比较。

3. 注意生理变异　望诊时应鉴别季节、时辰、地域、饮食、情志、体质、年龄等情况不同所出现的生理性变化。

4. 熟悉内容，观察有序　望诊时，医生首先应对望诊的内容非常熟悉，这样才可能避免遗漏和对同一部位的反复观察而引起患者的反感和不配合；其次，望诊时还应该遵循一定的顺序，如从上到下、由外至内、先整体、后局部等。切勿忽上忽下，忽左忽右。此外，对于急症、重症患者应重点观察，以敏锐的观察力，在短时间内对患者的病情作出判断，以便及时抢救治疗。如望神时，只需望目，而暂不要求其他具体内容，待病情缓解后，再作细致观察。

5. 动态观察　临床上许多患者的病情是不断变化发展的，因此我们要用联系的、动态的眼光观察，对同一观察部位在疾病的不同时期进行对比观察以相互参照，才能够全面地把握病情。如望神时，若患者从有神变为少神，再发展为失神，甚至假神，说明病情逐渐加重；反之，若从失神，逐渐变为少神，最后变为有神，说明病情减轻，疾病向愈。又如望面色时，若面色由红润有泽，逐渐变为枯槁无光，说明病情加重；面色由深浓变为浅淡，说明病情由实转虚；面色由疏散变为壅滞，说明病邪渐聚。动态观察可借以推断病情的轻重、进退、疗效和预后的吉凶。

三、望 诊 训 练

（一）训练目的

1. 知道整体望诊的方法、技巧与注意事项。

2. 能够进行整体望诊的操作并能判断其临床意义。

3. 具有良好的医患沟通能力，体现以患者为中心的服务理念。

（二）用物准备

全身望诊与局部望诊图谱（或电子版图片）不少于 30 幅。

（三）训练流程

1. 望诊图片点评与理论知识回顾　带教老师提供 20 幅望诊图片，要求学生对每幅图片逐一进行分析、讨论，然后由带教老师进行点评。训练重点在于典型望诊临床表现的识别。

2. 典型图片辨识　带教老师播放 10 幅图片，学生观看后按其编号将观察的结果填写在实训报告上，要求独立完成。

3. 分组技能实训

（1）望诊准备与两两观察训练：在带教老师的指导下，相邻两位同学相互望诊，找出神色形态或者局部望诊有一定代表性的同学，报告带教老师。望诊时应注意体位、光线。

（2）分组训练：学生按 10～15 人为 1 组进行分组，在带教老师的指导下进行以下模拟训练。

1）以学生志愿者为对象，进行实训。根据两两望诊结果，带教老师选择有一定代表性的学生，分给各组，每组 4 名，要求学生采用对比的方法逐一进行全身和局部的观察，分别观察精神、目光、面色、表情、呼吸、形体、反应、动作、局部的情况。并将观察结果填写在试验报告上。训练的重点在于：树立望诊的意识，观察的态度、技巧，以及对正常神色形态的把握，同时对主色、客色的概念有较深刻的理解。训练的重点在于：注意观察标准化患者特征性的神色形态，或局部特征性表现，初步建立常见病理神色形态的印象。

2）每组推选一名组长，望诊完毕汇报本组望诊情况，带教老师进行点评、总结，肯定正确的、指出错误的、提出存在问题和注意事项。

（四）考核

见表 12-1。

表 12-1　望诊操作要点及评分细则

项目	操作要点及评分细则		分值	备注
医者形象	仪表端庄，衣着干净整洁。		2分	
准备工作	物品准备齐全：棉签、手电筒等。		2分	
医患沟通	1. 自我介绍（2分）。		4分	
	2. 交代注意事项，体现人文关怀素养（2分）。			
全身望诊内容	望神	重点：两目特点（2分），面色、神情、体态（3分）。	10分	每缺一项扣除相应分值。
		内容：得神、少神、失神、假神、神乱（5分）。		
	望色	常色：主色与客色（1分）。	7分	
		病色：善色与恶色（1分）。		
		五色主病：赤色、白色、青色、黄色、黑色（5分）。		

续表

项目		操作要点及评分细则	分值	备注
全身望诊内容	望形	强弱：体强、体弱（2分）。	7分	
		胖瘦：肥胖、消瘦（2分）。		
		辨体质：阴脏、阳脏、平脏人（3人）。		
	望态	动静姿态：坐姿、卧姿、站姿、走姿（4分）。	12分	
		异常姿态：颤动、蠕动、拘急、抽搐、角弓反张、其他（8分）。		
描述	望神	描述两目（有神□　无神□）的特点与主病（3分）。	13分	
		描述体态（正常□　异常□）的总体特点（2分）。		
		描述神的判断中（得神□　少神□　失神□　假神□）的特点与主病（8分，特点5分、主病3分）。		
	望色	描述五色中（赤色□　白色□　黄色□　青色□　黑色□）的特点与主病（6分，特点3分、主病3分）。	15分	
		描述《素问·刺热》篇面部五脏分候的内容（5分）。		
		描述（主色□　客色□　善色□　恶色□）的特点与主病（4分，特点2分、主病2分）。		
	望形	体质强弱（体强□　体弱□）的特点与主病（3分）。	6分	
		形体胖瘦（肥胖□　消瘦□）的特点与主病（3分）。		
	望态	动静姿态（坐姿□　卧姿□　站姿□　走姿□）的特点与主病（6分）。	12分	
		异常姿态（颤动□　蠕动□　拘急□　抽搐□　角弓反张□）的特点与主病（5分）。		
诊断		描述望诊图卡中其中一张的特点与主病（10分，特点6分、主病4分）。	10分	
合计			100分	

？ 思 考 题

1. 望诊时需要注意哪些问题？
2. 如何理解"以神会神，一会即觉"？
3. 用对比方法观察同组同学的面色。

项目二　舌　诊

一、舌诊的方法和注意事项

（一）舌诊的方法、技巧

1. 患者体位　患者可以采取坐位或仰卧位，面向光源。医生的姿势可略高于患者，保证视野平面略高于患者的舌面，以便俯视舌面。

2. 伸舌姿势　患者自然伸舌，舌体放松，舌面平展，舌尖略向下，舌体充分暴露，要尽量张开口。昏迷患者，可用压舌板撬开口或用开口器，总之，应充分暴露舌象。

3. 望舌顺序　首先是总体望舌，对于舌象有整体的印象，如观察整个舌体的色泽、胖瘦、运动等。

然后按照舌尖、舌中、舌边、舌根的顺序依次观察舌质、舌苔，最后观察舌下络脉，如图11-1所示。

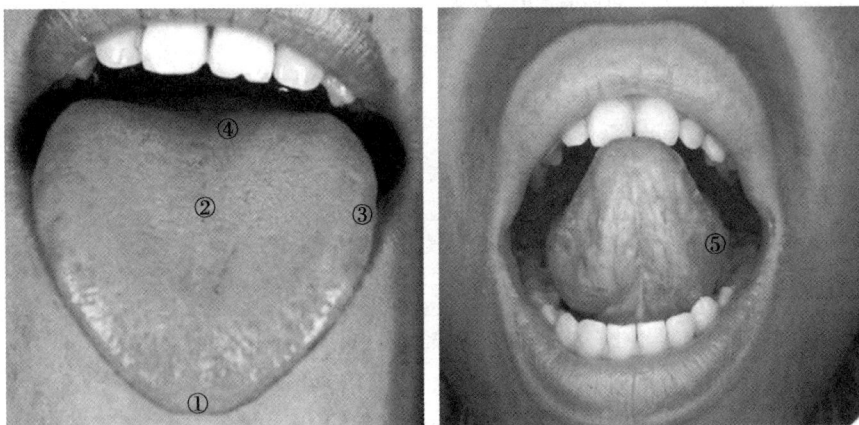

图11-1   望舌顺序图

4.揩舌或刮舌验苔   当患者舌苔过厚，或者出现与病情不相符合的苔质、苔色时，为了确定其有根、无根，或是否染苔等，可结合揩舌或刮舌方法，也可直接询问患者在望舌前的饮食、服用药物等情况，以便正确判断。

（1）揩舌：医生用消毒纱布缠绕于右手示指两圈，蘸少许清洁水，力量适中，从舌根向舌尖揩抹3～5次。

（2）刮舌：医生用消毒的压舌板边缘，以适中的力量，在舌面上，从舌根向舌尖刮3～5次。

5.观察舌下络脉   嘱患者尽量张口，舌尖向上腭方向翘起并轻轻抵于上腭，舌体自然放松，勿用力太过，使舌下络脉充分暴露，便于观察。首先观察舌系带两侧大络脉的颜色、长短、粗细，有无怒张、弯曲等异常改变，然后观察周围细小络脉的颜色和形态有无异常。

（二）舌诊注意事项

1.光线   应该以充足而柔和的自然光线为好，患者面向光亮处，使光线直射口内，要避开有色门窗和周围反光较强的有色物体，以免舌苔颜色产生假象。在晚上或在暗处，昏暗的灯光会使舌苔的黄、白两色难以分辨，或使白苔类似灰苔、红舌类似紫舌。因此，以用日光灯或强光手电筒照明为宜，必要时应白天复查一次。总之，人工照明，总有缺陷，白炽灯光红或黄色成分多，日光灯光青或蓝色成分多，在临床若能考虑这些因素，也可避免一些误诊。

2.伸舌姿势   伸舌过分用力、舌体紧张卷曲，都会影响舌体血液循环而引起舌色改变。若过分用力，使舌体紧张，或伸舌时间过久，都会影响舌体血液循环而出现假象。如伸舌用力，呈圆柱形或呈尖峰，会使舌的颜色加深；两侧卷曲，会使边尖颜色加深；用力伸舌过久，舌质会渐呈青紫色。伸舌时，牙齿轻咬舌头，只露出短短的舌尖；或者由于舌体过于紧张而卷曲、颤抖；用牙齿刮舌面；口未充分张开，只稍稍伸舌，露出舌尖；舌体伸出时舌边、舌尖上卷，或舌肌紧缩，或舌体上翘，或左右㖞斜等，这些都不利于医生观察舌象。因此，望舌时医生应指导患者正确的伸舌姿势，或者示范正确的姿势（图11-2）。

3.望舌时间   由于伸舌较久舌质的色泽会发生变化，因此，医生望舌时要求做到迅速敏捷、全面准确。一次望舌的时间不宜过长，一般不超过30秒。如果一次判断不清，可令患者休息1～3分钟后重新望舌一次。

4.饮食影响   饮食对舌象影响也很大，常使舌苔形、色发生变化。由于咀嚼食物的反复摩擦，可使舌质偏红、厚苔转薄；刚刚饮水，则使舌面

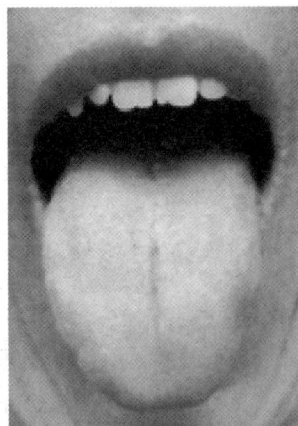

图11-2   正确伸舌姿势

湿润；过冷、过热的饮食以及辛辣等刺激性食物，常使舌色改变，如辣椒、大蒜及灼热刺激可使舌色由淡红转红、由红转绛，食冷饮等可使舌色变成淡紫等。此外某些食物或药物，会使舌苔染色，出现假象，称为"染苔"。如乳儿哺乳，或饮用牛奶之后，大都呈白苔；食用花生、瓜子、桃仁、杏仁、豆类等富含脂肪的食物，往往在短时间内使舌面附着黄白色渣滓，好像腐腻苔；饮用酸梅汤、咖啡、葡萄酒或含陈皮梅、盐橄榄以及含铁的补品等，往往使舌苔呈黑褐色或茶色；吃鸡蛋黄、橘子、柿子以及维生素 B_2、黄连素、呋喃唑酮等药物，常使苔色变黄；丹砂制成的丸或散剂药物，每可染成红苔。疑似染苔者，除刮舌一法之外，也可令患者以温水漱口，除去饮食渣滓及染色，亦可作为判断染苔之一法。

5. 口腔因素 牙齿残缺，可造成同侧舌苔偏厚；镶牙可使舌边留有齿痕；因鼻塞而张口呼吸，或睡觉时张口呼吸者，舌苔偏干燥。这些因素所致的舌象异常，都不能作为机体的病理征象，临床上应仔细鉴别，以免误诊。

6. 患者的就诊习惯 有些患者早晨刷牙时用力用牙刷刮舌面，目的是让医生看清舌象，但恰恰是因为这样，反而让医生看不准确。有些患者在伸舌之前，会特意咽一下口水，吞咽口水则水分减少这样舌苔就会显得比较干燥。因此，在望舌之前医生应先嘱咐患者精神放松，自然伸舌，不要特意吞咽口水。对有刮舌习惯的患者，应交代其下次就诊前不要刮舌。

7. 注意舌象的生理差异 儿童阴阳稚嫩，脾胃尚弱，生长发育很快，往往处于代谢旺盛而营养相对不足的状态，舌质纹理多细腻而淡嫩，舌苔偏少易剥落；老年人精气渐衰，脏腑功能渐弱，气血运行迟缓，舌色较暗红。女性经前期可以出现草状乳头充血而舌质偏红，或舌尖部的点刺增大，月经过后可恢复正常，属生理现象。

8. 季节影响 正常舌象，往往随不同季节和时间而稍有变化。如夏季暑湿较盛，舌苔多厚，或有淡黄；秋季燥气当令时，舌苔多薄而干；冬季严寒，舌常湿润。有病之舌象，冬夏之转归与预后亦不同。

二、舌诊技能训练

（一）训练目的

1. 知道舌诊的基本内容、操作方法、技巧与注意事项。
2. 能够进行舌诊的操作并能判断其临床意义。
3. 具有良好的医患沟通能力，体现以患者为中心的服务理念。

（二）用物准备

棉签、压舌板、手电筒、75% 酒精、舌诊图谱（或电子版图片）不少于 30 幅。

（三）训练流程

1. 舌诊图片训练

（1）多媒体图片点评：由带教老师提供 20 幅舌象图片，要求学生对每幅图片逐一进行分析、讨论，然后由带教老师进行点评。训练重点在于典型舌象临床表现的识别。

（2）典型图片辨识：播放 10 幅舌象图片，学生按其编号将观察的结果填写在试验报告上，要求独立完成（见"舌诊技能训练记录"）。

2. 分组技能实训 学生按 4～6 人为 1 组进行分组，在带教老师的指导下进行以下模拟训练。学生患者训练：由带教老师从本组学生中选出 5 名具有较典型舌质、舌苔者。

（1）舌诊准备：指导被观察者取正确体位、自然伸舌、舒展下弯，采用示教的方法比较不同光线对舌色的影响。带教老师分别示范各种伸舌姿势，由学生判断正确与否。例如：用力将舌头伸得长长尖尖的；只稍稍伸舌；牙齿轻咬舌头，只露出短短的舌尖；舌尖上翘；舌体向中间卷曲；舌体轻微颤抖；伸舌之前，特意咽一下口水。

（2）舌诊实训：逐一观察每个学生患者的舌象，内容包括舌质的神、色、形、态；舌苔的色、质；舌下络脉的颜色、形态、长短、粗细、舌下小血络等情况。要求每个学生按照舌象分析表的项目，全面记录对 5 名同学舌诊观察结果，最后再总结描述舌象特点。

3. 舌诊思考训练

案例 1：患者，男性，34 岁。患者无明显诱因干咳月余，夜间加重，有少量黏痰，痰中无血丝，晨起穿衣自觉怕冷，口淡不渴，纳可，夜寐安，脉细。

要求：分析患者最可能出现的舌象，进行辨证。

案例 2：患者，男性，30 岁。近日口中唾液增多，喜唾，唾液质清稀色白，口不渴，时有脘腹痞闷不适，无恶心呕吐，无腹泻，纳可，喜食热食，二便调，夜寐安，舌质淡红，苔薄滑，脉沉。追问病史夏季多喜进食冰镇饮料。

要求：根据患者舌象分析可能的证候，补充患者还可能会出现的症状。

（四）考核

见表 12-2。

表 12-2　舌诊操作要点及评分细则

项目	操作要点及评分细则		分值	备注
医者形象	仪表端庄，衣着干净整洁。		2 分	
准备工作	物品准备齐全：压舌板、棉签、手电筒等。		2 分	
医患沟通	1. 自我介绍（2 分）。		4 分	
	2. 交代注意事项，体现人文关怀素养（2 分）。			
舌诊方法	1. 患者正坐或仰卧（半卧位），医生姿势略高于患者（2 分）。		16 分	每错一项扣除相应分值。
	2. 面向充足而柔和的自然光线，或灯光柔和恰当（2 分）。			
	3. 充分暴露舌体：口尽量张开，舌体自然放松，舌面平展舒张，舌尖自然下垂。（4 分）。			
	4. 全面仔细，刮、揩舌，辨真假苔（4 分）。			
	5. 观察舌下络脉：舌尖自然上翘，充分暴露舌下络脉（2 分）。			
	6. 注意事项：结合问诊、辨别饮食、辨染苔、其他（2 分）。			
舌诊顺序	1. 先看舌质（1 分）。		7 分	按正确顺序望舌并描述得当者加相应分数。
	2. 后看舌苔（1 分）。			
	3. 按舌尖、舌边、舌中、舌根的顺序进行（4 分）。			
	4. 最后观察舌下络脉（1 分）。			
舌诊内容	望舌质	舌色：淡红舌、淡白舌、红舌、绛舌、紫舌。正确描述舌色特征（2 分）。	6 分	
		形质：老、嫩舌、胖、瘦舌、点、刺舌、裂纹舌、齿痕舌。正确描述舌形特征（2 分）。		
		舌态：萎软舌，强硬舌，㖞斜舌，颤动舌，吐弄舌，短缩舌。正确描述舌态特征（2 分）。		
	望舌苔	苔质：厚薄苔，润燥苔，腐腻苔，剥落苔，偏全苔，真假苔。正确描述苔质特征（2 分）。	4 分	
		苔色：白苔，黄苔，灰黑苔。正确描述苔色特征（2 分）。		
	舌下络脉：正确观察并描述舌下络脉长度、形态、色泽、粗细、舌下血络等特征。		5 分	

续表

项目	操作要点及评分细则	分值	备注
舌象描述	1. 正常舌质特征：舌色淡红（2分），舌形—适中、柔软（2分），舌态灵动（2分）。	10分	
	2. 正常舌苔特征：苔质薄润（2分），苔色白色（2分）。		
	3. 舌下络脉特征：长度适中、形态正常（无分支、屈曲）、色泽淡红、粗细适中、舌下血络隐隐。	4分	
舌象诊断	描述四张病理舌象的特征及主病（正确描述一张加10分，其中舌象特征6分、主病4分）。	40分	
合计		100分	

考点与重点 望舌方法、顺序、内容、注意事项

？ 思 考 题

1. 影响舌诊的因素包括哪些？
2. 如何观察舌下络脉？

项目三　闻　　诊

一、闻诊的方法和注意事项

（一）闻诊准备

要创造良好的闻诊环境。闻诊应在单独的诊室中进行，首先要检查诊室是否通风透气、空气是否清新、有无异常气味的污染，要尽量避免人多拥挤嘈杂、空气不流通的情况，为进行闻诊创造一个良好的环境。

进行闻诊时，医生自身的感觉器官（耳及鼻）必须保持正常状态，接诊前医生应尽量注意避免进食大蒜、韭菜、榴莲等有特殊气味的食物，更不能吸烟、饮酒，以免自身产生不良气味而干扰和妨碍了对患者的诊察。

一般情况下，闻诊与望诊、问诊、切诊同步进行，医生在望诊、问诊、切诊的同时通过自己的感觉器官（耳及鼻）来听患者发出的声音，嗅察患者身体及排出物的气味。听声音的诊察对患者的体位姿态没有特殊要求，但最好能与患者保持合适的距离，以便于对患者声音的高低、强弱、清浊、缓急等变化进行诊察；嗅气味包括患者身体的气味以及所住病房的气味，若对患者身体某些隐蔽部位散发的异常气味进行诊察时，可要求患者给予适当的配合，以免出现误诊、漏诊。

（二）闻诊的注意事项

1. 注意正常声音的生理差异

（1）性别：男女性别不同，发声器官和脏腑气血有明显差异，故其声音具有不同特点。一般男性多声低而浊，女性多声高而清。属生理现象。

（2）年龄：儿童稚阴稚阳之体，声音尖利清脆；老年人精气渐衰，脏腑功能渐弱，发声质浑厚而低沉；青壮年气血充盛，脏腑功能较强，发声则洪亮清晰。

（3）情志：语声与情感变化密切相关，如喜时发声欢悦而和畅，怒时发声忿厉而急疾，悲哀发声悲

惨而断续，敬则发声正直而严肃，爱则发声温柔而和悦。

（4）禀赋：由于先天禀赋体质的差异，语声可有较大的差别。如先天性声音嘶哑、男声似女声的表现等。这些声音情况虽见异常，但一般无临床意义。

2. 注意饮食环境对气味的影响

（1）饮食因素：正常人身体一般无异常气味，但若进食大蒜、韭菜、榴莲等有特殊气味的食物，或吸烟、饮酒后，口中可散发相应的气味，不属病态。

（2）气候因素：夏季气候炎热，出汗过多，未及时淋浴时身体所散发的汗味，亦应与病理之汗味相鉴别。

（3）环境因素：有的人居住地卫生环境较差，或在室内存放有汽油、油漆等化学物品，接触其或走入其室内可闻到相应气味异常，亦应注意鉴别。

二、闻诊的操作方法

闻诊中的"闻"包括听声音和嗅气味两个方面。听声音是通过医生的听觉器官来听患者发出的声音，嗅气味是通过医生的嗅觉器官来嗅患者身体及其排出物的气味，这一诊察方法在诊断疾病过程中起到很重要的作用。在应用这一诊法时应注意掌握以下几方面的技巧。

（一）听声音

1. 注意发声的高低　医生在听患者讲述病情时，若患者发声高亢有力者，多为阳证、实证、热证；发声低微细弱者，则为阴证、虚证、寒证。

2. 注意语言的多少　若患者自述病史语言连续多言者，是阳盛气实、功能亢奋的表现；断续懒言者，是禀赋不足、气血虚损的征象。

3. 注意呼吸的气息　一般情况下，呼吸气粗，疾出疾入为实；呼吸气微，徐出徐入为虚。但临床亦可见久病肺肾之气欲绝，气粗而断续者为假实之证；温热病热在心包，气微而昏沉者为假虚之证，须注意结合其他三诊进行鉴别。

4. 注意咳声及咳痰　若听到患者咳声重浊，考虑多为外感风寒或痰湿聚肺；咳声低微为肺气虚损；咳声不扬，多为热邪犯肺，肺津被灼；干咳无痰，多为燥邪犯肺或阴虚肺燥；咳声沉闷，痰多易咯，多为痰湿阻肺。特别要注意的是，咳嗽常伴咳痰，故闻诊除听辨咳声外，必须结合痰的量、色、质等异常变化，以及发病的时间、兼症等，以辨别病证的寒热虚实。

5. 注意呕吐的缓急　一般情况下，吐势徐缓，声音微弱，多为虚寒证；吐势较猛，声音壮厉，多为实热证。总之呕吐暴病者多实，久病者多虚。但临床尚需根据呕吐的声音、吐势、呕吐物的性状、气味来辨病证的寒热虚实。

（二）嗅气味

1. 注意口气生理与病理的不同　生理性的口气异常，多见于正常人进食大蒜、韭菜、榴莲等有特殊气味的食物，或吸烟、饮酒后，口中散发出相应的气味；而病理性口气异常，轻者多见于口腔不洁、龋齿及消化不良，重者多属胃热、食积或内有疮疡溃脓所致。

2. 注意汗气生理与病理的不同　一般人在体力活动、气候炎热、衣被过厚等情况下出汗较多，若未及时清洗，会有轻微汗气；但若汗气腥膻或阵阵膻臊难闻，则多因湿热郁蒸所致。

3. 注意环境的影响　有的人居住地卫生环境较差，或在室内存放有汽油、油漆等化学物品等，接触其或走入其室内可闻到相应气味异常，亦应注意鉴别。

4. 注意四诊合参　对口、鼻或身体其他隐蔽部位发出的异常气味，不应局限于闻诊，而应结合望诊、问诊、切诊进行综合诊察，以作出正确诊断。

三、闻　诊　训　练

（一）训练目的

1. 知道常见正常声音、病变声音、呼吸、语言、咳嗽、呕吐、呃逆、嗳气、叹息、喷嚏、哈欠、肠鸣等各种声响的声像特点。

2. 知道常见病体气味如口臭、汗气、鼻臭、排出物（痰液、大小便等）和病室气味如血腥味、尿臊味、腐臭味、烂苹果味等气味特点。

3. 能根据各种声音、气味特点进行辨别。

4. 具有医患沟通与人文关怀素养，体现以患者为中心的理念。

（二）物品准备

各种闻诊声音、气味资料准备。

（三）训练方法

1. 闻诊声音训练与辨识　由带教老师播放声音片段，要求学生对每一音像片段逐一进行辨析，按其顺序将辨识的结果填写在实训报告上。然后由带教老师进行点评。

2. 气味标本辨识　带教老师现场分析后，再由同学自行学习5～10分钟。再分为小组（每组5～10人）进行实物标本辨识。

3. 分组实物训练　将实训同学分为两组，分别由两位带教老师现场进行实物分析。

？ 思 考 题

1. 简述各种病室气味的特点与主病？
2. 简述不同咳嗽声音的特点与主病？

项目四　问　　诊

一、问诊方法和注意事项

（一）语气和蔼

在问诊中，融洽而有效的沟通是确保问诊效果的重要条件，医生要注意调整自己的心态，致力于医患合作，以达到消除或减轻患者病痛的目的。

在积极运用专业知识了解患者病情的同时，医生还要注意自己对患者的亲和力，视情况进行一些问诊前的交流，使用拉家常的语气，语言口语化，避免审问式的询问；在语气、态度方面做到和蔼、认真，问诊时要细心、耐心；在患者讲述的时候注意倾听，注意患者的感受和心理状态变化，把握好问诊的方向，以免离题太远；注意要帮助患者提高战胜疾病、克服困难的信心，避免给患者带来不良刺激。

例如，在门诊工作时，有时患者会很多。所以，医生要注意患者的感受，保护患者的权利，尤其在问及患者隐私的时候，要注意为患者创造适宜的环境，尤其是不要当面嬉笑或议论患者生理缺陷或隐私。

（二）术语规范

问诊首先要抓住重点与核心是"主诉"，而后根据主诉了解其各种兼症、可能的病因，以及治疗经过、病情变化经过、既往病史。既要避免使用让患者难以理解的专业术语，注意使用简单、明了，患者易于理解与接受的口语化语言，力求患者能够准确回答，又要充分明白患者表达的意思，并进行核实。经确认后，用规范的专业术语，准确记录下来，为进一步的检查以及辨证、辨病、鉴别诊断提供相关资料和依据。因此，"术语—口语"之间的转换是否准确，"口语—术语"之间的转换是否规范，是能否实现有效沟通、准确获得患者病情资料的重要保障。例如："里急后重"大多数患者不理解是什么意思，医生需要向患者解释，而当患者描述"拉完还想拉，肛门坠坠的、沉沉的"时，医生记录时要转化成"里急后重"。

（三）内容详尽

医生要对问诊的各部分内容进行全面的询问，尤其对辨病、辨证以及鉴别诊断能够提供有效帮助的内容更需要深入、详尽地询问。对于新入院的患者，问诊内容要更为全面、详尽，在记录方面的要求也更多。因此，尽管问诊的内容较为繁杂，但医生必须熟悉问诊的大致程序，询问时做到心中有数，避免遗漏。此外，对于危重患者，应扼要询问其现病史、既往史，不强求面面俱到，以免延误抢救时机，详细地全面问诊可待病情缓解后进行。

二、问诊易犯的错误

初涉临床的医生常常在问诊的时候会出现头绪混乱、丢三落四的情况，会对自己熟悉的方面询问得详细、深入，对自己不熟悉的方面则避而不谈，有时还会出现词不达意、言语唐突等情况，具体可表现为以下几点。

（一）资料不全

问诊时出现项目遗漏、资料不全，无法顺利完成"入院记录"的规范书写，需要反复找患者询问、核实。

（二）主观臆断

问诊时考虑不全面，对自己熟悉的病证询问详细，诊断意向不断向这些病证靠拢，忽视其他情况，形成主观臆断，出现医生擅长看什么病、患者就是什么病的失误。

（三）问诊时不重视阴性症状

忽视阴性症状，同样造成了诊断资料不全，导致误诊、漏诊。如患者腰不痛、口不渴、不喜冷饮、无口臭及口苦的症状，可能提示患者肾虚不明显，无热象或热象不明显等。这一点对于鉴别诊断尤其具有重要的参考意义。

（四）问诊时不注意深入核实

根据患者陈述随手记录。临床上不乏此类案例，例如，医生问"大便怎么样，成形不成形？"患者回答"不成形"，而医生继续问"大便呈什么样"时，患者却答"一粒一粒的"。假设医生在听到"不成形"后，未经追问，随手写下"便溏""大便稀"的字样，就可能导致误诊。

问诊中出现问题，究其原因，除紧张之外，往往是医生专业素质不过硬所致，对问诊的各部分具体内容不熟悉，面对患者感觉茫然，不知该从何问起、该问什么、如何询问；问诊方式不合适；对类似症状和类似病证的鉴别不熟悉；对辨证的基本方法未掌握、问诊思路不清晰、不懂得在辨证思维的指导下进行问诊等。

三、问 诊 训 练

（一）训练目的

1. 知道问诊的内容、方法与注意事项。
2. 能描述问诊的基本内容与临床意义。
3. 能够系统、全面进行问诊，收集病史资料，能根据现在症的表现辨识病情、病位。
4. 具有较强的语言表达能力，善于沟通，关心患者，态度和蔼可亲，体现以患者为中心的服务理念。

（二）资料准备

问诊模拟范例。

（三）课堂练习

1. 教师提供问题（主诉），学生分组根据要求开展问诊训练。
2. 根据学生分组问诊训练，挑选较好的小组代表进行示范性问诊。教师与小组相互点评考核评价。

（四）考核

见表 12-3。

表 12-3　问诊要点及评分细则

项目	问诊要点及评分细则	分值	备注
医患沟通	医生自我介绍，讲明医生自己的身份，正确称呼患者或家属	2分	
一般内容	姓名、性别、年龄、籍贯、职业、工作单位、家庭住址、联系电话	3分	
主诉	主要症状及持续时间	5分	
现病史	起病情况及时间	5分	
	病因或诱因	4分	
	主要症状特点	10分	
	病情的发展与演变	6分	
	伴随症状	7分	
	诊治经过（用药情况，检查结果，治疗效果）	5分	
	现在症状	3分	
既往史	平素身体健康状况（含患病、治疗情况、治疗结果、现状）	7分	
	手术外伤输血史	1分	
	药物、食物过敏史	1分	
	是否有传染病史	0.5分	
预防接种	预防接种情况	0.5分	
婚育史	生育史、配偶健康状况	2分	
个人史	长期居住地、社会经历、职业	1分	
	疫水、疫区接触史	1分	
	不良嗜好，必要时询问野游史、毒品接触史	1分	
家族史	父母上辈及兄弟姐妹的健康情况，有无遗传性及传染病家族史	2分	

项目	问诊要点及评分细则	分值	备注
月经史 （限女性 患者）	初潮年龄	0.5 分	
	月经周期	0.5 分	
	行经期	0.5 分	
	末次月经时间或绝经年龄	0.5 分	
	有无痛经等病理情况	1 分	
问诊技巧	组织安排，含整个问诊的结构与组织，包括：医患沟通、问诊主体（主诉、现病、既往史、个人史、家族史）和结束语，询问者应按项目的序列系统地问病史，对交谈的目的、进程、预期结果应心中有数	3 分	
	时间顺序（主诉和现病史中症状或体征出现的先后次序）	3 分	
	过渡语言（用于两个项目之间转换的语言，是向患者说明即将询问的新项目及其理由）	3 分	
	问题类型（合理应用通俗易懂的一般问题开始询问，采用直接具体的问题详细询问，避免诱导性提问）	3 分	
	小结和记录（每一项主要项目结束时进行小结）	5 分	
	避免医学术语，采用简单易懂的语言	3 分	
	友善的举止、态度和蔼、保护隐私	5 分	
人文关怀	问诊前与患者沟通	1 分	
	问诊过程中需询问患者感觉	2 分	
	问诊结束需向患者交代注意事项及后续处理	2 分	
合计		100 分	

考点与重点 问诊方法、内容、注意事项

❓ 思 考 题

1. 问诊注意事项有哪些？
2. 现病史的问诊内容包括哪些？

项目五　脉　　诊

一、脉 诊 方 法

（一）诊脉时间

诊脉的时间，以清晨（平旦）未起床、未进食时为最佳。清晨未起床、未进食时，机体内外环境比较安定，脉象能比较准确地反映机体的基础生理情况，同时亦比较容易发现病理性脉象。但这样的要求一般很难做到，特别是对门诊、急诊的患者，要及时诊察病情，而不能拘泥于平旦。但是诊脉时应保持诊室安静，且应让患者在比较安静的环境中休息片刻，一般以 10～15 分钟为宜，以减少各种因素的干

扰，这样诊察到的脉象才比较真实。

医生对患者诊脉的时间一般应不少于50次脉动的时间。每次诊脉每手应不少于1分钟，两手以3分钟左右为宜。诊脉时间过短，则不能仔细辨别脉象的节律等变化；诊脉时间过长，则因指压过久亦可使脉象发生变化，所诊之脉有可能失真。

（二）患者体位

正坐平臂，直腕仰掌，与心齐平。指诊脉时患者的正确体位是正坐或仰卧，前臂自然向前平展，与心脏置于同一水平，手腕伸直，手掌向上，手指微微弯曲，在腕关节下面垫一松软的脉枕，使寸口部充分暴露伸展，气血畅通，便于诊察脉象。如果是侧卧，下面手臂受压；或上臂扭转，脉气不能畅通；或手臂过高或过低，与心脏不在一个水平面时，都可以影响气血的运行，使脉象失真。因此，诊脉时必须注意患者的体位，只有采取正确的体位，才能获得比较真切的指感。

（三）医生指法

1. 布指　医患侧坐，左右交诊，中指定关，随按尺寸。指医生下指时，先以中指按在患者掌后高骨内侧动脉处，称为中指定关，然后用食指按在关前（腕侧）定寸，用无名指按在关后（肘侧）定尺。小儿寸口部位甚短，一般多用"一指（拇指或示指）定三关法"，而不必细分寸、关、尺三部。

2. 调指　臂长宜疏，身矮要密，指目候脉，三指齐平。指医生切脉时布指的疏密要得当，要与患者手臂长短和医生的手指粗细相适应，患者的手臂长或医生手指较细者，布指宜疏，反之宜密。

3. 运指　举轻按重，中取为寻，三指总按，一指单诊。指医生布指之后，运用指力的轻重、挪移及布指变化以体察脉象。常用的指法有举、按、寻、总按和单诊等。

（1）举法：指医生的手指用较轻的力按在寸口脉搏跳动部位以体察脉象。用举的指法取脉又称为"浮取"。

（2）按法：指医生手指用力较重，甚至按到筋骨以体察脉象。用按的指法取脉又称为"沉取"。

（3）寻法：寻即寻找的意思，指医生手指用力不轻不重，按至肌肉，并调节适当指力，或左右推寻，以细细体察脉象。用力不轻不重，按至肌肉而取脉，称为"中取"。

（4）总按：三指同时用大小相等的指力诊脉的方法，从总体上辨别寸、关、尺三部和左、右两手脉象的形态、脉位、脉力等。

（5）单诊：用一个手指诊察一部脉象的方法。主要用于分别了解寸、关、尺各部脉象的位、次、形、势等变化特征。

4. 平息　医者呼吸气息调匀，以息计数，五十脉动，脉始清晰。指医生在诊脉时要保持呼吸调匀，清心宁神，以自己的呼吸计算患者的脉搏至数。正常人呼吸每分钟16～18次，每次呼吸脉动4次，间或5次，正常人的脉搏次数为每分钟60～90次。由此可见，凭医生的呼吸对患者的脉搏进行计数的方法是有科学根据的。另一方面，在诊脉时平息，有利于医生思想集中，专注指下，以仔细地辨别脉象，即所谓"持脉有道，虚静为保。"诊脉时最好不要掺入问诊，以避免医生分散精力，避免患者由于情绪的波动而引起脉象变化。指息之后，位数形势，反复操练，细心体察。

二、脉诊注意事项

（一）脉诊环境

脉诊应该在安静的环境下进行，同时应注意调节室温，以确保患者在舒适环境中诊脉。

（二）患者情绪

患者必须平心静气，自然放松。如果急走远行或情绪激动时，应让其休息片刻，待其平静后方可诊脉，以避免干扰。

（三）脉诊体位

保持正确的脉诊体位，不要让患者坐得太低或太高，以保证手臂与心在同一水平上，不要佩戴手表或其他首饰诊脉，也不要将一手搭在另一手上诊脉，以避免脉管受到压迫。

（四）医生情志

医生应调匀呼吸，静心凝神，悉心从寸关尺、浮中沉中体会患者的脉象。

（五）脉诊时间

平旦诊脉，或要求患者在相对安静适宜的环境中诊脉，每次诊脉保证时间，并可根据病情的需要适当延长。

（六）诊脉手指

在诊脉时，医生需注意修齐指甲，以避免对患者的损伤，同时也避免携带病菌；在天气寒冷时，医生应注意保持双手的温度，以减少对患者的刺激，避免对脉象的影响。

三、脉诊易错点

（一）操作准备

1. 医生在诊脉前没有修短自己的指甲。指甲过长不仅不能使医生的指目贴近脉搏，而且易划伤患者手腕的皮肤。

2. 在寒冷季节，医生在诊脉前没有捂热自己的手掌手指。用冰冷的手指诊脉，不仅会引起患者的反感，而且更会刺激患者的皮肤，影响脉搏的跳动而使脉搏失真。

3. 诊脉用的脉枕不当，过大、过小或过硬，有的甚至用书籍做脉枕等，均会使患者的手腕不自然而影响脉象的真实性。

（二）操作过程

1. 脉诊时间不适

（1）对于远行、疾走、刚做完剧烈运动、刚刚争吵或哭泣、刚进食后，特别是热饮、喝酒等患者立即进行诊脉，都是非真实脉象的反映，可能会导致误诊。

（2）诊脉时间过短，每只手诊脉时间少于1分钟。医生在诊脉时，只诊一只手而漏诊另一只手。

2. 脉诊体位不当

（1）医生的体位：①医生站立或斜坐，或与患者并排坐、站。体位不规范则无法正确地运用指法。②医生或患者的手臂均未平放在诊桌之上，而是悬于空中诊脉。悬空诊脉不仅使患者有不舒适的感觉，而且更因上举而使肌肉紧张，使脉搏受到影响而致脉象发生变异。③医生用左手诊患者的左手，用右手诊患者的右手。如此，会导致医生下指的方向错误，或示指、无名指所切的部位错误。

（2）患者的体位：①诊脉时，患者腕上的挎包没有取下，腕上的手表和过紧的手链、手镯没有摘下，过紧的袖口没有松开等，均会使手臂的血管受到压迫而影响脉象的真实性。②患者的身体斜坐，或向后仰靠于诊椅上，或俯伏于诊桌上，或侧卧、俯卧于病床上。③患者的手臂向上伸、向下伸或弯曲，没有向前伸直，自然平放于桌上或床上，没有与心脏保持在同一水平。④患者的手腕弯曲或扭转，掌心向下，或紧握拳头，或五指用力张开等。

3. 未平息专注

医生诊脉时，同时对患者进行问诊、或进行病案书写、或与患者或旁人聊天、或查看各种检查报告，甚至做其他杂事。

4. 指法不均

（1）医生用一个或两个指头诊脉。诊脉时，三指伸直，没有弯曲，也不呈弓形则不能保证三指指目同时触及脉位。医生不以指目候脉，而以指腹候脉，甚至以指腹之上一节触脉，则脉动的感觉就会模糊，难以辨识。

（2）医生下指方向错误，从患者手臂的内侧下指。或没有先以中指定关，而是随意触按，则不能准确地把握寸、关、尺三部的定位。

四、脉 诊 训 练

（一）训练目的

1. 知道脉诊的内容、操作方法与注意事项。
2. 能够识别浮脉、沉脉、迟脉等 19 种常见病理脉象。
3. 能够规范进行脉诊的操作，辨识病理特点与主病。
4. 具有人文关怀素养，具有良好的医患沟通能力，体现以患者为中心的服务理念。

（二）物品准备

脉诊垫、脉象训练仪等。

（三）训练方法

1. 教师讲授并邀请学生模特展示脉诊的方法、顺序、注意事项。
2. 学生 3～4 人／组，结合脉诊训练系统要求，分组练习脉诊的方法、顺序。教师巡回指导、纠错。
3. 课堂小结与考核：随机抽取小组团队，上台展示脉诊训练成效，其余小组进行观摩与点评。

（四）考核

见表 12-4。

表 12-4　脉诊操作要点及评分标准

脉诊内容	脉诊操作要点及评分标准	分值	备注
医者形象	仪表端庄，衣着干净整洁。	2 分	
准备工作	物品准备齐全：听诊器、棉签、脉诊垫等。	2 分	
医患沟通	1. 自我介绍（2 分）。	4 分	
	2. 注意事项，体现人文关怀素养（2 分）。		
脉诊部位	正确描述三部九候法（5 分）。	10 分	
	正确描述左右手的寸关尺分候脏腑（5 分）。		
脉诊方法	时间：平旦或患者稍休息片刻（4 分）。	38 分	
	体位：正坐仰卧均可，心脏与寸口间水平，直腕、仰掌（4 分）。		
	指法：三指平齐，中指定关，指目按脉，布指疏密适度（4 分）。		

续表

脉诊内容	脉诊操作要点及评分标准		分值	备注
脉诊方法	步骤	①举：用较轻力度，即浮取（3分）。		
		②按：用较重力度，即沉取（3分）。		
		③寻：上下推寻，调节合适的指力取脉（3分）。		
		④循：沿脉道的轴向移动，体会脉体长短和脉势虚实（3分）。		
		⑤推：以指目按脉脊，左右内外微微推动（3分）。		
		⑥总按：三指同时用力诊脉，总体辨别脉象（3分）。		
		⑦单诊：用一指诊察寸关尺中某一部脉象（3分）。		
	诊脉时间：（五十动）诊脉时每手应不少于1分钟，左右手交替诊脉（5分）。			
正常脉象描述	一息四－五至（相当于70～80次/分），不浮不沉，不大不小，从容和缓，流利有力（4分）。		14分	
	寸关尺三部均有脉，沉取不绝（4分）。			
	有胃—脉象从容和缓（2分）。			
	有神—脉象应指柔和有力，节律整齐（2分）。			
	有根—尺脉有力，沉取不绝（2分）。			
病理脉象描述	随机抽取五种病理脉象，正确描述脉象特点与主病（每种6分，其中特点3分、主病3分）。		30分	
总分			100分	

考点与重点 脉诊方法、内容、注意事项

? 思 考 题

1. 脉诊要素有哪些？
2. 简述浮脉、数脉、滑脉、弦脉的脉象特点与主病。
3. 简述结脉、代脉、促脉的脉象特点与主病。

项目六　综合病案辨证分析

一、综合辨证分析的关键环节

（一）抓住主症，确定病位

临床病情是复杂的。患者的临床症状可能有很多，甚至林林总总，杂乱无序。在繁杂的症状中，主症常常反映了疾病的主要矛盾所在。所以抓住主症，常可确定病位，对明确病性亦有一定意义。因此正确、抓准主症非常重要。同一个患者，主症确定不同，则辨证结果可能大相径庭。如某患者表现为咳嗽、痰黄、鼻塞、流涕、发热、恶风寒、口微渴、咽痛、舌尖红、苔薄黄、脉浮数。若以发热、恶风寒，口微渴、脉浮数为主症，则病位在卫表；若以咳嗽、痰黄、咽痛、脉数为主症，则病位在肺。

（二）全面分析，判断病性

疾病的病因病性，一般不能根据一两个症状确定，而必须综合全部的资料进行综合判断，可对患者已有症状逐一归类分析，以确定其属何性质，意义大小如何。在病性确定的过程中，存在一些一般规律。

一般而言，有明显寒热者，从阴阳盛衰辨之。如心阳虚、心阴虚、心火亢盛、小肠实热、肺阴虚、脾阳虚、肝火上炎、肝阳上亢、肾阴虚、肾阳虚等证皆有明显的寒热之象。而无明显寒热者，从气血虚实辨之，如心气虚、心血虚、脾气虚、肾气虚，其他如气滞、气逆、血虚、血瘀等证皆无明显的寒热之象。

（三）综合病案，提出证名

将上述病位、病性（病因病性）等有关内容进行有机综合，概括提出一个恰当的证的名称。如某患者，以干咳少痰为主症，则病位在肺；伴有潮热盗汗、咽干颧红、舌红少苔少津、脉细数，则病性为阴虚，合起来证名则为：肺阴虚证。

（四）分析病情，阐述病机

在上述 3 个环节完成后，辨证的过程并没有最终结束。还需要运用中医诊断理论，对疾病的各项症状、体征进行综合分析、对比，对各种病理本质进行阐释。阐释病机就是阐明病证发生发展变化的机制，也就是将病因、病位、病性等内容有机地结合起来，揭示其内在的联系，得出对病证发生发展变化的整体、动态的全面认识。同时以"因"析"果"，如果所概括出的证（反映疾病当前病理本质）能阐释所有的临床症状，则提示辨证结论正确。否则，如果在病机的阐释中遇到了矛盾，则需要重新修正前述辨证结论。

需要注意的是，四诊所收集的"症"是辨证的主要依据，因此，全面、规范和准确地收集四诊资料是辨证正确的首要前提。

二、辨证分析的基本内容

（一）辨病位

病位，是指疾病现阶段证候所在的位置，其中包括空间性位置和时间（层次）性位置。

1. 空间病位　指五脏六腑、四肢百骸、五官九窍等占据一定空间的脏器组织，如心、肝、胃、胆、肠、胞宫、清窍、筋骨、经脉等，一般多见于内伤杂病辨证。

2. 层次病位　指六经、卫气营血、三焦等不同层次的病位，六经病位如太阳、阳明、少阳、太阴、少阴、厥阴，卫气营血病位如卫分、气分、营分、血分，三焦病位如上焦、中焦、下焦等，皆为浅深不同或上下不同层次的病位，而每一病理层次都分别与不同的特定脏腑组织密切联系，一般多见于外感时病辨证。

辨病位即要确定疾病现阶段所在位置。八纲辨证是以"表里"而言病位，属于抽象性病位，而脏腑辨证、经络辨证和六经辨证、卫气营血辨证、三焦辨证等则属于辨具体病位的辨证方法。其中脏腑辨证、经络辨证的重点是从"空间"性位置上辨别病变所在的脏腑、经络，主要适用于"内伤杂病"的辨证；六经辨证、卫气营血辨证、三焦辨证则主要从"时间"（层次）性位置上区分病情的不同阶段、层次，主要适用于"外感病"的辨证。

任何病因作用于人体而发病时，一般总是有一定的部位，如脏腑、经络、五官九窍、四肢百骸等。需要强调的是，疾病的临床表现总是千变万化的，一个患者可能表现出一组或多组症状，在辨别病位时，应注意围绕以主症为中心的线索确定病位，因为主症往往反映了疾病的主要病灶所在。是否抓准了主症，往往会影响病位的判断。主症出现错误，可能导致辨证结论大相径庭。如某患者有眩晕、汗出、心悸、胸痛、纳呆、便溏等症状。若以眩晕为主症，则病位在肝；若以心悸、胸痛为主症，则病位在心；若以纳呆、便溏为主症，则病位在脾。

同时，每一病位各有其特定的主症，如心悸、怔忡等为病位在心的主症；如咳嗽、气喘等为病位在肺的主症；如食少、腹胀、纳呆、便溏等为病位在脾的主症；抑郁、易怒、胁肋胀痛等为病位在肝的主症；腰膝酸软、齿摇发脱、阳痿、遗精、不孕不育等为病位在肾的主症。又如寒热往来是病位在半表半里的特定证候；身热夜甚、神昏谵语、斑疹隐隐、舌绛少苔等为营分证的主要表现。认识和掌握每一病位的特定表现，是辨别病位的关键技巧。

可见抓准主症并明确症状的临床意义对于辨别病位至关重要。

（二）辨病性

所谓病性，是指疾病当前病理变化的本质属性。辨病性即是在中医学理论的指导下，对诊法所收集的各种病情资料运用八纲、病因、气血津液等辨识证候的方法进行分析、综合，从而确定疾病当前病理变化性质。可分为一般病性与具体病性。

1. 一般病性　即抽象概念的病性（纲领证）。如虚证、实证，寒证、热证，阴证、阳证等。

2. 具体病性　与六淫、气血津液、阴阳盛衰、情志变化有关的病性（基础证）。如六淫证、脓证、痰饮证、食积证；气虚证、气滞证、血虚证、血瘀证、阳虚证、阴虚证、亡阳证、亡阴证，水停证、津亏证，七情证等。

辨病性是辨证的基础与关键，也是辨证中最重要的内容。由于病性是对疾病一定阶段病理本质的概括性认识，是对疾病一定阶段整体反应状态的概括，因此辨病性是辨证的关键环节之一。临床无论使用何种具体的辨证方法，如脏腑辨证、经络辨证、六经辨证、卫气营血辨证、三焦辨证，均离不开辨病性的内容。

同时，病性直接关系到临床治法的确定。因为临床的各种治法，都是根据疾病的病理本质而确定的，如"寒者热之""热者寒之""虚则补之""实则泻之""清热化湿""健脾益气""活血化瘀""疏肝理气"等都是针对病性而确定的相应治法。正确判断病性是确保辨证准确与治疗有效的基本前提。

要使病性辨证准确，在临床实践时，就必须运用"整体观念"，对患者全身的症状、体征以及性别、年龄、环境、职业、情志、体质等多方面进行综合分析，全面考虑，方能为辨病性提供可靠的依据。辨别病性时，最忌以偏概全。

辨证学中"本质性原因""病势""病机"等内容都是以患者的临床表现为依据，通过对四诊资料综合分析所作出的结论，均属于当前病理本质的范畴，可归纳于辨"病性"之中。

（三）定证名

在对病位、病性等辨证要素确定之后，将其归纳概括，形成常用的规范名称，即证名。证名即是辨证的结论。临床上通用的而较完整、较规范的证的名称，一般是由病位结合病因或病性，再加上某些与病势有关的连接词（如盛、炽、袭、困、阻、壅、蕴、束、犯、亏、衰等）构成3～6个字一句的证名。其构成规律一般由"病位证素＋病性证素→证名"构成，如燥邪犯肺证、肝胆湿热证、瘀阻脑络证、小肠实热证、心脾气血虚证、肺肾阴虚证、肝火炽盛证、心气虚证、心血瘀阻证、肺阴虚证等。证名的表述应力求简洁扼要、精练确切、结构严谨、符合逻辑，具有高度的概括性。证名所用的词不能随意编造，应符合中医理论特色，既要使用规范的中医术语，又要能反映证候的本质。

常用证名可参照中华人民共和国国家标准《中医临床诊疗术语－证候部分》。

三、辨证分析的基本要求

（一）临床资料力求全面准确

通常情况下，症是辨证的主要依据。但是，当症状不明显、不典型时，地理、气候、季节、生活习惯、体质因素往往是辨证的关键。因此，在四诊过程中，临床资料收集应尽可能全面、准确、规范。当患者以某一症状为主诉就诊时，应注意了解可能存在的其他症状，如腹胀，兼以食少、神疲乏力、便溏、脉虚应辨为脾气虚证；如患者怕冷的症状，应当辨别是畏寒或者恶寒，因为对于医生来说，两者的辨证意义是不同的。

（二）以主症为中心进行辨证

在四诊过程中，以主症为中心收集病情资料，可使病情资料系统、条理，重点、主次分明。到了辨证阶段，仍应抓主症并以主症为中心进行辨证。以主症为中心进行辨证时，要注意结合其他症状，以多数症状为辨证依据。虽然主症往往是机体病理变化的具体反映，但若进一步综合其他症状进行分析，更能全面揭示证的本质。如患者突然发热怕冷，若结合喉痒、鼻塞、流清涕、咳嗽、舌淡红、苔薄白等症状可确定其病位在肺，为风寒犯肺证；若发热怕冷伴有呕吐清水、肠鸣、腹痛、口不渴、舌苔薄白等症状则为病变涉及胃肠，可诊断为寒滞胃肠证。

当然，一个病的主症不是固定的，必须随着病情变化来动态判断。虽然误以兼症为主症时，只要辨证准确，也能得出相同的结论，但这并不等于说辨证时可任意以某一症状为主症。即使是同一证，主症不同时，其矛盾的主要方面也会不同，治疗时的侧重点也需要有所不同。为避免确立主症时的随意性，临床工作时必须要保证患者临床资料的全面与准确。

（三）尽量以一证型概括疾病

临床证候往往是错综复杂的，因此要注意分清轻重缓急，作为辨证要求，应力求以一个证概括病情，这也是立法选方用药的需要。但是，由于病证的复杂性及脏腑的相关性，也有两种或两种以上证的复合、兼夹存在的可能性。因此，若出现了难以用单一证型来概括临床表现时，可以考虑有复合证、兼夹证的存在。如肝脾不和、虚中夹实证、脾气虚兼血瘀证等。在这种情况下，应认真分析病机，注意不同病理之间的联系，尽量使辨证结论集中、明了，同时又能反映疾病本质。

（四）首先考虑常见证、多发证

常见证与多发证是临床上最常见到的证型，所以临床辨证应首先考虑到这一类证，这种方法可以简化辨证的复杂性。一般认为，各辨证体系中所列，诸如脾气虚证、血虚证、太阳中风证、卫分证等均为常见证、多发证。但对于疑难杂病、危重急症或久治不愈的患者等，则应考虑到少见证与罕见证的可能性。

四、综合病案辨证分析训练

（一）训练目的

1. 知道中医常用的辨证方法及注意事项。
2. 知道病情资料综合处理的要点和主症诊断思路。
3. 知道中医病案书写原则以及病案书写的意义、内容和格式。
4. 能够运用各种辨证方法综合分析病案，并得出诊断。
5. 能够综合处理病情资料、进行病案书写。

6. 培养学生综合分析、综合处理相关临床问题的能力，热爱生活、热爱生命，全心全意为患者服务的意识。

（二）物品准备

病历分析答题卡。

（三）训练程序

1. 教师引导　以其中一个案例讲授如何将"四诊＋病证特征"诊疗相结合方法、顺序、注意事项。

2. 分组讨论　学生5～6人／组，针对病案要求，分组讨论，得出相对统一的方案。教师巡回指导、纠错。

3. 课堂小结与考核　随机抽取小组团队，上台展示病案分析成效，其余小组进行观摩与点评。

4. 八纲辨证典型案例

案例1：患者，女性，31岁。患者因2天前冒雨受凉而发热兼头痛，未行治疗，因为热不退前来就诊。现症见：发热微恶风寒，体温38.5℃，汗出热不解，伴头痛，鼻塞，时流黄稠浊涕，喉核红肿，咽喉疼痛，舌尖略红，苔薄略黄，脉浮数。

要求：写出主诉，分析病因病机，辨别病性，写出辨证结论。

案例2：患者，男性，45岁。患者4天前因受凉而头痛，恶寒发热，经抗生素及"小柴胡颗粒"治疗后病情未见好转，前来就诊。

现症见：高热不退，不恶寒，反恶热，满面通红，汗出较多，口干喜饮，呼吸气粗，头晕头痛，失眠多梦，咽喉肿痛，喉核肿大，大便秘结，小便短黄，舌质红，苔黄燥，脉洪数。

要求：写出主诉，分析病因病机，辨别病性，写出辨证结论。

5. 脏腑辨证典型案例

案例1：患者，女性，40岁。患者于1年前行心脏瓣膜置换术后，出现心悸、失眠，日渐加重，继之出现头晕，在当地医院就诊，查心电图示多发性期前收缩、心肌缺血。经静脉滴注"碟脉灵"，口服"利多卡因"等药物，未见好转。1周前，因休息不好病情加重。现症见：心悸，失眠，心烦，头晕，饮食及二便尚可。查体：面色淡白，口唇、眼睑色淡，舌淡白，舌体瘦小，苔薄白，脉促而无力。心电图示心律失常，为多发室性期前收缩、心肌缺血。

要求：写出主诉，辨别病性，判定病位，分析病因病机，写出辨证结论，鉴别诊断。

案例2：患者，男性，32岁。诉有慢性乙型肝炎病史5年，肝功能基本正常。近因工厂加班频繁，1周来食不知味，甚至不思饮食，纳食减少，脘腹胀满，食后尤甚，倦怠乏力，神疲嗜睡，少气懒言，大便稀溏，小便尚可。经西药："护肝"治疗无效后，遂来诊治。查体：体温36.5℃，脉搏68次／分，血压120/75mmHg。现症见：精神欠佳，形体消瘦，面色萎黄无华，舌质淡嫩，舌苔薄白，脉缓无力。

要求：写出主诉，辨别病性，判定病位，分析病因病机，写出辨证结论，鉴别诊断。

案例3：患者，男性，64岁。患者1年来身体反复轻度浮肿，虽经治疗，但始终未能痊愈。近1个月来，病情加重，就诊时面部轻度浮肿，面色淡白少华，臀部、阴囊及两下肢水肿明显，小腿皮肤光亮，按之凹陷，小便短少，虽时值初夏，而仍身穿毛衣裤，手脚不温，腰膝酸软，久立久坐均感腰酸不支，精神疲惫，饮食量少，大便不成形，两日1次，舌质淡白而胖，苔白滑，脉象沉细，迟而无力。

要求：写出主诉，辨别病性，判定病位，分析病因病机，写出辨证结论，鉴别诊断。

（四）课后任务与考核

完成以下案例分析。

【病案一】

徐某，男，45岁。1992年12月10日就诊。消瘦、乏力、稀便半年，加重2周。1年前1次饮酒吃凉猪头后即腹泻，虽当时经服药及时治愈，但此后稍进凉食即腹泻，反复迁延久未治愈。半年来出现消瘦、乏力，近2周明显加重，食欲明显下降，每顿100克左右，经常稀便，恶食油腻，畏寒腹冷，腰酸，下肢浮肿，有时腹痛。查体：面色白而虚浮，形体消瘦，舌淡胖有齿痕，脉细无力。血浆蛋白45g/L，尿常规无异常发现。

问题：

（1）围绕现病史进行四诊资料分析。

（2）依据症状、体征进行辨证分析。

【病案二】

许某，男，49岁，驾驶员。2008年4月16日收治入院。右胁隐痛1年余，时愈时发。查心肺正常；肝脏肋下1.5cm，轻度压痛；谷氨酸氨基转移酶（ALT）250IU/L。西医诊断为迁延性肝炎。入院后经西药保肝治疗3个月余，效果不显著，多次肝功能检查，ALT持续在180～200IU/L，要求中药治疗。7月3日中医会诊，形体消瘦，面色灰暗，精神疲软，诉右胁胀痛，有时加重，胃纳差，营养中等，腹中肠鸣，多矢气，大便溏薄，夜寐不安，易醒。舌暗红，苔薄白而腻，脉弦细。

问题：

（1）围绕现病史进行四诊资料分析。

（2）依据症状、体征进行辨证分析。

【病案三】

某女，32岁，带教老师。患者屡孕屡堕，经多方医治，大多给予补气益血、滋养肝肾之品，均未获效。形体消瘦，面色少华，精神焦虑，皮肤枯槁，平素月经错后，量少，色暗有块，有时痛经，近2个月未来月经。舌暗，脉细；妊娠试验阳性，经妇产科诊为早孕。

问题：

（1）围绕现病史进行四诊资料分析。

（2）依据症状、体征进行辨证分析。

考点与重点　主诉、病因病机分析、诊断与鉴别诊断、治法、代表方、方药组成与煎服法

？　思　考　题

1. 综合辨证分析的基本环节包括哪些？

2. 辨证分析的基本内容有哪些？

本章数字资源

参考书目

1. 王忆勤. 中医诊断学（案例版）[M]. 北京：科学出版社，2007.

2. 王璟，熊霖. 中医诊断学 [M]. 5 版. 北京：人民卫生出版社，2023.

3. 柳文，王玉光. 中医临床思维 [M]. 北京：人民卫生出版社，2015.

4. 胡志希，刘燕平. 中医诊断临床技能实训 [M]. 长沙：湖南科学技术出版社，2011.

5. 陈家旭，邹小娟. 中医诊断学 [M]. 4 版. 北京：人民卫生出版社，2021.

6. 李灿东，方潮义. 中医诊断学 [M]. 5 版. 北京：中国中医药出版社，2021.

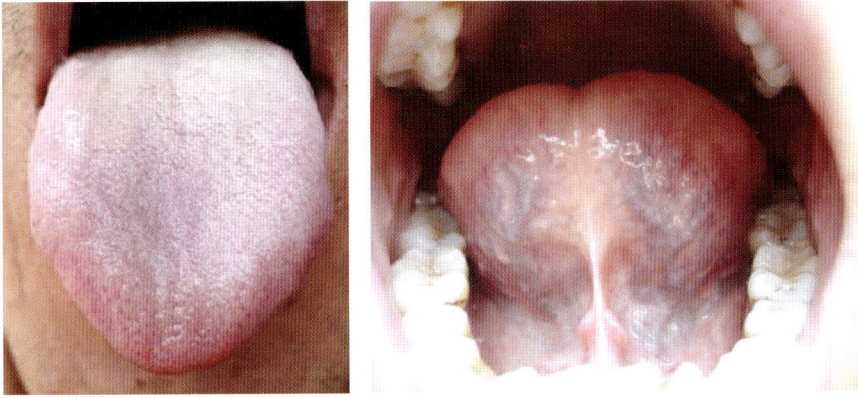

图 1-22　舌面和舌底

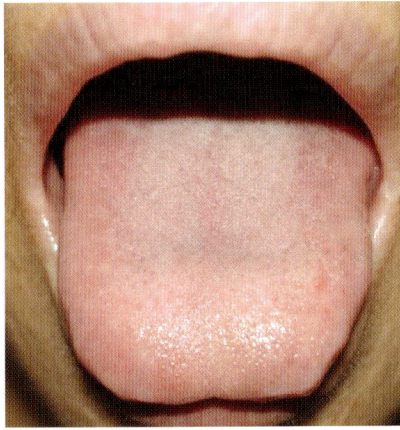

图 1-24　淡红舌

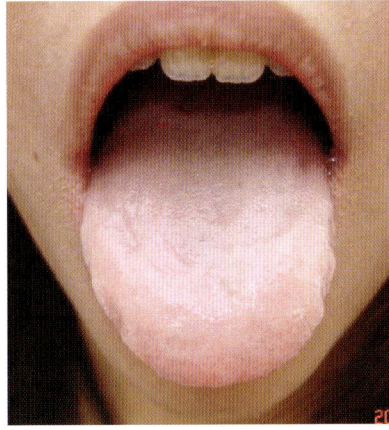

图 1-25　淡白舌

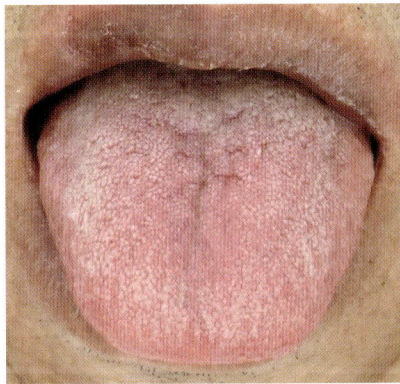

图 1-26　红舌

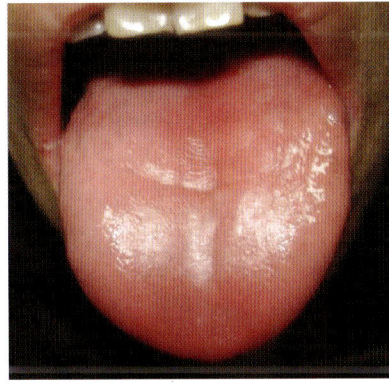

图 1-27　绛舌

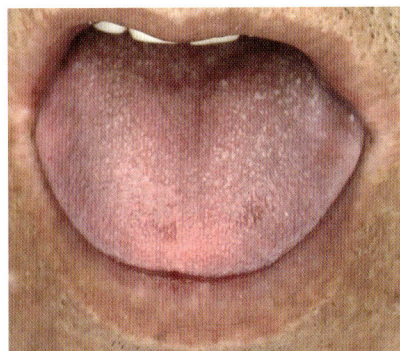

图 1-28　青紫舌

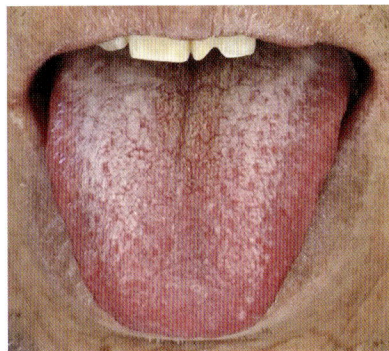

图 1-29　苍老舌

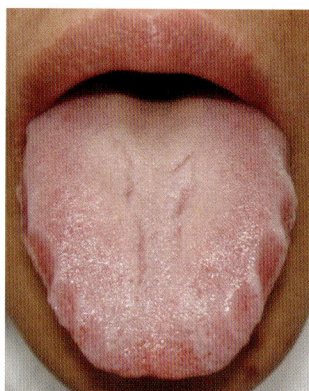

图 1-30 娇嫩舌

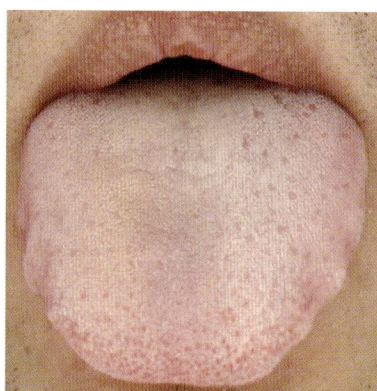

图 1-31 胖大舌

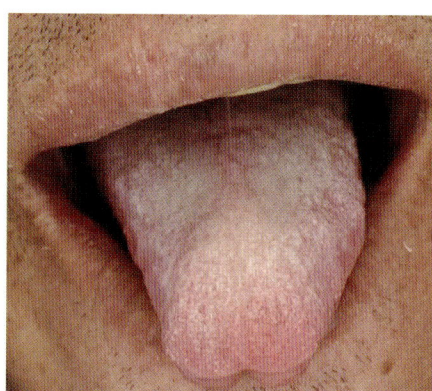

图 1-32 瘦薄舌

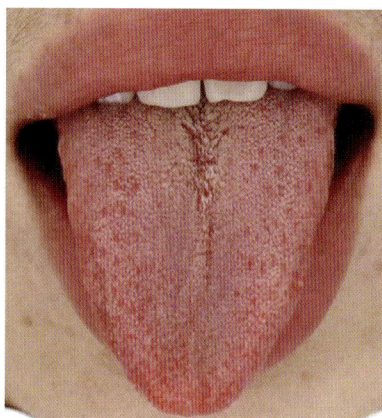

图 1-33 星点舌

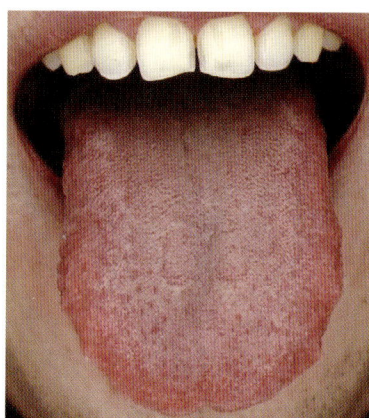

图 1-34 芒刺舌

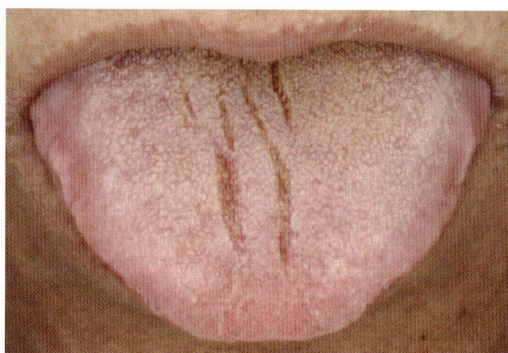

图 1-35 裂纹舌

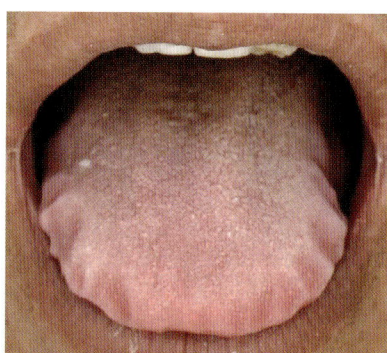

图 1-36 齿痕舌

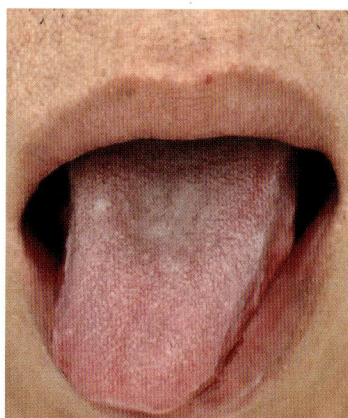

图 1-37 㖞斜舌

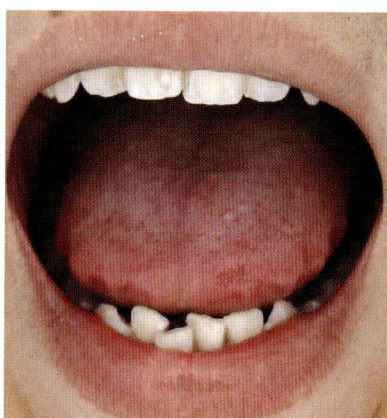

图 1-38 短缩舌

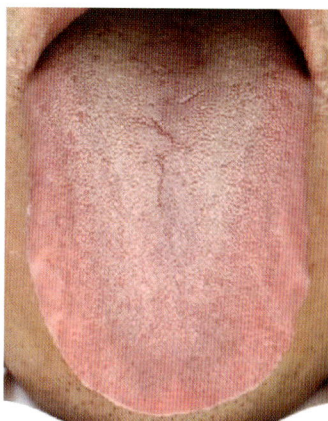

图 1-39　见底苔

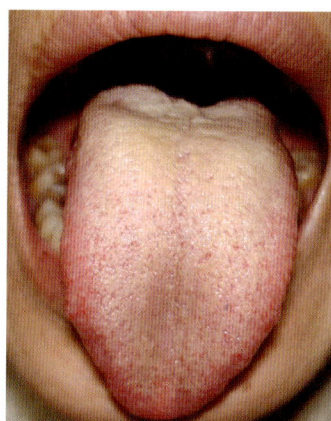

图 1-40　不见底苔

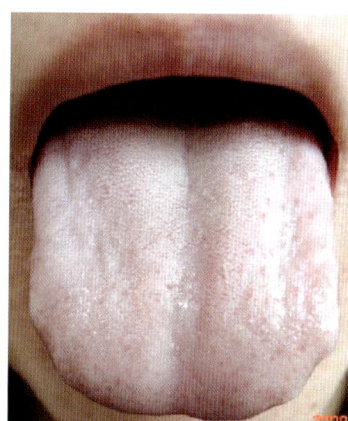

图 1-41　润苔

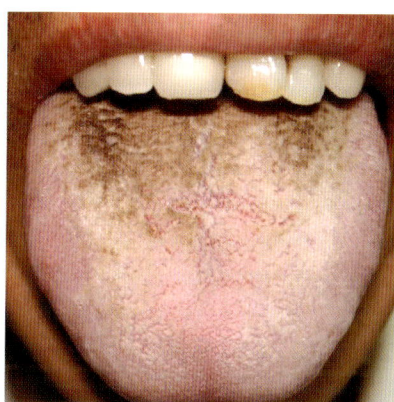

图 1-42　糙苔

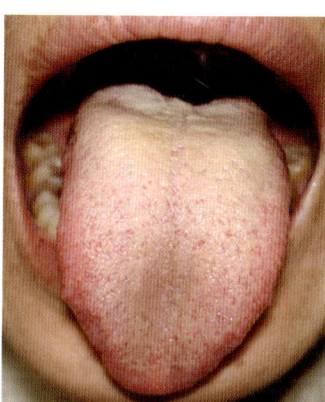

图 1-43　腻苔

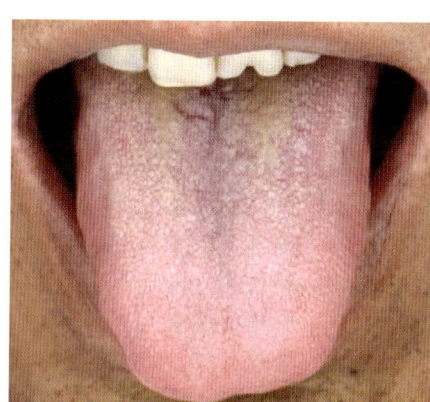

图 1-44　剥苔（前）

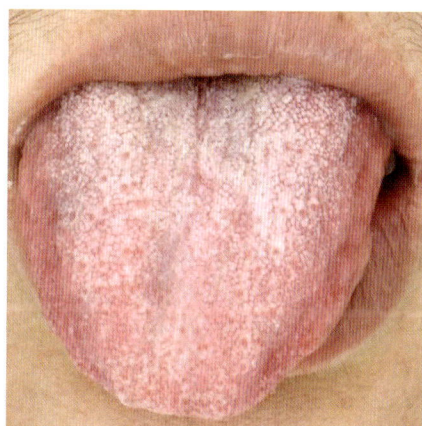

图 1-45　白苔

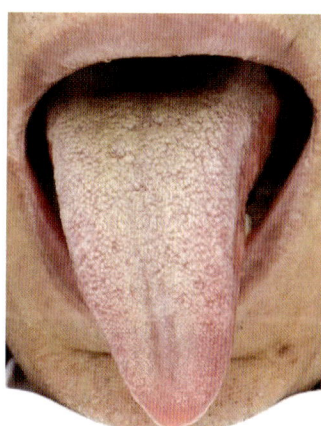

图 1-46　黄苔

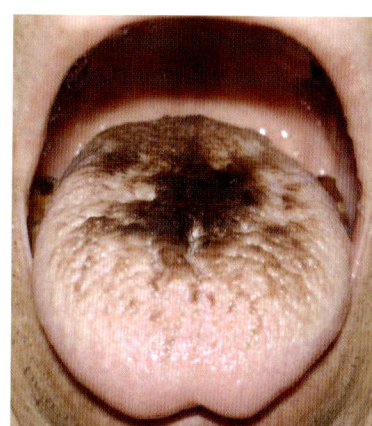

图 1-47　灰黑苔

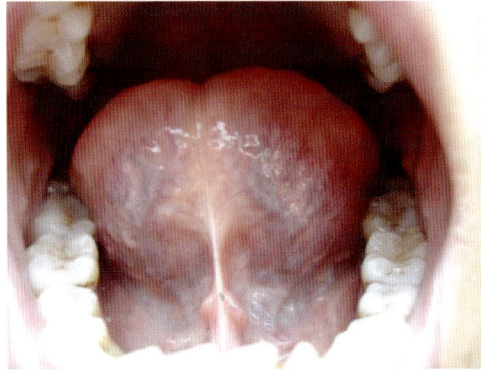

图 1-48　舌下络脉（瘀阻）

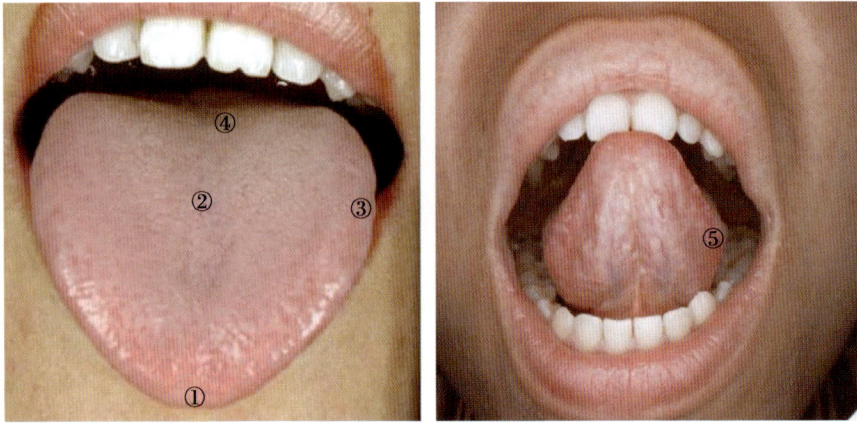

图 11-1　望舌顺序图

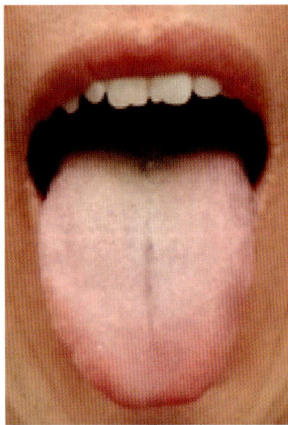

图 11-2　正确伸舌姿势